Lehmkuhl

HEYNE

Das Buch

Howard Hughes (1905–1976) gilt als eine der faszinierendsten und geheimnisumwittertsten Persönlichkeiten des 20. Jahrhunderts. Er war ein legendärer Flugpilot, großer Liebhaber, gefeierter Filmregisseur und Produzent, genialer Geschäftsmann und der erste nationale Millionär, der zwischenzeitlich sowohl TWA, die RKO-Studios und fast ganz Las Vegas besaß. Auf dem Höhepunkt seiner Macht und seines unvorstellbaren Reichtums dirigierte er sein gewaltiges Imperium mit Hilfe tausender handschriftlicher Notizen, deren Anweisungen von offenbar unsichtbaren Geistern befolgt wurden.

Hughes hütete diese Aufzeichnungen, denen er seine verborgenen Gedanken, Pläne und Sehnsüchte – und vor allem seine Ängste – anvertraute, mit an Paranoia grenzender Sorgfalt. Nur seine engsten Mitarbeiter durften sie einsehen. In den frühen Morgenstunden des 5. Juni 1974 gelang es unbekannten Tätern jedoch, in das als uneinnehmbar geltende Hauptquartier des Milliardärs einzudringen und mit den Dokumenten zu entkommen.

Obwohl das FBI eine Top-Secret-Untersuchung anordnete und die CIA versuchte, das »Tagebuch« für eine Million Dollar zurückzukaufen, blieben die Papiere verschollen – bis Michael Drosnin den Fall löste. Dieses Buch ist mehr als eine Biographie, mehr als eine unfreiwillige Autobiographie. Es ist ein authentischer, alarmierender Bericht, in dem Politiker, FBI, CIA, Mafia, Wirtschaftsmagnaten – und nicht zuletzt die Mormonen, die Hughes in seinen letzten Lebensjahren »bewachten« – eine mehr als dubiose Rolle spielen.

Diese Neuausgabe enthält erstmals Howard Hughes' handgeschriebene Originalaufzeichnungen, die in der amerikanischen Originalausgabe enthalten waren, sowie ein neues Vorwort des Autors.

Der Autor

Michael Drosnin ist Journalist. Er arbeitete lange Jahre für die *Washington Post* und das *Wallstreet Journal*. Sieben Jahre recherchierte und schrieb er an dem Buch über Howard Hughes, das ihn weltbekannt machte. Auch seine Bücher *Der Bibel Code* und *Der Bibel Code II* – beide im Heyne Verlag erschienen – wurden Welterfolge.

MICHAEL DROSNIN

HOWARD HUGHES

DAS WAHRE GESICHT
DER MACHT

Aus dem Amerikanischen
von Richard Giese

WILHELM HEYNE VERLAG
MÜNCHEN

Titel der Originalausgabe
CITIZEN HUGHES

Umwelthinweis:
Dieses Buch wurde auf chlor- und
säurefreiem Papier gedruckt.

3. Auflage
Taschenbuchausgabe 01/2005
Copyright © 1985 by Michael Drosnin
Copyright © dieser Ausgabe 2005
by Wilhelm Heyne Verlag, München,
in der Verlagsgruppe Random House GmbH
Copyright © 1985 der deutschen Übersetzung
by Hoffmann und Campe Verlag, Hamburg
Printed in Germany 2005
Umschlagillustration: Corbis/Bettman
Umschlaggestaltung: Nele Schütz Design, München
Satz: C. Schaber Datentechnik, Wels
Druck und Bindung: GGP Media GmbH, Pößneck
ISBN 3-453-64003-9

http://www.heyne.de

Inhalt

Neues Vorwort des Verfassers		7
Einleitung	Ein toller Coup	9
1. Kapitel	Mr. Big	61
2. Kapitel	Bob und Howard	95
3. Kapitel	Das Königreich	127
4. Kapitel	Fernsehen	159
5. Kapitel	Furcht und Ekel	191
6. Kapitel	Der Entscheidungskampf	217
7. Kapitel	Mr. President	237
8. Kapitel	Armer Hubert	259
9. Kapitel	Die Kennedy-Clique	281
10. Kapitel	Nixon: Das Schmiergeld	325
11. Kapitel	Howard gibt eine Party	345
12. Kapitel	Nixon: Der Verrat	365
13. Kapitel	Exodus	389
Epilog I	Watergate	427
Epilog II	Der Anfang vom Ende	449

Anhang

Anmerkungen	479
Amerkungen zu den handgeschriebenen Dokumenten	523
Danksagungen	525

Neues Vorwort des Verfassers

Zwanzig Jahre sind vergangen, seit dieses Buch erstmals die Wahrheit über den geheimnisvollsten Mann der Welt enthüllte, über Howard Hughes. Nun erscheint es neu, parallel zu einem neuen Film über Hughes, *The Aviator*.

In der Zwischenzeit wurden zwei Dinge zweifelsfrei bewiesen. Erstens, dass die fast 10 000 Dokumente, die diesem Buch zugrunde liegen, echt sind. Es sind die Papiere, die Howard Hughes verschickte und erhielt, die handgeschriebenen Notizen, die er aus seinem Schlupfwinkel an seine unsichtbaren Helfershelfer sandte. So herrschte der Milliardärseremit über sein Imperium.

Die Unterlagen wurden am 5. Juni 1974 aus Hughes' Verwaltungszentrale gestohlen. Ein Rückkaufangebot über eine Million Dollar durch die CIA sowie eine FBI-Untersuchung schlugen fehl. Zwei Jahre später spürte ich die Einbrecher auf. Wir machten einen Deal – ich würde ihre Identität geheim halten, wenn sie mir die gestohlenen Hughes-Dokumente gäben.

Nach der Veröffentlichung des vorliegenden Buches bestätigte Robert Maheu, der Empfänger des Großteils der Hughes-Memos und seine rechte Hand, die Echtheit der Dokumente in Fernsehberichten von ABC und NBC. Auch einer der wenigen Menschen, die in direktem Kontakt mit Hughes standen, der Berater Roy Crawford, der die Memos an Maheu überbrachte, bestätigte deren Authentizität in der ABC-Nachrichtensendung *20/20*.

Das war der unbestreitbare Beweis, dass die beiden renommierten Handschriftenexperten – Ordway Hilton, der den Schwindel um Clifford Irvings berühmte Scherz-»Autobiographie« von Hughes aufdeckte, und John J. Harris, der Melvin

Dummars »Mormon Will« als Fälschung entlarvte – Recht gehabt hatten: Diese handgeschriebenen Hughes-Dokumente waren authentisch. Das vorliegende Buch enthält also nachweislich die einzig wahre Darstellung von Hughes, basierend auf der einzig vertrauenswürdigen Quelle – Hughes selbst.

Zum Zweiten erwies es sich nach der Erstveröffentlichung dieses Buches als wahr, dass Hughes tatsächlich versuchte, die Regierung der Vereinigten Staaten zu kaufen. Dies klappte zwar nicht, stattdessen half er aber mit, sie zu stürzen. Erst im vorigen Jahr strahlte PBS eine Dokumentation aus, in der eine der Schlüsselfiguren im Watergate-Skandal, Jeb Magruder, vor laufender Kamera sagte, er habe mit angehört, wie Richard Nixon persönlich den Einbruch anordnete, der zwei Jahre später zu seinem Rücktritt führte.

Laut Magruder, der Nixons Befehl an die Einbrecher weiterleitete, wies der Präsident seinen Generalbundesanwalt John Mitchell an, die so genannten *Plumbers*, seine Truppe fürs Grobe, in das Hauptquartier des *Democratic National Committee* zu schicken.

So mancher fragte, warum Magruder die Wahrheit so lange für sich behielt. Das tat er nicht. Magruder erzählte mir dieselbe Geschichte zwanzig Jahre zuvor (vgl. Epilog I – Watergate), doch damals wollte er als Quelle ungenannt bleiben. Jetzt, wo er selbst an die Öffentlichkeit getreten ist, darf auch ich darüber sprechen.

Magruder erzählte mir auch von den Beweggründen des Präsidenten – die Geheimhaltung von 100 000 Dollar Schwarzgeld, das Nixon von Hughes erhalten hatte.

In gewissem Sinne erzählt dieses Buch die Geschichte von zwei Einbrüchen, einer davon brachte einen Präsidenten zu Fall, der andere enthüllte die Wahrheit über Hughes. Das Weiße Haus tat Watergate zunächst als »drittrangigen Einbruch« ab. Niemand sagte so etwas über den Diebstahl vom 5. Juni 1974 aus Howard Hughes' Verwaltungszentrale in Hollywood.

Einleitung

Ein toller Coup

Niemand sprach von diesem scheinbar unbedeutenden Einbruch. Dafür gab es keinen Anlass – es wurde ja niemand gefasst. Die Nation stand im Bann des Watergate-Skandals, und da nahm eben kaum jemand Notiz davon, dass am 5. Juni 1974 in der Romaine Street 7000 in Hollywood eingebrochen worden war. Tatort war ein klotziges, weitläufiges, zweistöckiges Gebäude, das einem verlassenen Lagerhaus glich. Es trug keinen Namen. Aber ein Vierteljahrhundert lang war Romaine Street 7000 das Nervenzentrum eines gewaltigen geheimnisvollen Imperiums, des Imperiums des Howard Hughes.

Die Einbrecher wollten nicht etwa nur sein Geld, sie waren auch hinter seinen geheimnisvollen Aufzeichnungen her. Auf dem Höhepunkt seines Reichtums, seiner Macht und seines Versteckspiels mit der amerikanischen Öffentlichkeit regierte der gespenstische Milliardär seinen Konzern mit Hilfe schriftlicher Notizen. Auf tausende von Zetteln kritzelte er Anweisungen. Seine Mitarbeiter diktierten die Antworten, die ihm dann von Assistenten überbracht wurden, Verhandlungen mit Außenstehenden liefen nur über die Telefonzentrale in der Romaine Street, die wortgetreue Aufzeichnungen aller eingehenden Anrufe herstellte.

Und in den Panzerschränken von Romaine Street wurden alle diese Schriftstücke, alle Aufzeichnungen, alle persönlichen und Firmenakten und all die Geheimnisse dieses geheimnisumwitterten Mannes verwahrt, von dem man wusste, dass er nicht nur Kontakte zur Mafia, sondern auch zur CIA und dem Weißen Haus hatte und dessen verborgenes Imperium direkt oder indirekt in alle erdenklichen Aktivitäten verwickelt zu sein schien.

Das festungsähnliche Gebäude aus Stahlbeton galt als uneinnehmbar. Die Presse berichtete von Laserstrahl-Überwachung, Röntgendetektoren und einer elektronischen Alarmanlage, die eine Privatarmee auf den Plan riefe, bevor sich irgendjemand den Panzerschränken auch nur nähern könnte. Das Betreten des Gebäudes war nur nach Verabredung möglich, und wenigen Außenstehenden wurde es jemals gestattet, durch die mit vierfachen Kombinationsschlössern gesicherten und nur durch Bedienung von Drucktasten zu öffnenden Türen das Innere des Gebäudes zu betreten.

Aber in den frühen Morgenstunden des 5. Juni 1974 gelang es Unbekannten dennoch, sich Eintritt in die Festung zu verschaffen. Keine Sirene heulte, denn es gab kein funktionierendes Alarmsystem. Keine Privatarmee eröffnete das Feuer, denn es gab keine Privatarmee. Romaine war eine Hollywood-Fassade, die lediglich von einem einzigen unbewaffneten Mann bewacht wurde.

Der Wächter, Mike Davis, hatte gerade seine Runden um das Gebäude vollendet. Es war 0.45 Uhr.

»Als ich eine Seitentür öffnete«, berichtete er später der Polizei, »kam jemand von hinten und stieß mir einen harten Gegenstand in den Rücken. Gesehen hatte ich keine Pistole, ich nahm nur an, dass die bewaffnet waren, und klar war mir, dass ich keine Waffe hatte.«

»Los, gehen wir rein«, befahlen die Einbrecher und stießen ihn vor sich her. Dann sagten sie dem Wachmann, er solle sich mit dem Gesicht zum Boden hinlegen. Man verband ihm die Augen, knebelte ihn und fesselte ihm die Hände über Kreuz. Davis sagte aus, er habe nichts sehen können, aber geglaubt, dass es vier Männer gewesen seien – zwei, die ihn hinterrücks überfallen hatten, und zwei weitere, die bald danach erschienen, und, wie sich später herausstellte, eine laut scheppernde Stahlkarre mit zwei Azetylenflaschen und einem Schneidbrenner hinter sich herzogen.

Der Wächter hörte, wie einer der Einbrecher zum Schmierestehen nach oben geschickt wurde, wo die einzige andere Per-

Einleitung · Ein toller Coup

son, die sich legal in dem Gebäude aufhielt, in einem schalldichten Raum die Telefonzentrale bediente und da natürlich nicht das Geringste hören konnte.

»Wenn die Türen offen sind, kann man eine Nadel fallen hören«, sagte der ahnungslose Telefonist Harry Watson. »Wenn sie geschlossen sind, könnte eine Bombe hochgehen, und ich würde das nicht mitkriegen. In der Nacht waren meine Türen geschlossen, und ich hätte nicht mal einen durchfahrenden Panzer wahrgenommen.« Die Einbrecher ließen sich Zeit und bewegten sich durch das Labyrinth der Büros in dem weitläufigen Gebäude, als folgten sie einem Lageplan, der sie zu einem Schatz führen sollte. Davis' Darstellung zufolge brachten sie ihn zunächst direkt zum Büro Kay Glenns. Glenn war Generaldirektor von Romaine und erster Stellvertreter von Bill Gay, einem der drei Spitzenmanager, die den Hughes-Konzern über eine Holdinggesellschaft, die Summa Corporation, leiteten. Hier öffneten die Einbrecher mühelos eine Stahlkassette im oberen Fach eines Aktenschrankes, dem sie mehrere tausend Dollar in bar und geheime Dokumente entnahmen.

Zur selben Zeit, sagte Davis, habe er einen Knall und das Prasseln eines Schneidbrenners gehört. Direkt gegenüber der Halle schnitten die Geldschrankknacker ein riesiges Loch in die Stahltüren eines begehbaren Tresorraums. Der Wachmann hörte, wie einer rief: »Sieh mal, hier ist es!«

Bevor sie damit fertig waren, hatten die Einbrecher einen anderen großen Safe aufgeschweißt, drei kleinere geknackt und mehrere Büros durchstöbert, darunter auch das von Nadine Henley, Hughes' langjähriger Privatsekretärin, die zugleich ein Mitglied des dreiköpfigen Vorstands der Summa Corporation war.

Schließlich, so berichtete der Wachmann weiter, führten ihn die Gangster nach oben und betraten ein Konferenzzimmer im zweiten Stock, wo die persönlichen Akten des Milliardärs auf Anweisung seines Chefberaters Chester Davis aufbewahrt wurden, dem dritten Mann an der Konzernspitze.

»Hier sind die Rosinen«, sagte einer der Einbrecher, der gerade einen Aktenschrank aufgebrochen hatte, und der Wachmann hörte, wie sie sich unterhielten: »Nimm diese hier, nicht die da. Ja, das sind die richtigen«, während sie einen Schnellhefter nach dem anderen mit vertraulichen Akten in Pappkartons warfen.

Etwa vier Stunden nach ihrer Ankunft banden die Gangster Davis' Knie und Knöchel mit Verbandszeug zusammen, ließen ihn auf einer Couch im Möbellager des Erdgeschosses liegen und verschwanden.

Davis versuchte gar nicht erst, ihnen zu folgen. »Selbst wenn ich meine Arme und Beine hätte befreien, die Binde von den Augen hätte reißen können, um Hughes zuliebe hinterherzulaufen, hätte ich es nicht getan«, erklärte er später sein Verhalten. »Ich wusste, die Sicherheitsvorkehrungen für Romaine waren miserabel, und ich habe immer wieder versucht, unseren Spitzenmanagern das klar zu machen, aber niemand kümmerte sich darum. Und ich bekam ohnehin nur Krümel, während die anderen den ganzen Kuchen bekamen.«

Also blieb Davis, so wie ihm befohlen worden war, still auf der Couch liegen. Etwa eine halbe Stunde nachdem sich die Einbrecher davongemacht hatten, löste er seine Fesseln und humpelte zurück in das Büro von Kay Glenn. Von dort aus rief er den immer noch ahnungslosen Telefonisten an, der dann die Polizei alarmierte.

Kriminalbeamte durchkämmten das höhlenähnliche Hauptquartier, ohne jedoch eine heiße Spur zu finden. Es gab keine identifizierbaren Fingerabdrücke, die Herkunft der zurückgelassenen Azetylenflaschen konnte nicht geklärt werden, und in dem fast menschenleeren Industriegebiet hatte niemand die Einbrecher gesehen. Einer der Polizeibeamten, die am Tatort waren, meinte später: »Die haben Romaine ausgeraubt, als ob es der Delikatessenladen an der Ecke wäre.«

Die Polizei stellte lediglich fest, dass 60 000 Dollar geraubt worden waren, obwohl in einigen Presseberichten von Beträgen bis zu 300 000 Dollar die Rede war. Im Hughes-Konzern schwieg man natürlich. Dagegen nahm sofort ein Vertreter der Summa Corporation den Fall in die Hand und zensierte alle ausgehenden Polizeiberichte.

Einleitung · Ein toller Coup

Aus diesem Grunde wurde in amtlichen Verlautbarungen nicht erwähnt, ob auch noch andere Gegenstände verschwunden waren, aber in einem Bericht an die Justizbehörde benannte die Polizei in Los Angeles als weiterhin gestohlen: zwei große Wedgwood-Vasen, einen rosa-blauen Keramiksamowar, eine antike, hölzerne mongolische Essschale und Nadine Henleys Schmetterlingssammlung.

Auch von dem massiv goldenen Medaillon, das in einem Mülleimer im Erdgeschoss gefunden wurde und das die Gangster erstaunlicherweise weggeworfen hatten, war nicht die Rede.

Und nicht mit einem Wort wurde *das* große Rätsel im Zusammenhang mit dem Einbruch erwähnt: das Verschwinden der geheimen Unterlagen des Howard Hughes.

Gewissermaßen jede einflussreiche Interessengruppe im Lande, ja in der gesamten Welt hatte Interesse an den geraubten Akten, hätte Gründe gehabt, sie zu stehlen, und Veranlassung, ihr Verschwinden zu fürchten. Es gab Indizien, die zumindest den Verdacht nahe legten, dass die CIA, die Mafia und sogar das Weiße Haus Drahtzieher des Einbruchs sein könnten. Noch deutlicher allerdings waren die Hinweise darauf, dass Hughes seine eigenen Akten »gestohlen« haben könnte, um sie vor gerichtlichem Zugriff zu bewahren.

Sowohl der zeitliche Ablauf des Einbruchs als auch die Leichtigkeit, mit der er ausgeführt wurde, ließen die Frage offen, wer alles ein Motiv für und Möglichkeiten zu diesem Coup gehabt haben könnte. Die Einbrecher waren nicht die Einzigen, die hinter seinen Privatpapieren her waren. Genau drei Tage vor dem Diebstahl hatte die Behörde für Börsen und Wertpapierhandel (SEC) die Herausgabe aller in der Romaine Street deponierten Dokumente verlangt, die die Übernahme der Luftfahrtgesellschaft Air West durch Hughes im Jahre 1969 betrafen – eine bedrohliche Situation für den Milliardär. Hughes selbst und zwei seiner Spitzenmanager waren beschuldigt worden, ein Komplott geschmiedet zu haben, mit dessen Hilfe das Aktienkapital der Luftfahrtgesellschaft manipuliert wurde, was die Aktionäre die Kleinigkeit von 60 Millionen Dollar kostete. Präsident Nixon, sein Freund Bebe Rebozo und sein Bruder Donald waren alle in diesen Fall verwickelt, und Hughes musste mit einer Gefängnisstrafe von bis zu zwölf Jahren rechnen.

»Hughes und seine Agenten könnten sich veranlasst gesehen haben, das Ganze als Diebstahl erscheinen zu lassen, um zu verhindern, dass sie unserer Beschlagnahmeverfügung nachkommen müssen«, hieß es in einem geheimen Ausschussbericht. Nur sechs Tage vor dem Einbruch hatte ein Bundesrichter verfügt, Hughes müsse, wie von seinem früheren Stabschef Robert Maheu gefordert, 500 hausinterne Schriftstücke herausgeben. Nach seinem Rausschmiss im Jahre 1970 stand Maheu auf Kriegsfuß mit der neuen Konzernführung und hatte eine Siebzehn-Millionen-Dollar-Schadensersatzklage wegen Verleumdung angestrengt: Hughes hatte ihn »einen miesen, betrügerischen Hund« genannt, »der mich bestohlen hat«. Der erbitterte Rechtsstreit hatte bereits zu öffentlichen Beschuldigungen geführt, die Gaunereien zwischen der CIA und Hughes und geheime Zahlungen an Richard Nixon und Hubert Humphrey und eine geplante Bestechung Lyndon Johnsons in Millionenhöhe beinhalteten. Maheu behauptete nun, die mittels Beschlagnahmeverfügung angeforderten Papiere würden die Richtigkeit aller seiner Beschuldigungen beweisen.

Er äußerte ferner den Verdacht, Hughes habe den Einbruch selbst arrangiert, um die geheimnisvollen Dokumente verschwinden zu lassen. Die Repräsentanten der Summa Corporation konterten damit, Maheu selbst stehe hinter dem Einbruch, und deuteten gegenüber der Polizei an, er stecke möglicherweise mit der Mafia unter einer Decke. Jahrelang hatten Hughes' »Agenten« versucht nachzuweisen, Maheu stehe mit der Mafia in Verbindung und habe ein Komplott geschmiedet, um in den Casinos des Milliardärs in Las Vegas abzukassieren. Zwar verdächtigte das FBI auch Maheu, rechnete jedoch ebenso damit, dass die Mafia auf eigene Faust gehandelt haben könnte.

»Wir haben es vielleicht tatsächlich mit einem Versuch seitens des organisierten Verbrechens zu tun, durch den Einbruch In-

Einleitung · Ein toller Coup

formationen über Mr Hughes zu erlangen«, hieß es abschließend in einem vertraulichen FBI-Bericht.

Unterdessen befasste sich sowohl der Watergate-Ausschuss des Senats als auch der Sonderstaatsanwalt für den Watergate-Fall mit einer heimlichen »Spende« in Höhe von 100 000 Dollar, die Hughes Nixon über Rebozo hatte zukommen lassen. Mit dieser Zahlung – so lautete der begründete Verdacht – war nicht nur die Zustimmung des Präsidenten zu der Übernahme der Luftfahrtgesellschaft Air West erkauft worden. Auch Justizminister John Mitchell erhob keinen Einspruch gegen den Verkauf von Hotels in Las Vegas, eine Transaktion, die gegen die Anti-Trust-Gesetze verstieß.

Tatsächlich waren einige Mitglieder des Senatsuntersuchungsausschusses der Meinung, die Verbindung zu Hughes habe die Watergate-Affäre ausgelöst. Alles begann damit, so wurde vermutet, dass Nixon befürchtete, der Vorsitzende der Demokratischen Partei, Larry O'Brien, könne von der Zahlung erfahren haben – und noch eine ganze Menge anderer Dinge –, nachdem er in Washington der Lobbyist des Milliardärs geworden war. Der Senatsausschuss verlangte, Hughes solle persönlich erscheinen und seine Akten übergeben, und der Sonderstaatsanwalt stellte nur wenige Wochen vor dem Einbruch mehrere Vorladungen aus.

Jetzt entdeckte das FBI eine mögliche Verbindung zwischen Watergate und dem Fall Romaine. Im Dienstbuch der Polizei von Los Angeles stand folgende Eintragung: »Erhielt Anruf von Karis, FBI-Zentrale in Washington ist interessiert; man vermutet, Watergate ist darin verwickelt.«

Und auch die CIA erwähnt auf ihrer eigenen Liste »potenzieller Täter« nach Maheu, der Mafia und »ausländischen Regierungen – nicht notwendigerweise die UdSSR« – die Möglichkeit, dass der Einbruch bei Hughes »politisch motiviert sein könnte, um die Watergate-Untersuchung zu fördern oder zu behindern«.

Doch auch die CIA selbst war verdächtig. Kurz vor dem Einbruch erhielten Mitglieder des Senatsausschusses den ersten offiziellen Hinweis, dass Maheu, während er noch für Hughes arbeitete, eine von der CIA unterstützte Verschwörung eingeleitet habe, um Fidel Castro mit Hilfe zweier führender Mafiosi zu beseitigen. Dies war das schmutzigste Geheimnis der CIA, und Maheu hatte Hughes davon in einem Telefongespräch erzählt, das wahrscheinlich in Romaine aufgezeichnet und aufbewahrt wurde.

All diese Hinweise und mehr oder weniger begründeten Verdachtsmomente kamen an den Tag, als Romaine ausgeraubt wurde und die geheimen Aufzeichnungen verschwanden.

»Wenn man von der Theorie ausgeht, dass jemand herausfinden wollte, was Hughes wusste, oder dafür sorgen wollte, dass niemand anders es erfährt, dann ist jeder mit Ausnahme des Ungeheuers von Loch Ness verdächtig«, erklärte ein mit der Aufklärung des Falles befasster Kriminalbeamter.

Zusätzlich mysteriös erscheinen die Ereignisse auch, weil der Einbruch in Romaine Street das sechste rätselhafte Eindringen in ein Hughes-Büro innerhalb von vier Monaten war. Im Februar 1974 gab es einen Einbruch im Zweigbüro des Milliardärs in Las Vegas. Wie verlautet, wurden keine Dokumente gestohlen, obgleich die Polizei feststellte, dass Aktenschränke durchwühlt, Schreibtische aufgebrochen worden waren und Papiere verstreut auf dem Fußboden umherlagen. Im März suchten Einbrecher ein weiteres Büro von Hughes in Las Vegas heim. Etwa zu dieser Zeit wurde das New Yorker Anwaltsbüro von Hughes' Chefberater Chester Davis aufgebrochen. Wiederum wurden keine Papiere als vermisst gemeldet. In Washington wurde bei Mullen & Company eingebrochen, einer Public-Relations-Firma, die Hughes' Lobbyist Robert F. Bennett gehörte, der auch für die CIA tätig war und den Watergate-»Klempner« E. Howard Hunt beschäftigte. Zwar waren Schubladen offen zurückgelassen worden, aber von gestohlenen Papieren war wiederum nicht die Rede. Im April schließlich drangen Einbrecher in Hughes' Büro in Encino, einem Vorort von Los Angeles, über das Dach ein. Dieses Mal nahmen die Diebe einen Sprachverzerrer mit, ein raffiniertes Gerät, das dazu diente, Telefongespräche mit Bennetts

Washingtoner Büro und dem CIA-Hauptquartier in Langley ab-
hörsicher zu machen.

Vor diesem Hintergrund begann die Polizei von Los Angeles
den neuen Coup in der Romaine Street 7000 zu untersuchen.
In einem vertraulichen Bericht, der wenige Wochen nach dem
Einbruch verfasst wurde, nannten Kriminalbeamte der Polizeibehörde von Los Angeles einige seltsame Aspekte dieses ungewöhnlichen Falles:

»Das Gebäude ist mit einem elektrischen Alarmsystem ausgestattet, das aber seit einem Jahr nicht mehr in Betrieb ist.
Ohne Kenntnis dessen erscheint die Anlage jedoch funktions-
bereit.«

»Der interne Grundriss des Gebäudes und welches Material
sich in den einzelnen Büros befindet, ist nicht allgemein bekannt, selbst nicht innerhalb der Organisation.«

»Obgleich nur ein großer ›Mosler‹-Tresorraum aufgeschweißt
wurde, gibt es noch 18 weitere Stahlkammern im selben Stockwerk, die nicht angerührt wurden.«

»Drei Büros wurden mit Schlüsseln geöffnet. Eines der wichtigsten war das von Kay Glenn. Ermittlungsbeamte versuchten, diese Tür und andere gewaltlos zu öffnen und stellten fest,
dass dies nicht möglich war.«

Noch verwirrender waren die Ergebnisse von Untersuchungen
mit dem Lügendetektor, denen sich Angestellte von Hughes
unterziehen sollten. Mike Davis, der einsame Wachmann, der
in der Nacht des Einbruchs Dienst hatte, erschien zu drei Terminen nicht, verweigerte sich schließlich dem Test ganz. »Ich
habe kein Vertrauen zu dem Ding«, erklärte er. »Einem Mann
sollte man auch so glauben.« Davis wurde entlassen. Der einzige Zeuge des Einbruchs gehörte nun selbst zu den Verdächtigen.

Sein Vorgesetzter Vince Kelley, der Sicherheitschef für den West-küstenbereich des Konzerns, ließ sich vom Lügendetektor befragen – mit negativem Ergebnis. Er »zeigte ein schlechtes Gewissen« hieß es nach der Analyse des Ergebnisses durch vier Sachverständige. Ein späterer FBI-Bericht über den Test war noch deutlicher: »Er wurde gefragt, was er schon vorher gewusst habe, wo das Diebesgut versteckt sei und ob er bei dem Raub zugegen gewesen sei. Er ›versagte völlig‹ bei der Beantwortung all dieser Fragen.«

Kelley wollte sich rehabilitieren und ließ von einem Privatdetektiv einen zweiten Test machen. Der erklärte ihn für »sauber«. Kelley verschwieg jedoch, dass dieser Privatdetektiv und zwei gemeinsame Freunde in einen der fünf früheren Einbrüche bei Hughes verwickelt waren, nämlich im Fall Encino, der ja mit dem Diebstahl eines Sprachverzerrers geendet hatte.

Doch obwohl er diesen Diebstahl nicht meldete und auch nicht dafür gesorgt hatte, dass die Alarmvorrichtung in Romaine funktionierte, obwohl er ferner den Lügendetektortest nicht bestanden hatte und dann einen Kumpan, der in einen der Hughes-Einbrüche verwickelt war, beauftragte, ihn von der Mittäterschaft in einem anderen Fall freizusprechen, wurde Kelley nicht entlassen. Er blieb Sicherheitschef im Westküstenbereich.

Zur allgemeinen Verwirrung trug erheblich bei, dass Kelleys Chef Ralph Winte, der für die Sicherheit des gesamten Hughes-Imperiums verantwortlich war, mit anderen dazu angestiftet hatte, geheime Hughes-Papiere aus einem weiteren Versteck zu stehlen. E. Howard Hunt hatte soeben unter Eid vor dem Senatsausschuss Brisantes ausgesagt: Danach hatte er mit Winte geplant, in gemeinsamer Sache mit Vertrauten von Hughes und Nixon und mit Zustimmung des Justizministers Mitchell, in Las Vegas den Safe des Zeitungsverlegers Hank Greenspun aufzubrechen. Dort nämlich sollten weitere Geheimpapiere des Howard Hughes versteckt sein.

In einem FBI-Bericht zum Romaine-Vorfall, in dem Wintes Rolle bei diesem Plan beschrieben wird, heißt es, als Winte vor der Geschworenenkammer erschien, die über Anklageerhebungen im Fall Watergate zu befinden hatte, »wurde er so nervös, und es wurde ihm so übel, dass er nicht aussagen konnte«. Doch Winte behielt nicht nur (wie Kelley) seinen Job, sondern arbeitete außerdem bei den Ermittlungen im Romaine-Fall eng mit der Polizei von Los Angeles zusammen.

Dennoch stand für die Polizei fest, dass Hughes' gesamter Sicherheitsapparat – vom Wachmann in der Romaine Street bis zur Konzernspitze – jetzt unter Verdacht geraten war. Im Bericht der Polizei von Los Angeles über den Einbruch heißt es abschließend: »Irgendeiner innerhalb der Firma hat bei diesem Einbruch mitgeholfen oder notwendige Informationen geliefert.« Die Schlussfolgerung, dass der große Coup bei Hughes ein »inside job« gewesen sein musste, schien unausweichlich.

Aber wer war dieser Insider, wer waren die Einbrecher, wer waren ihre Hintermänner, und wer besaß die gestohlenen Geheimpapiere?

Die Polizei tappte nach wie vor im Dunkeln. Bald darauf wurde das FBI eingeschaltet, und die CIA bildete eine streng geheime Arbeitsgruppe. Die Leiter beider Behörden in Washington schlossen sich zusammen, schickten Beamte zum Polizeichef von Los Angeles, informierten endlich sogar den Präsidenten der Vereinigten Staaten und setzten eine Belohnung in Höhe von einer Million Dollar aus – alles in dem verzweifelten Versuch, der Einbrecher habhaft zu werden und Howard Hughes' gefährliche Geheimnisse gegebenenfalls zurückzukaufen.

Der Fall aber blieb ungelöst, und keines der gestohlenen Papiere tauchte jemals wieder auf. Die Papiere waren noch immer verschwunden, als ich Jahre später mit meinen Ermittlungen begann.

Gleichwohl kann ich nun die wahre Geschichte dieses tollkühnen Coups erzählen und auch, wie ich die geheimen Dokumente des Mannes fand, der der Öffentlichkeit wie kein zweiter Rätsel aufgab.

»Ich kenne einen Kumpel, der behauptet, er könne uns direkt zu Howard Hughes' Versteck führen«, sagte der Autoknacker zum Profi.

Mit diesen Worten begann Anfang Mai beim Lunch in einem Drugstore in Los Angeles die Affäre »Romaine Street«.

Der Profi saß an der anderen Seite des Tisches in einer Nische und grinste lediglich.

Ein komischer kleiner Kerl, dieser Autoknacker. Immer schon wollte er ein »großes Ding« drehen. Er war vorbeigekommen, hatte sich dazugesetzt, stieß beim Sprechen die Worte seitwärts aus dem Mundwinkel, markierte den starken Mann und erzählte dem Profi von seinen jüngsten Fischzügen. Doch der Profi wusste, dass ihm nur ein kleiner Ganove gegenübersaß, ein Autoknacker, der sich auf Parkplätzen in der Nähe öffentlicher Schwimmbäder und privater Klubs herumdrückte, Wagen aufbrach und Brieftaschen und Uhren aus den Handschuhfächern stahl.

Und hier spuckte er dicke Töne und wollte ihm, dem Profi, allen Ernstes einreden, er wisse, wie man Howard Hughes' Festung »knacken« könne, saß hier in irgendeinem verdammten Drugstore und schwadronierte die ganze Zeit über den »ganz großen Coup«.

»Prima«, sagte der Profi. »Wir schlagen erst bei Hughes zu, dann nehmen wir uns J. Paul Getty vor. Vielleicht nehmen wir bei dieser Gelegenheit auch noch die Rockefellers mit.«

Der Autoknacker lachte nicht. Er wusste, dass dieser Job etwas Ernstes war. Er spürte es förmlich.

»Hör zu«, sagte er, »ich bin da an ein ganz dickes Ding geraten. Dieser rothaarige Kumpel sagt, er könne uns direkt zu Hughes' Versteck führen. Er will sich mit uns treffen. Er will gleich mit uns reden.«

Trotz aller Skepsis war der Profi fasziniert, nicht nur interessiert. »Keine Namen«, sagte er und sah den Autoknacker drohend an.

»Da kannst du Gift drauf nehmen«, versicherte der Autoknacker. »Red kennt deinen Namen nicht. Ich habe ihm nichts gesagt.«

Auf der Autobahn fuhren sie in Richtung auf Reds Wohnung. Der Profi war beeindruckt. Sie lag in einer feinen Gegend von

Einleitung · Ein toller Coup

Hollywood; es war ein elegantes Apartment, in dem viel wertvoller Schmuck herumlag und die Schränke voll von teuren Anzügen waren, denn Red war Hehler. Red selbst sah allerdings ziemlich schäbig aus. Leises Misstrauen beschlich den Profi.

Red befragte ihn genau, wie man große Stahlkammern aufbräche, und wollte wissen, ob er sich einen solchen Job zutraue. Der Profi erwiderte, er könne alles knacken. Sie redeten eine Stunde lang miteinander, aber niemand erwähnte den Namen Hughes.

Einige Wochen später war der Autoknacker wieder da. Er erzählte dem Profi, Red sei bereit, ihm etwas zu *zeigen*.

»Was weißt du über Romaine 7000?«, fragte Red. Der Profi hatte niemals davon gehört. »Das ist Howard Hughes' Geheimversteck«, sagte Red. »Ich kenne einen eingeschleusten Mann, der uns da reinbringt.«

»Ich dachte, du wolltest mir etwas zeigen«, sagte der Profi.

»Das tue ich auch«, antwortete Red. »Ich will dir Hughes' Versteck von innen zeigen.«

Alle drei – Red, der Autoknacker und der Profi – fuhren am späten Abend in die Romaine Street und stellten den Wagen auf dem Parkplatz an der Rückseite des Gebäudes ab. Vor dem Gebäude wartete ungeduldig ein nervöser Bursche und signalisierte ihnen mit einer verstohlenen Geste herüberzukommen.

Wortlos öffnete Mr Inside die Tür. Red und der Autoknacker schlüpften hinein. Der Profi konnte kaum glauben, was hier vor sich ging. Offenbar war es schwieriger, einen Automaten zu knacken. Etwas schien faul zu sein. Er wartete draußen.

Red kehrte zur Tür zurück und sagte: »Los, komm rein.«

»Ich habe kein Werkzeug dabei«, antwortete der Profi.

»Komm rein und schau dich nur ein bisschen um«, sagte Red.

Mr Inside trat dazu. »Fühl dich wie zu Hause«, sagte er. »Keine Sorge, hier ist sonst niemand.«

Der Profi fühlte sich unwiderstehlich angezogen. Er trat ein und stand sofort vor einer massiven Wand voller Mosler-Stahlkammern. Ein langer Gang, auf dem 19 schwere, vom Boden bis zur Decke reichende, mit Stahltüren verschlossene Safes standen. Er glaubte zu träumen. Vielleicht war er gestorben und nun im Himmel?

»Was meinst du, was dieser Laden hier bringt?«, fragte er Mr Inside.

»Wenigstens eine Million«, erwiderte der Insideman. »Millionen. Kann gar nicht sagen wie viele. Einige dieser Safes sind bis zur Decke voll mit Silberdollars. Alles voll mit Bargeld.«

Der Profi sah sich nach Red und dem Autoknacker um, er kam sich vor wie einer der Panzerknacker aus »Donald Duck«.

Erst später, als sie gegangen waren, fragte sich der Profi, wer hinter diesem Job steckte und hinter was die eigentlichen Drahtzieher wirklich her waren. Und noch eine andere Frage ließ sich nicht verdrängen: Wurde er dort als Professioneller gebraucht oder sollte er lediglich als Sündenbock dienen?

Dennoch war der Profi eine Woche später wieder in der Romaine Street, um die Lage genauer zu erforschen, sich mit den Örtlichkeiten vertraut zu machen, die Safes einzuschätzen, alles zu öffnen, was unverschlossen war – die Büros, die Schreibtische, die Aktenschränke. Es schien nicht schwer zu erfahren, was Hughes in seiner legendären Festung versteckte.

Das Innere des Gebäudes glich einem dunklen, unheimlichen Labyrinth. Ein betonierter Gang erstreckte sich in voller Länge durch das ganze Haus, zahlreiche Korridore gingen davon ab und führten in versteckte Passagen, die alle mit Tresoren vollgestopft und von Türen gesäumt waren, die keine Schilder trugen – keinen Hinweis darauf, was sich dahinter verbarg.

Der Profi nahm die Stahlkammern genauer unter die Lupe. Eine war unverschlossen, aber offensichtlich seit Jahren nicht mehr betreten worden. Es war schwer, die massive Stahltür zu öffnen, sie knirschte und quietschte so laut, dass es in dem ganzen leeren Gebäude widerhallte. Als er endlich hineinsehen konnte, war er enttäuscht. Die große Stahlkammer war mit hunderten von Filmbüchsen gefüllt, den Kopien und Negativen von Hughes' alten Filmen. Sonst enthielt sie nichts. Nicht einen einzigen Silberdollar.

Einleitung · Ein toller Coup

Aber in einem Büro direkt daneben entdeckte der Profi in der ersten Schublade des ersten Aktenschrankes, den er öffnete, die Ecke einer roten Geldbanderole. Er zog sie heraus, sah, dass »$ 10 000« darauf stand, und schob sie wieder zurück. Alle Neune! Von diesem Moment an war der Profi ganz bei der Sache.

Vielleicht, überlegte er, war das alles nur der Beginn eines abgekarteten Spiels, dennoch musste er einfach weitermachen. In einer Schreibtischschublade des Zimmers fand er Schlüssel für die Türen des gesamten Gebäudes.

Er ging wieder hinunter zum Hauptgang und versuchte, eine Tür nach der anderen zu öffnen. Er war jetzt aufgeregt – wie ein Kind, das auf »Schatzsuche« geht. Zunächst geriet er in ein Konferenzzimmer, das völlig leer war, mit Ausnahme zweier mit Glasscheiben abgeteilter kleiner Büros, in denen zahlreiche Flugzeugmodelle standen. Das war alles. Nur Flugzeugmodelle.

Gegenüber der Eingangshalle fummelte er an dem riesigen Schlüsselbund herum und öffnete schließlich die Tür zu einem weiteren Raum, in dem drei Kartons mit Schnaps standen, altem Whisky, aber auch Wein. Sie stammten offenbar noch aus Lebzeiten von Howard Hughes' Vater. Das war 50 Jahre her. Ferner lagen dort hunderte in Geschenkpapier eingewickelte Pakete, die niemals geöffnet worden waren. Die Schleifen und Begleitkarten waren noch da. Offenbar handelte es sich um Geburtstags- und Weihnachtsgeschenke, die Jahre hindurch einem daran absolut desinteressierten Milliardär geschickt worden waren.

An der Wand lehnten acht bis zehn Bilder, auf denen man Jane Russell betrachten konnte – über einen Meter hohe Ölgemälde auf Holz, von denen eines den üppigen Filmstar fast nackt darstellte, alles Szenen aus ihrem ersten Film, einer Howard-Hughes-Produktion von 1941: *The Outlaw*.

Der Profi arbeitete sich von einem merkwürdigen Raum in den nächsten vor und stieß dabei auf nichts anderes als ausrangierte Möbel, aufgerollte Teppiche, alte Filmdekorationen, verschiedene Kartons voll von billigen Uhren und Zigaretten oder Seifenstücken, Unmengen von Fliegerpokalen, Plaketten und Medaillen, Filmausrüstungen. In einem Raum am Ende der Eingangshalle allerdings hob sich seine Stimmung ein wenig. Er fand Tiffanylampen, Marmorstatuen, Bronzefiguren, Keramikvögel – zusammen mit Kartons von wertlosem Zeug: wiederum Seife, Papierhandtuchrollen, dutzende von Alben mit alten Zeitungsausschnitten über Hughes' Heldentaten, die bis in die Dreißigerjahre zurückreichten.

Aus alledem konnte er sich kein rechtes Bild machen. Der Profi war in alle erdenklichen Büros und Lagerhallen eingebrochen, doch auf ein so skurriles Sammelsurium war er noch nie gestoßen. Romaine war offenbar nicht Sitz einer Firma, sondern ein Warenlager voller Hughes-Erinnerungsstücke.

Der Profi fühlte sich hilflos und enttäuscht. Es gab schon Bargeld hier, auch wusste er nicht, was sich in den anderen verschlossenen Panzerschränken befand. Doch was er bisher gesehen hatte, glich einem Geldspeicher weniger als der Dachboden seiner Großmutter. Es war, als habe Hughes sein gesamtes Leben in dieser alten Höhle dokumentiert.

Der Profi ging wieder nach unten zur Eingangshalle und schloss eine weitere Tür auf, die sich zwischen dem Zimmer mit den Antiquitäten und einer Reihe von Computertastaturen befand. Dahinter lag ein kleiner dunkler Raum, in dem wiederum Kartons lagerten, außerdem einige alte sperrige Luftbefeuchter, eine Liege und ein Klappbett. Als der Profi mit seiner Taschenlampe die gegenüberliegende Wand ableuchtete, sah er einen offenen Kleiderschrank, sah hinein – und hatte das Gefühl, ohnmächtig zu werden.

Einen entsetzlichen Augenblick meinte er, Howard Hughes' Gegenwart zu spüren: als stünde der Mann tatsächlich in diesem Schrank. In Wirklichkeit waren es lediglich seine alten Kleidungsstücke, acht bis neun doppelreihige Anzüge hingen dort neben einem hellen Sportmantel und einer alten ledernen Fliegerjacke – offenbar seit Jahrzehnten unberührt und vor sich hinrottend auf den Kleiderbügeln.

Auf einem Bord darüber stand ein Sortiment brauner Medizinflaschen, lagen Hüte und einige weiße Seglermützen. Auf dem Schrankboden lagen ein Paar alte Tennis- und ein halbes

Dutzend alter brauner Halbschuhe, deren Spitzen nach oben zeigten. Der Profi konnte sich von dem Anblick dieses Kleiderschrankes nicht losreißen. Die durchgebogenen Halbschuhe faszinierten ihn geradezu.

Wenigstens 20 Minuten harrte er in diesem gespenstischen Raum aus, starrte die vergammelte Garderobe an, hatte mehr Angst denn je zuvor in seinem Leben, konnte sich aber nicht entschließen zu gehen, sondern blickte immer wieder über die Schulter, als erwarte er, dass Hughes jeden Augenblick aus dem Dunkel des Schrankes heraustreten, oder noch schlimmer, herauslangen und ihn zu sich hereinziehen könne.

Mit einem Male fühlte er sich nicht so sehr wie ein Einbrecher als vielmehr wie ein Grabräuber, der Pharaos Gruft geöffnet hat und nun den Fluch der Mumie fürchtet.

Mittlerweile völlig im Bann des imaginären Hughes und der makabren Atmosphäre an diesem Ort, stieg der Profi die Eisentreppe, die zum zweiten Stockwerk führte, hinauf, ängstlich fast in der Erwartung dessen, was er dort wohl fände, aber doch getrieben von Neugier. Auf einem Absatz in halber Höhe befand sich ein in die Wand eingebauter Safe, ein wahrlich seltsamer Platz für einen Tresor. Und obgleich das Gebäude von viel größeren und eindrucksvolleren Panzerschränken nur so strotzte, wusste er sofort, dass er hier etwas Besonderes vor sich hatte.

Zunächst ging er jedoch weiter hinauf.

Er gelangte in einen weiteren, sich über das ganze Stockwerk erstreckenden Korridor, der ebenfalls mit Türen gesäumt war, auf denen kein Schild verriet, was sich hinter ihnen verbarg. Die meisten Büros waren leer. Dennoch entdeckte der Profi in einem Büro, dem des Hauptkassierers von Romaine, einiges loses Bargeld, etwa 1000 Dollar in Zwanzigern, Fünfzigern und Hundertern. Er drang in weitere vielversprechend aussehende Räume ein und öffnete dann einige schwere Doppeltüren aus Nussbaumholz, die mit großen Messingknöpfen verziert waren.

Dahinter erstreckte sich ein Empfangsraum mit vier Wandsafes, dahinter lag wiederum ein luxuriöses Büro, das in einen neun Meter langen, mit einem beigen Wandteppich tapezierten

Konferenzraum mündete, dessen Wände mit dunklem Holz getäfelt und mit in Leder gebundener juristischer Fachliteratur geschmückt waren.

Inmitten dieses Zimmers stand ein etwa vier Meter langer Mahagonitisch, und auf diesem Tisch lagen ordentlich nebeneinander aufgereiht zehn Stapel weißes, mit Schreibmaschine beschriebenes Papier und zehn Stapel gelben Briefpapiers mit handschriftlichen Notizen. Alle gelben Bögen trugen die Unterschrift von Hughes.

Mit klopfendem Herzen blätterte der Profi in den Notizen. Er sah Zahlen in Millionenhöhe, las von Geschäften mit Gangstern und Politikern, Namen wie Nixon, Humphrey, Kennedy und Johnson. Er spürte jetzt nicht mehr Hughes' Gegenwart, sondern seine *Macht*.

Und er wusste, was immer sonst noch in der Romaine Street versteckt sein mochte, was immer noch hinter den Stahltüren dieser verschlossenen Panzerschränke liegen mochte, diese geheimen Aufzeichnungen waren die eigentliche Beute.

5. Juni 1974. Die Nacht des Einbruchs

Der Profi merkte in dem Augenblick, in dem er eintrat, dass irgendetwas nicht stimmte: Ein Fremder lehnte an der Wand, gleich hinter der Tür. Ein Mann, den er noch nie gesehen hatte.

»Wer zum Teufel ist das?«, fragte er. Mr Inside, der neben dem Fremden stand, antwortete: »Das ist mein Partner.«

Der Profi blickte sich nach seinen eigenen Partnern um, dem Autoknacker und dem anderen Mann, den er für diesen großen Job mitgebracht hatte, einen professionellen Geldschrankknacker, mit dem er auch schon früher zusammengearbeitet hatte. Hier lief eindeutig etwas nicht wie geplant. Er hatte erwartet, hier mit Mr Inside und Red zusammenzutreffen. Stattdessen nun dieser mysteriöse Mann.

War er Polizist? Ein Angestellter von Hughes? Ein Geheimagent? Würde er den Profi auf der Stelle umlegen oder erst dann,

Einleitung · Ein toller Coup

wenn er durch diese Tür hinausginge? Wer dieser Kerl auch sein mochte, wer auch immer wirklich hinter dieser Sache steckte, der Profi war sich jetzt einer Tatsache vollkommen sicher: Hier ging es um mehr, als man ihm gesagt hatte.

Nun war es zu spät auszusteigen. Die Chance, Howard Hughes auf eigene Rechnung auszunehmen, war unwiderruflich vorüber. Zusammen mit dem Autoknacker wurde der Unbekannte ins obere Stockwerk geschickt; angeblich sollten sie vor der Telefonzentrale stehen, um sicherzustellen, dass der Telefonist nicht überraschend auftauchte. In Wirklichkeit aber sollte der Autoknacker den Fremden bewachen. Beide standen dann auch mit vor die Gesichter gebundenen Taschentüchern während der ganzen Nacht, nervös zwar, aber Schulter an Schulter, Wache.

Inzwischen begannen der Profi und sein Partner ihre Arbeit. Zunächst betraten sie das Büro, in dem der Profi die 10 000-Dollar-Banknoten-Banderole entdeckt hatte. Sie legten den Aktenschrank flach auf den Boden und öffneten einen feuersicheren Safe im obersten Fach mit einem Keil, einem Hammer und einem Brecheisen. Das Ergebnis war nicht schlecht: sechs Bündel in Hunderterscheinen, jeweils 10 000 Dollar, acht Bündel mit Fünfzigern, jedes 1000 Dollar wert und vielleicht noch etwa 500 Dollar in kleinen Scheinen.

Der Profi verstaute die Banknoten in seiner Werkzeugtasche, einer dunkelblauen Sporttasche mit weißen Plastikgriffen, und steckte noch zwei goldene Juvenauhren ein, die jeweils einen Tausender wert waren. Das konnte man wahrlich nicht einen schlechten Fang schimpfen: Mehr als 70 000 Dollar Beute in dem ersten geknackten Safe.

Mehrere hunderttausend Dollar aus Bundesobligationen ließen sie liegen – für sie war das nur wertloses Papier.

Sie durchquerten die Halle in Richtung auf eine Reihe von sechs begehbaren Stahlkammern.

Mr Inside wies auf einen der alten Mosler-Safes; er sagte, sie seien voll von Silberdollars in hunderten von Säcken, tausend Stück in jedem, alles alte Münzen, von denen jede einzelne fünf Dollar wert sei.

Sie zerrten Schneidbrenner und die beiden Azetylenflaschen vor den Panzerschrank, der Profi setzte seine Schutzbrille auf und begann. Als er in die drei Meter hohen, doppelten Stahltüren ein ausreichend großes Loch gebrannt hatte, kletterte er hinein.

Die Wände der Stahlkammer waren vom Boden bis zur Decke zugestapelt – aber nicht etwa mit Silberdollars. Der Profi kletterte über Kisten und Koffer und allerlei Kram, leuchtete mit seiner Taschenlampe in alle Ecken und Winkel in fieberhafter Suche nach dem Schatz. Doch er stieß nur auf eine weitere seltsame Sammlung aus dem höchst persönlichen Bereich des Howard Hughes: hunderte von in Obstkisten versteckten Hörgeräten, jede Menge Kästen mit alter Korrespondenz, Briefen und Weihnachtskarten, die er in den letzten Jahrzehnten erhalten hatte; zahlreiche Kisten voller Drehbücher, ein weiterer Koffer mit Notizblöcken, Alben und Flugtagebüchern, Unmengen von silbernen Fliegerpokalen und einen goldenen Siegerpokal von einem Golfturnier, weitere Hörgeräte und einen großen Zierteller, ein Geschenk von William Randolph Hearst.

Nicht einmal in einer ganzen Nacht wäre es dem Profi möglich gewesen, eine vollständige Inventur der hier versammelten Gegenstände zu machen. Drei Einzelteile erregten dennoch seine Aufmerksamkeit: eine massiv silberne 7-mm-Pistole, versehen mit einer Karte, auf der stand: »Erbeutet von Hermann Göring«, ein Feldstecher der deutschen SS in einem schwarzen Lederfutteral und eine große geschliffene Schale mit der Inschrift: »Für Howard Hughes von Hubert Horatio Humphrey« mit dem Siegel des Vizepräsidenten. Die Schale ließ er liegen und nahm nur die Pistole und den Feldstecher mit.

Es wäre ein hoffnungsloses Unterfangen gewesen, sich auch noch die weiteren 17 Panzerschränke vorzunehmen.

Stattdessen kehrte der Profi in die Eingangshalle zurück. Vorsichtshalber öffnete er unterwegs noch gewaltsam einige Türen, um einen ganz normalen Einbruch vorzutäuschen. Danach ließ er seinen Partner noch einmal die Antiquitäten betrachten. Wie von übernatürlichen Kräften angezogen, betrat er dann wieder

Einleitung · Ein toller Coup

jenen kleinen Raum, in dem er Hughes' alte Kleidungsstücke entdeckt hatte. Dort starrte er eine Weile (wertvolle Zeit verschwendend) auf den gespenstischen Inhalt des Schrankes.

Doch urplötzlich wurde er aus seinen Gedanken aufgeschreckt. Der geheimnisvolle Unbekannte, den er in jenen Raum hinaufgeschickt hatte, in dem Howard Hughes' Dokumente verwahrt waren, war ihm wieder eingefallen. Er hatte den mysteriösen Fremden schon halb vergessen. Doch nun überfielen ihn erneut Zweifel hinsichtlich dessen Person und ihrer Absichten.

Aber auf halbem Wege entdeckte er auf dem Treppenabsatz den an so merkwürdiger Stelle angebrachten Wandsafe und entschloss sich, ihn zu öffnen. In wenigen Minuten hatte er das Kombinationsschloss aufgebrochen, die Stahltür geöffnet und einen versteckten Raum entdeckt, der drei Meter breit, knapp fünf Meter lang, aber nur 1,30 Meter hoch war. Der Profi kroch hinein.

Der Raum stand voll von grünbraunen Kisten: Campbells' Büchsensuppenkartons. Etwa 200 Stück waren an den Wänden aufgestapelt und alle vollgepackt mit alten eingelösten Schecks, von Hughes selbst unterzeichnet, ausgestellt auf verschiedene Restaurants und Nachtklubs – dem »Brown Derby«, dem »Stork Club« und »El Morrocco« –, sowie Firmenschecks von RKO und TWA. Abertausende Schecks, ausgestellt von den Zwanziger- bis in die Fünfzigerjahre und ordentlich in Suppenkartons verpackt. Sie waren selbstverständlich wertlos, dennoch übten sie eine unerklärliche Faszination auf den Profi aus. Eine Viertelstunde lang hockte er in dem engen Loch und studierte die Schecks wie ein zerstreuter Buchhalter. Dann schmerzte sein Rücken so stark, dass er den niedrigen Raum verlassen musste.

Oben, im zweiten Stock, hielten der mysteriöse Mann und der Autoknacker immer noch Seite an Seite ihre vermeintliche Wache. »Wir kriegen gut und gern hunderttausend zusammen«, sagte der Profi leichthin und widmete sich wieder seiner Arbeit.

45 Minuten lang mühten er und sein Partner sich vergebens. Der Geldschrank des Hauptkassierers in Romaine wollte sich offenbar nicht aufbrechen lassen. Endlich blieb den zwei Män-

nern nichts anderes übrig, als die Azetylenflaschen hochzuschleppen und das Stahlungetüm aufzuschweißen. Weitere 10 000 Dollar Bargeld, Hughes' Kreditkarten, sein Pilotenschein und ein (allerdings abgelaufener) Pass fielen in ihre Hände. In einem benachbarten Vorzimmer öffneten sie einen Aktenschrank und fanden noch einige hundert Dollar.

Der Profi und sein Partner troffen inzwischen von Schweiß. Ursache war weniger die Hitze des Brenners als vielmehr die selbst für sie ungewohnte körperliche – vor allem aber die nervliche Anspannung. Sie hatten ihre Arbeit gerade rechtzeitig beendet: Es war 4 Uhr – die Zeit, zu der sie verschwinden mussten, weil im Morgengrauen der Reinigungstrupp auftauchen würde. Der Profi und sein Partner verließen die gemeinsame Arbeitsstätte und trafen im großen Konferenzzimmer Mr Inside. Der zeigte auf die Dokumente, die auf dem Mahagonitisch lagen: »Lass uns die mitnehmen.« Das erste Mal hatte jemand überhaupt die Papiere erwähnt. So als hätte niemand vorher daran gedacht.

»Ich nehme sie an mich«, sagte Mr Inside beiläufig, »und wenn irgendetwas schief geht, können wir sie als Erpressungsmaterial benutzen, um uns, sollte das nötig sein, freizukaufen.«

»O. K.«, sagte der Profi, sammelte die persönlichen Papiere des Milliardärs vom Tisch und warf sie in einen großen Pappkarton, den er im »Jane-Russell-Zimmer« gefunden hatte.

»Hier in diesen Schränken ist noch mehr«, sagte Mr Inside und zeigte auf vier noch ungeöffnete Aktenschränke.

Für einen Mann wie den Profi war es kein Problem, die Schlösser und eine Schublade nach der anderen zu öffnen. In diesen Schubladen lagen weitere tausende weißer, mit Schreibmaschine beschriebener Dokumente und gelbe, handbeschriebene Bögen mit Notizen. Der Profi warf einen Aktenordner nach dem anderen in einen riesigen Pappkarton. Als die Fächer endlich leer waren, schleppten der Profi, sein Partner und Mr Inside das gesamte Material ins Erdgeschoss in eine Art Lager, an dessen Rückseite eine Verladerampe war. Auf diesen letzten Metern schlossen sich ihnen der Autoknacker und der mysteriöse Unbekannte an.

Inzwischen – die Zeitgrenze von 4 Uhr früh war auf nicht unbedenkliche Weise überschritten – versammelten sich die »Verschwörer«, die voneinander noch nicht wussten, ob sie wirklich gemeinsame Sache machten, um einen Tischtennistisch im großen Konferenzsaal: Der Profi öffnete seine blaue Sporttasche und kippte das Bargeld auf den Tisch. Er zählte. Das Ergebnis: knapp 80 000 Dollar.

»Nicht gerade eine Million, aber doch verdammt gut für die Arbeit einer Nacht«, kommentierte der Profi die Beute und teilte sie in fünf gleiche Haufen. Jeder nahm einen, der Profi zuletzt. Es blieben noch 500 Dollar in losen Scheinen. Er schob sie den Kumpanen zu. Die zögerten, aber der Unbekannte griff zu.

Der Profi öffnete den Reißverschluss seiner Hose und pinkelte auf den Teppichboden in einem der als uneinnehmbar geltenden Büros der als uneinnehmbar geltenden Festung des Howard Hughes. Und nachdem sie sein Heiligtum geplündert und geschändet hatten, luden sie die Geheimpapiere des Milliardärs auf einen – ebenfalls – gestohlenen Ford-Transporter und verschwanden im Dunkel der Nacht.

Der Profi hatte sich allein in seinen Schlupfwinkel verkrochen, und er konnte nicht ahnen, welche Kräfte er und seine Komplizen entfesselt hatten. Er wusste nicht einmal, wer von seinen Komplizen das wusste. Er hatte keine Ahnung, dass sie Romaine ausgeraubt hatten, nur wenige Tage nachdem die SEC und Maheu Beschlagnahmeverfügungen durchgesetzt hatten, und dass nunmehr die Ermittler in der Watergate-Affäre ebenfalls hinter diesen Akten her waren. Eine Tatsache, die den Präsidenten, die CIA und die Mafia natürlich ebenfalls verdächtig machten. Was er nicht wusste. Ebenso wenig wie er wusste, wer wirklich hinter dem Einbruch steckte. Er wusste nur eines, nämlich, wer wirklich die gestohlenen Papiere besaß: er selbst.

Die Rückfahrt von Romaine war ziemlich aufregend. Während der Partner des Profis hinterm Steuer hockte, saß er selbst auf dem Vordersitz mit einer Pistole auf dem Schoß. Er kontrollierte ständig den Unbekannten, der auf dem Rücksitz neben dem Autoknacker saß. Der hielt eine braune Papiertüte in der

Hand. Darin war nicht nur sein Beuteanteil, sondern auch eine Pistole.

Hinter ihnen auf der Ladefläche des Transporters standen die Kisten und Pappkartons mit den gestohlenen Dokumenten. Eigentlich war geplant, dass der Fremde die Papiere erhalten sollte (im Auftrag von Mr Inside), der nach dem Einbruch plötzlich eigene Wege gegangen war. Aber wer war dieser mysteriöse Mann, und was mochte er sonst noch im Schilde führen?

Die ganze Nacht hatte der Profi darauf gewartet, dass der Fremde den ersten Schritt tun würde. Jetzt war die Atmosphäre offenbar hochgradig gespannt – wie in *High Noon*. Bei allen Insassen in dem engen Fluchtauto lief die Adrenalinzufuhr auf Hochtouren. Gehetzte Blicke über die Schulter, nervöses Lauschen auf das Heulen der Sirenen, jede Sekunde warteten sie darauf, die roten Lichter von Polizeiwagen aufblitzen zu sehen; besonders genau aber beobachteten sie sich gegenseitig, und jeder fragte sich, wer wohl zuerst schießen würde.

Dennoch überlegte der Profi während dieser ganzen Zeit: Warum hatte man gerade ihn mit diesem Job beauftragt? In den Panzerschränken war nichts von besonderem Wert, und man hätte kaum einen Fachmann gebraucht, um ein paar Aktenschränke aufzubrechen. Sollte ein Panzerschrank lediglich aufgeschweißt werden, um die Polizei abzulenken? Aber wovon ablenken? Warum hatte es keinen Alarm gegeben, warum lagen die Schlüssel für das gesamte Gebäude einfach in einer Schreibtischschublade, warum war alles so verdammt einfach gewesen?

Und vor allem, warum lagen die geheimen Dokumente so ordentlich und griffbereit beisammen? Warum waren sie nicht verschlossen? Hatte Hughes geplant, seine eigenen Akten zu »stehlen«, nur damit sie tatsächlich gestohlen würden? Was auch immer dahintersteckte, der Profi hatte sich inzwischen entschlossen, den Spieß umzudrehen, gleichgültig wer hinter dem Coup gestanden haben mochte.

In dem Augenblick, als er die Papiere zuerst sah, hegte er nur einen vagen Verdacht, der sich aber gegenüber seinen Komplizen

Einleitung · Ein toller Coup

zu Misstrauen verdichtete und dann, nachdem er in den Bann von Hughes geraten war, geradezu eine fixe Idee und schließlich in den letzten Minuten des Einbruchs Gewissheit wurde. Mr Inside nämlich hatte plötzlich erklärt, er wolle die Papiere behalten. In diesem Augenblick war dem Profi klar, dass von Anfang an nicht das Geld, sondern die Geheimpapiere der eigentliche Grund für den Einbruch gewesen waren, und er beschloss, die Papiere zu behalten.

Hier in dem Transporter war außer dem Unbekannten niemand, der ihn davon hätte abhalten können. Der Profi blickte sich nach seinem Gegenspieler um. Der Fremde rückte unruhig hin und her, die Hand mit der Pistole immer noch in der Papiertüte verborgen. Der Profi wusste, er könnte diesen Burschen, wer immer er war, erledigen. Und wer immer auch der eigentliche Auftraggeber sein mochte, er war momentan kein Gegner.

Sie fuhren nach Norden ins Tal, Richtung Encino, doch der Profi wollte sich nicht in eine Falle locken lassen – an einen unbekannten Ort, wo jeder (ob Bulle oder Gangster) sie möglicherweise abfangen konnte. Deshalb ließ er an einer Straßenecke halten und forderte den Fremden auf auszusteigen.

»Aber was geschieht mit den Papieren?«, fragte der rätselhafte Mann. Offensichtlich hatte er große Angst. Der Profi, immer noch mit der Pistole auf dem Schoß, sagte, er würde sie persönlich Mr Inside übergeben. Einen Augenblick starrten sich die beiden an. Der Fremde warf einen kurzen Blick auf die beiden anderen Männer, den Autoknacker und den Partner des Profis. Er war in der Minderzahl und wagte nicht zu widersprechen.

Erst als der Profi später – die Sonne ging schon auf – allein im Wagen saß, allein mit den Papieren heimfuhr, wurde ihm die Wirklichkeit voll bewusst: Er besaß Howard Hughes' sämtliche Geheimnisse. Er schloss sich in seine Garage ein und blieb den ganzen Tag und die ganze folgende Nacht wach, hörte die Rundfunkmeldungen über den Einbruch und las in tausenden von Hughes' privaten Dokumenten. Schließlich vergaß er alles um sich herum, war ganz im Bann der geheimnisvollen Welt, die ihm die Aufzeichnungen enthüllten.

Am darauf folgenden Morgen verließ er das Haus, um sich, wie verabredet, mit Mr Inside in einem Café in Los Angeles zu treffen. Unterwegs kaufte er die *Times*. Der Einbruch stand unter den Meldungen auf der ersten Seite: »Gangsterbande nach vierstündigem Überfall auf Hughes' Büro mit 60 000 Dollar entkommen.« Die gestohlenen Papiere waren mit keinem Wort erwähnt. Aus der Zeitung erfuhr er jedoch auch, dass dies nicht der einzige Einbruch in einem Hughes-Büro gewesen war. Es hatte eine Serie von Einbrüchen gegeben, verteilt über das ganze Land. Nur wenige Tage bevor er mit dem Romaine-Coup beauftragt wurde, waren Unbekannte in das Büro in Encino eingedrungen und hatten einen Sprachverzerrer gestohlen. Encino? Dort hatte er doch den rätselhaften Fremden abgesetzt.

Gab es eine Verbindung zwischen diesen Einbrüchen? Wer steckte hinter dem Ganzen? Hinter was waren die Hintermänner wirklich her? Und wer, so fragte sich der Profi auch, wäre jetzt wohl hinter *ihm* her?

Erleichtert stellte er fest, dass Mr Inside in dem verabredeten Café allein auf ihn wartete. »Sind die Papiere in Sicherheit?«, fragte er sofort. »Ich möchte sie zurückhaben.« Seine Nervosität war nicht zu übersehen, aber als der Profi sofort seine Bereitschaft erklärte, die begehrten Dokumente zu übergeben, beruhigte Mr Inside sich schnell.

»Selbstverständlich«, sagte der Profi, »kein Problem.« Er vereinbarte detailliert Zeit, Datum und Ort der Übergabe und verschwand unverzüglich.

In drei verschiedenen Läden kaufte er darauf jeweils einen Überseekoffer, packte die Hughes-Papiere hinein, verschloss jeden mit einem Vorhängeschloss und deponierte sie in drei verschiedenen Lagerhäusern unter drei verschiedenen (falschen) Namen. Behalten hatte er nur einen Schnellhefter mit handgeschriebenen Notizen, den er in einem Fach im Keller seines Schlupfwinkels versteckte.

Er entwickelte keinen bestimmten Plan, hatte nur eine vage Idee: Hughes würde sicher viel Geld für seine Papiere zahlen. Der Profi entschloss sich, sie für eine Million Dollar zurückzugeben.

Einleitung · Ein toller Coup

Dennoch war ihm das Geld zunächst nicht so wichtig. Natürlich wollte er die Million, aber stärker noch war zunächst sein Wunsch, Howard Hughes einmal Auge in Auge gegenüberzustehen. In seiner Fantasie malte sich der Profi aus, wie er, der Mann von der Straße, am selben Tisch mit dem reichsten Mann Amerikas sitzen würde – so als wären sie gleichberechtigt. Gleichberechtigt, weil er über das Wertvollste verfügte, das der Milliardär besaß: dessen handschriftlich aufgezeichnete Geheimnisse. In diesem Spiel hätte nicht Hughes, sondern der Profi alle Trümpfe in der Hand.

Diese Vorstellung entwickelte sich zur fixen Idee. Mehr als alles andere wünschte er sich, mit Howard Hughes zu pokern.

Zehn Tage waren seit dem Einbruch vergangen, als ein Mann in der Romaine Street anrief, der sich Chester Brooks nannte. Er verlangte Kay Glenn, Nadine Henley oder Chester Davis zu sprechen. Der Anwalt, Mr Davis, wurde gefragt, sagte jedoch, er kenne keinen Mr Brooks.

Zwei Tage später meldete sich Chester Brooks erneut. Dieses Mal fügte er hinzu: »Es ist wegen des Einbruchs, und es ist dringend.« Er bot stichhaltige Beweise an und forderte Hughes' Manager auf, nach einem weißen Umschlag auf einem grünen Mülleimer unter dem Baum im Park gegenüber dem Encino-Büro Ausschau zu halten.

Nadine Henley sah aus dem Fenster und entdeckte den Umschlag. Da sie eine Falle fürchtete, forderte sie ein Bombenräumkommando der Polizei an. Der Inhalt des Päckchens war in der Tat äußerst brisant: ein Brief in Hughes' Handschrift auf einem gelben Briefbogen. Das Schreiben war an Robert Maheu gerichtet, trug das Datum vom 6. Juni 1969 und lautete:

Bob –
Ich wäre hell begeistert über die Aussicht, Parvin in derselben Weise wie Air West zu erwerben. Meinst du, dies wäre wirklich möglich? Ich nahm bisher an, dass das Geschrei wegen des Monopols das ausschließen würde.

Wenn es wirklich in die Tat umzusetzen wäre, wäre das meiner Meinung nach ein Volltreffer und könnte alle meine Pläne ändern.

Ich bitte um Antwort, es eilt sehr.

Howard

Dieses Dokument machte Chester Brooks nicht nur glaubwürdig – und lieferte den ersten Hinweis auf die vermissten Papiere –, sondern warf auch einige knifflige Fragen auf. Gegen Hughes und zwei seiner Topmanager waren gerade wegen des Falles Air West kriminalpolizeiliche Ermittlungen im Gange. Und in diesem Dokument empfahl der Milliardär, Parvin-Dohrmann, dem mehrere Casinos in Las Vegas gehörten, sollte »in derselben Weise wie Air West gewonnen werden«.

Noch brisanter freilich war, dass Parvin als Strohmann von Sidney Korshak, einem Anwalt aus Beverly Hills, galt, der von der Justiz als einer der mächtigsten Gangsterbosse im Bereich des organisierten Verbrechens überhaupt entlarvt worden war. Hughes hatte schon früher Kontakt zu ihm gehabt, und Korshaks Name tauchte nun im Zusammenhang mit dem Einbruch in der Romaine Street wieder auf.

Im Augenblick jedoch spielte der mysteriöse Chester Brooks die Hauptrolle. Er hatte die Manager von Hughes aufgefordert, ihr Interesse mit Hilfe einer Kleinanzeige in der *Los Angeles Times* zu signalisieren. Das Schlüsselwort sollte »APEX-OK« lauten und zusammen mit einer rückwärts lesbaren Telefonnummer stehen. Dies geschah. Drei Tage später meldete sich Chester Brooks erneut bei Nadine Henley. Ihre Unterhaltung wurde von der Polizei abgehört.

Zunächst hatte Brooks eine Botschaft für Hughes: »Es dürfte ihn freuen zu erfahren, dass dies nicht Teil einer Verschwörung vonseiten der Maheu-Leute ist, und wir wollen nicht, dass diesem Mann auch nur das Geringste geschieht.«

Dann versuchte er, Nadine Henley unter Druck zu setzen: »Es ist nicht ganz so viel Geld gestohlen worden, wie behauptet wurde. Sie sollten ihn das wissen lassen. Er hat wohl einige Stümper in seiner Firma.«

Und dann kam Brooks zur Sache: »Der Preis, der für uns interessant wäre, beträgt eine Million Dollar. Wir wollen das Geld in zwei Raten. Die ersten 500 000 für die Hälfte der Dokumente. Der zweite Teil folgt innerhalb von drei Tagen.«

Er verband die Lösegeldforderung mit einer Warnung: »Sollte es zu irgendeiner Zeit irgendeinen Vertrauensbruch geben, werden die Verhandlungen sofort eingestellt.

Wir rufen morgen wieder an, und Sie können dann entweder ja oder nein sagen«, fügte Brooks hinzu.

Nadine Henley versuchte, das Gespräch in die Länge zu ziehen. »So viel Geld kann ich mir nicht einfach aus dem Ärmel schütteln«, sagte sie und wies darauf hin, dass Hughes in dieser Sache gefragt werden müsse. »Ich brauche schon ein bisschen Zeit, um mit dem Mann in Verbindung treten zu können, so ist das eben, wissen Sie.«

»Nun, das ist Ihre Sache«, erwiderte Brooks. »Wir werden nur noch einmal anrufen.«

Wie angekündigt, telefonierte Brooks am nächsten Tag erneut mit Nadine Henley. Vor dem Gebäude stand Polizei bereit, ebenfalls ein Hubschrauber und zahlreiche Streifenwagen, um sich, sobald der Anruf lokalisiert war, unverzüglich in Bewegung zu setzen. Innerhalb weniger Sekunden kannte man die ersten drei Ziffern und startete, um das Netz im Norden Hollywoods zusammenzuziehen. Doch die ersten drei Ziffern reichten eben nicht. Die Jagd blieb ohne Erfolg.

Nadine Henley war nicht da, als Chester Brooks anrief. »O. K.«, sagte er, hängte ein und meldete sich nie wieder.

Der Profi blieb indessen auf seiner Eine-Million-Dollar-Beute sitzen. Er beschloss zu warten, bis Hughes sich melden würde – zu warten, bis dieser bereit war, sich mit ihm an einen Tisch zu setzen und das große Spiel zu eröffnen, eben zu warten, bis Hughes auf ihn zukam. So wartete er Tage, Wochen, Monate und hörte während dieser ganzen Zeit, wie im Fernsehen über Hughes, Maheu, Nixon, Rebozo und Watergate berichtet wurde.

Und er fragte sich immer wieder, ob einer von ihnen den Einbruch angezettelt habe, sah, wie alle diese Mächtigen Licht in das Dunkel um den sich verborgen haltenden Milliardär zu bringen suchten – während er hier saß mit all den Geheimnissen, die für die anderen offenbar von so außerordentlicher Wichtigkeit waren.

Und während der Profi der Dinge harrte, die da kommen sollten, begann sich, ohne sein Wissen und Dazutun, der Schleier des großen Geheimnisses zu lüften.

Zu der Zeit nämlich, als Brooks vergeblich versucht hatte, wegen des »Lösegeldes« Kontakt zu Nadine Henley aufzunehmen, feierten sie und der gesamte Führungsstab des Howard Hughes an Bord eines unbekannten Schiffes im Hafen von Long Beach eine exklusive Abschiedsfeier.

Und während sie vergeblich auf Chester Brooks' Rückruf warteten, brach die *Hughes Glomar Explorer zu* einer streng geheimen Mission auf. Ihr Ziel lag im Pazifik, 750 Meilen nordwestlich von Hawaii.

Die *Glomar* war ein hochmodernes Forschungsschiff, das Hughes hatte bauen lassen, um gewaltige Bodenschätze zu heben, die er auf dem Meeresboden vermutete. Kay Glenn wusste es besser: Das »Forschungsunternehmen« diente lediglich der Tarnung. Und das 350-Millionen-Dollar-Schiff gehörte in Wirklichkeit nicht Hughes, sondern der CIA. Nur eine Gruppe handverlesener Leute wusste dies, und am 1. Juli entdeckte Glenn etwas, von dem niemand bislang auch nur geahnt hatte.

Es handelte sich um ein Dokument, das den eigentlichen Auftrag der *Glomar* verriet. Diese Unterlagen befanden sich nun in den Händen der unbekannten Einbrecher, die Romaine einen Monat zuvor ausgeraubt hatten. Der Zeitpunkt hätte nicht ungünstiger sein können. Die *Glomar* hatte ihren Bestimmungsort gerade erreicht und sollte ihre riesigen Greifer bis drei Meilen unter die Wasseroberfläche strecken, um ein gesunkenes russisches U-Boot vom Grund des Pazifischen Ozeans zu heben.

Glenns Chef Bill Gay gab die Nachricht telefonisch an CIA-Direktor William Colby weiter, der wiederum den FBI-Direktor

Einleitung · Ein toller Coup

Clarence Kelley informierte. Kelley wandte sich an William Sullivan, den Chef des FBI in Los Angeles. Und Sullivan ging direkt zum Hauptquartier der Polizei von Los Angeles, um mit deren Polizeipräsidenten Ed Davis zu sprechen.

Nach seinem Treffen mit Davis erklärte Sullivan den Kriminalbeamten, die mit dem Romaine-Fall befasst waren, die Lage. Er sprach davon, dass die »nationale Sicherheit« berührt sei. Die *Glomar* oder das sowjetische U-Boot erwähnte er nicht. Dagegen verbot er den Polizeibeamten, sich die gestohlenen Hughes-Papiere, sollten sie sie gefunden haben, anzusehen.

»Man erwartet von uns, dass wir die Augen schließen, die Dokumente in einem Kuriersack versiegeln und sie ungelesen dem FBI übergeben«, berichtete ein Kriminalbeamter, der an der Besprechung teilgenommen hatte. »Das hat man tatsächlich von uns verlangt. Ich weiß nicht, was die für Vorstellungen haben, wie wir das Zeug jemals mit geschlossenen Augen finden sollen.«

Romaine war nun keine – wenn auch Aufsehen erregende – Provinzposse mehr. Während Beamte der unteren Dienstgrade im Dunkeln tappten, traf sich der Justitiar der CIA, John Warner, heimlich mit Präsident Davis und dem Bezirksstaatsanwalt von Los Angeles, Joseph Busch.

»Es ist klar, dass Busch und Davis glaubten, wirklich etwas für die nationale Sicherheit tun zu müssen«, erinnerte sich später der Staatsanwalt, der in die Einzelheiten des Falles eingeweiht worden war. »Aber für die Jungs, die tatsächlich die Ermittlungen zu führen hatten, war es eine Katastrophe. Niemand wusste, was los war. Die Hughes-Leute taten so verdammt geheimnisvoll, aus ihnen war überhaupt nichts herauszubekommen. Dann schaltete sich das FBI ein und spielte Katz und Maus mit uns – indem es sagte, das ist eure Sache, aber stellt keine Fragen –, und hinter dem Ganzen lauerte die CIA.«

Einige der Justizbeamten vor Ort fragten sich in der Tat, ob die CIA die Gefährdung der »nationalen Sicherheit« nicht lediglich erfunden habe, um ihre Untersuchungen zu sabotieren, um sie daran zu hindern, an Hughes' Geheimnisse heranzukommen.

Inzwischen wurde in Washington in aller Eile ein Experten-team von CIA-Beamten gebildet, das glaubte, »die Einbrecher könnten ebenso gut von dem Konzern selbst angeheuert worden sein«, und sich fragte, ob das *Glomar*-Dokument tatsächlich ver-schwunden war.

Vielleicht war die ganze *Glomar*-Story lediglich ein Trick, der verbergen sollte, dass Hughes seine eigenen Akten hatte stehlen lassen, um auf diese Weise die CIA in seinen Kampf gegen Maheu hineinzuziehen. »Hughes versucht möglicher-weise, die Schuld für den Einbruch Maheu in die Schuhe zu schieben«, hieß es in einem Bericht des Sonderstabs, »… und versucht gleichzeitig festzustellen, wie ernst die Behörde den Verlust des heiklen Dokuments nimmt und hofft, dass die Behörde bereit sein könnte, beim Maheu-Verfahren zu interve-nieren.«

Dennoch musste die CIA davon ausgehen, das *Glomar*-Doku-ment sei gestohlen worden. Ja, ihre Ermittler konnten nicht ein-mal ausschließen, dass es sogar den Russen in die Hände gefallen war. Sie wussten auch, dass William Colby es nun nicht mehr vermeiden konnte, dem Präsidenten zu berichten. Es muss ein gespenstisches Treffen gewesen sein.

Knapp einen Monat später war Richard Nixon aus seinem Amt verjagt; seine Beziehungen zu Hughes waren Gegenstand einer genauen Untersuchung, und Colby wusste, dass der Präsi-dent Gründe hatte, sich nicht nur wegen der *Glomar*, sondern auch wegen des Romaine-Falles Sorgen zu machen: Die vermiss-ten Dokumente enthielten möglicherweise eine unübersehbare Menge hochexplosiven Stoffs.

Tatsächlich hegte man bei der CIA den Verdacht, das Weiße Haus könne selbst hinter dem Einbruch stecken. Auf ihrer ersten Liste »möglicher Täter« erwähnte die CIA, dass der Einbruch vielleicht »politisch motiviert sei, um die Watergate-Ermittlun-gen zu fördern oder zu behindern« und dass »mögliche Kan-didaten« auch aus Kreisen stammen könnten, die »gegen eine Anklage seien, falls anhand der Dokumente peinliche Enthül-lungen« ans Tageslicht kämen.

Einleitung · Ein toller Coup

Doch Colby behauptete, er könne sich nicht erinnern, mit Nixon über Watergate gesprochen zu haben, lediglich von Romaine sei kurz die Rede gewesen. »Es liegt auf der Hand, dass das sehr schwierig war, und es ist klar, dass ich dem Präsidenten gegenüber verantwortlich war und ihn von allem unterrichten musste. Ich bin sicher, dass wir über die mögliche Aufdeckung des *Glomar*-Projekts sprachen. Aber ich kann mich nicht an irgendeine besondere Diskussion über den Einbruch erinnern. Ich kann bloß sagen, dass es absolut normal war für mich, ihn über solche Dinge auf dem Laufenden zu halten.«

Auch hatte nicht nur Nixon, sondern auch Colby in dieser Zeit noch erhebliche andere Sorgen. So bestand ganz realistisch die Gefahr, das geplante Attentat auf Castro könnte auffliegen, und darüber hinaus hatte der Hughes-Konzern praktisch ein Monopol auf geheime Spionagesatelliten und sorgte für die Tarnung der CIA-Agenten im Ausland.

»Offensichtlich hatten wir Verträge mit Teilen des Hughes-Konzerns – Forschungsprojekte und Technologien und Ähnliches –, und das in einem Umfang, dass irgendeine dieser ...« Colby ließ den Satz unvollendet. »Aber ich weiß nicht, was gestohlen worden ist«, fuhr er fort. »Ich glaube kaum, dass irgendjemand überhaupt genau weiß, was verschwunden ist. Deshalb kann ich nicht mit Sicherheit sagen, ob irgendeinem anderen Projekt empfindlich geschadet worden ist. Ich weiß es einfach nicht.«

Inmitten all dieser Wenn und Aber war nur eines absolut sicher: Die verschwundenen Papiere mussten um jeden Preis wieder herbeigeschafft werden.

Zu der Zeit, als die *Glomar* ihre mächtigen Greifer zum Meeresboden tauchen ließ, Colby und Nixon wie Verschwörer zusammensaßen und das gesamte Agentennetz Hughes–CIA–FBI in höchster Alarmbereitschaft stand, betraten zwei weitere sehr ungleiche Darsteller die Bühne, Leo Gordon, Gelegenheitsschauspieler und Drehbuchautor, und Donald Ray Woolbright, Gebrauchtwagenhändler, bei der Polizei jedoch als Taschendieb bekannt.

Woolbright und Gordon spielten in diesem Melodram, in dem mächtige Männer fieberhaft großen Geheimnissen nachjagten, die Nebenrolle der kleinen Leute aus der Unterwelt. Bevor der letzte Akt zu Ende war, musste sich Woolbright vor einem Schwurgericht verantworten, und Gordon trat als Kronzeuge auf. Der folgende Bericht über ihre Begegnung beruht auf Gordons Aussage.

»Ich weiß nicht, ob ich Ihnen das erzählen sollte«, begann Woolbright zögernd, wobei er im Zimmer des Schauspielers auf und ab ging. »Aber ich trage das schon seit Tagen mit mir herum und könnte die Wände hochgehen. Ich habe da eine ganz dicke Sache und weiß einfach nicht, wie ich sie anpacken soll.«

Der »Autohändler« konnte seine Nervosität nicht verbergen. Unruhig rutschte er auf seinem Stuhl hin und her.

»Wer ist nach Ihrer Meinung der wichtigste Mann in der Welt heute?«, fragte er plötzlich.

»Kissinger«, erwiderte Gordon.

»Wie wär's mit Howard Hughes?«, schlug Woolbright vor. »Was würden Sie sagen, wenn ich Ihnen erzähle, ich hätte zwei Kisten mit Howard Hughes' privaten Papieren?«

Gordon, der von dem Einbruch in der Zeitung gelesen hatte, äußerte die Vermutung, dass die Dokumente aus der Romaine Street stammen müssten. Woolbright, so behauptete er, habe nur genickt.

Der nächste Akt in diesem Drama spielte in Gordons Wohnzimmer. Gordon, ein alternder Hollywood-Kämpe, war als kleiner Gangster in drittklassigen Filmserien mit Titeln wie *The Restless Breed, Gun Fury* und *Kitten with a Whip* aufgetreten. Einer dieser Filme trug übrigens den passenden Titel *The Man Who Knew Too Much*. Er hatte eines dieser ausdruckslosen ledernen Gesichter, die man in jeder Action-Film-Serie von *Gunsmoke* bis *The Untouchables* zu sehen bekommt. Gordons Spezialität waren Tötungsszenen; aneinander gereiht ergäben sie einen Film von drei Stunden Länge.

Auch Woolbright sah aus wie ein Schläger, aber er hatte sein Image nicht in Hollywood erworben. Er war in den Slums im

Einleitung · Ein toller Coup

Norden von St. Louis aufgewachsen, und sein Name tauchte in dem Polizeiregister seiner Heimatstadt mindestens so oft auf wie Gordons Name auf dem Vorspann seiner zahlreichen Filme. Insgesamt war er 26-mal festgenommen worden; die Beschuldigungen reichten von Einbruch über Hehlerei bis zu tätlichen Angriffen und unerlaubtem Waffenbesitz. Aber trotz aller Verhaftungen hatte Woolbright niemals gesessen. Er war nur einmal wegen eines Bagatelldelikts verurteilt worden. Die Polizei in St. Louis nannte ihn einen *nickel-and-dimer,* einen kleinen Taschendieb, der keine wirkliche Rolle in der örtlichen Unterwelt spielte. Deshalb glaubte man dort auch nicht, dass Woolbright auch nur in irgendeiner Verbindung zu dem Hughes-Einbruch stand.

»Wenn das der Fall wäre«, sagte ein Polizeibeamter, »dann wäre es so, als ob der Fußballspieler eines Provinzklubs zur Bundesliga geht und bei der Fußballweltmeisterschaft gleich das erste Tor schießt.«

Aber wieso war denn der Gebrauchtwagenhändler an die Geheimpapiere des Milliardärs geraten? Er sagte, er habe sie von »Bennie« bekommen.

Nach Gordons Darstellung erzählte Woolbright folgende merkwürdige Geschichte: Woolbright sagte, er habe eines Abends zu Hause gesessen, als ein Mann namens Bennie aus St. Louis anrief. Und dieser Bennie – den er zwei Jahre zuvor bei der Beerdigung eines Freundes getroffen und seitdem nie wieder gesehen habe – erzählte, er vertrete vier Männer aus St. Louis, die das Ding in der Romaine Street »im Auftrag« gedreht hätten. Nun wollte Bennie, dass Woolbright die entwendeten Papiere Hughes' gegen ein Lösegeld zurückgeben sollte.

So wie Gordon Woolbrights seltsame Geschichte wiedergab, handelte es sich offenbar um eine heiße Sache: »Da war die Rede von politischer Bestechung – Nixon, glaube ich –, und Hubert Humphrey wurde als ›unser Mann Hubert‹ erwähnt«, behauptete der Schauspieler. »Akten über Air West und TWA. Eine vollständige Übersicht über alles, was in Las Vegas passiert war. Und eine Unmenge über die CIA.« Und all diese brisanten Einzelheiten hatte Hughes selbst niedergeschrieben.

Der Versuch, das Lösegeld zu kassieren, aber war gescheitert. Der Möchtegern-Kassierer war arbeitslos. Gordon zufolge dachte Woolbright dann laut über Clifford Irving nach: Wenn der mit einer erschwindelten Autobiographie 750 000 Dollar verdient hatte, dann müssten doch die echten Papiere mindestens ebenso viel wert sein.

»So ist er auf mich gekommen«, erklärte Gordon. »Er dachte, da ich professioneller Schriftsteller bin, könnte ich ihm dabei helfen, mit den Papieren hausieren zu gehen.«

Aber Gordon war der falsche Mann. Zwar hatte er als Schauspieler oft den Bösewicht gespielt, im wirklichen Leben hielt er es jedoch mehr mit den Mächten, die für Gesetz und Ordnung eintraten. Er war bei den Polizeibehörden wohl bekannt, denn er hatte über 20 Manuskripte für »Adam 12« geschrieben, eine Fernsehserie, deren Helden zwei Streifenwagenpolizisten waren. Das Nummernschild an seinem Wagen trug das Kennzeichen ADM-12, er besaß eine Ehrenplakette der Polizei, und sein bester Freund war ein Kriminalkommissar.

Warum riskierte es ein Lösegeldeintreiber, sein Wissen über den kühnsten Einbruch seit Watergate jemandem mitzuteilen, der so gute Kontakte zur Polizei hatte? Und warum vertrauten die Einbrecher ihre wertvolle Beute Woolbright an, einem Mann, den sie angeblich erst einmal getroffen hatten? Das Ganze ergab keinen Sinn.

Gordons Bericht sollte bald im Mittelpunkt des Romaine-Falles stehen, und neue Personen traten in dem Drama auf, die die Rolle Woolbrights bestätigten.

Zunächst brachte der Schauspieler seinen neuen Partner mit einer Geschäftsfrau aus Hollywood namens Johanna Hayes zusammen. Mrs Hayes war wenig zuversichtlich. Sie konnte sich nicht vorstellen, dass irgendjemand eine Ware wie die Hughes-Papiere von einem Gebrauchtwagenhändler kaufen würde. Daraufhin suchten sie Rat bei einem Anwalt, der, wie Gordon gehört hatte, über »gute Verbindungen« verfügen sollte.

Woolbright zeigte dem Anwalt, er hieß Maynard Davis, einen Brief, den Hughes angeblich geschrieben hatte. Davis meldete

Einleitung · Ein toller Coup

ein Gespräch mit seinem »Onkel Sidney« – Sidney Korshak – an, der als einer der mächtigsten Gangsterbosse des Landes galt.

Deshalb vermutete die Polizei von Los Angeles nun, Korshak könne in den Romaine-Einbruch verwickelt sein. Laut Polizeibericht erklärte Hughes' Sicherheitschef Ralph Winte, er habe »die Information erhalten, dass zwei Anwälte, Sidney Korshak und Morris Shenker, mit der Sache zu tun hätten ... und falls ein Verkauf (der Papiere) zustande käme, würde er über diese beiden Anwälte laufen.«

Davis behauptete dagegen, sein Onkel Sidney sei nicht zu Hause gewesen, als er anrief, und beteuerte, er habe niemals mit ihm über die Hughes-Papiere gesprochen.

Gordon sagte, er und der enttäuschte Woolbright hätten das Anwaltsbüro verlassen und seien in ein Café gegangen. »Nun, wir haben unser Möglichstes versucht, aber wir sind wohl zu kleine Leute für eine solche Sache«, schloss der Gebrauchtwagenhändler. »Das ist zu groß für uns. Ich werde den Leuten das Zeug zurückgeben und das Ganze am besten vergessen.«

Woolbright war mit seiner Enttäuschung keineswegs allein, auch all die FBI-Männer, CIA-Agenten und Kriminalbeamten waren entmutigt. Seit dem Einbruch waren schon zwei Monate vergangen, ohne dass man auf eine heiße Spur gestoßen war, und die *Glomar* führte ihre Top-Secret-Mission aus, obwohl die Mannschaft ständig in Gefahr war, dass ihr Geheimnis gelüftet würde.

Endlich gab »Adam 12«-Gordon der Polizei einen Tipp. Als die verrückte Geschichte seiner Beziehung zu Woolbright den Justizbehörden bekannt wurde, reagierte man sofort und offenbar energisch. Das FBI wies das Polizeipräsidium in Los Angeles an, sich noch einmal an Gordon zu wenden. Der sollte erneut Kontakt zu Woolbright aufnehmen. Der Polizeipräsident Davis wurde davon informiert, dass die CIA eine Million Dollar zur Verfügung stellen könne, um die geheimen Papiere des Howard Hughes zurückzukaufen.

»Lösegeld: Diese Möglichkeit ist zweifellos bitter«, heißt es in einem CIA-Bericht, »ist aber nichts im Vergleich zu der Zeit, der

Mühe und dem Geld, das bisher für die *Glomar* aufgewendet wurde.«

FBI und CIA bereiteten einen ausgetüftelten Plan vor: »Ein von der Polizei in Los Angeles gesteuerter Informant soll sich in den nächsten Tagen mit dem Hauptverdächtigen Woolbright treffen und ihm gegenüber nur andeuten, dass der Informant einen möglichen Kaufinteressenten von östlicher Seite habe. Der Gewährsmann der Polizei soll den Verkäufer mit einem Anwalt in Los Angeles zusammenbringen, der ihm den Namen eines New Yorker Anwalts gibt, dessen Klient angeblich an dem Diebesgut interessiert ist. Der FBI-Agent vom Los-Angeles-Büro würde sich als Mitarbeiter des New Yorker Anwalts ausgeben und mit 100 000 Dollar nach Los Angeles fliegen, um die Kaufverhandlungen einzuleiten. Voraussetzung ist, kein ungesehenes Material zu kaufen, sondern die Ware zumindest teilweise zu überprüfen. Es ist anzunehmen, dass mit dieser Prozedur der Geheimagent in der Lage ist, die gesamte Ware zu überprüfen. Die 100 000 Dollar sind im Safe einer Bank in Los Angeles als ›Vorzeigegeld‹ zu deponieren und von dem Geheimagenten bei der Kauftransaktion zu verwenden.«

Das war der Plan. Doch trotz aller hektischen Aktivitäten auf höchster Ebene und trotz des vielen Geldes entwickelte sich dieser Plan zur Schmierenkomödie.

Die Polizei wies Gordon an, sich mit Woolbright in einem Restaurant zu treffen, doch niemand hatte dem Schauspieler erklärt, was er zu tun hatte. Seine Instruktion lautete lediglich, den Kontakt zu erneuern. Auf sich allein gestellt, dachte sich Gordon eine verrückte Geschichte aus. Er erzählte Woolbright, der Filmstar Robert Mitchum würde das Geld für die gestohlenen Papiere aufbringen. Das Treffen endete ergebnislos.

Die Kriminalpolizei arrangierte eilends ein Gespräch zwischen Gordon und Vertretern der Bundesbehörden, aber einige Stunden vor der geplanten Einsatzbesprechung meldete Woolbright sich und verlangte ein sofortiges Treffen. Er hatte Gordon die Robert-Mitchum-Story nicht geglaubt. Gordon lenkte ein: »Na gut, ich will ehrlich mit Ihnen sein. Die Polizei ist der Sache auf der Spur. Das FBI auch. Sie wissen über mich Bescheid, auch über Sie, und alles, worauf es im Moment ankommt, ist, diese Dokumente so schnell wie möglich zurückzubekommen, weil die nationale Sicherheit auf dem Spiel steht.«

Laut Gordon nahm Woolbright diese Mitteilung sehr ruhig auf, sprach aber eine Warnung aus: »Die Leute, mit denen ich zu tun habe, sind nicht gerade die nettesten Leute der Welt. Wenn etwas schief geht, kann es zwar einige Jahre dauern, aber letzten Endes werden wir die Dummen sein.«

Gordon behauptete, er habe dann Folgendes vereinbart: Woolbright sollte einen der Schnellhefter erhalten, um nachzuweisen, dass er die Dokumente besitze; Gordon sollte dafür eine Anzahlung von 3500 Dollar leisten. »Er sagte mir, er würde sofort losfahren, und fügte dann hinzu: ›Aber erzählen Sie das um Gottes willen nicht der Polizei – wenn ich beschattet werde, bin ich ein toter Mann.‹«

Im Laufe dieses Abends traf Gordon zum ersten Mal mit einem Vertreter der Regierung zusammen. Der Beamte stellte sich als Don Castle vor, er zeigte jedoch niemals irgendeinen Ausweis und lehnte es auch ab zu sagen, für welche Bundesbehörde er arbeite. Er forderte Gordon auf, ihn durch die Polizei wissen zu lassen, wenn sich Woolbright wieder telefonisch melden sollte.

Zwei Wochen später kam dieser Anruf. Woolbright sagte, er »arbeite immer noch daran«. Gordon traf sich ein zweites Mal mit Castle. »Wenn es losgeht, möchte ich, dass wir die Situation im Griff behalten«, sagte der Geheimagent. Dann fügte er mit einem Lachen hinzu: »Vielleicht bekommen wir ja genau die richtige Akte, und das ganze Ding ist für 3000 bis 4000 Dollar gelaufen.«

Es sollte nicht sein. Gordon sagte, er habe nie wieder etwas von Woolbright gehört oder gesehen. Auch traf er niemals wieder mit dem mysteriösen Don Castle zusammen.

»Nach der letzten Begegnung hat man mich einfach wie eine heiße Kartoffel fallen lassen«, klagte Gordon. »Es war wirklich merkwürdig. Zunächst schien es, als hielte ich den Hope-Diamanten in der Hand, und mit einem Mal war es nur noch Glas.«

Die große Suchaktion nach den gestohlenen Hughes-Geheimnissen hatte ein plötzliches Ende gefunden.

Warum hatte man die ganze Sache einfach aufgegeben, nachdem man diese Mission einem drittrangigen Filmschauspieler anvertraut und sich doch so viel Mühe gegeben hatte, die Spitzen von CIA und FBI und die Polizei von Los Angeles einzuschalten, ja sogar den Präsidenten der Vereinigten Staaten zu informieren und eine Million Dollar Belohnung auszusetzen?

Offensichtlich deshalb, weil Hughes' Geheimnisse für so gefährlich gehalten wurden, dass schließlich niemand sie wirklich finden wollte.

In den folgenden Wochen – nach dem Scheitern der Operation Gordon – trafen sich erneut Vertreter von FBI und CIA, um eine weitere Untersuchung des Romaine-Falles zu besprechen. Man wollte noch einmal ganz von vorn beginnen, entschloss sich dann aber, die ganze Sache stillschweigend fallen zu lassen.

Einem als geheim eingestuften FBI-Bericht war Genaueres zu entnehmen.

»FBI-Agenten trafen am 31. Oktober 1974 mit Kollegen der anderen Bundesbehörde zusammen, um über den derzeitigen Stand des Falles und die weitere Behandlung der entsprechenden Ermittlungen zu beraten.

Auf der Konferenz in Los Angeles gab es auch eine Diskussion über mögliche Schwierigkeiten für die andere Bundesbehörde im Falle direkter und vollständiger Untersuchung durch das FBI.«

Nicht nur die CIA konnte aber möglicherweise in eine peinliche Lage geraten.

»Angesichts der Möglichkeit, dass direkte Untersuchungen und Befragungen einiger mit Howard Hughes in Verbindung stehender prominenter Persönlichkeiten zu Enthüllungen führen könnten, wird empfohlen, dass vonseiten des FBI keine weiteren Ermittlungen durchgeführt werden, es sei denn, dass

Einleitung · Ein toller Coup

die andere damit befasste Bundesbehörde mit den oben erwähnten Unterredungen nicht übereinstimmt.«

Das war nicht der Fall. Obgleich das Geheimnis der *Glomar* zu platzen drohte, entschlossen sich die Spitzen der CIA, die Untersuchungen einzustellen. Der Geheimdienst hatte aus einer »ziemlich verlässlichen Quelle« erfahren, was in der Romaine Street gestohlen worden war, und gab diese unangenehme Nachricht an das FBI weiter:

»Unter den gestohlenen Sachen befanden sich Bargeld, persönliche Notizen und handschriftliche Briefe von Howard Hughes; Korrespondenz zwischen Hughes und prominenten politischen Persönlichkeiten usw. Es sollen so viele persönliche Papiere sein, dass man damit zwei Kisten füllen kann; sie sind in Schnellheftern abgeheftet und in derselben Weise katalogisiert. Ihr Inhalt gilt als politisch höchst brisant und ist deshalb sowohl wichtig als auch wertvoll für Hughes und andere.«

Das war wahrlich politischer Zündstoff. Schon war ein Präsident aufgrund von Spekulationen, die Watergate-Affäre sei von seinen Beziehungen zu Hughes ausgelöst worden, aus dem Amt gejagt worden. Niemand konnte wissen, was sonst noch alles durch diese gestohlenen Dokumente aufgedeckt werden könnte, welche anderen Mächte möglicherweise in was für andere schmutzige Geschäfte verwickelt sein konnten. Weder das FBI noch die CIA wollten irgendetwas damit zu tun haben.

Ende November trafen sich Spitzenbeamte beider Behörden in Langley, um den Fall abzuschließen: »Schließlich wurde entschieden, dass die CIA nicht mehr unternimmt, als den Fall zu überwachen, und nichts vom FBI verlangt, außer zu erfahren, was das FBI tut: das heißt, das FBI überwacht die Polizei von Los Angeles. Zum gegenwärtigen Zeitpunkt führt die Polizeibehörde von Los Angeles keine laufenden Ermittlungen durch, sodass zur Zeit praktisch überhaupt nichts geschieht.«

So endete die offizielle Untersuchung. Die CIA achtete darauf, dass das FBI nichts unternahm, und das FBI achtete darauf, dass die Polizei von Los Angeles nichts tat. Denn sie alle fürchteten, Howard Hughes' geheime Papiere zu finden, sie fürchteten, dass »prominente politische Persönlichkeiten« und »landesweit bekannte Persönlichkeiten« kompromittiert werden könnten. Kurz: Niemand wollte etwas aufdecken, das besser unbekannt blieb.

Fast zwei Jahre später stieß ich auf den Fall, obwohl ich eigentlich nur Antworten auf einige Fragen suchte, die sich im Zusammenhang mit der *Glomar* stellten.

Woolbright sollte vor Gericht gestellt werden, und ich nahm an, dass der Romaine-Einbruch inzwischen geklärt, die Gangster verhaftet und die Beute sichergestellt sei. Aber kaum hatte ich einige Leute angerufen, um Näheres zu erfahren, als ich erkannte, dass irgendetwas nicht stimmte: Deutliche Spuren waren niemals verfolgt, Fragen, die sich geradezu zwingend ergaben, niemals gestellt worden. Die Hughes-Organisation hatte weder der Polizei noch dem FBI jemals die Wahrheit erzählt; die CIA hatte versucht, das Gericht zu beeinflussen. Selbst der Staatsanwalt war sich keineswegs sicher, dass der einzige Angeklagte schuldig war, hatte keine Ahnung, wer den Einbruch tatsächlich veranlasst hatte, geschweige denn, wer dahintersteckte, und um das Maß an Unsicherheit voll zu machen, war sogar zweifelhaft, ob überhaupt je ein Einbruch stattgefunden hatte.[*]

Und natürlich waren die gestohlenen Geheimpapiere niemals gefunden worden. Ich war fest entschlossen, sie zu bekommen. Es war klar, dass alle anderen den Fall zu den Akten gelegt hatten.

Ich kann hier nicht erzählen, wie ich den Romaine-Fall gelöst habe, wie die Fährte schließlich zum Profi führte, wie ich den Mann mit den gestohlenen Hughes-Dokumenten aufgespürt habe, denn ich versprach ihm, ihn als vertraulichen Informanten zu behandeln und sein Geheimnis niemals preiszugeben.

---

[*] Schließlich wurde die Anklage gegen Woolbright nach zwei Prozessen und mangels Einigung der Geschworenen fallen gelassen. Niemand ist jemals wegen irgendeines Aspekts in diesem Fall gerichtlich belangt worden.

Einleitung · Ein toller Coup

Meine Arbeit glich weniger der von Sherlock Holmes, dagegen war sie mit viel Lauferei verbunden und von ein wenig Glück begleitet. Ich folgte Hinweisen, denen die Polizei nicht nachgegangen war, geriet dabei in mehrere Sackgassen, spielte mehrmals den Helfershelfer und zog einfach an allen losen Fäden, bis ich alle geheimnisvollen Knäuel von Verwicklungen entwirrt hatte. Als ich alle Mosaiksteinchen zusammengetragen hatte, die Beweise unwiderlegbar waren, begann ich, den Mann zu suchen, der all die Geheimnisse besaß, die FBI und CIA sich nicht zu finden getraut hatten.

»Ich kann beweisen, dass Sie das getan haben«, sagte ich dem Profi auf den Kopf zu.

Wir saßen allein in der hinteren Ecke einer Bar, es war unser erstes Treffen, und ich konnte die Pistole in seinem Hosenbund erkennen.

»Ich will ein Buch schreiben«, fuhr ich fort. »Es handelt entweder von Ihnen und dem Einbruch oder von Howard Hughes. Die Entscheidung liegt bei Ihnen. Aber wenn es ein Buch über Hughes wird, brauche ich Ihre Hilfe. Ich brauche die Papiere.«

Der Profi schwieg. Er warf mir nur einen unfreundlichen Blick zu und wartete, dass ich fortfuhr. Ich nannte ihm meine Beweise. Er hörte zu, ohne etwas zu erwidern. Angst hatte ich ihm jedenfalls nicht eingejagt. Ich bemühte mich, die Spannung zu lockern, und während wir miteinander redeten, erkannte ich, dass dieser Gangster total von Hughes besessen war, dass der gewissermaßen zu einer Zwangsvorstellung geworden war, die seine Nerven ruiniert hatte. Die Geheimpapiere, deren Besitz er nicht zugeben wollte, waren für ihn zu einem Fluch geworden.

Das war meine Chance. Er *wollte* diese Dokumente tatsächlich loswerden. Aber wie konnte ich ihn dazu bringen, sie mir zu geben? Eines wusste ich genau von Menschen, die Geheimnisse hüten: Tief in ihrem Innern haben sie das Bedürfnis, darüber zu reden. Was nützte es schließlich, das große Ding gedreht zu haben, wenn niemand wusste, dass er es gewesen war? Ich musste sein Vertrauen erwerben, und so verbrachten wir die beiden nächsten Tage zusammen. Am ersten Tag redeten wir 14 Stunden ununterbrochen miteinander, in der Bar, in einer Hotelhalle, auf der Straße und in einem Park. Wir schliefen fünf Stunden und trafen uns dann am nächsten Tag wieder zum Frühstück. Und wiederum redeten wir unaufhörlich den ganzen Tag bis in die späte Nacht.

Er wollte über Hughes sprechen. Seit zwei Jahren wollte er über Hughes reden, wollte erzählen, was er allein wusste. Aber zunächst wollte er mehr über mich wissen und darüber, wie ich zu ihm gefunden hatte.

Ich erzählte von mir, dass ich früher Reporter der *Washington Post* und des *Wall Street Journal* gewesen sei und jetzt freier Mitarbeiter des *New Times Magazine* war. Ich erzählte ihm, wie ich an die Romaine-Story gekommen war, nämlich auf der Suche nach der Lösung eines anderen Rätsels, eines streng geheimen militärischen Projekts, das wahrscheinlich mit der *Glomar* in Verbindung stand. Und erzählte von einem fantastischen Plan, Raketen auf dem Meeresboden zu stationieren.

Doch das alles interessierte ihn nicht. Aufmerksam wurde er erst, als ich davon sprach, dass ich im Gefängnis gewesen sei, dass ich länger gesessen hatte als er.

»Weshalb waren Sie denn im Knast?«, fragte er.

»Weil ich meine Quelle nicht preisgeben wollte«, sagte ich. »Ich hatte mich geweigert, dem Gericht den Namen eines Mannes zu nennen.«

Das gefiel ihm. Dann sprachen wir von seinem Fall. Noch war er nicht bereit, irgendetwas zuzugeben, aber ich redete über den Einbruch, als ob er ihn verübt habe, ich sprach über die Papiere, als ob er sie habe. Ich sagte ihm, ich sei überzeugt, dass er nichts Unrechtes getan habe, ja, dass ich ihn bewundere, dass ich der Meinung war, er habe einen der größten Coups aller Zeiten gelandet, und dass er tatsächlich etwas wirklich Wichtiges in Händen halte, Geheimnisse, die zu erfahren das amerikanische Volk ein Recht habe.

»Was bin ich denn dann?«, fragte der Profi. »Ein Mann, der einen Diebstahl begeht, um etwas aufzudecken?«

Einleitung · Ein toller Coup

»Genau«, antwortete ich. »Und der eigentliche Verbrecher ist Hughes. Er hat versucht, unser ganzes Land zu kaufen.«

Der Profi protestierte: »Ich weiß nicht«, sagte er. »Ich mag den Burschen. Ehrlich, ich mochte ihn wirklich.«

Das klang direkt ein bisschen wehmütig. Howard Hughes war vor einigen Monaten gestorben. Ohne direkt zuzugeben, dass er den Einbruch verübt hatte und dass sich die Geheimpapiere in seinem Besitz befanden, begann der Profi, mir seinen Traum zu erzählen – seinen lang gehegten Plan, mit Howard Hughes »Pasch« zu spielen.

»In meiner Fantasie habe ich tatsächlich bei ihm im Penthouse gesessen und Karten mit ihm gespielt. Ich war tatsächlich in diesem Moment seinesgleichen. Vielleicht wäre ich im selben Augenblick, in dem ich das Zimmer verlassen hätte, umgelegt worden, aber ich wäre da gewesen, ich, ein Nichts, ein Niemand, und hätte mit Howard Hughes gepokert.«

Seit zwei Jahren besaß er nun diese brisanten Dokumente und wartete darauf, dass jemand an ihn herantreten werde, wartete auf Hughes' Erscheinen, um endlich das große Spiel zu eröffnen. Aber niemand war gekommen. Hughes war tot. Der Traum war aus.

Ich musste ihn mit einer neuen Illusion füttern. Und plötzlich erkannte ich, dass er bereits selbst darauf gekommen war. Anstatt Poker zu spielen, konnte er nun den Mann spielen, der stiehlt, um eine große Sache aufzudecken.

Ich erwähnte Daniel Ellsberg. Der Profi war keineswegs mit dem einverstanden, was Ellsberg getan hatte. Wie viele Verbrecher war er ein strammer Patriot. Aber er begann bereits, sich mit seiner Rolle vertraut zu machen, sich wichtig, vielleicht sogar edel zu fühlen.

»Wenn du die Papiere hättest, wo würdest du sie verstecken?«, fragte er mich. Bevor ich antworten konnte, riss er einen Zettel von meinem Notizblock ab, knüllte ihn zusammen und hielt ihn mir vor die Nase und fragte: »Wo würdest du *dies* verstecken? Es ist nicht leicht, etwas zu verstecken, sodass niemand es jemals finden kann. Nicht mal ein so kleines Ding wie dies. Wo würdest du Überseekoffer verstecken?«

»Wo hast *du* sie denn versteckt?«, fragte ich.

»In eine Wand eingemauert«, antwortete der Profi und hatte damit zum ersten Mal offen zugegeben, dass er die gestohlenen Papiere besaß. »Direkt in eine Hauswand eingebaut, und die Leute, die dort wohnen, wissen das nicht einmal. Befindet sich seit fast zwei Jahren in der Wand.«

»Bist du sicher, dass sie noch da sind?«, fragte ich. Nicht weil ich es bezweifelte, sondern weil ich Zweifel bei ihm säen wollte, denn so lange diese Papiere sicher eingemauert blieben, waren sie für mich nicht greifbar.

»Sehr interessant, dass FBI, CIA und Hughes aufgehört haben, danach zu suchen, dass niemand hinter dir her war«, bemerkte ich. »Hast du dir jemals Gedanken gemacht, warum?«

»Klar«, sagte der Profi. »Worauf willst du hinaus?«

»Ich frage mich lediglich, ob sie vielleicht inzwischen gefunden haben, wohinter sie her waren. Ich meine, hast du denn die Papiere tatsächlich seit ein paar Jahren nicht mehr zu Gesicht bekommen? Vielleicht sind sie gar nicht mehr in der Wand?«

Der Profi zuckte mit den Schultern, war aber offensichtlich doch beunruhigt. Ich musste den Verdacht in ihm wecken, dass die Papiere möglicherweise verschwunden waren, dass er seinen Schatz verloren haben könnte, ohne es zu wissen. Ich musste seine Paranoia schüren, so lange, bis er seine Zweifel nicht länger ertragen konnte und einfach zu dieser Mauer gehen *musste*, um die Papiere zu holen.

Innerhalb der nächsten Stunden fragte er mich mehrmals, ob ich wirklich glaubte, dass sie verschwunden sein könnten. »Wer weiß?«, erwiderte ich. »Es würde vieles erklären.«

Es war spät geworden am Abend dieses zweiten Tages, als der Profi plötzlich sagte: »Okay, ich hol sie heraus. Ich zeige sie dir.«

Einfach so. Es war nicht zu glauben und eigentlich viel zu einfach gewesen. Ich fragte mich, ob er wirklich die Hughes-Papiere besaß, ob das Ganze nicht ein Windei sei, ob er mich vielleicht auf den Arm genommen und ich eine falsche Spur verfolgt hatte, oder ob, selbst wenn er sie wirklich besaß, er nicht einfach ver-

Einleitung · Ein toller Coup

suchte, mich davon abzuhalten, ihn zu entlarven, indem er mir etwas versprach, was er nie zu erfüllen gedachte.

Noch wusste ich nicht, wie verzweifelt gern er von dem Druck befreit sein wollte, unter den ihn der Besitz der Papiere gesetzt hatte.

Ich kehrte von dieser Reise zurück, um meine Story über den Einbruch zu schreiben, war mir aber nicht sicher, ob ich den Fall tatsächlich aufgeklärt hatte. Während der nächsten Monate telefonierte ich mehrmals mit dem Profi, jedes Mal versprach er, mir die Papiere zu zeigen, aber eben noch nicht jetzt.

Ich schrieb also meinen Artikel, schilderte den Fall als ungelöst, stellte Fragen nach dem Hintermann, ohne den Profi jemals zu erwähnen. Ich war nämlich nicht ganz sicher, welcher Platz in dem Puzzle ihm tatsächlich zukam. Auch wollte ich die mögliche Lage des Schatzes nicht zu deutlich markieren.

Es gab aber einen versteckten Hinweis in der Story, aus dem hervorging, dass ich weit mehr wusste, und um sicherzustellen, dass der Profi das auch las, schickte ich ihm ein Exemplar des Magazins.

Er las den Artikel ganz durch, kam dann aber auf das Titelbild zurück, das einen Geldschrankknacker zeigt, der die »Büchse der Pandora« öffnet, einen Panzerschrank, der alle möglichen merkwürdigen und schrecklichen Geheimnisse ausspuckt, zeigte auf den Einbrecher und sagte: »He, das bin ich ja.«

Das beeindruckte ihn. Nicht meine Story. Nicht meine versteckte Botschaft. Das Bild. Es erinnerte ihn an den Einbruch und verlieh seinem Abenteuer erneut eine gewisse Bedeutung.

Am nächsten Tag gingen wir gemeinsam auf die Jagd.

Er wollte mich auf die Probe stellen, wollte sehen, ob ich allein mit ihm in den Wald gehen würde, obwohl er ein Gewehr trug. Während wir auf einen Fluss zugingen, fragte er mich plötzlich, ob ich irgendjemandem etwas von dem gesagt hätte, was ich wusste. Ich verneinte.

»Meinst du nicht, dass es ziemlich gefährlich ist, mir so etwas zu sagen?«, fragte er.

»Eigentlich nicht«, erwiderte ich. »Wer soll dich denn sonst von deinen verdammten Papieren befreien?«

Ich war niemals zuvor auf der Jagd gewesen, hatte nie auf irgendetwas anderes als auf Konservendosen geschossen, aber ich hatte jetzt Glück und schoss eine Ente, und während der Rückstoß mir fast das Kinn und die Schulter brach, wusste ich, dass ich ein wichtiges Ritual erfolgreich vollzogen hatte. Ich war akzeptiert.

Unterwegs sprachen wir über Politik, und der Profi erzählte mir, dass er einen Brief von Richard Nixon bekommen habe, in dem der Präsident ihm für die Unterstützung seiner Vietnam-Politik dankte. Das Schreiben war vom 5. Juni 1974.

Dann kamen wir auf Watergate zu sprechen. »Dilettanten«, schnaubte der Profi verächtlich. »Man kann doch nicht einen Haufen pensionierter Spitzel und FBI-Agenten nehmen, um einen Bruch zu machen«, fügte er hinzu. »Wenn man so etwas vorhat, braucht man ein paar richtige Profis.«

Während unseres ganzen Gesprächs überlegte ich, ob dieser Anhänger Nixons, dieser Bewunderer des Howard Hughes, dieser politisch merkwürdig »zuverlässige« Gewohnheitsverbrecher mit rechten Anschauungen und anarchischen Instinkten mir wohl tatsächlich die gestohlenen Geheimpapiere aushändigen würde.

Wir saßen am Flussufer, als der Profi plötzlich versprach, er würde es tun. Und diesmal wusste ich, dass er es ernst meinte.

Ich erklärte ihm, dass ich außerdem den genauen Verlauf des Einbruchs wissen müsse und dass ich ihn nicht verraten, sondern seinen Namen ungenannt lassen würde und, wenn nötig, lieber selbst ins Gefängnis ginge, aber ich müsse wissen, was wirklich hinter der Sache stecke.

»Ich weiß es nicht«, erwiderte der Profi.

Er berichtete, wie sich alles zugetragen hatte: von dem Autoknacker, Red und Mr Inside und von dem Unbekannten, der in der Nacht des Einbruches unerwartet erschienen war. Er erzählte so detailliert, wie es nur einer konnte, der an dem Einbruch beteiligt war. Aber eines wusste auch er nicht, nämlich wer die eigentlichen Hintermänner waren.

Einleitung · Ein toller Coup

»Das habe ich nie erfahren«, sagte er. »Es war nicht vorgesehen, dass ich schließlich die Papiere bekommen sollte. Ich habe immer damit gerechnet, dass, wer auch immer dahinterstecken mochte, mich eines Tages kriegen würde. Aber das ist nie passiert. Mit Ausnahme von dir.«

Er hatte mich angewiesen, vom Flughafen direkt zum Massagesalon zu gehen. Das geschah einige Wochen später, als er mich anrief, um mir zu sagen, dass er nun bereit sei, mir die Papiere zu zeigen.

»Frag einfach nach Honey«, sagte er. »Sie wird sich um dich kümmern.«

Der Massagesalon befand sich in einem Außenbezirk der Stadt in einer schäbigen Geschäftsstraße; innen hingen Ölbilder, die nackte Frauen zeigten. Offenbar die bildnerischen Obsessionen eines Knastbruders, dessen Fantasie im Gefängnis mit ihm durchgegangen war. Der Künstler war ein Freund des Profis, und der Profi war Mitinhaber des Salons.

Ich fragte nach Honey. Sie lächelte entgegenkommend und führte mich durch einen Perlenvorhang in ein Hinterzimmer. »Wollen Sie nicht Ihre Kleidung ablegen?«, fragte sie. Ich zögerte und glaubte zunächst, sie verwechsele mich mit einem gewöhnlichen Kunden. Vielleicht war das Ganze auch nur die Pointe eines Witzes, den der Profi sich mit mir erlauben wollte, indem er mich wegen seiner Papiere hergelockt hatte, nur damit ich mich nackt in seinem Puff wiederfände. Andererseits konnte es sich aber auch um eine wohl überlegte Sicherheitsmaßnahme handeln, jedenfalls war dies das einfachste Verfahren, um festzustellen, ob ich ein Funkgerät oder eine Waffe bei mir hatte.

Ich zog mich bis auf die Unterhose aus. »Genieren Sie sich nicht«, sagte Honey, und ich zog auch die aus. Sie untersuchte mich, kontrollierte auch meine Kleider, und als ich wieder angezogen war, führte sie mich durch eine Hintertür hinaus. Hinter dem Salon war ein Wagen geparkt. Wir fuhren zu einem Gartenhaus, das nur wenige Meilen entfernt lag. Es war leer, und ohne ein Wort der Erklärung fuhr Honey wieder davon und ließ

mich allein. Zunächst saß ich ziemlich nervös auf einem Sessel-
rand, wartete, ob jemand käme und darauf, was wohl als Nächstes geschehen würde. Ich wartete zehn Minuten, 15 Minuten,
eine halbe Stunde. Nichts geschah. Die Uhr in der Küche zeigte
eine andere Zeit an als meine, deshalb nahm ich den Telefonhörer auf, um mir die genaue Zeit ansagen zu lassen. Die Leitung war tot.

Erschöpft, aber zugleich gespannt, streckte ich mich auf einer
Couch aus, aber im selben Augenblick, als ich mich niederlegte,
fühlte ich etwas Hartes in meinem Rücken. Ich fasste zwischen
die Polster und zog eine Pistole heraus. Es war ein schwarzer
halbautomatischer 9-mm-Browning.

Eilig stopfte ich die Pistole wieder zwischen die Polster, setzte
mich aufrecht an das andere Ende der Couch, als mir einfiel, dass
meine Fingerabdrücke auf der Waffe waren. Aufgeschreckt von
dem Gedanken rieb ich die Pistole mit meinem Hemdzipfel ab
und schob sie dahin zurück, wo ich sie gefunden hatte, ich war
jetzt hellwach.

Im selben Augenblick hörte ich, wie die Tür geöffnet wurde.
Der Profi kam herein. Er hatte die ganze Zeit draußen geparkt
und gewartet, um zu sehen, ob ich beschattet würde. Er sagte, er
würde mir jetzt die Papiere zeigen.

Wir fuhren eine ganze Weile. Ich kannte die Gegend nicht,
hatte aber das Gefühl, dass er mehrmals eine Strecke zurückfuhr,
wobei er immer in den Rückspiegel schielte. Schließlich wendete
er einige Male kurz, fuhr durch ein Einkaufszentrum und hielt
vor einem Motel. Das Zimmer, das wir betraten, war leer: keine
Geheimpapiere. Wir hielten uns dort etwa eine Stunde auf,
sahen fern und gingen dann wieder.

»Du hast doch nicht wirklich geglaubt, dass ich sie dir allen
Ernstes geben würde, oder?«, fragte der Profi, als wir zum Wagen
zurückgingen. Ich sah ihn nur wütend an. Er lachte.

»Doch, doch, ich tue es«, sagte er. »Ich weiß nicht warum, aber
ich tue es. Entweder bist du der aufrichtigste Kerl, dem ich je
begegnet bin, oder der gerissenste Betrüger in der ganzen Welt.
Aber ganz egal, ich werde sie dir geben. Ich hätte es nicht getan,

Einleitung · Ein toller Coup

wenn Hughes noch gelebt hätte. Wenn du gekommen wärst, als er noch am Leben war, hätte ich nicht einmal mit dir gesprochen. Ich hätte nicht einmal mit Colby oder Hoover gesprochen. Ich hätte nicht mit Nixon geredet. Nur mit Hughes.«

Schweigend fuhren wir eine Weile dahin, hielten dann plötzlich vor einem anderen billigen Motel mitten in einer gottverlassenen Gegend. Im selben Augenblick, als wir eintraten, sah ich drei mit Vorhängeschlössern versehene Überseekoffer.

Ohne viele Umstände öffnete der Profi die Koffer. Das Ende seines Abenteuers war zugleich der Beginn des meinen.

Zwei der Koffer waren vollgestopft mit weißen maschinenbeschriebenen Dokumenten, der dritte enthielt tausende von gelben Briefbogen, handbeschriebene Schriftstücke, die alle mit »Howard« unterzeichnet waren – der Inhalt von Howard Hughes' »Eingangs-« und »Ausgangskörben«.

Vor uns lag der gesamte Schriftwechsel von Howard Hughes und seinen Mitarbeitern, wahrscheinlich alles, was Hughes jemals gewagt hatte, mit eigener Hand niederzuschreiben, eine vollständige Dokumentation aller seiner Geschäfte. Sie war aus seiner Festung geraubt und dann in eine Wand eingemauert worden und bis zu diesem Augenblick von keinem Außenstehenden, mit Ausnahme des Profis, gesehen und berührt worden.

Die ganze Nacht, den ganzen nächsten Tag und noch einmal die ganze darauf folgende Nacht saß ich in dem Motelzimmer und las diese Dokumente. Anfangs wollte ich die Lektüre nicht unterbrechen, da ich nicht wusste, ob ich die Papiere jemals wieder zu sehen bekommen würde, dann war ich unfähig aufzuhören, völlig im Banne der Story, die mir diese merkwürdigen Aufzeichnungen erzählten.

Tatsächlich bargen sie »politischen Zündstoff«, aber sicher nicht den, den FBI oder CIA befürchtet hatten. Diese Schriftstücke berichteten gleichermaßen nüchtern und zynisch davon, wie eine ganze Nation korrumpiert und bestochen werden sollte. Und sie enthüllten das intime Tagebuch eines Mannes, der in den Wahnsinn abglitt. Das große Geheimnis, das Howard

Hughes hier verborgen hatte, bestand nicht in diesem oder jenem Skandal, nicht in seinen Bestechungen und Bestechungsversuchen oder irgendwelchen anderen dunklen Geschäften. Die Dokumente zeigten etwas weit Schlimmeres und viel Erschreckenderes: das wahre Gesicht der Macht in Amerika.

1. Kapitel

Mr. Big

Fernbedienung – Es war nicht erforderlich, das Zimmer zu verlassen. Man brauchte nicht einmal aufzustehen. Der kleine silbergraue Kasten verfügte über unsichtbare Kräfte, und mit Hilfe seiner vier rechteckigen Tasten war alles unter Kontrolle. Die leiseste Berührung löste ein besonderes Hochfrequenzsignal aus, das mit menschlichem Ohr nicht zu vernehmen, aber in der Lage war, ein gewaltiges Schaltsystem in Betrieb zu setzen, das fast überall hinreichte.

Howard Hughes nahm das rechteckige Gerät in die Hand.

Allein in dem verdunkelten Schlafzimmer seines Penthouses in Las Vegas, in dem er sich versteckt hielt, lag er, gestützt auf zwei Kissen, nackt auf einem Doppelbett. Die zerwühlten, seit mehreren Monaten nicht gewechselten Laken waren mit Papiertaschentüchern bedeckt. Howard Hughes drückte eine Taste …

Die Bilder der einzelnen Fernsehkanäle huschten in schneller Folge vorbei.

Hughes probierte die ganze Skala der Sender durch. Anschließend stellte er seinen Zenith Space Commander zufrieden wieder weg.

Es war kurz nach zwei Uhr nachts am Donnerstag, dem 6. Juni 1968. ABC war dunkel. NBC ebenfalls. Nur Kanal acht, ein lokaler CBS-Nebensender, der Hughes gehörte, war noch auf Sendung und brachte eine schockierende Nachricht:

Robert F. Kennedy war tot.

Hughes hatte zwei Nächte lang nicht geschlafen, er war völlig im Bann des Fernsehspektakels. Er hatte gesehen, wie Kennedy bei den Präsidentschaftsvorwahlen zum Sieger proklamiert worden war, lächelnd, scherzend, vital und dennoch ernst. Er hatte

61

gehört, wie wenige Minuten später die Schüsse fielen, die ersten noch übertönt vom Lärm der jubelnden Menge, dann aber ganz deutlich und unüberhörbar. Er hatte gesehen, wie Bobby blutend auf dem kalten Zementboden lag.

Die ganze Nation nahm an diesem Ereignis teil. Der Schock und das Entsetzen – das verzweifelte, ungläubige Aufstöhnen, die Panik, die Hysterie, die Tränen –, die sich in Wellen durch die Reihen der erstarrten Wahlhelfer ausbreiteten, wurden im selben Augenblick den Millionen Menschen im ganzen Lande übermittelt. Überall saßen die Leute am Fernsehgerät und warteten, hörten die ärztlichen Bulletins und erlebten diese Tragödie unmittelbar und in endlosen Wiederholungen.

Während dieser Zeit, fast 24 Stunden lang, wachte Hughes am Bildschirm und sah nun, wie Fernsehsprecher Frank Mankiewicz mit roten Augen und gebeugten Hauptes die hell erleuchtete Eingangshalle des Krankenhauses betrat und jedermanns schlimmste Befürchtungen bestätigte. Sich auf die Lippen beißend, um die Tränen zurückzuhalten, stand der Pressechef einen Augenblick mit gesenktem Haupt da und las dann eine kurze Erklärung vor: »Senator Robert Francis Kennedy ist heute früh um 1.44 Uhr gestorben. Er war 42 Jahre alt.«

Mankiewicz sprach leise, aber die schicksalsschwere Verlautbarung tönte in größter Lautstärke aus Hughes' Apparat. Anders hätte der halb taube Milliardär die Nachricht von dieser Tragödie, die nun in seinem Zimmer widerhallte, nicht verstehen können.

Aber Hughes hörte schon nicht mehr zu. Von einem Nachttisch neben seinem Bett nahm er einen Block mit gelbem, liniiertem Papier, legte ihn auf die Knie und schrieb seinem Stabschef Robert Maheu aufgeregt folgende Zeilen:

»Ich hasse es zwar, mit der Tür ins Haus zu fallen«, schrieb Hughes, »aber ich sehe hier eine Gelegenheit, die in diesem Leben vielleicht nie wiederkommt. Ich strebe nicht danach, Präsident zu werden, aber ich will politische Macht ...

Ich will sie schon seit langer Zeit, aber es hat nie richtig geklappt. Ich denke an eine bestimmte Art von Organisation, die

1. Kapitel · Mr. Big

Bob —

I hate to be quick on the draw, but I see here an opportunity that may not happen again in a lifetime. I don't aspire to be President, but I do want political strength. I want the kind of strength Pan American used to have in the days of Sam Pryor.

I have wanted this for a long time, but somehow it has always evaded me. I mean the kind of an organization so that we would never have to worry about a jerky little thing like this anti-trust problem — not in 100 years!

And I mean the kind of a set up that, if we wanted to, could put Gov. Laxalt in the White House in 1972 or 76.

Anyway, it seems to me that the very people we need have just fallen knock into our hands. Also, if we approach them quickly and skillfully, they should be as anxious to find a haven with us as we are to obtain them.

If we do not move quickly, they may make other tie-ups just to avoid losing face by being in the position of

Howard Hughes · Das wahre Gesicht der Macht

standing around with no
job in sight. They may
easily make other arrangements
just in deference to their
pride, and once announcing
same, they will be much more
difficult to deal with.

So, in consideration
of my own nervous system,
will you please move like
lightning on this deal —
first, to report to me whom
you think we want, of
Kennedy's people, and second
to contact such people with
absolutely no delay the minute
I confirm your recommend-
ation. I repeat, the absolutely
imperative nature of this mission
requires the very ultimate in
skill. If it is not so handled,
and if this project should leak out
I am sure that I will be
absolutely crucified by the press,
under the astute handling of
Mr. Salinger.

However, I have con-
fidence that you can handle
this deal, and I think the
potential, in manpower and in
a political machine all built and
operating, I think these potential
are just inestimable, and worth
the risk — provided you move
fast. Please let me hear at
once.   Howard

1. Kapitel · Mr. Big

uns dabei helfen soll, dass wir uns keine Sorgen mehr machen müssen wegen irgend so einer Kleinigkeit, wie dem Anti-Trust-Problem – jedenfalls für die nächsten hundert Jahre.

Und ich denke an eine Organisation, die, falls wir es wollen, Gouverneur Laxalt 1972 oder 1976 ins Weiße Haus bringen könnte.*

Auf jeden Fall scheint es mir, dass genau die Leute, die wir brauchen, jetzt in unseren Händen sind. Und wenn wir *schnell* und geschickt an sie herantreten, könnten sie ebenso erfreut sein, eine Zuflucht bei uns zu finden, wie wir, sie für uns zu gewinnen.

Angesichts meiner schwachen Nerven solltest du also bitte in dieser Angelegenheit wie der Blitz handeln – zuerst meldest du mir, wen wir deiner Ansicht nach von den Kennedy-Leuten haben wollen, und zweitens nimm unverzüglich und ohne eine Minute zu verlieren Kontakt zu solchen Leuten auf, sowie ich deine Empfehlung gutgeheißen habe. Ich wiederhole, die absolute Dringlichkeit dieser Aufgabe erfordert äußerste Geschicklichkeit. Wenn nicht so gehandelt wird, und wenn dieser Plan bekannt werden sollte, bin ich sicher, dass man mich in der Presse kreuzigen wird ...

Ich bin jedoch überzeugt, dass du dies schaffen kannst, und ich glaube, dass dieses Potenzial an Menschen und intaktem politischem Apparat einfach von unschätzbarem Wert ist und das Risiko lohnt – vorausgesetzt, du handelst *schnell*. Bitte, lass *sofort* von dir hören.«

Hughes setzte seinen Kugelschreiber ab, las das Schreiben noch einmal sorgfältig durch und unterschrieb mit »Howard«. Dann steckte er die beiden Briefbogen in einen großen Umschlag und klopfte mit einem seiner langen Fingernägel geschickt gegen eine braune Papiertüte, die neben seinem Bett hing und eigentlich für gebrauchte Kleenextücher gedacht war.

---

* Paul Laxalt, der damals noch unbekannte, aber sehr entgegenkommende Gouverneur von Nevada, derzeit US-Senator, war Ronald Reagans Wahlkampfleiter und ist vielleicht der engste Freund des Präsidenten.

Es gab ein knallendes Geräusch, das einen der Wärter aus dem Nachbarzimmer herbeirief, die rund um die Uhr Schichtdienst taten. Der Mormone befeuchtete die Klappe, verschloss den Umschlag und brachte ihn zu einem bewaffneten Sicherheitsposten, der vor der Tür stand, getrennt von Hughes' Suite nur durch eine verschlossene Tür. Der Wachtposten wiederum fuhr mit dem Lift die neun Stockwerke nach unten und überbrachte Hughes' Schreiben Robert Maheu, der direkt neben dem Hotel wohnte.

Maheu, ein äußerlich jovialer Mann, ehemaliger FBI-Agent, dessen weiche, runde Gesichtszüge eine Härte verbargen, die dafür seine eiskalten dunklen Augen verrieten, begriff offenbar nicht die Wichtigkeit dieses Auftrags. Zur selben Zeit, als eine Präsidentenmaschine Robert F. Kennedys Leichnam nach New York brachte und in der St. Patrick Cathedral schon 150 000 Menschen warteten, erläuterte Hughes seine Anweisungen ungeduldig ein zweites Mal.

»Bob«, schrieb Hughes, »ich dachte, du hättest mich verstanden. Ich will Bob Kennedys gesamte Organisation anheuern – mit einigen Ausnahmen natürlich. Ich weiß nicht, ob wir Salinger und noch ein paar andere wollen. Jedoch haben wir hier eine ganze geschlossene Gruppe, die daran gewöhnt ist, etwas über alle Hindernisse hinweg durchzusetzen. Die hatten bisher das Kennedy-Geld hinter sich, und das können auch wir bieten. Diese Gruppe ist von John Kennedy und dessen Förderern ausgebildet worden und wurde von RFK übernommen, als John starb.

Es ist eine klare Sache für uns. Ich will keine politischen Vorteile von ihnen. Ich erwarte, dass du unseren Kandidaten benennst, und zwar bald. Ich wiederhole, ich will kein Bündnis mit der Kennedy-Truppe, ich will sie auf unsere Gehaltsliste setzen.«

Jetzt hatte Maheu begriffen. Und er lieferte. Nicht das gesamte Kennedy-Team, aber dessen Führer, Bobbys Wahlkampfmanager Larry O'Brien. Noch vor Ende des Monats hatte Maheu die Verbindung hergestellt. Wenige Tage später war O'Brien – eine

1. Kapitel · Mr. Big

6/6/68

Bob—

I thought you would understand. I want us to hire Bob Kennedy's entire organization — with certain exceptions, of course, I am not sure we want Salinger and a few others. However, here is an entire integrated group, used to getting things done over all obstacles. They are used to having the Kennedy money behind them and we can equal that. This group was trained by John Kennedy and his backers, and then moved over to R.F.K. when John died.

It is a natural for us. I am not looking for political favors from them. I expect you to pick our candidate and soon. I repeat, I don't want an alliance with the Kennedy group, I want to put them on the pay-roll. Please read my last message again.

Many, many thanks and please! let me hear!

N.

der Schlüsselfiguren in der amerikanischen Politik, ein White-House-Insider, der bereits zwei erfolgreiche Präsidentschafts-Wahlfeldzüge geleitet hatte und jetzt dabei war, die Führung der Demokratischen Partei zu übernehmen – zu Verhandlungen in Las Vegas. Und bald war er »auf der Gehaltsliste«.

Mit der Kaltblütigkeit eines Grabräubers hatte Hughes Larry O'Brien genauso leicht auf seine Seite gezogen, wie er Fernseh-kanäle umschaltete. Und das hatte er geschafft, ohne sein Zimmer jemals zu verlassen. Mit Hilfe von Fernbedienung gewisser-maßen.

Die Nation trauerte, und das heimlich angezettelte Drama hinter den Kulissen wäre ihr sicher als ungeheuerliche Blasphe-mie erschienen. Allein der Ton in Hughes' Anweisungen war empörend. Er zeigte keine Spur von Trauer, keinen Hauch von Gefühl, nur drängende Ungeduld, das »Geschäft« endlich ab-zuschließen. Zwei Tage lang war Hughes Zeuge einer Tragödie gewesen und hatte darin dennoch lediglich eine »Gelegenheit« gesehen.

Er hatte erkannt, was die trauernde Masse nicht wissen konn-te: Amerikas Mächtige hatten nichts gemein mit König Artus und den Rittern der Tafelrunde, mit sich opfernden Prinzen und treuen Knechten. Macht in Amerika war Ware, die auf einem Marktplatz feilgeboten wurde. Treue, Pflichterfüllung und Ein-fluss waren eine Frage des Preises.

Die Transaktion mit O'Brien war an und für sich nichts Un-gewöhnliches, wenn man von dem makabren Hintergrund, vor dem sie sich abspielte, absah. Richard Nixon, Hubert Humphrey, Lyndon Johnson – eigentlich jede bedeutende politische Persön-lichkeit dieser Ära einschließlich sogar Bobby Kennedys standen irgendwie mit Hughes in Verbindung, ebenso wie die zahllosen weniger bekannten Lobbyisten und Politiker in der Provinz. Hughes hatte sie alle mit der kalten Nüchternheit eines Mar-ketingexperten taxiert. »Ich habe diese Art Geschäfte schon vorher mit ihm gemacht«, sagte er etwa über Lyndon Johnson. Humphrey war für ihn »ein Kandidat, der uns braucht und der unsere Hilfe will«, und deshalb »jemand, den wir ausreichend

1. Kapitel · Mr. Big

unter Kontrolle haben«. Bobby Kennedy jedoch »bekommt zu viel Unterstützung von anderer Seite«, könnte aber gewinnen, »deshalb halten wir uns bedeckt«. Nur Nixon (»mein Mann«) empfing höchste Anerkennung: »Er, das weiß ich genau, kennt die Realitäten des Lebens.«

Die Übernahme des Kennedy-Teams war eine Kleinigkeit. Howard Hughes hatte schon lange vorher begonnen, die Regierung der Vereinigten Staaten zu kaufen.

»Versuche festzustellen, wer im Weißen Haus wirklich käuflich ist«, wies er einst seinen Adlatus Robert Maheu an. »Und schrecke nicht vor der Ungeheuerlichkeit dieses Gedankens zurück. Nun, ich weiß nicht, an wen man sich da heranmachen muss, aber es gibt dort jemand, verlass dich darauf.«

Hughes benutzte die Sprache der Macht, unverblümt und direkt. Was ihn von anderen unterschied, mehr als sein Geld, mehr als sein Größenwahn, mehr sogar als seine Geheimnistuerei, war seine brutale Devise: »Kauf-die-Bastards«. Nicht dass Hughes nur zynisch Politiker kaufte – andere handelten auch auf diesem Markt –, er verlangte danach vollkommen ungeniert eine Quittung. Alle, die sich mit ihm einließen, wussten, dass sie nicht nur auf ein Geschäft eingegangen waren, sondern dass sie vielmehr einen mephistophelischen Pakt mit dem Teufel geschlossen hatten.

»Ich bin entschlossen, in diesem Jahr einen Präsidenten unserer Wahl zu finden, und zwar einen, der tief in unserer Schuld ist und der seine Verpflichtung auch akzeptiert«, hatte der Milliardär 1968 erklärt, als er planmäßig einen Machtwechsel vorbereitete. »Da ich bereit bin, in dieser Hinsicht alle Grenzen zu überschreiten, glaube ich, dass wir in der Lage sein sollten, einen Kandidaten und eine Partei zu wählen, die den Realitäten der Politik ins Auge sehen.«

Er hatte schon häufiger Gelder gezahlt – an Präsidenten, Präsidentschaftskandidaten, Senatoren, Kongressabgeordnete und Gouverneure, deren Parteibücher oder politische Standpunkte ihn nicht kümmerten, persönliches Charisma oder rednerische Begabung waren ihm völlig gleichgültig. Er ließ sich nur von seiner goldenen Regel leiten: »… den richtigen Platz und die richtigen Leute finden und das kaufen, was wir wollen.«

Seine Agenten erreichten ihr Ziel zwar oft genug, wenn sie versuchten, Regierungsmitglieder zu bestechen, aber Hughes, getrieben von seinen Ängsten wie von Furien, suchte etwas, das selbst für sein Geld nicht zu haben war, und ganz gleich, wie viel Macht er auch erlangte, er war niemals zufrieden.

»Ich habe mein ganzes Leben diesem Lande gedient und nur wenig für mein persönliches Vergnügen oder meinen Ruhm erhalten«, klagte der nie ausreichend gewürdigte »Patriot«. »Wenn ich nichts Besseres verdient habe, als diese schäbige Behandlung, so ist das ziemlich traurig.«

Bürger Hughes. Er kaufte zwar Politiker, ging jedoch niemals zur Wahl. Er schimpfte erbittert über Steuern, aber zahlte 17 Jahre lang keinen einzigen Pfennig. Sein Imperium produzierte strategische Waffen, aber er protestierte gegen Atomversuche in seinem eigenen Hinterhof, in Nevada.

Bürger Hughes. Er versuchte, die Regierung der Vereinigten Staaten zu kaufen, stattdessen trug er aber zu ihrem Niedergang bei.

Weder Hughes noch irgendjemand sonst konnte das damals wissen, aber die verhängnisvolle Entwicklung, die in dem Watergate-Skandal gipfelte, begann mit dem Brief, den er in jener Nacht schrieb, in der Bobby Kennedy starb.

Der Brief brachte Larry O'Brien in seine Einflusssphäre, und diese Beziehung wurde zu einer fixen Idee für Richard Nixon, der fürchtete, dass der verhasste Kennedy-Clan seine heimlichen Geschäfte mit dem Milliardär entdecken würde. Jahrelang gab es Gerüchte, die besagten, das Hughes-Nixon-O'Brien-Trio habe Watergate erst ausgelöst. Ereignisse, von denen in diesem Buch berichtet wird, beweisen nun, dass Nixon den Einbruch initiierte, in dem verzweifelten Bemühen, seine Verbindungen zu Hughes zu verheimlichen.

Hughes war so vorsichtig gewesen, sich nicht festzulegen, er hatte so viel heimliche Gelder in so viele verschiedene Kanäle geleitet, dass eine Kollision unvermeidlich war.

1. Kapitel · Mr. Big

Mochte es anderen gelungen sein, raffinierter, weil weniger paranoid, höhere Gipfel realer Macht zu erklimmen. Es war doch Hughes, der zum wahren Symbol heimlicher Macht wurde, es war Hughes, der einen Präsidenten zu Fall brachte, und es war Hughes, der zwingend die Frage aufwarf: Gibt es einen Mr Big?

Dabei versuchte er doch nur, sich selbst zu schützen.

Und allerorten drohten Gefahren, er war so verletzbar. Die Menschen der Außenwelt sahen nur die Fassade. Der wirkliche Howard Hughes lag versteckt in seinem selbst gewählten Gefängnis, ein nackter alter Mann, der unter entsetzlichen Schmerzen litt und unter Angst vor dem Tode, der wie der Insasse irgendeines Hinterzimmers in einem Irrenhaus dahinvegetierte.

Seine Erscheinung war von geradezu grotesker Hässlichkeit. Er sah aus, als sei er soeben aus dem Grabe auferstanden. Ausgemergelt war er, 1,90 Meter groß und 54 Kilogramm schwer, ein Skelett. Sein Körper zeigte keine Farbe, nicht einmal auf den Lippen, er schien nicht tot zu sein, sondern bereits in Verwesung übergegangen. Nur sein langes graues Haar, das ihm halb über den Rücken hing, der schüttere Bart, der bis auf seine eingesunkene Brust reichte, und die grässlichen, mehrere Zentimeter langen Nägel, die wie groteske gelbe Korkenzieher aus seinen Händen und Füßen wuchsen, schienen noch Leben zu bergen. Und seine Augen. Manchmal waren sie tot und leer. Manchmal jedoch glühten sie aus ihren tiefen Höhlen mit überraschender, fast beängstigender Intensität, starrten mit einem harten, suchenden, durchdringenden Blick.

Hughes litt unter Schmerzen, physischen Qualen, seelischen Qualen, immerwährenden, unaufhörlichen Schmerzen. Fast alle seine Zähne waren verrottete schwarze Stümpfe, die nur noch locker in dem geschwollenen, blassen, vereiterten Zahnfleisch steckten. Auf einer Seite des Kopfes begann ein Tumor zu wachsen, ein geröteter Höcker, der durch Büschel grauen Haars hervortrat. Sein Rücken war durchgelegen und zum Teil so wund, dass endlich der bloße Knochen des Schulterblatts durch seine pergamentene Haut gedrungen war. Darüber hinaus waren seine beiden dünnen Arme von verräterischen Stichen bedeckt, auch auf Hüften und in der Leistengegend hatte die Sucht ihre Spuren hinterlassen.

Der reichste Mann der Welt war Fixer. Er spritzte ungeheure Mengen Codein, in der Regel mehr als 20 Gramm täglich, manchmal das Drei- oder Vierfache, Dosen, die eigentlich tödlich waren. Seit gut zwei Jahrzehnten war Howard Hughes drogenabhängig, seit einem Flugzeugabsturz im Jahre 1946. Damals hatte ihm sein Arzt Morphium verschrieben, und alle hatten damals geglaubt, er würde den Unfall nicht überleben. Er kam jedoch wieder auf die Beine, die Ärzte ersetzten das Morphium durch Codein, und im Laufe der Jahre verlangte Hughes immer höhere Dosen. Schließlich baute er eine illegale Organisation auf, die ihm Rezepte besorgte, die unter falschen Namen in verschiedenen Apotheken in Los Angeles eingelöst wurden.

Wenn die Wirkung nachließ, wachte er auf und begann den Tag mit einem Griff nach dem schwarzen Metallkästchen neben seinem Bett. Darin bewahrte er seinen Vorrat und seine nicht sterilisierte Injektionsnadel auf. Er mischte sich die Spritze und stieß sie irgendwo in seinen verwüsteten Körper. Zuweilen verlängerte er die Prozedur durch »doppeltes Pumpen«: Er injizierte die Hälfte der weißen Flüssigkeit, zog sie mit dem Blutgemisch zurück, ließ die Nadel noch einen Augenblick baumeln, bevor er sich endgültig die ganze Ladung spritzte. Darauf lehnte er sich entspannt zurück. Wenn die erste angenehme Welle seinen Körper durchflutete, trällerte er manchmal einen alten Schlager vor sich hin: »Hey-bop-a-ree-bop. Hey-bop-a-ree-bop.« Zuweilen lachte er sogar still vor sich hin.

Hughes nahm noch andere Drogen, Codein war nicht einmal die gefährlichste. Er schluckte gewaltige Mengen Beruhigungsmittel, bis zu 200 mg Valium oder Librium, das Zehnfache einer »normalen« Dosis. Wenn er nicht gerade Codein spritzte, nahm er eine ganze Handvoll Empirin +4, eine Mischung aus Codein, Aspirin, Koffein und dem Schmerzmittel Phenacetin. Nicht das Codein, sondern das Phenacetin ruinierte seine ohnehin geschrumpften Nieren vollends. Daran starb er später.

1. Kapitel · Mr. Big

Aber schon zu der Zeit, von der hier berichtet wird, verbreitete er den Geruch von Tod. Er wusch sich kaum. Niemals putzte er sich die Zähne. Statt auf die Toilette zu gehen, blieb er im Bett und urinierte in einen Steinkrug. Er bestand darauf, dass die vollen Gefäße aufbewahrt und in seinen Schlafzimmerschrank gestellt wurden. Auch litt er unter chronischer Verstopfung und verbrachte einen großen Teil des Tages, manchmal zwischen fünf bis zehn Stunden hintereinander, auf der Toilette. Trotz hoher Dosen starker Abführmittel vergebens. Meist verabreichte ihm dann eines seiner männlichen Kindermädchen einen Einlauf.

So lag er da, nackt hingestreckt auf seinem ungemachten Bett: Mr Big.

Niemand wusste, wie er aussah. Niemand wusste, wie er lebte. Kein einziger Mensch – weder der so genannte Mann auf der Straße noch die Wirtschaftsmagnaten und Politiker, die mit ihm zu tun hatten, weder die Präsidenten, die ihn als ihresgleichen behandelten, und nicht einmal seine eigenen Topmanager. Sie alle hatten nicht die leiseste Ahnung, was aus Howard Hughes geworden war.

Denn seit fast zehn Jahren hatte ihn niemand gesehen. In den Augen der Leute lebte er noch immer fort, wie man ihn von seinem letzten öffentlichen Auftritt in Erinnerung hatte: energisch und vital – nicht mehr gerade der knabenhafte James-Stewart-Typ, aber immer noch gut aussehend, mit glatt zurückgekämmtem, dunklem, in der Mitte gescheiteltem Haar –, eine eindrucksvolle Erscheinung. Ein großer, selbstbewusster Industriekapitän, der auch ein Hauptdarsteller in einem Film aus den Vierzigerjahren hätte sein können: Howard Hughes, wie er in seiner letzten Wochenschau ausgesehen hatte.

Sein Leben erinnerte in der Tat an eine Wochenschau, oder besser: an einen Film.

Mit 18 Jahren war er Waise und zugleich Millionär. Er war Erbe eines sich wie von selbst vermehrenden Vermögens, das sein Vater der Erfindung eines Bohrers verdankte. Er verfügte über das absolute Monopol an einem Gerät, das auf der ganzen

Welt gebraucht wurde, um nach Öl zu bohren! Ein fürwahr lukratives Patent!

HUGHES IN HOLLYWOOD: Der junge Großindustrielle kommt in die Traumfabrik. Sein plötzlicher Reichtum macht es möglich, sich seinen Leidenschaften zu widmen: Filmen, Flugzeugen – und Frauen. 1930: Graumans Chinesisches Theater. Noch nicht einmal 25 Jahre alt, bringt er es zu nationaler Berühmtheit mit dem teuersten Streifen der Filmgeschichte. *Hell's Angels.* Es folgt eine ganze Reihe von Hits: *The Front Page, Scarface, The Outlaw.* Hughes ist bei jeder seiner eigenen Premieren dabei, stets begleitet von einer neuen Filmdiva, darunter die beiden, die er selbst zu Sex-Symbolen gemacht hat: Jean Harlow, die Platinblonde, und Jane Russell mit dem Superbusen. Ein märchenhaft reicher, etwas anrüchiger Playboy-Producer, der mitten in der großen Depression arrogant und großspurig auftritt.

HUGHES DAS FLIEGERASS: Der tollkühne junge Pilot in lederner Fliegerjacke mit flottem Filzhut auf dem Kopf. So steht er neben den Sportflugzeugen, die er selbst entwickelt und gebaut hat. Er bricht alle Rekorde. 1935: ein neuer nationaler Geschwindigkeitsrekord. 1936: der Überlandflugrekord. 1937: ein zweiter transkontinentaler Rekord, mit dem er seine eigene Höchstleistung überbietet. All dies übertrifft er 1938 mit einem sensationellen Flug um die ganze Welt. Jetzt ist er ein internationaler Star; am Broadway in New York und in Chicago, in Los Angeles und in seiner Heimatstadt Houston wird er mit Konfettiparaden empfangen. Die Begrüßung eines Landes, das begeistert ist von Männern, die Luftfahrtgeschichte machen. Ein Lindbergh und noch dazu Milliardär! Plötzlich ereilte ihn erst die Tragödie, dann ein Skandal. 1946: Bei einem dramatischen Flugzeugabsturz kommt er fast ums Leben. Hughes, als Testpilot eines Aufklärungsflugzeugs der Luftwaffe, das er selbst entwickelt hat, verliert die Kontrolle über die Maschine und rast mit der schnittigen XF-11 in die Beverly Hills. 1947: Kaum wieder genesen, zitiert man ihn ohne viele Umstände vor einen Untersuchungsausschuss des amerikanischen Senats. Man wirft ihm vor, Kriegsgewinnler zu sein und Politiker bestochen zu haben.

1. Kapitel · Mr. Big

HUGHES VOR GERICHT: Im blendenden Licht der Jupiter-lampen wird Howard Hughes beschuldigt, er habe sich Rüstungsaufträge verschafft, indem er Militärs im Pentagon und den Sohn des Präsidenten mit Geld, Schnaps und Frauen versorgte. Im Mittelpunkt dieser ganzen Kontroverse steht ein riesiges Wasserflugzeug aus Sperrholz, die *Spruce Goose*, ein Berg aus Holz im Wert von 18 Millionen Dollar, der sich noch nie in die Lüfte erhoben hatte. Hughes ist nicht klein zu kriegen. Er stolziert aus dem Saal, in dem die Anhörung stattfand, und schleudert den Senatoren die Drohung ins Gesicht: »Wenn das Flugboot nicht fliegt, verlasse ich das Land und komme nie zurück!«

IM HAFEN VON LONG BEACH: 2. November 1947. Hughes sitzt im Cockpit der *Spruce Goose*, eine winzige Gestalt in dem übergroßen, fünf Stockwerke hohen Flugzeug, das größer ist als alles, was jemals in der Luft war. Er sagt, er wolle die Maschine diesmal nur ein Stück auf dem Wasser fahren lassen, aber die Kameras laufen ohnehin. Und plötzlich hebt das merkwürdigste Exemplar der Luftfahrtgeschichte tatsächlich ab. Hughes klettert etwa 200 Meter hoch und fliegt mit dem hölzernen Ungeheuer eine Meile über die Bucht!

Dies war das letzte Mal, dass man Bilder von ihm in der Wochenschau sah. Danach tauchte er auch in der Öffentlichkeit kaum noch auf. Er war auf dem Gipfel seiner Popularität angelangt. Es gab sogar eine kurze »Hughes-for-President«-Kampagne. Aber im Augenblick seines größten Triumphes zog er sich zurück.

Dies war der Anfang eines langen Rückzuges und auch der einer Serie von Niederlagen. Der so unerwartet untergetauchte Milliardär verlor offenbar Stück für Stück die Herrschaft über sein Imperium. Aus allen seinen Hobbys waren große Unternehmen geworden: Die Filme: RKO; die Werkstatt, wo er seine Sportflugzeuge baute: Hughes Aircraft; seine Leidenschaft fürs Fliegen: TWA. Sein Spielzeug war ihm über den Kopf gewachsen. Als Erstes musste er, nach einem Ultimatum des Pentagon, die direkte Kontrolle über die Luftfahrtgesellschaft aufgeben. Dann wurde er gezwungen, RKO zu verkaufen. 1957 kam es schließlich zur Krise.

Es sah so aus, als sollte er sein Lieblingsspielzeug TWA verlieren. Hughes kämpfte gegen die Banken, denn er wollte eine neue Flotte von Düsenflugzeugen bauen und brauchte Geld. Die Banken aber wollten die Macht. Hughes wiederum war nicht bereit, diese Macht zu teilen. Auf dem Höhepunkt der Krise verließ ihn der einzige Mann, dem er traute, der einzige Mann, den er brauchte, seine rechte Hand, Noah Dietrich, ein bärbeißiger Wirtschaftsprüfer, der seit 1925 seine Geschäfte geführt hatte – und zugleich eine Art Ersatzvater war. Ausgerechnet in dieser Zeit entschloss er sich, die junge Schauspielerin Jean Peters zu heiraten.

Das alles war offenbar zu viel für seine Nerven. Statt einen gemeinsamen Haushalt mit seiner neuen Frau zu gründen, zog Hughes sich in einen Bungalow des »Beverly Hills Hotels« zurück. Dort entledigte er sich sämtlicher Kleidungsstücke und versank in seiner totalen Abgeschiedenheit langsam in Wahnvorstellungen.

Nichts war ihm jetzt wichtiger als Isolierung. Vor die Wahl gestellt, entweder seine geliebte TWA zu behalten oder sein skurriles Privatistentum aufzugeben und vor Gericht zu erscheinen, verzichtete er lieber auf die Fluggesellschaft.*

Weil er danach nicht mehr uneingeschränkter Alleinherrscher der Airline sein konnte, verkaufte er sie im Mai 1966 – für 546 Millionen Dollar!

---

* Hughes' Weigerung, vor Gericht zu erscheinen, endete mit einem Strafbescheid von über 137 Millionen Dollar. Die Bankiers hatten im Juni 1961 einen Prozess angestrengt, nachdem der Kampf um die Macht begonnen und die Banken im Dezember 1960 einen Treuhänder für sein TWA-Aktienkapital eingesetzt hatten. Im Verlaufe des Rechtsstreits verlangten sie, er solle zur Abgabe einer eidesstattlichen Erklärung vor Gericht erscheinen. Als er sich weigerte, erklärte ein Bundesrichter ihn wegen Nichterscheinens vor Gericht für schuldig; fünf Jahre später wurde eine Strafe von 137 Millionen Dollar festgesetzt, die sich inklusive Zinsen schließlich auf 145 Millionen Dollar erhöhte.

1. Kapitel · Mr. Big

Noch niemals war ein Scheck über eine solche Summe ausgestellt worden. Die Frage hieß nun: Was sollte er mit diesem kaum vorstellbaren Geldsegen anfangen?

Das Magazin *Fortune* rätselte über die neue »Mission« des Phantoms: »Ein Geheimnis umgibt Hughes' Pläne wegen der halben Milliarde Dollar, die er erhalten hat. Man kann nur darüber spekulieren, was er damit tun will. Es scheint, dass er irgendetwas Großes und Überraschendes im Sinn hat, und was immer es sein mag, es war zweifellos einer der Hauptgründe für seine Entscheidung zu verkaufen. Hat er sich irgendein neues Interessengebiet in seiner von allen anderen abgeschiedenen Welt ausgedacht?«

In Wahrheit war die einzige »Mission«, die Hughes im Sinne hatte, einen neuen Ort zu finden, wo er sich verstecken könne. Er musste Kalifornien verlassen, das über vier Jahrzehnte seine Heimat gewesen war, weil er die Steuern in diesem Staat nicht zahlen wollte. So verließ er im Juli 1966 zum ersten Mal nach fünf Jahren sein Schlafzimmer und trat eine Reise quer durch die Vereinigten Staaten an. Ein Flüchtling, der eine halbe Milliarde Dollar besaß.

Während der Eisenbahnfahrt nach Boston schrieb er (allein in seinem Salonwagen) einige Zeilen an Jean Peters nieder, um zu erklären, warum er sie in ihrem gemeinsamen Hotel in Bel Air zurückgelassen habe, und um ihr seine »Mission« verständlich zu machen.

»Ursprünglich hatte ich nicht die leiseste Absicht abzureisen«, schrieb er. »Plötzlich jedoch machtest du ein langes Gesicht. Ich fragte: ›Warum?‹ Du sagtest, ich würde es doch nicht schaffen, meine Mission zu vollenden. Ich würde doch nicht bei der Stange bleiben, wie das letzte Mal.«

Jean Peters und Howard Hughes hatten sich gestritten. Ihre Auseinandersetzung hatte sich an seiner quälenden Entschlusslosigkeit, seiner ständigen Unruhe und seinem endlosen Zögern entzündet. Sicher hat dabei auch eine Rolle gespielt, dass sie sich seit Jahren auseinander gelebt hatten – nicht nur sexuell. In den letzten fünf Jahren ihrer Ehe trafen sie sich sogar nur noch nach vorheriger Verabredung.

»Du hast mich sofort wissen lassen, dass die Verbundenheit und das Vertrauen, das wir mühsam erlangt hatten, kaputt sei«, fuhr Hughes fort.

»Deshalb nahm ich meine Pläne wieder auf – mit deinem Versprechen, mir zu vertrauen und mir zu glauben.

Was habe ich falsch gemacht?«, fragte er, um der heiklen Frage näher zu kommen, warum er ohne sie gegangen war.

»Die Crux der ganzen Sache ist, dass, wenn du kommst, wir keine freie Wahl mehr haben. Von diesem Punkt an sind wir unwiderruflich auf den Platz festgelegt, wo wir landen. Wenn ich allein gehe – oder wenn du allein gehst, kann sich jeder von uns umschauen – erzählen, was er sieht – was es da gibt – und wo. Dann ist der Würfel noch nicht gefallen, wenn der andere eintrifft.«

Das war nicht misszuverstehen. Er musste allein gehen. Darüber hatten sie sich schon oft gestritten.

»Ich musste gehen. Ich sagte allen, wir würden aufbrechen. Ich will keinen Fehler machen. Aber ich will dich nicht enttäuscht zurücklassen« – und er fing an zu schreiben; »Mein süßer Liebling«, strich es aber wieder aus, das war zu überschwänglich.

»Schatz!«, fuhr er fort. »Ich will das machen, was du gerne möchtest. Ich stehe mit dem Rücken zur Wand. Ich habe das bestimmte Gefühl, dass du etwas dagegen hast, wenn ich so weitermache. Aber wenn ich jetzt aufhöre, glaube ich, dass du das auch nicht wünschst. Ich werde mich wieder einmal zurückziehen.

Ich hoffe, dies ist der Anfang, auf dem Weg umzukehren«, schloss Hughes, nachdem er aus seiner Verwirrung neue Kraft und eine neue Entschlossenheit geschöpft zu haben schien, die Dinge wieder ins Lot zu bringen.

Dann kritzelte er unerklärlicherweise vier weitere Wörter nieder – »schneide deinen Kopf ab« – und unterstrich dies.

Da stand es nun klar und deutlich: »Schneide deinen Kopf ab.«

Es war nicht zu verkennen, dass er wütend war. Aber wessen Kopf meinte Hughes? Den seiner Frau? Seinen eigenen? Wahrscheinlich wusste er das selbst nicht so genau. Die Zeilen, die er während der Eisenbahnfahrt nach Boston schrieb, sind dennoch bezeichnend für seine seelische Verfassung.

Er dachte aber gar nicht daran, diesen Brief abzuschicken. Und das nicht nur wegen seines makabren Postskriptums. Hughes hatte seiner Frau noch nie einen selbst verfassten Brief geschrieben; in seinen Augen war das viel zu gefährlich.

Stattdessen ließ er einen seiner Assistenten aus dem benachbarten Eisenbahnwagen kommen und diktierte nach seinen Notizen eine Botschaft für den Mormonen, die der auswendig lernen und seiner Frau übermitteln sollte. Der Kurier verließ den Zug an der nächsten Haltestelle, in San Bernardino, und fuhr nach Bel Air zurück, um die Abschiedsbotschaft zu überbringen. Was der Mormone Jean dann sagte, war sehr viel vorsichtiger und nicht so verworren. Er teilte ihr eigentlich nur mit, dass Hughes sie herzlich liebe und er sich auf den Tag freue, an dem sie wieder zusammen sein würden. Und natürlich durfte Jean keinesfalls wissen, wo er sich aufhielt.

Boston war ja auch lediglich eine Zwischenstation, nicht das Ziel seiner Reise. Hughes war 3000 Meilen gefahren, nur um sich entschließen zu können, wo er endgültig hinwollte.

Sonntag, 27. November 1966, 4 Uhr früh. Thanksgiving-Wochenende. Eine Lokomotive schiebt zwei Salonwagen in einen trübseligen, verlassenen Bahnhof am Stadtrand von Las Vegas. Howard Hughes war quer durch ganz Amerika gefahren und hier gelandet, um zum letzten Kampf anzutreten. Er hatte eine neue Aufgabe gefunden. Er wollte Nevada zu seinem Königreich machen, und seine halbe Milliarde Dollar sollte ihm dabei helfen, eine Welt zu schaffen, die er allein beherrschen würde. Nun war seine Flucht zwar beendet, nicht aber sein Versteckspiel.

Noch bevor der Morgen in der Wüste von Nevada dämmerte, begann er damit, die Gründung seines Reiches vorzubereiten. Von seinem Salonwagen zu dem wartenden Pkw waren es nur wenige Schritte, die er leicht hätte zu Fuß gehen können. Doch Howard Hughes verlangte – als sei er ein orientalischer Potentat – eine Sänfte.

Hinter zugezogenen Vorhängen ließ Hughes sich in sein neues Versteck fahren, das »Desert-Inn-Hotel«, ein protziges Spielerparadies mitten im Las-Vegas-Strip.

Im Desert Inn war bereits das gesamte obere Stockwerk für ihn reserviert. Seine Diener schleppten ihn hoch und stellten die Sänfte im Schlafzimmer einer Suite ab, die sie aufs Geratewohl ausgesucht hatten. Die nächsten vier Jahre würde er nicht etwa seine Suite, sondern dieses Zimmer, in dem man ihn zufällig abgesetzt hatte, nicht ein einziges Mal verlassen.

Er verließ sogar kaum sein Bett. Und doch übte Hughes in diesen vier Jahren seinen größten Einfluss aus. Er sorgte dafür, dass seine unsichtbare Gegenwart in den Vorstandsetagen der Konzerne, in den Konferenz- und Hinterzimmern der Politiker und sogar im Arbeitszimmer des Präsidenten spürbar wurde.

Er war jetzt mehr als ein Milliardär, mit 750 Millionen Dollar Bargeld und einem nicht liquiden Vermögen, das mindestens noch einmal so viel wert war. Das Magazin *Fortune* bezeichnete ihn als reichsten Mann Amerikas. Dennoch bestand Hughes' Macht keineswegs allein in seinem unermesslichen Reichtum.

Er war alleiniger Eigentümer der *Hughes-Tool-Company*, die das Monopol auf das Ölbohrgerät hatte. Er war einziger Treuhänder der *Hughes-Aircraft-Company*, einer der zehn größten Rüstungsfirmen, die enge Beziehungen zur CIA unterhielt, Hersteller aller amerikanischen Spionagesatelliten und des ersten Raumschiffes, das auf dem Mond landete. Hinter seiner tatsächlichen Macht stand darüber hinaus noch die Macht seines Mythos, zu dem sein jahrelanges Versteckspiel nicht unwesentlich beitrug. Seit zehn Jahren war er von der Bildfläche verschwunden, und dennoch war sein Einfluss allgegenwärtig – ein wahrhaft ideales Objekt für Fantasie und Legendenbildung.

War sein Bild in der Öffentlichkeit bislang immer noch von jenem Hughes geprägt, den Harold Robbins in seinem 1961 erschienenen Bestseller *The Carpetbaggers* geschildert hatte – einsamer Abenteurer, romantischer Held, exzentrischer, aber sympathischer Industrieboss –, wich dies nun einem ganz anderen Image.

1. Kapitel · Mr. Big

Ihn umgab die Aura des Skandalösen, und die Gerüchte von seinen Versuchen, Politiker zu bestechen, waren längst von handfestem Verdacht erhärtet. Genau zu der Zeit, als die James-Bond-Filme den Höhepunkt ihrer Popularität erreicht hatten, ließ Hughes sich in der »Stadt der Sünde«, in Las Vegas, nieder. Manch einer sah in ihm den bösen Geist, der über Mittel und Wege verfügte, die Welt zu beherrschen – Dr. No, Blofeld und Goldfinger – alle in einer Person.

Es war nicht schwer, ihn sich als Erzhalunken vorzustellen, inmitten elektronischer Schalttafeln und blitzender Computer, mit deren Hilfe er den Griff nach der Herrschaft über die Welt tat.

In Wirklichkeit lag Hughes nackt in seinem Schlafzimmer, ungewaschen und ungepflegt, seine Haare hingen bis auf den Rücken. Er starrte auf das Bild seines Fernsehgeräts. Neben einem Hotelzimmer, das ihm als Kommandozentrale diente, standen fünf Mormonen immer zu seiner Verfügung. Sie waren einst Kartoffelchipsverkäufer, Bauarbeiter und Fabrikhilfsarbeiter gewesen und nun Lakaien ohne irgendeine besondere Begabung oder Ausbildung. Sie hockten in einem Zimmer, das lediglich mit einem Tischtelefon, einer elektrischen Schreibmaschine und einem Aktenschrank ausgestattet war.

Der wirkliche Mr Big saß also nicht inmitten chromblitzender Geräte, sondern war umgeben von Schmutz und Unordnung. Berge von alten, vergilbten Zeitungen lagen im weiten Umkreis auf dem Fußboden um sein Bett herum, sammelten sich unter den Möbeln und häuften sich in den Ecken seines engen, zwanzig Quadratmeter großen Zimmers in wahllosem Durcheinander mit anderem Kram – Blaupausen, Karten, TV-Programmheften, Luftfahrtzeitschriften und zahlreichen anderen, nicht zu identifizierenden Gegenständen.

Von seinem Bett führte ein schmaler »Pfad« ins Badezimmer, der mit Papierhandtüchern ausgelegt war. Unmengen von Abfall lagen auch hier im Wege, überdeckt wiederum von zahllosen Knäueln gebrauchter Kleenextücher, mit denen der Milliardär alles in seiner Reichweite Befindliche abwischte und sie zu dem anderen Müll warf. Im Laufe der Jahre hatte sich über all diesen Unrat eine dicke Staubschicht gelegt. Das Zimmer wurde nie gereinigt, denn Hughes wollte nicht, dass die Mormonen in seinem immer größer werdenden Müllhaufen herumstöberten.

Mitten in diesem unvorstellbaren Durcheinander lagen auf jedem freien Platz sauber aufgeschichtete Stapel von Dokumenten. Tausende von Seiten gelben liniierten Papiers und weiße mit Schreibmaschine beschriebene Bogen waren mit größter Akkuratesse in ordentlichen Stößen auf dem Kleiderschrank, den beiden Nachttischen und einem Polstersessel gestapelt. Wie unter unwiderstehlichem Zwang ordnete er diese Papiere oft stundenlang hintereinander um, schichtete sie so aufeinander, dass kein Blatt auch nur einen Millimeter überstand. Das war von größter Wichtigkeit, denn diese Papiere waren die Instrumente *seiner* Macht.

Während der vier Jahre, die Howard Hughes in Las Vegas residierte, leitete er sein Imperium anhand von Korrespondenz. Es war die einzige Zeit in seinem Leben, in der er es wagte, ständig seine Anweisungen, Pläne, Gedanken, Befürchtungen und Wünsche tausenden Blättern Papier anzuvertrauen.

Hughes betonte denn auch immer wieder, dass seine handgeschriebenen Notizen einmalig seien.

»Meine Leute werden Ihnen erzählen, dass ich keine fünf Briefe im Jahr schreibe«, berichtete er seiner neuen rechten Hand, Robert Maheu, zu Beginn ihres Briefwechsels.

»Ich war dafür bekannt, dass ich all diese Jahre meine Geschäfte mündlich, und zwar im Allgemeinen über Telefon, abwickelte. Sie haben sicher von dieser Eigenart gehört.

Als ich anfing, ausführliche handschriftliche Anweisungen zu geben, protestierten meine Leute lange und laut«, fuhr Hughes fort und erinnerte sich, wie hartnäckig die Mormonen dieses neue Verfahren bekämpft hatten, da sie ihre Rolle als seine einzige Verbindung zur Außenwelt nicht aufgeben wollten.

»Sie wollten meine Briefe wenigstens noch einmal abschreiben und Fehler bei der Abfassung und der Orthografie verbessern.

1. Kapitel · Mr. Big

Ich sagte, dafür sei keine Zeit, und ich würde Sie bitten, mir meine Briefe zurückzugeben, damit sie in dieser Form von mir nicht aus der Hand gegeben würden.

Hören Sie, Bob, die Senatsuntersuchung dieses Materials, das sie aus meinen eigenen Akten gefischt haben, war der einzige Fetzen eines Beweises, der ihnen ermöglichte, den Fuß zwischen die Tür zu bekommen«, schloss Hughes, der auch noch nach zwanzig Jahren wütend über diese Schande war, die für immer ein Trauma bei ihm hinterlassen hatte.

»Ich kann Ihnen versichern, dass ich aus dieser Sache gelernt habe, und ich werde sehr genau aufpassen, was in den Akten aufbewahrt wird.«

Ja, er musste unbedingt die Kontrolle über seine Geheimpapiere wiedererlangen – »die höchst vertraulichen, fast heiligen Informationen über mein intimstes Handeln«.

Sein einziger tatsächlicher Briefpartner, Maheu, musste sie zurückgeben. Hughes schickte nicht einmal Kopien an seine anderen Topmanager, Männer, die er seit zehn Jahren nicht mehr gesehen hatte und mit denen er nicht einmal telefonierte. Stattdessen lasen die Mormonen seine Briefe vor. Die geheiligten Dokumente verließen das Penthouse niemals.

Mit großer Sorgfalt machte er aus seinen Assistenten eine Art von Robotern, die seine wichtigen Geheimnisse den Adressaten weitergaben – unpersönlich, aber dennoch absolut ergeben.

Manchmal beschrieb er mehr als 100 Seiten am Tag. Zwischen diesen ordentlichen Papierbergen also lag Hughes auf seinem Bett, streckte einen seiner spindeldürren Arme aus, griff wahllos nach einem Stapel und vertiefte sich in die Lektüre, erlebte vergangene Siege und Niederlagen.

Plötzlich stutzte er. Dies war wichtig, eine Sache, die noch nicht zu seiner Zufriedenheit erledigt war. Hughes war sehr um sein Image besorgt und musste mit einem Male erkennen, dass sein Ruf ziemlich lädiert war.

Und schon schmiedete er einen Plan, wie dem abzuhelfen sei: »Ich möchte, dass die Hughes-Aktivitäten der Öffentlichkeit in einer groß angelegten PR- und Anzeigen-Kampagne präsentiert werden als das einziges Beispiel für ein konkurrenzfähiges Unternehmen, das immer noch funktioniert und sich den anstürmenden Horden der Multis entgegenstemmt.

Mit anderen Worten, der ›Tante-Emma-Laden an der Ecke‹, der noch in altmodischer Weise von seinem Besitzer geleitet wird, behauptet sich gegen den übermächtigen Druck der neuen Konzerne mit ihren Geschäftsführern, Managern, der Einmischung durch die Aktionäre, der Politik, der sich bekämpfenden Bevollmächtigten, der Repräsentanten, der Eigentümer etc. etc. – alle diese blockierenden Gegenströmungen und Intrigen, die den modernen US-Industrieriesen ausmachen – den Konzern, das Establishment.«

Mit einem Male sah er sich als David, nicht als Goliath, als den letzten einsamen Kämpfer für das Überleben des amerikanischen Traums. Diese Botschaft wollte er der Welt verkünden.

Aber während er in seinen Dokumenten wühlte, ergriff ihn eine weitere grandiose Vision, die Vision von einem weltweiten Las Vegas: Howard Hughes, der Buchmacher der gesamten Welt:

»Ich habe dir einmal gesagt, dass ich interessiert sei, eines der Wettbüros in der Stadt zu erwerben«, schrieb er an seinen Bevollmächtigten.

»Nun, ich sehe eigentlich keinen Sinn darin, nur eines dieser Wettbüros zu kaufen. Es ist vielmehr meine Hoffnung, dass dies die tollste Buchmacheroperation sein könnte, die sich irgendjemand jemals ausgedacht hat.

Bist du dir darüber im Klaren, dass jeder von dutzenden von Geschäftsleuten in diesem Lande ans Telefon gehen und seinen Börsenmakler entweder in seinem Büro oder zu Hause oder sogar in einem Restaurant anrufen und sagen kann: ›Charley, kauf 50 000 US-Steel an der Börse.‹

Also ich denke an ein Kreditprüfungssystem, in dem jeder Mann von Bedeutung auf dem gesamten Gebiet der USA mit allen wirklich wichtigen Informationen verzeichnet ist, die notwendig sind, seine Zahlungsfähigkeit und seine Seriosität zu beurteilen.

1. Kapitel · Mr. Big

Ich denke an eine Möglichkeit, wonach jeder wohlhabende Mann von London aus eine bestimmte Nummer in Las Vegas anrufen, sich legitimieren und eine Wette für irgendetwas abschließen kann: ein Pferderennen in Hollywood Park, ein Leichtathletikkampf in Florida, ein Football-Spiel in New York, eine Wahl, entweder auf bundesstaatlicher oder nationaler Ebene, die Verabschiedung irgendeines Gesetzentwurfs im Kongress – einfach für alles.

Ferner möchte ich eine Einrichtung haben, die es einem Mann erlaubt, von London aus anzurufen, nachdem er eine Wette auf irgendeines der erwähnten Dinge abgeschlossen hat, und zu sagen: ›Setzen Sie 10 000 Dollar übers Telefon im Sands.‹

Und wenn dann der Mann am Fernsprecher diese Wette abschließt, müsste der Angestellte auf ein Aufzeichnungsgerät drücken, dessen Zeitansage über Telefon zu hören ist. Sodass im selben Augenblick, in dem die Wette registriert ist, der Mann am Schalter dem Kunden telefonisch mitteilen kann: ›Ihre Wette ist um 12 Uhr, 36 Minuten und 04 Sekunden abgeschlossen.‹ Dann kann wenige Sekunden später der Angestellte sagen: ›Ihr Spiel hat um 12 Uhr, 36 Minuten, 12 Sekunden stattgefunden – Sie haben gewonnen …

Wollen Sie noch eine Wette machen?‹

Weißt du, warum ich glaube, dass diese Art von Spiel einschlagen wird? Weil es einfach in der Natur der Menschen liegt, anzugeben. Ich kann mir sehr gut irgendeinen zweitklassigen VIP vorstellen, der mit einem sehr hübschen jungen Protagonisten des anderen Geschlechts zum Essen geht und dann den Hörer vom Telefon abnimmt, das ihm zu seinem Tisch Nr. 21 gebracht wird, und er macht telefonisch mal so eben einen Gewinn von 5000 oder 100 000 Dollar.

Dann dreht er sich zu seiner Dame um und sagt: ›Nun, ich habe gerade 10 000 in Vegas gewonnen – lasst uns die auf den Kopf hauen!‹ Was meinst du, wie das dem weiblichen Wesen imponiert! …

Nun, ich bitte dich dringend, *niemandem* – keinem Einzigen – gegenüber auch nur die leiseste Andeutung von dieser ›Telefonwette‹ zu machen.«

Als er diesen Brief las, fragte sich Hughes, warum aus dieser großartigen Idee niemals Wirklichkeit geworden war. Er nahm sich vor, die Angelegenheit noch einmal aufzugreifen.

Gewöhnlich blieb Hughes bis zum Morgengrauen wach. Sein Körper war erschöpft, aber sein Geist arbeitete weiter. Er *musste* deshalb *irgendetwas* finden, das er überarbeiten konnte.

»Ich arbeite rund um die Uhr. Feiertage sind mir unwichtig, da ich sowieso die ganze Zeit arbeite«, erklärte er. Oder: »Ich gönne mir keinen Sport, keine Nachtklubs oder irgendwelche anderen Erholungspausen, da ich tatsächlich nicht viel tue, außer zu arbeiten. Was meinst du denn, was ich tun sollte, irgendwo in eine Ecke kriechen und sterben?«

Diese rhetorische Frage traf die Wirklichkeit ziemlich genau. Oft aber war er im eigentlichen Sinne des Wortes untätig: Dann spielte er mit seinem langen Haar oder ordnete die Papierstapel neu, erfasst von einem heftigen, aber sinnlosen Aktionismus.

Zuweilen blätterte er dann wieder in seinen Papieren und ließ sich von seinen Erinnerungen überwältigen, etwa an eine große Gefahr, die ihm vor geraumer Zeit gedroht und der er nur knapp entgangen war. Mein Gott, es war schrecklich, nur daran zu denken! Dennoch nahm er das Schriftstück in die Hand und versetzte sich zurück in jene Zeit.

Es war der Tag, an dem Lyndon Johnson »abdankte«, und während Hughes ganz beiläufig etwas von der Suche nach einem neuen Präsidenten erwähnte – »einen der Kandidaten auswählen und ihn ins Weiße Haus hieven«, waren seine Worte –, sah er sich plötzlich einer Intrige ausgesetzt, die direkt vor seiner Haustür inszeniert wurde:

Alle seine Feinde waren dabei, sich gegen ihn zu verschwören.

»Bitte erkläre mir nicht schon so früh am Morgen den Krieg«, hatte er Robert Maheu schriftlich gebeten. »Mir ist völlig klar, dass dies für dich unwichtig ist und dass sie lediglich von bestimmten Kreisen hier dazu gedrängt worden seien. Ich spreche von der Ostereiersuche.«

Die Ostereiersuche. Es gab da Pläne – nein, eine Verschwörung! –, die gegen sein Versteck, das »Desert Inn«, gerichtet war.

1. Kapitel · Mr. Big

»Man hat mir jedoch erzählt, dass, obgleich es eine Reihe von Leuten in Las Vegas gibt, die diese Sache unterstützen wollen, es eine viel mächtigere Gruppe gibt, die es darauf abgesehen hat, mich in Misskredit zu bringen, und dass diese zweite Gruppe vor nichts Halt machen will.«

Diese »zweite Gruppe« hatte nicht nur den teuflischen Plan, diese Ostereiersuche, eine Jagd, zu veranstalten, sondern war dabei, eine »Verleumdungskampagne« gegen ihn in Gang zu setzen.

»Der Kern dieser Sache ist (und dies ist bereits bestimmten Hollywood-Kolumnisten zugespielt worden, die glücklicherweise Freunde von mir aus meiner Filmzeit sind) folgender: Ich schämte mich meiner sündigen Vergangenheit (Affären mit Frauen usw.) … und plante deshalb aufgrund meines totalen Abgeschnittenseins von jedem gesellschaftlichen Kontakt, aber vor allem zu dem Zweck, mir jede Versuchung vom Halse zu halten, eine intensive und sehr kostspielige Kampagne zur Hebung der Moral in Las Vegas. Ich beabsichtige angeblich, einen rigorosen Krieg gegen die hier üblichen Sitten in Las Vegas zu führen – zum Beispiel Showgirls mit oben ohne usw., unanständige Witze, unanständige Anzeigen usw. …«

Aber das war nicht die eigentliche Gefahr. Nein, die eigentliche Gefahr war die Eiersuche.

»Nun bin ich ferner dahingehend informiert, und das macht mir wirklich Sorge, dass diese militante Gruppe anlässlich unserer Osterparty einen wirklich gemeinen Riesenkrawall von Jugendlichen starten will.«

Ich bin wirklich nicht scharf darauf, dass sich im ›Desert Inn‹ noch einmal das abspielt, was seinerzeit in der Juvenile Hall passierte, als unsere lieben Kleinen den ganzen Laden auseinander nahmen. Ich bin sicher, deine Antwort wird lauten, dass mit unseren gut ausgebildeten Sicherheitskräften so etwas einfach nicht passieren kann. Nach meinen Informationen hoffen unsere Gegner jedoch, wir knüppeln diesen Krawall nieder, weil sie meinen, dass sie damit noch mehr Publizität bekommen.«

Natürlich. Die Wachtposten des Milliardärs durften die Jugendlichen wohl kaum niederknüppeln, selbst wenn sie Amok laufen und ihn zur Flucht aus seinem Penthouse zwingen sollten.

»Prüfe in aller Stille folgende andere Möglichkeiten: Verlegung zum Sunrise Hospital und Umfunktionierung in eine karitative Veranstaltung. Wir könnten den Stein ins Rollen bringen, indem wir 25 000 oder sogar 50 000 Dollar spenden. Ich will lediglich, dass es woanders stattfindet, sodass, falls irgendetwas schief geht, es an Las Vegas hängen bleibt – und nicht an uns.«

Das waren keine seiner üblichen Wahnvorstellungen. Das hatte Schwung und eine gewisse Größe, aber oft sah er in einem winzigen Vorfall ein gewaltiges Drama und machte es zum Objekt seiner Ängste. Und obgleich seine Paranoia praktisch alles umfasste, konzentrierte sie sich letzten Endes auf alle Formen von »Ansteckung«. Da er sich nie wusch und in Unordnung und Schmutz lebte, war er zwanghaft davon besessen, seine Umgebung zu säubern.

Besonders ausgeprägt war diese Zwangsvorstellung bei allen Flüssigkeiten. Eines Tages entdeckte er etwas Schreckliches im Wasserleitungssystem von Las Vegas, über das er sich in einem anderen besorgten Memorandum äußerte:

»Diese Wasserleitung verfügt über das einzige Wasserversorgungssystem der Welt, bei dem der Abfluss der Kläranlage plus Tonnen von nicht aufbereitetem, ungefiltertem Abwasser direkt in einen kleinen Teich voll stehenden Wassers fließt und dann direkt zurückfließt durch einen Filter, der den Kot zurückhält, um dann in unsere Häuser zu gelangen, wo es von uns als Trinkwasser, Waschwasser und Wasser zum Kochen verbraucht wird.«

Für ihn galt diese Gefahr nicht. Hughes trank nur Mineralwasser aus Flaschen und bestand darauf, dass daraus auch seine Mahlzeiten gekocht wurden. Das war er schon seit zwanzig Jahren so gewohnt. Er trank nur eine Marke, Poland Spring-Wasser, und zwar ausschließlich aus Literflaschen und nur, wenn sie an der Originalquelle in Maine abgefüllt worden waren. Obwohl er sich so gut wie nie wusch, versetzte ihn die örtliche Wasserverschmutzung in große Aufregung.

1. Kapitel · Mr. Big

Hughes aß normalerweise nur einmal am Tage, zu irgendeiner verrückten Zeit, ganz früh am Morgen etwa, und setzte mehrmals an, diese Mahlzeit zu verzehren. Manchmal aß er tagelang überhaupt nichts, oder er ernährte sich wochenlang nur von Nachtisch, war aber überaus empfindlich, wenn es um die Zubereitung seines Essens ging, weil er sich vor möglicher »Übertragung von Krankheiten« fürchtete.

Er hatte sogar eine drei Seiten lange Anweisung zum Thema »Spezielle Zubereitung von Konservenobst« verfasst.

»Für diese Arbeit braucht man folgende Geräte: eine ungeöffnete Zeitung; einen sterilen Dosenöffner; einen großen sterilen Teller; eine sterile Gabel; einen sterilen Löffel; zwei sterile Bürsten; zwei Stück Seife; sterile Papierhandtücher.«

Präzise zählte Hughes neun Schritte auf, die sklavisch zu befolgen waren: »Vorbereitung des Tisches«, »Beschaffung des Obstes«, »Waschen der Konservendose«, »Abtrocknen der Konservendose«, »Behandlung der Hände«, »Öffnen der Dose«, »Herausnehmen des Obstes«, »Regeln für radioaktiven Niederschlag rund um die Konservendose« und »Abschluss der Operation«.

Jeder einzelne Vorgang war bis ins Einzelne vorgeschrieben. Bei »Schritt Nr. 3 Waschen der Konservendose« lautete seine Anweisung: »Der damit beauftragte Mann dreht den Wasserhahn der Badewanne auf, wobei er seine bloßen Hände benutzt. Er richtet die Wassertemperatur so ein, dass sie weder zu heiß noch zu kalt ist. Dann nimmt er eine der Bürsten, erzeugt mit einem der beiden Stück Seife reichlich Schaum und schrubbt die Dose von einer Stelle an, die fünf Zentimeter unterhalb des Konservendeckels liegt. Er sollte zunächst das Etikett einweichen und entfernen und dann den zylindrischen Teil der Dose so lange bürsten, bis alle Staubpartikel, Reste des Etiketts und, allgemein gesagt, die Quelle möglicher Ansteckungen entfernt sind. Während er die Dose die ganze Zeit in der Mitte festhält, nimmt er sich dann in derselben Weise den Boden der Dose vor, wobei er sehr darauf zu achten hat, dass die Borsten der Bürste alle kleinen Einkerbungen am Rande gründlich reinigen. Dann spült er die Seife ab. Mit der zweiten Bürste, wobei die Dose wieder in der Mitte festgehalten wird, macht er wieder reichlich Schaum und schrubbt den Deckel der Konservendose, den Rand entlang des Deckels und die zylindrischen Seiten bis zu einem Punkt 5 Zentimeter unterhalb des Deckels. Er sollte so lange schrubben, bis der Blechschutz von der Dose selbst tatsächlich entfernt ist.«

Vor dem Öffnen der mittlerweile makellosen Konservendose hatte der Diener des Milliardärs entsprechend Schritt Nr. 5 folgendermaßen zu »verfahren«: »Diese Handlung besteht aus dem viermaligen gründlichen und getrennten Waschen und Abspülen der Hände, wobei äußerst sorgfältig auf die vier Phasen bei jeder Waschung zu achten ist. Das heißt, der Mann muss zunächst jeden einzelnen Teil und die Oberfläche seiner Hände und Finger bürsten. Dann legt er jede Fingerspitze in das Innere der anderen Hand und reinigt jeden Finger, indem er ihn kreisend gegen die Handfläche presst. Dann lässt er die Finger ineinandergreifen und hin- und hergleiten. Die letzte Phase besteht darin, die Handflächen zusammenzudrücken und sie auszuwringen.«

Nachdem Konservendose und Mann nun gründlich gesäubert waren, galt es, das Obst herauszunehmen, wofür die »Fall-Out-Regeln« zu beachten waren: »Wenn das Obst aus der Konservendose genommen und auf den sterilen Teller gelegt wird, ist mit größter Sorgfalt darauf zu achten, dass zu keinem Zeitpunkt ein Teil des Körpers, einschließlich der Hände, sich direkt über der Dose oder über dem Teller befinden. Wenn möglich, sind der Kopf, der Oberkörper, die Arme usw. mindestens 30 Zentimeter entfernt zu halten.«

Hughes' penible Anweisung war noch durch ein Postskriptum ergänzt: »Diese Operation muss bis in die winzigsten Einzelheiten hinein ausgeführt werden, und HRH würde es außerordentlich schätzen, wenn der Mann jede einzelne Phase sehr langsam und gründlich ausführt und der Wichtigkeit der vorliegenden Arbeit höchste Aufmerksamkeit widmet.«

Das Obst war nun so weit: Es konnte Howard Hughes serviert werden, der monatelang weder gebadet noch geduscht hatte und

1. Kapitel · Mr. Big

seine Mahlzeiten auf einem Bett zu sich nahm, das nur wenige Male im Jahr frisch bezogen wurde, und der in einem Raum lebte, der so gut wie nie sauber gemacht wurde.

Diese Anweisung war jedoch lediglich eine von vielen anderen ähnlicher Art, die inzwischen einen ganzen Aktenordner füllten. In ihnen war ein kompliziertes System (stets auf den neuesten Stand gebracht) verzeichnet, dessen Zweck es war, die »Verbreitung von Bakterien« zu verhindern.

Diese unsichtbare Gefahr erforderte nämlich besondere Wachsamkeit. Über zehn Jahre lang war Howard Hughes überwiegend damit beschäftigt, sich davor zu »schützen«. Schon bevor er sich in sein Versteck zurückzog, hatte er niemals jemandem die Hand gegeben oder einen Türdrücker angefasst. Jetzt verlangte er, dass alles, was ihm seine Mormonen überreichten, mit Kleenex- oder Papierhandtüchern abgewischt wurde, um ihn vor »Infektionen« zu schützen.

Die fünf Mormonen-Kindermädchen waren sein einziger menschlicher Kontakt. Doch selbst sie durften sein Zimmer nicht unaufgefordert betreten oder ihn anreden, bevor er selbst etwas gesagt hatte. Vertraulichen Umgang oder ab und an ein persönliches Wort gab es nicht. Die Tür zu seinem Zimmer war meist geschlossen. Nur selten sprach er überhaupt mit ihnen, sondern verständigte sich selbst mit diesen Männern im Nebenzimmer nur schriftlich. Allerdings auch deswegen, weil er fast taub war und es ablehnte, ein Hörgerät zu benutzen.

Dennoch bestand er darauf, sie kontrollieren zu können. Niemand hat, nachdem er in Hughes' Hofstaat eingetreten war, je einen freien Tag gehabt. In Las Vegas wurde schließlich vereinbart, dass die Männer jeweils zwölf Tage Dienst und dann vier Tage frei haben sollten. Dennoch ließ Hughes häufig einen von ihnen zurückrufen, um ihm irgendeinen verrückten Auftrag zu erteilen, wie zum Beispiel, die Öffnung seines Kissenbezuges auszumessen.

»Im selben Augenblick, wo der Mann von seinem Dienst im Hotel nach Hause zurückkehrt, ist er anzurufen und ihm Folgendes mitzuteilen«, hatte Hughes als erste »Stand-By-Regel«

diktiert. »»HRH hat gesagt, er wäre äußerst dankbar, wenn Sie so freundlich wären und zu Hause blieben, ohne auch nur den Bruchteil einer Sekunde, ganz gleich aus welchen Gründen und egal, wie dringend es sein mag, das Haus zu verlassen.««

Die Mormonen waren seine kleine Familie, und er hatte das Bedürfnis, sie um sich zu haben.

Jean Peters sah er nie wieder. Aber sie telefonierten fast täglich miteinander, und immer sprachen sie über dasselbe. Hughes drängte seine Frau, nach Las Vegas zu kommen und in einer der beiden Villen zu wohnen, die er für sie gekauft hatte – ein Stadtpalais für 600 000 Dollar sowie eine 200 Hektar große Ranch in der Nähe – und er erzählte ihr, wie schön das Leben in Nevada sei, wie sehr sie die frische Luft genießen würde. Und Jean versicherte stets, sie würde kommen, vorausgesetzt, Hughes würde sein Penthouse aufgeben und als Erster in ihr neues Heim einziehen.

Dabei blieb es. Hughes konnte seinen Schlupfwinkel nicht verlassen und sein Leben mit anderen teilen. Er wollte seine Frau in der Nähe, unter seiner Kontrolle haben, aber er konnte nicht mehr länger mit ihr zusammenleben. Stattdessen kaufte er heimlich ein Haus, das auf der anderen Straßenseite, ihrem Heim in Beverly Hills gegenüber, lag, von wo aus seine Frau unter ständiger Beobachtung war, während er jeden Abend versuchte, sie nach Las Vegas zu locken.

Auf seine Weise schien er sie zu lieben, und die nächtlichen Telefonanrufe bedeuteten ihm sehr viel. Manchmal grämte er sich, wenn sie nicht zu Hause war oder sich weigerte, mit ihm zu reden, wenn er irgendwann vor Tagesanbruch anrief.

»Bitte rufen Sie Mrs Hughes an und fragen Sie, ob es ihr passen würde, mich heute Abend anzurufen, und fragen Sie, wann es ihr spätestens passen würde«, diktierte er seinen Mormonen an einem Heiligabend.

»Erinnern Sie sie daran, dass ich Geburtstag habe.«

Und wenn seine Frau dann am Telefon war, bat er sie erneut, sie möge doch zu ihm kommen, und versprach, dass er dann auch wieder aus seiner Isolation auftauchen würde. In Wahrheit

1. Kapitel · Mr. Big

gab es jedoch weder für Jean noch für sonst jemanden einen Platz in seinem Reich. Hughes wünschte sich eine Welt, in der es nur ihn gab. Er verfasste ganze Drehbücher für seine Mitarbeiter, mit Anweisungen, wie sie sich zu verhalten hätten, falls seine egozentrische Welt bedroht würde, etwa durch das plötzliche Auftauchen eines anderen Multimillionärs in Las Vegas.

»Nun, ich glaube, Nr. 1 auf der Liste dieses Jahres ist Mr Kl«, schrieb Hughes 1967 und überlegte sich, wie er seinen neuen Rivalen, Kirk Kerkorian, loswerden könne, der soeben die Absicht geäußert hatte, das größte Hotelkasino der Stadt zu kaufen.

»Ich möchte von dir wissen, wie er wohl reagieren würde, wenn du ihn treffen und etwa Folgendes sagen würdest: ›Nun, Kirk, das Ganze läuft darauf hinaus, dass ihr, meine beiden Freunde, euch auf einem gefährlichen Kollisionskurs befindet.

Howard möchte dein Land kaufen und dich dringend bitten, dieses Hotel nicht zu bauen. Ich glaube, seine Freundschaft (und er hat sehr wenige Freunde) ist diese Bitte wert, und sie sollte dir vergleichsweise noch viel mehr wert sein.

Er sieht es so, dass, wenn er nur die leiseste Ahnung gehabt hätte, dass du dies hier vorhast, hätte er sich woanders niedergelassen. Ich weiß, dass er sehr genau geprüft hat, ob er sich möglicherweise woanders niederlassen könnte, aber er könnte hier nicht seinen Besitz verkaufen, ohne die Wirtschaft des ganzen Staates zu ruinieren.‹«

Also war es Kerkorian, der zu verschwinden hatte.

Allein in seinem Zimmer und mit all seinen großen Plänen, mit all seinen Ängsten, seinem Bedürfnis nach totaler Macht, brauchte Hughes einen Vermittler, einen vertrauenswürdigen Mann, der die Visionen, die ihm vorschwebten und die er niederschrieb, aufgriff und sie in der gefährlichen Welt da draußen Wirklichkeit werden ließ.

Und der Milliardär fand diesen Mann: Robert Aime Maheu.

Sie würden einen großartigen Film zusammen drehen: Hughes als Produzent, Regisseur und Drehbuchautor und Maheu draußen auf der Bühne in der Rolle von Hughes.

93

»Ich habe die ganze Nacht an dem Manuskript geschrieben. Jedes Wort – jede Bewegung – jede Träne – jeden Seufzer. Alle Regieanweisungen sind sorgfältig ausgearbeitet. Für ein so gutes Manuskript wie dieses würde ich bei der 20th Century Fox 10 000 Dollar bekommen. Deshalb will ich jetzt sehen, was daraus wird, aber ich fürchte, ich weiß genau, wie die Schlussszene aussehen wird: Ich fürchte, wir beide werden nicht mit einem Bündel unter dem Arm gemeinsam der untergehenden Sonne entgegenschreiten.«

Dennoch war es ein spektakuläres Stück, das die beiden schließlich in Szene setzten.

2. Kapitel

Bob und Howard

Es war nicht gerade Liebe auf den »ersten Blick«. Ihre Verbindung dauerte zwölf Jahre, und dennoch bekamen sie einander niemals zu Gesicht. Zu Beginn wusste Robert Maheu nicht einmal, dass er für Howard Hughes arbeitete.

An einem Frühlingstag im Jahre 1954 saß der Privatdetektiv Maheu in seinem vor kurzem eröffneten Washingtoner Büro, als das Telefon klingelte. Es handelte sich um eine Ehescheidung. Auf dem Schild an der Tür stand

ROBERT A. MAHEU ASSOCIATES

Aber bisher gab es noch keine Partner, und obwohl das Büro nur einige Häuserblocks vom Weißen Haus entfernt lag, war es alles andere als großzügig eingerichtet. Schreibtisch, Drehstuhl, Garderobenständer, das war so ziemlich alles. Maheu teilte sich nämlich das Büro (und das Telefon) mit einem Wirtschaftsprüfer. Aber einige interessante Fälle hatte er in der kurzen Zeit doch schon übernehmen können. Wie zum Beispiel jetzt von dem Mann am Telefon, einem ortsansässigen Anwalt, der im Auftrage eines Klienten, dessen Namen er nicht nennen wollte, verhandelte. Er sollte einen Stuart W. Cramer III, Sohn einer reichen Industriellenfamilie, der mit Ike Golf spielte, aushorchen. Er hatte gerade das Hollywooder Filmsternchen Jean Peters geheiratet. Der unbekannte Klient wünschte eine genaue Überwachung dieses Mannes, hauptsächlich wollte er jedoch wissen, ob dieser Cramer irgendetwas mit einem der Geheimdienste zu tun habe.

Maheu antwortete sofort, dass er normalerweise keine Scheidungsangelegenheiten bearbeite. Er war kein gewöhnlicher Privatdetektiv. Aber dieser Fall fiel durchaus in sein Fach. Maheu war ein *sehr* privater, besser diskreter Detektiv – sodass er von der CIA monatlich eine Pauschale von 500 Dollar erhielt. Geld für Arbeit, die dem Geheimdienst zu schmutzig war oder zu brisant: Mädchen für Jordaniens König Hussein zu besorgen oder einen Pornostreifen zu produzieren, in dem jemand auftrat, der Indonesiens Präsident Sukarno ähnlich sah.

Maheu übernahm den Fall Cramer. Er war nicht direkt auf diese Arbeit angewiesen, aber es sah doch für einen Mann mit seinen Verbindungen nach einem Bonbon aus, und ein paar Extradollars waren schließlich nicht zu verachten! Maheu saß nämlich in der Klemme. Es ging um fast 100 000 Dollar. Der Traum vom großen Geld und schnellen Reichwerden war zum Albtraum geworden. Vor allem deshalb hatte er sich für diese Spitzeldienste anwerben lassen.

So wenigstens stellte Maheu dies später dar. Nach einer steilen Karriere beim FBI, wo er hauptsächlich für die Abwehr im Zweiten Weltkrieg gearbeitet hatte, quittierte er 1947 plötzlich den Dienst, um das große Geschäft zu machen. Er hatte allerdings eine Milchmädchenrechnung aufgestellt, als er die alleinigen US-Rechte für ein neues Verfahren erwarb, reine Sahne in Konservendosen abzufüllen. Zunächst schien das ein großer Erfolg zu werden, der aber plötzlich im wahrsten Sinne des Wortes durch die bittere Erkenntnis versauert wurde, dass die Sahne nur sehr begrenzt haltbar war. Aus sämtlichen Supermärkten des Landes musste die Ware zurückgezogen werden. Maheu war bankrott und kehrte als Sicherheitschef der Gewerbebetriebsverwaltung in den Staatsdienst zurück, doch konnte er mit dem Gehalt kaum die Zinsen seiner Schulden zahlen. Also gründete er Robert A. Maheu Associates.

Bis heute ist unklar, ob Maheu ein heruntergekommener kleiner Schnüffler war, der nur großspurig aufzutreten verstand, oder ein Spitzel, der den Anschein erwecken wollte, ein kümmerlicher Polyp zu sein. Als er 1947 das FBI verließ, wurde die CIA gerade gegründet. Als er den Cramer-Fall übernahm, war Maheu jedenfalls nicht nur auf der Gehaltsliste der »Firma«,

2. Kapitel · Bob und Howard

sondern steckte bereits tief in einem riskanten internationalen Komplott.

Für den habgierigen Griechen Aristoteles Onassis entwickelte sich die Affäre zum Fiasko. In seiner Hybris hatte der Tankerkönig eine geheime Abmachung mit dem sterbenden König von Saudi-Arabien getroffen, die ihm praktisch das Monopol für die Ölverschiffung aus dem Persischen Golf verschaffte. Maheu sollte diesen Vertrag gegenstandslos machen. Angeblich arbeitete er für Onassis' Erzfeind Stavros Niarchos. Aber offensichtlich hatte die CIA ihre Finger mit im Spiel, und nicht nur sie, sondern auch der damalige Vizepräsident Richard Nixon. Wahrscheinlich wussten nicht einmal die Beteiligten, wer wen in wessen Interesse benutzte. Ein Drahtzieher aber steht so gut wie fest: »Big Oil«, schließlich waren weltweit die Interessen von Aramco betroffen. Maheu also übernahm den Fall. Er legte Wanzen in den Onassis-Niederlassungen in New York, Paris und London, erbrachte »Beweise« dafür, dass der Vertrag durch Bestechung zustande gekommen war, enthüllte den Skandal in einer römischen Zeitung, die in Wirklichkeit der CIA gehörte, und flog schließlich nach Dschidda, wo er persönlich der saudischen königlichen Familie seine »Beweise« vorlegte. Das Geschäft mit dem Öl im Persischen Golf war gestorben. Keine schlechte Arbeit für einen Privatdetektiv, der gerade erst begonnen hatte.

Dennoch blieb Zeit, sich mit dem Fall Cramer zu befassen. Er fand heraus, dass Cramer junior tatsächlich gewisse Beziehungen zur CIA hatte, offenbar als Verbindungsmann für Lockheed. Was Maheu sonst noch aufdeckte, ist unbekannt, aber binnen weniger Monate waren Cramer III und Jean Peters geschieden und Jean wieder in Hollywood, wo sie mit Howard Hughes zusammentraf. 1957 war aus der früheren Mrs Cramer die neue Mrs Hughes geworden.

Inzwischen wusste Maheu, wer sein ungenannter Klient war, und von nun an bekam er regelmäßig Aufträge: Bestechung bei einer Stadtratswahl, einen Möchtegern-Erpresser zum Rückzug zwingen und Ähnliches. Als schließlich Hughes im selben

Jahr heiratete, bekam Maheu sogar Gelegenheit, mit ihm zu sprechen.

Hughes hielt sich wegen eines Grundstückskaufs in der Karibik auf. Von dort meldete er ein Ferngespräch an und bestellte seinen Spitzel auf die Bahamas. Er wollte, dass Maheu den Bay-Street-Boys 25 000 Dollar zusteckte. In der Hotelhalle gelang es Maheu, einen kurzen Blick auf seinen geheimnisvollen Klienten zu werfen – allerdings nur von hinten, da Hughes gerade dabei war, in den Lift zu steigen und mit seinen Mormonen schimpfte, weil die versäumt hatten, rechtzeitig die Fahrstuhltür für ihn zu öffnen.

Maheu erkannte die Stimme. Diese Fahrt nach Nassau war Hughes' letztes öffentliches Auftreten, und so nah wie jetzt sollte Maheu ihm nie wieder sein. Er verbrachte allerdings viel Zeit in Los Angeles, wo er sich um Hughes' Angelegenheiten kümmerte, vor allem um dessen »Weibergeschichten«.

Im Sommer 1959 entschloss sich Hughes, der in völliger Abgeschiedenheit im »Beverly Hills Hotel« lebte, zum Beispiel sieben Teilnehmerinnen am Schönheitswettbewerb für Miss Universe seinem Harem einzuverleiben. Jahrelang hatte er Mätressen in abgeschirmten Häusern in Los Angeles versteckt, wo sie genau beobachtet und bewacht wurden. Obwohl er einige von ihnen niemals gesehen hatte, mussten stets mehrere auf Abruf bereitstehen. Jetzt wollte er noch mehr. Und das schnell.

Mitten in der Nacht weckte er Maheu, schickte ihn nach Long Beach mit der Anweisung, den Schönheitsköniginnen Filmverträge anzubieten. Alle sieben wurden in Hotelsuiten gelockt und warteten auf die versprochenen Probeaufnahmen. Inzwischen schien Hughes jedoch das Interesse verloren zu haben, und nachdem sie wochenlang nichts gehört hatten, begannen die Mädchen, nach und nach zu verschwinden. Als der Milliardär seinen Verlust bemerkte, geriet er in Wut und beauftragte ein Dutzend seiner Leute, die letzte, Miss Norwegen, an der Abreise zu hindern.

Wahrscheinlich hat Maheu dieses Spiel nicht mitgespielt. Später, als der Fall vor einen Senatsausschuss geriet, behauptete er allerdings, die Sache vertuscht zu haben. »Die Akten, Howard«,

2. Kapitel · Bob und Howard

teilte Maheu Hughes später mit, »enthielten erdrückende Beweise bezüglich der Miss Norwegen, einer Teilnehmerin an der Wahl der Miss Universe, die behauptete, sie sei buchstäblich gefangen gehalten worden; und dem Ausschuss war von einem Privatdetektiv, der früher für dich gearbeitet hatte, ein Band verkauft worden, auf dem ein bestimmtes Mädchen ihrem Freund erzählte, sie sei gefangen gehalten worden und unter ständiger Beobachtung gewesen. All diese Beweise wurden in meiner Gegenwart vernichtet, und es ist niemals auch nur ein bisschen davon publik geworden.«

Maheu war ein wertvoller Mitarbeiter, ein wichtiges Mitglied der seltsamen neuen Hierarchie von Kindermädchen, Leibwächtern und Managern, die Hughes um sich versammelte. Der Milliardär war nicht länger bereit, seinen Spitzel mit jemandem anderen zu teilen. Das stellte sich heraus, als Maheu versuchte, nach Washington zu seiner Frau zurückzukehren, die gerade ihr viertes Kind bekommen sollte. Hughes wollte ihn jedoch unbedingt behalten – wie seinerzeit Miss Norwegen.

In endlosen Telefonaten bekniete Hughes Maheu zu bleiben. Endlich verlangte er, Maheu solle sein Detektivbüro schließen, ausschließlich für ihn arbeiten und sein »Alter Ego« werden. Für diese Art Monogamie war Maheu noch nicht frei; Hughes' Rivalin war allerdings nicht Mrs Maheu, sondern die CIA.

Der Geheimdienst hatte noch einen weiteren recht ausgefallenen Job für Maheu: einen Gangster anzuheuern, der Fidel Castro ermorden sollte. Monatelang hatte die CIA versucht, den neuen kubanischen Führer zu eliminieren: mit vergifteten Zigarren, LSD, explodierenden Muscheln und einem scharfen Enthaarungsmittel, das seinen Bart zerstören sollte. Erst im Sommer 1960 wurde dann beschlossen, richtige Profis einzusetzen. Also wandte man sich an Maheu, »einen harten Burschen, der solche Dinge erledigen kann«. Sein Auftrag lautete, die Verbindung mit der Mafia herzustellen und einen 150 000 Dollar teuren Mord in Auftrag zu geben.

In der ersten Novemberwoche 1960 versammelten sich fünf Mann in einer Suite im Hotel »Fountainebleu« in Miami Beach.

Maheu brauchte seinen CIA-Verbindungsoffizier James O'Connell mit seinem Mafiakumpanen John Roselli nicht erst bekannt zu machen. Die beiden hatten sich schon einmal auf einer Party in Maheus Haus getroffen. Roselli, der weißhaarige »Botschafter des Syndikats« in Las Vegas und Hollywood, stellte zwei Fremde vor: den Chicagoer Gangsterboss Sam Giancana und den früheren Mann der Mafia in Havanna, Santos Trafficante. Das aparte Kränzchen war fast vollständig, und Trafficante erklärte, er könne einen Kubaner besorgen, der den Anschlag ausführen werde.

Es ergaben sich aber doch noch einige Probleme. Wenige Tage vor der entscheidenden Zusammenkunft erfuhr Giancana, dass seine Freundin, die Sängerin Phyillis McGuire, ihn in Las Vegas mit dem Komiker Dan Rowan betrog. Um Giancana in Miami und bei der Stange zu halten, schickte Maheu einen Mitarbeiter nach Las Vegas, der eine Wanze in Rowans Zimmer anbringen sollte. Doch der vorgebliche Telefonmonteur wurde von einem Zimmermädchen erwischt, und die Polizei in Las Vegas schaltete das FBI ein. Giancana fand das so witzig, dass er vor Lachen beinahe seine Zigarre verschluckt hätte.

Auch im »Fountainebleu« konnte man sich nicht recht einig werden. Der CIA-Agent O'Connell erklärte den Gangstern, Castro solle in der üblichen »Unterweltmanier« abgeknallt werden. Wie in *The Untouchables*. Die Mafiosi plädierten dafür, etwas behutsamer vorzugehen, wie es sich für ein patriotisches Unternehmen gehöre. Giancana lehnte die übliche Methode des »Umlegens« als »zu gefährlich« ab und riet zu Giftpillen. Auch Roselli sprach sich für etwas »Nettes und Sauberes« aus und lehnte einen Überfall aus dem Hinterhalt ab. Vielleicht konnte man die Angelegenheit mit Gift erledigen, einem Gift, das keine Spuren hinterließ. Wie in *Mission Impossible*.

Die Abteilung Technische Dienste der CIA brauchte Monate, um den Giftstoff Botulinum herzustellen. Endlich – nur wenige Wochen vor der Invasion in der Schweinebucht im April 1961 – übergab Maheu die Schachteln mit dem tödlichen Inhalt einem Kubaner, der vor dem Eingang zur Disco im »Fountainbleu« wartete.

2. Kapitel · Bob und Howard

Aber lange bevor die Pillen den Besitzer gewechselt hatten, nämlich kurz nachdem sich jene Geheimkonferenz vertagt hatte, erhielt Maheu einen Anruf. Während er in seinem Hotelzimmer versuchte, das Attentat auf Castro zu lancieren, zwischen den Gangstern und der CIA zu vermitteln, den eifersüchtigen Giancana in Miami zu halten, seinen Monteur aus dem Gefängnis in Las Vegas herauszuholen, während er ferner damit beschäftigt war, nicht selbst wegen des Wanzenverlegens vor Gericht gestellt zu werden, also den Las-Vegas-Sheriff sowie einen sehr misstrauischen J. Edgar Hoover abwehren musste, während er alle Hände voll zu tun hatte, die zahlreichen undichten Stellen zu verstopfen und den ganzen verdammten Fall überhaupt einigermaßen glimpflich über die Bühne zu bringen, machte ihm nun plötzlich auch noch Howard Hughes Schwierigkeiten.

Hughes war richtig eifersüchtig. Er wollte unbedingt wissen, was Maheu so Wichtiges in Miami zu tun habe und wünschte, dass er sofort zu ihm nach Los Angeles zurückkehre. Nun war Maheu wirklich in Schwierigkeiten. Das Castro-Komplott war das best gehütete Geheimnis in der Geschichte der CIA, von dem höchstens ein Dutzend Leute etwas wussten. Wahrscheinlich hatte nicht einmal der Präsident der Vereinigten Staaten eine Ahnung. Maheu fragte die CIA-Leute, ob er Hughes davon erzählen dürfe. Die Antwort von Langley lautete offenbar, ohne weiter darüber nachzudenken: Selbstverständlich, sie hätten nichts dagegen.

Maheu eilte in eine Telefonzelle – nicht auf Anweisung des Geheimdienstes, sondern auf die von Hughes, der stets auf schärfste Vorsichtsmaßnahmen bedacht war. Maheu erzählte dem Milliardär, dass er mit einem streng geheimen Auftrag betraut sei, nämlich »Castro in Verbindung mit einer bevorstehenden Invasion in Kuba zu beseitigen«.

Hughes erhielt diese Nachricht, als er nackt auf einem weißen Ledersessel in seiner »sterilen Zone« des »Beverly Hills Hotels« saß, aus Gründen des Anstands jedoch eine rosa Serviette auf dem Schoß hatte und von Bergen schmutziger Kleenextücher umgeben war. Er war der 13. Mensch, der von dem Attentatsplan

erfuhr. Er forderte Maheu auf, sofort nach Los Angeles zurück-
zufliegen. Sofort! Er versprach, ihn nicht länger als 48 Stunden
aufzuhalten, dann könne er nach Miami zurückfliegen und seinen Auftrag ausführen.

Die Ermordung Castros sollte sein letzter Seitensprung sein.
Danach verlangte der Milliardär bedingungslose Treue.

Maheu kehrte von dem kubanischen Fiasko noch gerade
rechtzeitig zurück, um seine bislang schwierigste Aufgabe im
Dienste des Howard Hughes zu übernehmen. Er war jetzt verantwortlich für das Wichtigste im Leben des Milliardärs: Er
musste ihn versteckt halten. Inzwischen war nämlich eine lan-
desweite Fahndung nach Hughes angelaufen. Sein Streit mit den
Bankiers über die TWA-Transaktion war zu einem richtigen
Krieg entbrannt. Ganze Serien von Vorladungen hatte er erhalten. Unter Strafandrohung versuchte man, ihn aus seinem Versteck herauszuholen. Maheu sollte nun die Justizbeamten und
die Bankiers in Schach halten.

Er setzte sämtliche Künste der Halbwelt ein, heuerte Doubles
an, legte falsche Fährten, mietete Unterkünfte in Mexiko und
Kanada, machte TWA glauben, Hughes sei hier, dort und überall, während der Milliardär lediglich im Bel Air im Bett lag.

Maheu seinerseits zog nach Los Angeles und ließ seine übrige
Klientel in Washington zurück. Robert A. Maheu Associates
hatte nur noch einen Klienten: Howard Hughes. Der ehemalige
Privatdetektiv war jetzt nicht nur für finstere Machenschaften,
sondern auch für die Schmiergeldzahlungen verantwortlich. Er
entwickelte sich zum *top bagman* des Milliardärs, eine Position,
die öffentlich bekannt wurde, als er 1961 bei der Amtseinführung Präsident Kennedys als Vertreter des Howard Hughes auftrat und mit einer ganzen Flugzeugladung von Hollywoodstars
nach Washington flog, wo er vier Logen zu je 10 000 Dollar ge-
mietet hatte.

Er hatte zwar eine Schlüsselfunktion inne, gleichwohl war die
Machtfrage eindeutig geklärt. Trotz all seiner neuen Befugnisse
war Maheu lediglich der Hausdetektiv, ein arrivierter Schnüffler,
mit Sicherheit kein Rivale für die Topmanager des Imperiums.

2. Kapitel · Bob und Howard

Während ihrer langjährigen Verbindung wäre es auch niemals zu echter Vertrautheit gekommen, wenn der Milliardär 1966 nicht plötzlich nach Las Vegas gegangen wäre.

Es war 4 Uhr früh, als Robert Maheu Howard Hughes draußen in der Wüste von Nevada erwartete. Er hatte dafür gesorgt, dass der große Umzug geheim blieb, und eine größere Katastrophe verhindert, als sich der Zug verspätete und die Gefahr bestand, dass der Einsiedler in hellem Tageslicht an seinem geheimen Ziel eintreffen würde. Maheu charterte eine Privatlokomotive und schaffte Hughes noch vor dem Morgengrauen in die Stadt.

So verpasste er die letzte Chance, seinen Phantomchef zu sehen.

Draußen in der dunklen, stillen Wüste hörte Maheu wieder die überschnappende, piepsige Stimme, die er nur zu gut kannte, hörte, wie sie in schrillem Ton ihre Befehle gab und detaillierte Anweisungen zu dem umständlichen Transport vom Zug zum Kombiwagen erteilte. Er erwartete jeden Augenblick, den geheimnisvollen Mann zu sehen, auf dessen Geheiß er seit einem Dutzend Jahre handelte. Er blinzelte angestrengt in die Dunkelheit, um die Gestalt zu erkennen, die er genau vor zehn Jahren nur einmal flüchtig gesehen hatte.

Aber gerade als Hughes aussteigen wollte, im selben Augenblick, als man ganz vage die Gesichtszüge in der Tür des Zuges hätte erkennen können, bemerkte Maheu plötzlich zwei Lichtkegel in der Ferne, die Scheinwerfer eines Wagens, der sich der einsamen Eisenbahnstation näherte. Er war so sehr darauf konzentriert, Hughes vor Fremden abzuschirmen, er war bereits so tief in Hughes Welt verstrickt, dass er den einzigen Augenblick, in dem er Hughes selbst hätte sehen können, verpasste.

Und dann, im »Desert Inn«, als sich der sonst wachsame Leibwächter in einem kritischen Augenblick abwandte, war Hughes, bevor der sich wieder umdrehte, bereits für immer in seinem Penthouse verschwunden.

Ganz Las Vegas, ja, die ganze Welt glaubte, Maheu habe direkten Kontakt zu Hughes. In Wirklichkeit hatten sie sich niemals von Angesicht zu Angesicht gegenübergestanden. Maheu kam niemals näher an Hughes heran, als bis in das benachbarte Zimmer im geheimnisvollen neunten Stock, und er wusste nicht mehr über das Leben seines Chefs als der Rest der Welt draußen.

In den folgenden Monaten tauschten beide Männer feierliche Schwüre aus und gingen eine höchst bizarre Beziehung miteinander ein.

Moe Dalitz, Besitzer des »Desert Inn« und führendes Mitglied des organisierten Verbrechens, brachte die beiden dann zusammen. Denn eigentlich war das Hotel ein lukratives Spielerparadies und kein Versteck für publikumsscheue Milliardäre. Er wollte das Penthouse an zahlungskräftige Spieler vermieten und forderte Hughes auf, bis Weihnachten auszuziehen. Als der Einsiedler sich weigerte, drohte Dalitz, ihn persönlich auf die Straße zu werfen, falls er nicht bis zum Silvesterabend verschwunden sei.

Wieder einmal trat Maheu als rettender Engel auf. Er veranlasste einen seiner früheren Klienten, Jimmy Hoffa, Boss der Lkw-Fahrer-Gewerkschaft, Dalitz, der große Darlehen aus dem Pensionsfonds der Gewerkschaft erhalten hatte, anzurufen und bei dem Gangster durchzusetzen, dass Hughes seine Bleibe behielt. Dieses Arrangement dauerte jedoch nur wenige Wochen. Dalitz blieb hart: Hughes sollte gehen.

Angesichts des drohenden Hinauswurfs entschloss sich der Milliardär, sein eigener Hauswirt zu werden. Er kaufte das Hotel.

Wiederum erwiesen sich Maheus Verbindungen als nützlich. Er wickelte das große Geschäft über seinen früheren Partner beim Castro-Komplott, den »Botschafter« der Mafia in Las Vegas, John Roselli, ab.

Dalitz und seine drei wichtigsten Partner in der Cleveland-Mafia waren nicht nur bereit, sondern sogar erpicht darauf zu verkaufen. Sie alle hatten Ärger mit dem FBI. Dem Geschäft schien nichts mehr im Wege zu stehen, doch weder Maheu noch die Gangster hatten an Hughes Lieblingsbeschäftigung gedacht: zu ungewöhnlichster Tageszeit stundenlang zu verhandeln und wie ein unzugänglicher Pfandleiher um jeden Fünfer und Zeh-

2. Kapitel · Bob und Howard

ner zu feilschen. Täglich wurden die Vereinbarungen geändert, und die Verhandlungen schleppten sich monatelang hin.

Wie eine Art Yo-Yo fuhr Maheu im Lift des »Desert Inn« hinauf und hinunter, traf sich unten mit der Dalitz-Partei, um eine weitere Konzession auszuhandeln, nur um oben im Penthouse mit neuen Forderungen konfrontiert zu werden. Fünfmal mussten die Gangster im Preis heruntergehen, bevor Hughes schließlich seine Zustimmung gab.

Hughes aber konnte es nicht lassen: Plötzlich wollte er den Preis noch um weitere 15 000 Dollar Skonto drücken, eine lächerliche Summe bei einem Projekt von mehr als dreizehn Millionen Dollar.

Maheu fuhr ein weiteres Mal zum Penthouse hinauf, setzte sich in ein Nebenzimmer und schrieb einen wütenden Brief, in dem er seinen Rücktritt ankündigte.

»Howard«, schrieb er, »endlich ist es dir gelungen, meine Intelligenz zu beleidigen. Außerdem hast du mich bei so vielen meiner Freunde kompromittiert, dass ich mich nicht mehr in der Lage sehe, weiter für dich zu arbeiten.

Morgen früh werde ich nach Los Angeles zurückgehen.

Wie ich dir wiederholt versichert habe, hast du nichts von mir zu befürchten, außer dass ich meine laufenden Bezüge einschließlich bis zum 14. März 1967 in Rechnung stellen werde.

Ich wünsche dir viel Glück, einschließlich der äußerst geringen Chance, dass du auch das Glück haben mögest, einen Nachfolger zu finden, der ebenso treu ist wie ich.

In aufrichtiger Freundschaft, Bob.«

Innerhalb weniger Minuten meldete sich Hughes. Er sei mit der ursprünglichen Abmachung einverstanden und würde auf den Skonto von 15 000 Dollar verzichten. Und er bat Maheu, wenigstens so lange in Las Vegas zu bleiben, bis sie am nächsten Morgen miteinander telefoniert hätten.

Pünktlich um 8 Uhr früh läutete das Telefon in Maheus Hotelzimmer. Zwei Stunden lang redete Hughes auf ihn ein, bat ihn, niemals wieder mit Abreise zu drohen; er solle für immer seine rechte Hand werden, ein Grundgehalt von einer halben Million

Dollar jährlich beziehen, ihm nahe stehen wie kein anderer etc. Wieder schworen sich beide Männer alles Mögliche. Es ging fast wie bei einer Trauung zu – »bis dass der Tod uns scheidet«.

Mit dieser »Eheschließung« begann eine Brieffreundschaft von einer Intensität, die man eigentlich zwischen dem König aller Eskapisten und einem dubiosen Karrieremacher nicht erwarten sollte, dokumentiert – um im Bild zu bleiben – durch eine endlose Reihe von Liebesbriefen, Pläne für Millionengeschäfte und Überlegungen, wie man die Regierung der Vereinigten Staaten kaufen könne.

Und wie in jeder »glücklichen Ehe« blieb halt der Streit über den täglichen häuslichen Kleinkram nicht aus.

SZENEN EINER EHE: 1. Akt

»Ich bedaure den gestrigen Abend – wahrscheinlich mehr als du. Wie dem auch sei, ich habe nur einen Wunsch jetzt, und das ist mein aufrichtiger Wille, dass du und ich mit Rücksicht darauf, welche Erwartungen ich an unsere Freundschaft stelle, dass ich und du alles unternehmen, dass so etwas niemals wieder passiert.

Zu diesem Zweck, Bob, und ich versichere dich ewiger Freundschaft, möchte ich dich bitten, die Entscheidungen über Probleme, die es zwischen uns geben könnte, ganz mir zu überlassen.«

»Zunächst einmal hoffe ich, dass du begreifst, dass nicht nur du schlaflose Nächte hast.

Aus irgendeinem gottverdammten Grunde, den ich niemals begreifen werde, scheint jeder mir zu glauben, nur du nicht. Als ich dir sagte, ich würde immer bei dir bleiben und dass ich dich nicht verlassen würde – war es genau das, was ich meinte. Ich beabsichtigte nicht zu sagen, dass ich dich verlassen würde.

Ich kann daraus nur den Schluss ziehen, dass du mir nicht glaubst und dass du in Wirklichkeit unbewusst versuchst, einen Nachfolger für mich zu finden.

2. Kapitel · Bob und Howard

I regret last night as much as I assume you do, perhaps I regret it more.

Anyway, I have only one desire now and that is my sincere wish that you and I, in deference to what I hope remains of our friendship, take steps best calculated to avoid any chance of a repetition.

To this end, Bob, and with the assurance of continued friendship, I want to ask that you place in my hands completely the resolution of such problems as may exist between us.

First of all, I hope you understand that you do not have an exclusive to sleepless nights.

For some strange God damned reason which I'll never comprehend, everyone seems to believe me except you. When I told you that I would be with you for the duration and that I would not leave you —— that is precisely what I meant.

<u>did not</u> say and did not <u>intend</u> to say that I was leaving you.

The only conclusion I can reach is that you do not believe me and in reality perhaps you are sub-consciously trying to find a successor for me.

As I have told you repeatedly — I am committed to you but you are not to me.

Well, Bob, I will be very happy to believe you about everything. I think a good starting point would be for you to affirm your original promise to stay with me permanently, and without the necessity of my getting down on my knees and begging you to do it.

2. Kapitel · Bob und Howard

How in the world you
can interpret my statemt that
I want to be with you in
Las Vegas or wherever in hell
you choose to go for the
duration of our lives — as
an act of hostility — I'll
never of know.

You will never know
how much it upsets me
when I do something which
disturbs you. I try so
hard to please you and meet
all of your demands.

Howard — Please let me
know immediately if you
are satisfied that this horrible
incident is over.

Thanks very much, but no thanks!

I have just read your message which breathes hostility out of every line,

I dont think that relationships entered to at the point of a shotgun are any good.

2. Kapitel · Bob und Howard

Wie ich dir schon wiederholt gesagt habe – ich bin dir ergeben, aber du mir nicht.

Nun, Bob, ich wäre sehr glücklich, wenn ich dir alles glauben könnte. Es wäre, finde ich, ein guter Anfang, wenn du mir dein ursprüngliches Versprechen bestätigen würdest, für immer bei mir zu bleiben, ohne dass ich dich deshalb unbedingt auf Knien darum bitten muss.«

»Warum in aller Welt du meine Erklärung, dass ich mit dir in Las Vegas bleiben will oder wo immer du, zum Teufel, für den Rest unseres Lebens hingehen willst – als einen feindseligen Akt ansehen kannst –, werde ich niemals begreifen.

Du wirst niemals verstehen, wie mich das aufregt, wenn ich etwas tue, was dich ärgern könnte. Ich gebe mir doch die größte Mühe, dir zu gefallen und alle deine Wünsche zu erfüllen.

Howard, bitte lass mich *sofort* wissen, ob du jetzt zufrieden bist und dass dieser furchtbare Vorfall vergessen ist.«

»Ich habe soeben deinen Brief gelesen, bei dem jede Zeile voller Feindseligkeit ist.

Ich glaube nicht, dass Beziehungen, bei denen man sich die Pistole auf die Brust setzt, gut sind.«

Zwischen diesen Briefen, die wahrlich Obsessionen auf beiden Seiten deutlich werden lassen, fochten Maheu und Hughes immer wieder dramatische Kämpfe am Telefon aus – zu jeder erdenklichen Tages- und Nachtzeit, gefolgt von einem Briefwechsel, der an heftiger Emotionalität kaum zu übertreffen war.

»Ich schicke dir deinen Brief aufgrund einer Anfrage noch einmal zurück«, schrieb Hughes. »Oben auf Seite zwei ist mir der unterstrichene Teil unverständlich. Das einzige Mal, als ich etwas Derartiges erwähnte, das man so hätte verstehen können, war vor kurzem, als ich sagte, ich hätte das Gefühl, du seist nicht mehr mit derselben Begeisterung bei der Sache wie zu Beginn unserer Beziehung.

Dann erinnerte ich dich an die Bemerkung, die du machtest und die mich völlig überrascht hat, die Bemerkung nämlich, dass du das tiefe instinktive Gefühl habest, wir befänden uns auf einem Kollisionskurs, dass wir vielleicht gut beraten wären, wenn wir uns jetzt in freundschaftlichem Einvernehmen trennten. Ich werde diese Bemerkung und die Ruhe, mit der du sie machtest, niemals vergessen, weil ich buchstäblich wie vor den Kopf geschlagen war vor Überraschung. Jedenfalls habe ich dich daran erinnert und dir gesagt, ich würde mich fragen, ob du wieder dieses Gefühl hättest. Du sagtest: ›Nicht im geringsten!‹

Deshalb, Bob, wirst du mir sicher bestätigen, dass ich nie vorgeschlagen habe, wir sollten uns in freundschaftlicher oder unfriedlicher Weise trennen. Selbst im Traum hätte ich eine solche Bemerkung nie gemacht. Es ist eine Tatsache, dass ich ständig fürchte, irgendeine zufällige Bemerkung, die ich mache, könnte von dir missverstanden werden und dass du böse wirst, wie das, wie ich mich erinnere, schon einmal der Fall gewesen ist. Das war das Mal, als du mir sagtest, du seist ein launischer Franzose und müsstest ab und zu einmal Dampf ablassen.

Du siehst also, ich würde nicht einmal im Traum daran denken, dir vorzuschlagen, dass du gehst, weil ich fürchten müsste, du nähmst mich beim Wort.

Ich fürchte, das sind deine Worte in diesem Drama«, schloss Hughes. »Also bitte, wirf mir nicht vor, ich hätte sie dir weggenommen.«

»Howard«, antwortete Maheu auf der Rückseite des Hughes-Briefes, »bitte lass uns mit diesem fürchterlichen, fruchtlosen Briefwechsel aufhören, denn wir haben noch zu viele wichtige Dinge in einer kurzen Zeitspanne zu erledigen.

Ich will ja gar nicht gehen und käme darüber hinaus nicht auf die Idee, deinen Wunsch, mich zu behalten, in irgendeiner Weise auszunutzen.

Vor sieben Jahren nämlich habe ich dir versprochen, alle anderen Klienten aufzugeben. Das habe ich getan. Um Himmels willen, Howard, wann wirst du erkennen, dass du mein *einziger* ›Boss‹ bist! Ich wüsste wirklich nicht, wohin ich gehen oder was

2. Kapitel · Bob und Howard

ich tun sollte, wenn du dich entschließen solltest, mich ›rauszu-schmeißen‹ ...«

Aber so leicht waren diese Kämpfe nicht beizulegen. Hughes brauchte sie wie das viel zitierte tägliche Brot. Oft schien er um Maheu zu buhlen, um ihn näher an sich zu binden: Er sollte sich emotional mehr engagieren, ihre Beziehung sollte noch intimer werden. Sie lieferten sich die obsessiven Kämpfe aller von einander Abhängigen – inklusive der unvermeidlichen »klärenden« Briefe und Telefonate.

Reue mischte sich mit Verbitterung, ehrliche Betroffenheit und echte Verlustängste mit heftiger Sehnsucht nach der guten alten Zeit, in der Frieden und Harmonie herrschten, nach jenem einstigen Idyll der unbelasteten jungen Liebe, das in Wahrheit niemals existiert hatte.

»Ich erinnere mich jedenfalls, dass ich, als ich dich kennen lernte, dachte: ›Das ist der richtige Macher, der, den ich immer gesucht habe!‹

Bob, du führst ein sehr reges Leben.

Du hast sehr viele Leute um dich – deine Familie, Freunde und andere.

Ich habe absolut nichts anderes als meine Arbeit ...«

Diese wahrhaft Strindberg'sche Ehe zwischen Hughes und Maheu drohte nicht nur an inneren Spannungen zu zerbrechen; sie war auch ständig von außen bedroht: Monogamie war ihnen eben nicht vergönnt, denn Maheus geschwinder und unaufhaltsamer Aufstieg war den anderen Topmanagern ein Dorn im Auge.

Die ehemaligen vermeintlichen »Bräute« rückten zusammen. Bill Gay, der Chef von Romaine Street, und die Palastwache der Mormonen ebenso wie Raymond Holliday aus Houston, der als Hauptgeschäftsführer der Hughes-Tool-Company die Finanzen unter sich hatte, in Culver City war es der Leiter der Hughes-Aircraft-Company Pat Hyland, in New York Chester Davis, in dessen Händen die Abwicklung der TWA-Transaktion lag und der sich auf diese Weise als Berater unentbehrlich gemacht hatte.

Maheu verfolgte die ihm potenziell drohenden Gefahren höchst aufmerksam.

Doch wenngleich er wahrhaft genug Erfahrung auf dem Gebiet des Intrigenschmiedens besaß, unterschätzte er seine eigentlichen Rivalen und ihre Verschwörung. Stattdessen kämpfte er auf einem Nebenkriegsschauplatz gegen Hughes' Anwalt Raymond Cook in Houston, von dem er glaubte, der wolle die Macht im Imperium an sich reißen.

»Von Cookie-Boy habe ich die Nase voll«, erklärte Maheu Hughes. »Vor allem hat Cook – und mach dir da ja keine Illusionen – jahrelang versucht, dein gesamtes Imperium zu übernehmen – *sogar* unter Ausschaltung von Howard Hughes.

Ich habe diesen Armleuchter 1954 zum ersten Mal getroffen. Es dauerte keine Stunde, da machte er bereits abfällige Bemerkungen über dich, die ich kaum glauben konnte.

Dietrich kann dir erzählen, wie Cook 1957 versuchte, dich auszuschalten.

Im Laufe der Zeit wurde mir immer klarer, dass ich dich unbedingt vor diesen ›Dämonen‹ schützen müsste. Mit *diesen* meine ich Cook und seine Bande.

Ich glaube, es ist nur fair, wenn ich dich daran erinnere, dass ich im Alter von 25 Jahren die höchste Auszeichnung, die unser Land zu vergeben hat, für die Errichtung einer militärischen Abwehrorganisation erhalten habe. Als ich 27 Jahre alt war, übertrug man mir die Verantwortung dafür, die Deutschen glauben zu machen, dass die Invasion nicht in der Normandie, sondern in Südfrankreich stattfinden sollte.*

Jedenfalls, Howard, hast du mir oft genug erzählt, dass ich von bestimmten Leuten in deiner Organisation wegen meiner FBI-Vergangenheit abgelehnt werde. Die Cooks-Gruppe hat allerdings durchaus Grund, mich nicht zu mögen. Als ich mich entschloss, zu deinem höchst persönlichen Schutz diese Gruppe zu

---

* Maheus Behauptung, er habe bei der Invasion eine entscheidende Rolle gespielt, ist zumindest eine Übertreibung. Er arbeitete während des Zweiten Weltkrieges zwar bei der Abwehr für das FBI, aber es gibt keine Beweise für seine Behauptung, dass er die Deutschen von der Landung in der Normandie abgelenkt habe.

2. Kapitel · Bob und Howard

›unterwandern‹, war es vielleicht die einfachste Sache, die wir jemals unternommen haben. Sie sind labil, sie trinken zu viel und
sie reden zu viel. Aber was noch wichtiger ist, sie sind dir und
sich selbst gegenüber nicht loyal …

Jedenfalls sind sie dabei, mich und meine Leute in deinen
Augen, wo immer es geht, zu diskreditieren. Irgendwie haben sie
erfahren, dass du vor kurzem krank warst, und nun versuchen
sie, ihr ›Ziel‹ zu erreichen, bevor dir etwas passiert…

Ohne Zweifel steckt Cook hinter diesem Ganzen, und unglücklicherweise ist Holliday so schwach, dass er sich gegen Cook
nicht durchsetzen kann.«

Und dann ließ Maheu die Katze aus dem Sack: »Alle diese
überflüssigen Probleme könnten unverzüglich aus der Welt geschafft werden, wenn du dich entschließen würdest, einen starken Mann an die Spitze zu stellen – sei es nun mich oder jemanden anderen.«

Er erkannte nicht, dass dies das Letzte gewesen wäre, worauf
Hughes sich eingelassen hätte, nämlich einen »starken Mann« an
die Spitze zu stellen, der seiner eigenen Macht gefährlich werden
könnte. Auch war Hughes weit entfernt davon, sich um Ruhe
und Frieden in seinem Imperium zu bemühen, dagegen provo-
zierte er interne Machtkämpfe, indem er einen Spitzenmanager
gegen den anderen ausspielte und sie auf diese Weise alle verunsicherte.

Und am meisten fürchtete er sich vor Maheu, wie er seinem
Berater Chester Davis anvertraute: »Chester, ganz einfach gesagt,
angesichts der Brisanz und der Unsicherheit meiner Beziehungen zu Bob und seiner wohl bekannten Eigenschaft, ›wenn man
ihm einen Finger gibt, nimmt er gleich die ganze Hand‹, möchte
ich ihm nicht eine Stellung übertragen, die sich später, bei Licht
besehen, als zu mächtig erweist. Mit anderen Worten, Chester,
ich möchte niemals vor der Entscheidung stehen, Maheu zu-
rückstufen oder ihm seine Vollmachten beschneiden zu müssen.
Wie Sie wissen, ist er eine sehr willensstarke Persönlichkeit.«

Doch vor allem fürchtete er – ob ihm das nun bewusst war
oder nicht – seine psychische Abhängigkeit von Maheu; seinen

übrigen leitenden Mitarbeitern traute er nämlich weder noch schätzte er sie sonderlich.

Mit Cook hatte er seit zehn Jahren nicht mehr gesprochen, ja, ihn sogar einmal entlassen, und er betrachtete dessen juristischen Rat häufig als herablassende und verächtliche persönliche Beleidigungen: »Raymond! Wenn Sie mich nicht immer behandeln würden, wie die Mischung aus einem entlaufenen Irren und einem Kind, dann wären Sie überrascht, wie viel besser wir miteinander auskämen!«

Seit den späten Fünfzigerjahren hatte er weder Pat Hyland noch Raymond Holliday – die einzigen wirklichen Managerprofis in seinem Konzern – gesehen. Sie waren ihm so fremd geworden, dass er ihre Untergebenen heimlich als Spitzel einsetzte, um über die Vorgänge in der Hughes-Tool-Company und der Hughes-Aircraft-Company auf dem Laufenden zu sein.

Von allen Verdächtigten war Bill Gay, der »oberste Mormone«, am stärksten von Hughes' Paranoia betroffen. Einst designierter Kronprinz, hatte Gay die Palastgarde aufgestellt und so an Macht gewonnen, als Hughes sich in die Einsamkeit zurückzog. Seinerzeit hatte er den Antibakterienfeldzug geleitet, wurde aber dann plötzlich dessen prominentestes Opfer. Seine Frau war nämlich erkrankt und Gay als gefährlicher Bakterienträger erkannt und verbannt worden. Inzwischen war er völlig ausgeschaltet.

Hughes teilte Gay niemals die wahren Gründe für seine Entmachtung mit, beklagte sich aber bitter bei Maheu: Da Gay für die Überwachung von Jean Peters verantwortlich war, trug er offensichtlich auch die Verantwortung für das Scheitern dieser Ehe:

»Bills totale Gleichgültigkeit und Laxheit gegenüber meinen Bitten, mir im häuslichen Bereich zu helfen, was ich ihm während der letzten sieben bis acht Jahre jede Woche dringend ans Herz legte, haben zum vollständigen und, wie ich fürchte, unwiderruflichen Verlust meiner Frau geführt …«

Allein in seinem Penthouse, seinen engsten Mitarbeitern entfremdet, getrennt von seiner Frau, geschieden von seiner ersten

2. Kapitel · Bob und Howard

Frau*, getrennt auch von seiner ersten rechten Hand, Dietrich, und von all seinen früheren Geschäftsführern, versuchte Hughes jetzt verzweifelt, seine neue, aber bereits gefährdete Beziehung zu Maheu zu retten.

»Bob«, schrieb er, »diese Ungewissheit, dieses Misstrauen und diese Beschuldigungen lähmen mich völlig und zerreißen mich innerlich.

Ich will jetzt nicht weiter darüber diskutieren, wer Recht und wer Unrecht hat.

Kuldell hat mich verlassen, Dietrich hat mich verlassen, Ramo und Wooldrich, Frank Waters und Arditto, alle haben mich verlassen, also könnte man sagen, dass der Fehler vielleicht bei mir liegt.**

Recht oder Unrecht, eines weiß ich jedenfalls, dass sich die Situation jetzt ändern muss.«

Immer wieder versuchte Hughes, den Schwierigkeiten mit Maheu auf den Grund zu kommen, und überlegte, analysierte und redete ständig über ihre »Beziehung«.

Szenen einer Ehe: 2. Akt

»Bob – ich fürchte, ich habe die Magie eingebüßt, die sonst bei fast allem, was wir machten, zu Übereinstimmung und Harmonie führte.

Irgendwie kann ich mich dir gegenüber nicht mehr so verständlich machen wie bisher.

Wenn ich sage, wir haben offenbar nicht mehr dasselbe Verhältnis wie früher, dann sagst du, ich bilde mir das alles ein.«

---

* Ella Rice, die Hughes 1925 heiratete und von der er 1929 geschieden wurde.
** Robert C. Kuldell, Generaldirektor der Hughes-Tool-Company, als Hughes die Firma erbte, wurde 1938 entlassen; Simon Ramo und Dean Wooldridge, führende Wissenschaftler bei Hughes-Aircraft, gingen 1953 und gründeten TRW, Inc.; Frank Waters und James Arditto, Hughes Anwälte in politischen Angelegenheiten, kündigten 1961 und verklagten Hughes.

»Wir werden niemals die Probleme unserer Beziehung lösen, wenn wir es nicht *gemeinsam* versuchen.«

»Ich stimme dir zu, dass zu einem Streit zwei gehören. Aber es bedarf auch der Anstrengung beider Seiten, um eine erträgliche Beziehung zu unterhalten. Ich glaube jedoch bei aller Objektivität, dass ich mir mehr Sorgen und mehr Gedanken angesichts dieses Problems mache als du. Ich nehme an, das ist normal, da ich hier eingeschlossen bin und mein ganzes Leben nur aus Korrespondenz besteht.«

»Du weißt, Howard, dass ich dich um die Einsamkeit, der du in deinem Penthouse ausgesetzt bist, nicht im geringsten beneide. Vielleicht würde sich unser Verhältnis sofort bessern, wenn ich hoffen dürfte, dass du mich auch nicht um die ständigen Prügel beneidest, die ich aus dem Penthouse beziehe.«

Oder: »Was unser Verhältnis angeht, Howard, so fürchte ich, dass ich immer relativ schnell in die Luft gehe.

Ich gebe zu, dass ich manchmal Dinge sage, die typisch für einen leicht aufbrausenden Franzosen sind, da bekenne ich mich schuldig, aber du solltest bitte niemals das Gefühl haben, dass du nicht zurückschlagen und mich in den Arsch treten könntest.

Vielleicht ist es noch wichtiger, dass ich ehrlich glaube, und ich hoffe, du stimmst mir zu, dass sich zwei gute Freunde niemals schlafen legen sollten, bevor alle Probleme des Tages zwischen ihnen gelöst worden sind.«

Immer wieder stritten und versöhnten sie sich, versuchten jeden Tag einen neuen Anfang, aber der Kampf ging weiter.

Hughes verlor häufig die Contenance.

»Ich hoffe nur, du setzt deine strategischen Kräfte und psychiatrischen Ratschläge genauso wirkungsvoll gegen unsere Gegner ein wie gegen mich«, klagte er.

»Ich weiß nicht, warum eigentlich immer ich derjenige bin, der nachlässig, unverantwortlich, undankbar und als deiner insgesamt nicht wert behandelt wird …

2. Kapitel · Bob und Howard

4/30/68

Bob –
    I agree it takes two to quarrel.
It also takes an effort on the part
of both parties to maintain a
compatible relationship. However, I
think in all fairness that I worry
more and give more attention to this
problem than you do. I suppose
this is normal since I am bottled
up here and my whole life is one of
correspondence.

10/8 – 5P.M   1969.

Bob –
    I don't know why I am
always placed in the position
of being neglectful, irrespon-
sible, ungrateful, and
generally unworthy in the
day to day progress of my
relationship with you, Bob.

    It is almost like some
massive chess game in
which you seem never
to miss an opportunity
to place me at a dis-
advantage whenever the
chance presents itself.

Das Ganze ist fast wie ein gewaltiges Schachspiel, in dem du scheinbar niemals eine Gelegenheit versäumst, etwas zu tun, das mir, wann immer möglich, schadet.«

Eine Weile sah es so aus, als würde es Maheu gelingen, den Milliardär unter seinen Einfluss zu zwingen. Hughes fürchtete die Ausbrüche des launischen Franzosen, und der schien den Milliardär mit jesuitischer Raffinesse in der Hand zu haben.

Verzweifelt bemüht, Maheus Herz zu gewinnen, bot der Regent dem Vasallen die Schlüssel zum Königreich an – und einen Palast dazu.

»Ich bin bereit, dir die höchste Verantwortung und Vollmacht in der Hughes-Tool-Company zu übertragen«, versprach er. »Das bedeutet, dass du allen anderen leitenden Männern der Firma übergeordnet bist und dass du nur mehr mit mir zu tun haben wirst.

Wenn ich dir diese Machtbefugnis über die gesamten weltweiten Aktivitäten der Firma, nicht nur der Zweigfirma in Nevada, sondern der gesamten Hughes-Tool-Company, übertrage, wenn du diese Spitzenstellung annimmst, dann muss ich, mehr denn je, eine glasklare Übereinkunft mit dir treffen, welche Rolle ich selbst dabei zu spielen habe.

Du musst dir einfach darüber klar sein und die Grundtatsache akzeptieren, Bob, dass ich, solange ich lebe und dazu in der Lage bin, das letzte Wort mir vorbehalte.

Nun, ich glaube, das ist, verdammt noch mal, in deinem Interesse keine schlechte Sache.

Auf jeden Fall hast du mich am Hals.«

Das war eindeutig ein akzeptabler Preis. Vor allem angesichts des Herrensitzes im französischen Kolonialstil, den Hughes für 600 000 Dollar direkt neben dem dritten Fairway am Golfplatz des »Desert Inn« für Maheu bauen ließ. Eifersüchtige Rivalen nannten ihn den »Palast des kleinen Cäsar«.

Hätte es doch je Augenzeugen für dieses groteske Szenario gegeben! Maheu saß im maßgeschneiderten Anzug, mit goldblitzenden, diamantenbestückten Manschettenknöpfen an einem großen polierten Schreibtisch im getäfelten Büro seines neuen

2. Kapitel · Bob und Howard

Hauses, Hughes dagegen lag nackt ausgestreckt auf seinem mit Papierhandtüchern abgedeckten Bett in einem überfüllten, schmutzigen Raum – umgeben von Müll. Der imaginäre Beobachter hätte annehmen müssen, Maheu sei der Milliardär, und er hätte sich gewundert, warum der sich überhaupt auf eine endlose Unterhaltung mit einem offensichtlich unzurechnungsfähigen, verkommenen Subjekt einließ.

Während Hughes zusammengekauert in düsterer Abgeschiedenheit lag, wirbelte Maheu mit gewaltigem Aufwand durch Las Vegas, jettete in Hughes' Privatmaschinen durch das ganze Land, gab üppige Partys auf Hochseeyachten, stand auf du und du mit Filmstern, Astronauten und Mafiabossen, war Gast bei Staatsbanketten im Weißen Haus und spielte Tennis mit dem Gouverneur von Nevada.

Und nun stand eine Krönung in dieser verkehrten Welt bevor: Hughes hatte ihm den Oberbefehl über sein gesamtes Imperium angeboten. Alles schien nach Plan zu gehen. Aber es schien nur so.

Auch wenn Maheu nämlich aussah und lebte wie ein Milliardär, so war und blieb Hughes doch der unumstrittene Herrscher. Und Maheu hatte, wie von Hughes prophezeit, als ihm die Schlüssel des Königreichs verlockend in Aussicht gestellt wurden, nunmehr HRH »am Hals«.

Der Machtkampf war eben nicht ausgefochten, er hatte gerade erst begonnen. Denn genau in dem Moment, als Hughes Maheu die Führungsrolle versprochen hatte, befiel ihn zunehmend eine paranoide Furcht, Maheu könne ihn ausschalten. Er zog sein Angebot niemals direkt zurück, übertrug aber auch Maheu zu keiner Zeit offiziell die versprochene Befugnis. Stattdessen schlug er eine »Probevereinbarung«, ein »informelles *Gentlemen's Agreement*«, eine »Vereinbarung auf Ehrenwort« vor, die vorläufig geheim bleiben sollte.

Maheu war bestürzt: »Howard, was nützt die inoffizielle Gesamtverantwortung, wenn die leitenden Leute deiner Firma nichts davon wissen?«

Hughes war empört über Maheus Zweifel. »Wenn du willst, dass unser Verhältnis von Dauer ist, so beschwöre ich dich, deine derzeitige Haltung aufzugeben«, gab er zurück. Der Streit um die Führungsrolle entwickelte sich zum Hauptkriegsschauplatz. Maheu klagte unnachgiebig das ihm gegebene Versprechen ein und drohte, andere Posten anzunehmen.

Diese Drohungen erweckten in Hughes ungeheuerliche Eifersucht.

»Ich habe die letzten drei Stunden damit verbracht, dir einen langen Brief zu schreiben«, schrieb er. »Es trifft mich sehr tief und sehr bitter, was du vorhast.

Ich glaube, es ist wichtig genug, morgen früh neue Überlegungen anzustellen. Deshalb solltest du erst mal ruhig schlafen, und ich schicke dir diesen Brief dann in der Frühe.«

Bei Anbruch der Dämmerung schickte er Maheu dann folgenden schmerzlichen Brief:

»Bob, ich spüre instinktiv, mehr als du dir vorstellen kannst, dass du nicht bei mir bleiben willst.

So tragisch das auch für mich sein mag, versichere ich dir, dass ich nicht verbittert sein werde, wenn du nur versuchen würdest, es so rücksichtsvoll wie möglich zu machen … immer und immer wieder habe ich dich gebeten, mir dabei zu helfen herauszufinden, was dich verrückt macht, und die Schwierigkeiten zu beseitigen, damit wir zu einer wirklich vertrauensvollen Beziehung in beiden Richtungen gelangen.

Du hast immer behauptet, es sei nichts los, und ich könne mich darauf verlassen, dass du für den Rest unseres Lebens bei mir bleibst.

Und jetzt tust du etwas, was offensichtlich darauf hinausläuft, unser Verhältnis zu lösen.

Wie du siehst, bist du so eng mit all meinen Aktivitäten verknüpft, dass ich praktisch in jeder einzelnen Phase meines Lebens von dir abhängig bin. Du hast es so weit gebracht und dich dagegen gesträubt, dass ich irgendeinen Kontakt zu anderen habe.

Dies wäre o. k., wenn du gleichermaßen völlig von mir abhängig wärst, aber dies ist nicht der Fall. Durch dein geschicktes Verhalten scheint jetzt der größte Teil meines täglichen Lebens in Händen der Firma Maheu Associates zu liegen.

2. Kapitel · Bob und Howard

Du hast sorgfältig darauf geachtet, deine Firma nicht aufzugeben. Bei zahlreichen Gelegenheiten sagte ich dir, das einzige, was ich nicht akzeptieren könne, wäre eine Teilzeitbeschäftigung. Ich habe dich auf jeden Fall für eine Vollzeitbeschäftigung bezahlt.

Mir kommt es so vor, als ob du immer noch Robert A. Maheu Associates verkörperst und ich lediglich ein Klient bin.«

Hughes' tiefe Unsicherheit hinsichtlich Maheus Loyalität betraf jeden einzelnen Aspekt ihrer Beziehungen. Das Scheinangebot der Führungsrolle führte zu einem ständigen Kampf, einem von vielen in ihrem ewigen Ringen um Macht, wobei es nicht so sehr um die Macht über den Konzern als vielmehr um die Macht ging, die sie über einander ausübten. Selbst die banalsten Auseinandersetzungen riefen leidenschaftliche Gefühlsausbrüche hervor – nicht einmal ein Golfturnier war ein zu geringer Anlass. Allerdings war es kein gewöhnliches Turnier, sondern eine Meisterschaft, die seit langem in Las Vegas stattfand und immer vom »Desert Inn« ausgerichtet wurde. Damit sollte nun Schluss sein: Hughes hatte das Turnier verboten – und zwar unmittelbar nachdem er 1967 das Hotel gekauft hatte. Er fürchtete, die Zuschauermenge könne ihn mit irgendwelchen unbekannten Krankheiten anstecken, und, schlimmer noch, von den Kameras der Fernsehleute, die über das Match berichteten, entdeckt zu werden.

Maheu hatte versucht, ihm das auszureden.

Er gab sich die größte Mühe, aber Hughes blieb hart.

Also wurde das Golfturnier nach Rancho La Costa, dem kalifornischen Besitz des Moe Dalitz, verlegt. Was Hughes dazu veranlasste, sich plötzlich Sorgen darüber zu machen, man könne ihm die Schuld daran zuweisen, dieses Prestigeereignis für Las Vegas verloren zu haben. Schließlich reiste Maheu nach La Costa, um das Golfturnier auf Biegen und Brechen zurückzuholen – zwar nicht zum »Desert Inn«, aber doch zurück nach Las Vegas –, und dieser Erfolg sollte bundesweit über das Fernsehen bekannt gegeben werden. Aus dieser Imagepflege aber wurde nichts: Maheus Verhandlungen in La Costa scheiterten.

Szenen einer Ehe: 3. Akt

»Howard, ich werde allmählich verdammt nervös, weil es offenbar eine fixe Idee von dir ist, mir die Hölle heiß zu machen. Über die kleinen Wunderwerke, die wir vollbringen, sprechen wir niemals.

Ich versuche wirklich, auf zahllosen Gebieten für dich zu arbeiten, aber ich habe das Gefühl, wenn ich mich heute Abend hinhaue, dass das nicht deine Zustimmung findet und dass ich vielleicht lieber den todsicheren Weg gehe, um dein völliges Vertrauen zu gewinnen – tue nichts oder übertreibe die Einzelheiten.

Howard, es tut mir wirklich Leid, so offen sprechen zu müssen, aber so krümelt nun einmal der Kuchen, wie man sagt, und dies sind deine Kuchen, und du kannst mit ihnen krümeln wie du willst.«

»Ich möchte nicht, dass du unglücklich bist. Ich bin derjenige, der am meisten darunter leidet.

Es macht mich nicht glücklich und trägt auch sicher nicht zu meiner Gesundheit bei, wenn ich mit dir streite.

Ich glaubte keinesfalls, dass dies eine Sackgasse ist. Ich werde versuchen, mich zu bessern.«

»Howard, bis jetzt, und ich betone bis jetzt, habe ich mich immer bemüht, unsere offenen Flanken zu schützen, wo immer sie verletzbar waren. So habe ich dein Image in Ekuador geschützt, einen Präsidentschaftskandidaten gesucht, dafür gesorgt, dass deine Investitionen in Las Vegas Gewinne bringen, eine Tür zu den Bahamas offen gehalten, den Stadtrat von Boulder City daran gehindert, eine Resolution zu verabschieden, die unsere Einstellung zu Atomtests verurteilt, dich davor bewahrt, dass das Weiße Haus den Inhalt deines Briefes an den Präsidenten bekannt gibt – eines Briefes, der mir bisher unbekannt war –, von dem man mir aber sagte, dass seine Veröffentlichung sehr peinlich wäre.

2. Kapitel · Bob und Howard

Wenn alle diese Dinge unwichtig sein sollten, dann müsstest du mir vielleicht genau sagen, was du von mir erwartest, denn ich fange an, meinem eigenen Urteil nicht mehr zu trauen. Bei Gott, Howard, du machst es mir unmöglich zu wissen, was du willst, wie du es willst, wo du es willst und wann du es willst.«

»Ist es richtig, dass ich in deinem letzten Brief einen vorsichtigen Hinweis auf deine Ungewissheit bezüglich der Zukunft und was sie uns beide bringen mag, entdeckt habe?

Wenn das der Fall ist, dürfte, glaube ich, die Zeit gekommen sein, dass du es ohne Einschränkungen und offen sagst.

Ich glaube, unsere Beziehung bedarf der Überprüfung und Klärung, ob sie sinnlos geworden ist oder ob sie deine Treue und Ergebenheit verdient.«

»Howard, ich versichere dich meiner Treue, Ergebung und Freundschaft. Ich kann mir nicht vorstellen, dass jemals etwas geschieht, dass sich dies ändert.

Ich beziehe mich auf viele Jahre fortgesetzter, unablässiger Ergebenheit und Treue, von denen ich weiß, dass du sie bei keinem anderen menschlichen Wesen finden wirst. Wenn dies alles umsonst gewesen sein sollte, würde es mir sehr Leid tun – nicht für mich, sondern für dich. Ich sage, es tut mir für dich Leid, denn wenn du es tatsächlich nicht erkennen solltest, was du wirklich hast, dann musst du ein sehr unglücklicher Mensch sein.«

»Ich muss sagen, ich bin sehr erstaunt. Vor einem oder zwei Monaten habe ich dich gefragt, ob es da etwas unter der Oberfläche gebe, von dem ich nichts wisse. Ich sagte, du schienst zerstreut zu sein, und ich fürchtete, dass es in einer dieser Nächte zu einem Krach käme, der unsere Beziehungen kaputtmachen würde. Du sagtest, ich bildete mir das ein.

Ich möchte wirklich, Bob, dass wir unverzüglich zu einem besseren Verhältnis gelangen. Ich weiß, wir haben dies alles schon früher diskutiert, und ich weiß, dass du wieder sagen wirst, dass es fast unmöglich sei.

Aber ich will es trotzdem versuchen.«

»Howard, du sprichst ständig von besseren Beziehungen. Ich habe in dieser Hinsicht keine Probleme, aber indirekt machst du ständig kleine Andeutungen, aus denen hervorgeht, dass du dir Sorgen über den Zustand einer solchen Beziehung machst.

Jedes Mal wenn ich versuche, dir verständlich zu machen, dass ich ehrlich glaube, dass dies dein aufrichtiger Wunsch ist, bekomme ich eins auf den Hut.

Ständig bitte ich um Rat. Aber ich bekomme einfach keinen, sondern lediglich eine Menge Kritik zu hören.«

Langsam verlor Maheu seine eiserne Disziplin. Innerhalb eines Jahres war aus dem einstmals harten CIA-Agenten ein Trinker geworden. Seine machiavellistischen Ansprüche hatte er offenbar aufgegeben, dagegen verstrickte er sich immer tiefer in die private und gespenstische Welt des Howard Hughes.

Trotz allen Zanks und Streits hielten sie zusammen, gemeinsam schmiedeten sie Pläne, die das ganze Land erschüttern sollten. Doch just als sie sich anschickten, Amerika zu kaufen, mussten sich beide fragen: War ihre Ehe noch zu retten?

3. Kapitel

Das Königreich

Kurz nach Thanksgiving 1967 war dem Gouverneur von Nevada, Paul Laxalt, plötzlich unheimlich zumute – ja, ihm war, als hätte er ein Gespenst gesehen. Wenn man so will, handelte es sich dabei um jenes Gespenst, das am Thanksgivingday vor einem Jahr »erschienen« war.

Seit jenem Jahr, in dem Howard Hughes auf seiner Wochenend-Pilgerreise in Las Vegas eingetroffen war, lebte Laxalt in ständiger Furcht. Ohne den Milliardär auch nur ein einziges Mal persönlich getroffen zu haben, hatte der Gouverneur Howard Hughes die Rechte eines Feudalherrschers gewährt und alles, was in seiner Macht stand, getan, um ihm dabei zu helfen, Nevadas größter Privatunternehmer, sein größter Landbesitzer und der König des einzigen nennenswerten Gewerbes im Land, des Glücksspiels, zu werden.

Laxalt umging alle Bestimmungen und Gesetze, die Hughes daran hätten hindern können, alleiniger Besitzer von vier großen Spielcasinos zu werden. Bisher durfte eine Person nicht einmal ein einziges Casino allein besitzen. Aber Hughes erhielt auf Anordnung des Gouverneurs die Konzession für alle vier, obgleich sich der Milliardär weigerte, sich fotografieren und Fingerabdrücke abnehmen zu lassen oder, entsprechend den Gesetzen von Nevada, umfängliche Unterlagen vorzulegen, aus denen seine persönlichen und finanziellen Verhältnisse hervorgegangen wären. Niemand wagte auch nur vorzuschlagen, dass Hughes zu erscheinen hätte.

Außer den Spielcasinos besaß der Einsiedler noch vier Hotels, den größten Teil des Baulandes am »Las-Vegas-Strip«, zahlreiche Grundstücke, zwei Flugplätze, eine Luftfahrtgesellschaft und einen lokalen Fernsehsender. In dieses Imperium hatte er fast 100 Millionen Dollar investiert. Nun galt es, diese gewaltige Summe abzusichern. Zu diesem Zweck kaufte er Lokalpolitiker en gros, zwang den Behörden, von Gerichten bis zum Capitol, seinen Willen auf und hatte offenbar einen immensen Einfluss auf den weißhaarigen republikanischen Gouverneur.

Laxalt hatte dem unsichtbaren Mann so große Macht eingeräumt, wie sie sonst kaum irgendjemand in einem souveränen Staat besaß. Und nun fand er keine Ruhe mehr.

Hughes dagegen war sehr zufrieden. »Ich glaube, man kann Laxalt dazu bringen, sein politisches Schicksal in unsere Hände zu legen«, schrieb das Phantom. »Ich glaube, so sollte es sein, und so kann es sein.«

Tatsächlich hatte Hughes dem willfährigen Gouverneur versprochen, ihn zum Präsidenten der Vereinigten Staaten zu machen.

»Ich bin bereit, mit diesem Mann bis zur Endstation zu fahren, worunter ich das Weiße Haus verstehe«, erklärte er. »Ich meine, wir müssen ihm klar machen, ohne auch nur den geringsten Zweifel zu lassen, dass ich bereit bin, unbegrenzte Unterstützung zu gewähren, bis er 1972 direkt ins Weiße Haus einziehen kann.«

Paul Laxalt als Präsident! Zunächst schien dies nur eine weitere verrückte Idee – ausgebrütet in der realitätsfernen Welt des Penthouse. Aber während Laxalt seine heimlichen Beziehungen zu Hughes pflegte, entwickelte er gleichzeitig ein freundschaftliches Verhältnis zu dem neuen Gouverneur des Nachbarstaates Ronald Reagan. So wurde er engster Freund des künftigen Präsidenten, dessen wichtigster politischer Berater und Wahlkampfleiter.

Als Laxalt schon einer der wichtigsten Männer des Landes war, raubte ihm der Gedanke an Howard Hughes immer noch die Ruhe. Umso mehr war das jetzt der Fall.

Die Aussicht auf das Amt im Weißen Haus vermochte seine Ängste nicht zu vertreiben. Dem Gouverneur war fortwährend bewusst, dass er es mit einem Phantom zu tun hatte. Allerdings

3. Kapitel · Das Königreich

hatte – von den Mormonen abgesehen – niemand Hughes gesehen oder gesprochen – angeblich, seit er in Las Vegas lebte, in Wirklichkeit jedoch seit zehn Jahren. Der Gouverneur hätte seine Ängste vielleicht zähmen können, wenn niemand von der seltsamen Mitternachtssitzung seines Spielcasino-Ausschusses erfahren hätte. Ende November 1967 trafen sich mehrere leitende Ausschussmitglieder wie zu einem Hexensabbat, weckten schlafende Kollegen zur Teilnahme an der Konferenz und billigten um 1.30 Uhr nachts offiziell die vierte Spielcasino-Konzession für den ungeduldigen Milliardär. Als diese unglaubliche Story durchsickerte, waren einige Parlamentarier so schockiert, dass sie eine gründliche Untersuchung forderten.

Laxalt konnte seine Ängste nicht länger unterdrücken. Furcht erregende Gedanken suchten ihn heim. Was wäre, wenn Hughes gar nicht in dem Penthouse wohnte? Was, wenn man auf einen Hochstapler hereingefallen wäre? Was gar, wenn Hughes überhaupt nicht existierte?

Der Gouverneur geriet in Panik. Am 11. Dezember 1967 beraumte Laxalt eine geheime Sitzung mit den Herren vom Spielcasinoausschuss in Carson City an. Alle waren der Meinung, nun müsse etwas geschehen.

Das war ein Job für das FBI.

»Es war die einmütige Auffassung des gesamten Ausschusses«, berichtete der Chefagent in Las Vegas seinem Vorgesetzten in Washington J. Edgar Hoover, »Schritte zu unternehmen, die es den Behörden von Nevada ermöglichen festzustellen, ob Howard Hughes tatsächlich lebt und ob sie die Konzessionen überhaupt einer ›existierenden Person‹ erteilt haben.

Obgleich alles hundertprozentig in Ordnung zu sein scheint«, hieß es weiter in dem FBI-Bericht, »hat niemand, auch der Gouverneur des Staates von Nevada nicht, Howard Hughes jemals gesehen, mit ihm gesprochen noch mit ihm über Konzessionsangelegenheiten verhandelt. Es herrscht große Sorge unter den für den Spielbetrieb in Nevada zuständigen Behördenvertretern und bei Gouverneur Laxalt, dass hier möglicherweise ein Riesenschwindel inszeniert worden ist …«

Dennoch war es einfach nicht möglich, mit dem unsichtbaren Finanzier in Verbindung zu treten. Anfangs hatte der Spielbetriebsausschuss Hughes' Anwalt Richard Gray vorsichtig gefragt, ob es nicht möglich sei, dass wenigstens ein Ratsmitglied den Milliardär sehen dürfe. Grays Reaktion löste Nervosität aus.

»Mr Gray geriet aus der Fassung und deutete an, dass, falls die Behörden dies von Mr Hughes verlangen sollten, der sich wahrscheinlich aus dem Staat Nevada zurückziehen würde«, so der FBI-Bericht. »Es wurde kein weiterer Versuch gemacht, eine persönliche Begegnung mit Howard Hughes herbeizuführen.«

Alles, was der Staat von Nevada jemals bekam, war die Vollmacht eines Anwalts, die angeblich von dem Einsiedler unterzeichnet worden war. Laxalt übergab diesen sorgsam gehüteten Fetzen Papier dem FBI zur Identifizierung. War die Unterschrift echt, hatte das Phantom irgendwelche Fingerabdrücke hinterlassen?

»Die Behörden von Nevada haben nicht die Absicht, aufgrund der Ergebnisse dieser Nachforschungen irgendwelche Schritte zu unternehmen«, schloss der Bericht. »Sie wollen lediglich wissen, dass Howard Hughes tatsächlich existiert und dass sie auch wirklich mit ihm zu tun haben.«

J. Edgar Hoover war nicht deshalb zu einer nationalen Institution geworden, weil er seine Agenten Phantome oder Gespenster verfolgen ließ. Der Direktor des FBI warf nur einen kurzen Blick auf Laxalts flehentliches Gesuch und schrieb dann an den Rand: »Wir wollen absolut *nichts* mehr damit zu tun haben.« Der Fall war erledigt. Hughes würde fortfahren, in Nevada zu spuken, solange Laxalt im Amt war, und der Gouverneur hatte weiterhin nach seiner Pfeife zu tanzen.

Allen Spekulationen zum Trotz aber lebte Hughes tatsächlich, und zwar im neunten Stock des »Desert Inn«. Wäre es Laxalt jemals gelungen, ihn zu treffen, hätte er sicher den Schock seines Lebens erlitten.

Nackt und ungepflegt saß das Phantom im Bett und schmiedete Pläne, wie es auch noch den Rest von Nevada kaufen könne.

3. Kapitel · Das Königreich

Dabei trug er auf farbigen Landkarten ein, was er noch alles zu erwerben gedachte.

Er war nicht mit festen Plänen nach Las Vegas gekommen, sondern weil er nicht wusste, wo er sonst hätte hingehen sollen. Auch kannte er das Spielerparadies, und es hatte ihm gefallen. Er liebte das Nachtleben, die Showgirls, kurz: die ganze Atmosphäre an diesem Ort. Anfang der Fünfzigerjahre, bevor er sich in die Einsamkeit zurückzog, hatte er das Showangebot häufig wahrgenommen – für ein Wochenende – oder für länger. Er selbst spielte damals kaum, sah nur zu oder ließ sich ab und an ein Revuegirl kommen, von der er sich jedoch vorher eine finanzielle Verzichtserklärung unterschreiben ließ. Plötzlich aber war er wieder da, und in Las Vegas fragte man sich warum.

Je verzweifelter Hughes sich nämlich bemühte, seine direkte »Umgebung«, seine eigene kleine Welt, zu beherrschen, desto zwanghafter wurde sein Bedürfnis, die »Außenwelt« zu kaufen. Und: Je mehr er besaß, desto mehr hatte er zu schützen; seine Paranoia produzierte endlose konzentrische Kreise.

Ein Dämon spielte Monopoly mit der Wirklichkeit. Ein Dämon, der, hätte er jemals im Zustand der Nüchternheit aus dem Fenster gesehen, gewusst hätte, wie weit er von derselben entfernt war.

Die Fenster in Hughes' Domizil aber waren verhängt, seit dem Tage seiner Ankunft hatte er die Vorhänge nicht ein einziges Mal zurück-, die Rollos nie hochgezogen. Nicht ein einziges Mal in vier Jahren.

»Wenn ich an Las Vegas denke, stelle ich mir gern einen gut angezogenen Mann im Dinnerjacket vor und eine Frau in wunderschönem Schmuck und Pelz, die beide aus einem teuren Auto steigen«, schrieb er. »Das ist es, was die Leute hier, glaube ich, erwarten – VIPs und Stars aus nächster Nähe zu sehen – usw., vielleicht in Sportkleidung, aber wenn schon, dann in schicker Sportkleidung. Ich glaube, wir sollten nicht zulassen, dass dieser Ort zu einem Sammelplatz für Freaks oder zu einem Vergnügungspark wie Coney Island verkommt ...

Ich denke mehr an den Eindruck, den die Werbung machen sollte etc.«, erläuterte er sein Traumbild weiter. Plötzlich schreckte ihn aber ein anderer Gedanke auf:

»Eines ist sicher – wenn man Jai-Lia erlaubt hierher zu kommen, wird man sie nie wieder los, und das ist eine gefährliche von Kommunisten aus Kuba durchsetzte Gesellschaft. Worauf ich hinaus will, ist Folgendes: Du weißt genau, dass ich Las Vegas für eine Klasse besser halte als die Kategorie der Vergnügungsparks. Aus demselben Grunde bin ich entschieden gegen Hunderennen. Ich hätte nichts gegen Pferderennen in einigen Jahren, wenn man uns an den Gewinnen beteiligen würde.

Bob, seitdem ich hierher gekommen bin, habe ich immer dagegen angekämpft, den ›Strip‹ zu einer Art Freak-Show – einem Rummelplatz –, einer Mischung zwischen Coney Island und dem Hudson-Palisades-Park – zu degradieren. Wenn man eine dieser Schaubuden genehmigt, dann werden es bald drei oder vier oder sechs sein, und dann haben wir hier einen einzigen Rummelplatz mit Karussells und Achterbahnen. Ich habe dir gegenüber nie ein Geheimnis daraus gemacht, dass der Las-Vegas-Strip meiner Meinung nach keine richtige Klasse hat; aber dennoch besteht ein kleiner Unterschied zwischen einem Vergnügungspark und einem Ort, der zwar protzig, aber wie sonst kein Ort in der ganzen Welt ist.«

Hughes war entschlossen, aus Las Vegas etwas wirklich Erstklassiges zu machen, und in seiner Vorstellung hatten Bumslokale, Ein-Schienen-Bahnen und Hunderennen keinen Platz.

Er fühlte sich nämlich gewissermaßen einer Mission verpflichtet. Er wollte Las Vegas in einen Ort verwandeln, der so respektabel sein sollte wie die New Yorker Börse. Der Spielbetrieb in Nevada sollte in den Rang von Londons Lloyds erhoben werden. Hughes war nicht nur paranoid, er war auch größenwahnsinnig.

»Wir können aus ihr die umweltfreundliche Superstadt der Zukunft machen – kein Smog, keine Luftverschmutzung, tüchtige Verwaltung, wo der Steuerzahler so wenig wie möglich bezahlt und so viel wie möglich für sein Geld bekommt.«

3. Kapitel · Das Königreich

Für Hughes' Vorstellung vom Paradies (keine Umweltverschmutzung, keine Steuern) gab es natürlich nur *eine* Voraussetzung: Alles musste ihm gehören!

»Ich halte es für außerordentlich wichtig, eine hundertprozentige, unangefochtene Herrschaft auszuüben«, schrieb er.

»Ich weiß, du wirst mir jetzt sagen, dass ich eine solche Führungsposition bereits erreicht habe«, rügte er Maheu, der zu größerer Zurückhaltung geraten hatte. »Aber wenn du zehn verschiedene Leute fragst, wirst du zehn verschiedene Meinungen zu hören bekommen.

Bob, kurz gesagt, ich bin sicher, dass es von größter Bedeutung ist, ein Unternehmen zu leiten, das eindeutig und unzweifelhaft der größte und umfangreichste Spielbetrieb der Welt ist.«

Ob es zwanghaftes Machtbewusstsein war oder eine Neurose: Hughes *musste* das »Silver Slipper« und das »Stardust« haben, das »Silver Nugget« und das »Bonanza« sowie Bill Harrahs Klubs in Reno und »Lake Tahoe« und vielleicht das »Riviera« und … kurz: jedes Hotel und jedes Spielcasino in Nevada.

In Carson City erreichte deshalb Paul Laxalts Nervosität einen neuen Höhepunkt: Die parlamentarische Untersuchung wegen der letzten Casino-Konzession für Hughes stand kurz vor ihrem Abschluss. Zwei geplante Neuerwerbungen könnten den Gouverneur in dieser Situation zum Verhängnis werden. Laxalt bat Maheu, seinem Boss zu empfehlen, er solle etwas kürzer treten. Maheu folgte dem Wunsch:

»Angesichts der Entwicklung der letzten Tage und einer konzertierten Aktion, die aus der mehrfachen Konzessionserteilung ein Politikum machen will, bittet der Gouverneur ergebenst, du möchtest dich im Augenblick bei Neuerwerbungen zurückhalten«, schrieb Maheu an Hughes. »Er meint, wenn wir jetzt ein paar Monate abwarten, bis sich die Lage beruhigt hat, könnte die Situation sich wieder geändert haben. Er arbeitet gerade ein langes vertrauliches Memorandum zu deiner Information aus. Auf jeden Fall, Howard, hat er auf seine große Ergebenheit dir gegenüber hingewiesen und dich gebeten, du mögest wenigstens so lange stillhalten, bis du seine Erläuterungen zur Kenntnis genommen hast.« Hughes aber konnte nicht stillhalten. Er war empört über Laxalts mangelnde Unterstützung und wurde ärgerlich.

»Könntest du dir vorstellen, dass der Gouverneur mir ein bisschen die kalte Schulter zeigen will?«, fragte er, denn er fühlte sich ungerecht behandelt. »Nachdem ich die 100 Millionen in die notleidende Wirtschaft von Vegas gesteckt und den Run auf die Banken gewissermaßen gestoppt habe, ist es möglich, dass er mich jetzt nicht mehr für Aktiva, sondern für Passiva hält?«

Je länger Hughes über Laxalts »Undankbarkeit« nachdachte, desto wütender wurde er. Stillhalten? Zum Teufel! Er würde sein Geld da unterbringen, wo es willkommen war.

»Ich glaube nur das, was ich sehe, Bob«, betonte er. »Ich glaube, das ganze Geheule wegen des Mehrfachbesitzes ist ein Haufen Scheiße.

Ich wette mit dir 10 : 1, dass, wenn ich dem Gouverneur sage, dass ich – wenn auch ungern – beabsichtige, andernorts zu investieren, also, wenn er das unbedingt will, er dann begreift, was los ist. Ich habe mindestens noch weitere 150 Millionen flüssig für Investitionen. Seit meiner Ankunft hier habe ich drei sehr attraktive Anlagemöglichkeiten abgelehnt, aus dem einfachen Grund, weil sie nicht in Nevada waren.

Wenn sich der Gouverneur das jetzt vernünftig überlegt, glaube ich nicht, dass er es gern hätte, wenn ich 40 Millionen Dollar für ein Hotel-Casino in Venezuela anlege, von wo ich ein unglaubliches Angebot habe. Aber, wenn es so weit kommt, wenn er zusehen muss, dass wir 40 Millionen in Venezuela anlegen, wird er, glaube ich, nicht gerade begeistert sein. Nicht wenn er nur den Telefonhörer aufzunehmen braucht und die 40 Millionen hier behalten kann.«

Warum aber sollte er, Howard Hughes, darauf warten, dass Laxalt ihn anrief? Hughes hatte eine für seine Verhältnisse kühne Idee: Er würde Laxalt anrufen! Er würde ihm Dampf machen!

Um den nervösen Gouverneur zu beruhigen, meldete das Phantom ein Gespräch im Capitol von Nevada an. Seit seiner Ankunft in Nevada hatte Hughes außerhalb seines internen

3. Kapitel · Das Königreich

Kreises noch niemals Kontakt zu anderen aufgenommen. Das Gespräch füllte die Schlagzeilen: »GOUVERNEUR SPRICHT MIT HUGHES«, hieß es etwa. »Es war eine der interessantesten Unterhaltungen meines Lebens«, erklärte Laxalt der Presse, noch ganz benommen von dem Verständnis des Milliardärs für die Angelegenheiten des Staates und seinen großen Plänen für Nevada. Allerdings erwähnte der Gouverneur nicht, was Hughes für wirklich wichtig gehalten hatte.

Denn da ging es nicht um das »Stardust«, nicht um das »Slipper«, auch nicht um die drohende parlamentarische Untersuchung oder den zunehmenden Widerstand gegen seine Casino-Kauf-Aktionen – nicht einmal um seine Pläne, Laxalt zum Präsidenten zu machen.

Nein: Hughes war in großer Aufregung wegen des Wassers.

»Als ich mit Gouverneur Laxalt sprach«, beklagte er sich, »erzählte ich ihm, dass ich beunruhigt sei, mit welcher Eile die Behörden das so genannte ›Southern Nevada Water Project‹ vorantrieben. Ich sagte ihm, dass nach meiner Ansicht der ganze Plan einfach nicht durchführbar sei, dass man das Wasser mit zu viel Chlor versetze, um den Mindestanforderungen zu genügen, um es technisch trinkbar zu machen – es sei dasselbe, als wenn man damit prahle, dass man das abfließende Wasser aus der Los-Angeles-Kläranlage trinken könne.

Aber darum geht es nicht. Dies ist ein Urlaubsort, und wir müssen dafür sorgen, dass die Luft und das Wasser nicht nur nicht giftig sind, sondern sauber, bekömmlich und wohlschmeckend. Wir befinden uns in Konkurrenz mit anderen Urlaubsorten, und wenn bekannt wird, dass unser neues Wasserversorgungssystem nichts anderes ist als ein geschlossener Kreislauf, der in eine Jauchegrube hinein- und dort wieder herausführt – wenn die mit uns konkurrierenden Urlaubsorte das herausfinden, werden sie eine Mundpropaganda und eine Kampagne starten, die uns kaputtmacht …

In diesem Fall lautet die Frage, wenn wir uns als Urlaubsort betrachten, wie viel Touristen auf diese Weise davon abgehalten werden, nach Las Vegas zu kommen, wenn Hawaii, Florida und all die anderen Erholungsorte mittels Mundpropaganda höhnisch darauf hinweisen, dass das Wasser, in dem die Leute bei uns schwimmen, baden und das sie trinken, mehr oder weniger aus verdünnter Pisse und Scheiße besteht.«

Hughes hatte sich leidenschaftlich über die Reinheit von Gewässern ausgelassen, und Laxalt beeilte sich, ihm zuzustimmen.

»Der Gouverneur sagte, er sei sich über die Situation im Klaren, und es mache ihn direkt krank«, fuhr der Milliardär in seinem Bericht über ihr Gespräch fort, »das waren seine Worte.

Ich habe bisher kein Wort gehört, und es wird anscheinend einfach weitergemacht«, beklagte sich Hughes, den es momentan eher verwunderte als wütend machte, dass Laxalt aus unerfindlichen Gründen das Multi-Millionen-Wasserprojekt nicht gestoppt hatte.

Der Gouverneur hüllte sich nicht nur wegen des Wassers in Schweigen, er unternahm auch nichts, um die beiden anderen Konzessionen für die Spielcasinos durchzukämpfen. Ein Telefonanruf genügte offenbar nicht, den König aller Eskapisten auch zu einem Despoten zu erheben, der nach seinen Vorstellungen die Gefahr von Umweltverschmutzung und Ansteckung aus dem Staat Nevada verbannen wollte: »Damit die Sache mit Laxalt klappt, müssen wir Mittel und Wege finden, um ihn zu motivieren«, schrieb Hughes. »Wenn ich vor einer schwierigen Aufgabe wie dieser stehe, bedarf es zweier Voraussetzungen: 1. Ein Mann, der die Aufgabe erfüllen soll, muss es wirklich wollen. 2. Man muss diesem Mann eine solche Gegenleistung bieten, dass es beinahe überwältigend auf ihn wirkt. Nun, ich glaube, Bob, man kann Laxalt so weit bringen, dass er seine ganze politische Zukunft mit uns verbindet. Ich meine, so sollte es sein, und so könnte es sein.«

Hughes beschloss, Laxalt zu kaufen.

»Ich meine, wir müssen ihn davon überzeugen, und zwar so, dass er nicht den geringsten Zweifel hegt, dass ich bereit bin, ihn in unbegrenzter Höhe zu unterstützen, sodass er 1972 ins Weiße Haus einziehen kann. Ich glaube, ich sollte eine Institution einrichten, die mit dieser Aufgabe betraut wird, und diese Institu-

3. Kapitel · Das Königreich

now, to make the Foxalt deal work, we have to find a means of motivation.

When I have a real "tough" assignment like this, I search about for two ingredients: 1. A man who can do the job if he truly wants to. And, 2. a means of furnishing a consideration to this man which will be of such a nature and such an amount as to be well nigh overpowering in its effect upon the man.

now, Bob, I think Foxalt can be brought to a point where he will just about entrust his entire political future to his relationship with us. I think that is the way it should be and the way it can be.

I think we must convince him beyond a shadow of a doubt that I intend to back him with un-limited support right into the White-House in 1972.

tion muss weiterexistieren, sodass im Falle meines Todes oder bei einer Änderung der politischen Ziele die finanzielle Unterstützung für Laxalt nicht aufhört.«

Diese Aussage bedeutete nichts anderes als einen unerschöpflichen Schmiergeldfonds für die vorgebliche Kampagne »Laxalt for President!« Hughes wollte Laxalt, den Gouverneur von Nevada, zum mächtigsten Mann der so genannten freien Welt machen. Und über diesen Kandidaten musste er eine hundertprozentige Kontrolle ausüben:

»Ich fürchte nur, dass irgendjemand oder irgendeine Gruppe sich unter dem Siegel der Verschwiegenheit an Gouverneur Laxalt heranmachen könnte«, schrieb Hughes.

»(Wir) müssen so viel Interesse bekunden, dass der Gouverneur einzig und allein uns dient. Sobald er sich mit irgendjemandem wie Kerkorian oder Crosby oder Mary Carter Paint oder irgendeiner anderen Finanzquelle einlässt, werden wir, glaube ich, gezwungen sein, hier mit Sack und Pack zu verschwinden. Ich bin bereit, mit diesem Mann bis zur Endstation zu fahren, und das ist für mich das Weiße Haus im Jahre 1972«, wiederholte er.

Nein, Hughes wollte seinen Gouverneur mit niemandem teilen. Es würde eben vier Jahre dauern, bis er Laxalt von Carson City ins Weiße Haus geboxt hätte. In der Zwischenzeit galt es, sich Laxalt gefügig zu halten. Vielleicht könnte er ihm eine zweite Amtszeit als Gouverneur versprechen, vielleicht ihn einfach auf seine Gehaltsliste setzen. Warum sollte er eigentlich nicht beides tun? Hughes war durchaus bereit, auf Laxalts potenzielle Bedingungen einzugehen.

»Jedes Mal, wenn du mir sagst, ich solle weitermachen«, schrieb er an Maheu, »bin ich bereit, Laxalt persönlich anzurufen und ihm zu sagen, es sei mein Wunsch, dass er Gouverneur bleibe und dass ich ihm meine unbegrenzte Unterstützung für diese Kampagne zusagen würde und ferner, dass, sollte er als Gouverneur für eine zweite Amtszeit scheitern, ich ihm eine Stellung in der Privatindustrie anbieten würde, von der ich weiß, dass sie seinen Anforderungen, ganz gleich wie ausgefallen sie

3. Kapitel · Das Königreich

any time you will tell me to go ahead, I am prepared to make a personal phone call to Laxalt and tell him it is my desire that he remain governor and that I promise unlimited support for this campaign, and, further, that, should he fail to be elected governor for another term, I want him to accept a position in private industry which I know will meet his requirements, no matter how extreme they may be.

I am positive I can sell this to Laxalt.

Governor Laxalt has started to ask me precisely what his assignment will be in your organization.

Laxalt is very anxious to discuss his future employment with us and I really believe we owe him the courtesy of sitting down with him at a very early date.

My guess is that he will hit us for a retainer with the understanding that we have priority on all of his time but allow him to build a law practice at the same time.

sein mögen, genügen würde. Ich kann Laxalt das sicher schmackhaft machen. Bitte rufe den Gouverneur an und sage ihm einfach, ich möchte ihm begreiflich machen, dass mir daran liegt, aus ihm einen der Spitzenmanager meiner Firma zu machen.«

Bald schickte Maheu regelmäßig Berichte über die Fortschritte bei den geheimen Einstellungsgesprächen:

»Ich hatte eine sehr nette Besprechung mit dem Gouverneur. Ich glaube bestimmt, dass ich ihn überzeugen kann, in deinen Konzern als Direktor einzutreten, der für alle Aktivitäten in Nevada oder wohin du ihn auch immer schicken möchtest, verantwortlich wäre.«

Die Verhandlungen zogen sich über Jahre hin, und der Gouverneur feilschte fast während seiner ganzen Amtszeit um den ihm angebotenen Job. Erst im Juni 1970 notierte Maheu: »Laxalt will unbedingt über seine künftige Arbeit mit uns reden, und ich glaube, wir sind es ihm schuldig, uns sehr bald mit ihm zusammenzusetzen.«

Da Hughes dem Gouverneur fortwährend ebenso verlockende wie unkonkrete Versprechungen machte, ging Maheu davon aus, Laxalt werde stattdessen in die Anwaltskanzlei seiner Firma zurückkehren, die immerhin mindestens 180 000 Dollar von dem Milliardär kassiert hatte; zu Zeiten, als Laxalt noch im Amt war.

Laxalt bot Hughes schließlich an, als Privatanwalt für ihn zu arbeiten, wies jedoch darauf hin, dass diese seit langem diskutierte Aufgabe ihn in einen eklatanten Interessenkonflikt bringen würde, sodass er es nicht riskieren könne, sich direkt auf die Gehaltsliste des Milliardärs setzen zu lassen.

»Lieber Howard«, schrieb der Gouverneur kurz vor Ablauf seiner Amtszeit …, »ich fürchte, ein direktes vertragliches Verhältnis mit Ihnen könnte missverstanden werden. Ich möchte nicht, genauso wenig wie Sie, dass irgendjemand glaubt, die Zusammenarbeit zwischen unserer Administration und Ihnen während der letzten vier Jahre habe auf einer ›Quid-Pro-Quo-Basis‹ beruht … Ich habe mich entschlossen, in Carson City eine Anwaltskanzlei zu eröffnen … Wenn Sie jemals meine Beratung brauchen sollten, bin ich stets für Sie da.«

3. Kapitel · Das Königreich

Laxalt verließ das »Capitol von Nevada« fast unmittelbar danach – und kassierte Anwaltshonorare von Howard Hughes, alles in allem in der stattlichen Höhe von mindestens 72 000 Dollar.

Das lag allerdings 1968 noch in weiter Ferne, zu einer Zeit, als Hughes gerade plante, sein Reich zu erweitern. Den Gouverneur hatte er im Griff, nun galt es, sich als Wohltäter der »übrigen« Bürger von Nevada darzustellen. Er wollte das größte Hotel der Welt in Las Vegas bauen, eine spektakuläre 150-Millionen-Dollar-Ferienanlage, »eine in sich vollständige Stadt«. Er wollte den größten Flughafen der Welt in der Wüste von Nevada anlegen und sie zum neuen »Tor des Westens« machen, und er wollte eine Autobahn bauen, damit die Passagiere des Jet-Air-Terminals auf dem schnellsten Wege nach Las Vegas gelangen könnten. Er wollte eine neue medizinische Fakultät für die Universität von Nevada stiften und versprach »jährlich 200 000 bis 300 000 Dollar auf 20 Jahre«. Er wollte neue Industrien ins Land bringen, sogar die Hughes-Tool-Company, die Hughes-Aircraft-Company und das Howard-Hughes-Medical-Institute nach Nevada verlegen und dort das Hauptquartier für seinen Konzern einrichten.

Das Einzige, was Hughes allerdings jemals in Nevada bauen sollte, war Maheus Villa. Dagegen strapazierte er seine sämtlichen Möglichkeiten, den Bau neuer Hotels, neue Industrien, einfach jedwede Art von »Konkurrenz« in seinem »Bereich« zu verhindern. Jeder Tag aber brachte neue Meldungen über die von Hughes geplanten »guten Taten« – und so mochten die Verantwortlichen ihm die Konzession für weitere Spielcasinos kaum verwehren.

Hughes blieb jetzt nur noch die Sorge, eine Herde von Trittbrettfahrern könne ebenfalls Konzessionen bekommen.

»Seit bekannt ist, dass unsere Anträge genehmigt werden, versuchen jetzt – wie ich gehört habe – Hinz und Kunz, ebenfalls eine Konzession zu bekommen, weil sie alle meinen, dass, wenn der Ausschuss unsere Anträge bewilligt, er sie anderen schlecht abschlagen kann. Ich möchte deshalb einen Bericht über all die

Anträge, die die Chance haben, bewilligt zu werden, sodass ich entsprechende Vorbeugungsmaßnahmen treffen kann …

Jedes Mal, wenn jemand ein neues Casino eröffnen will, leide ich Höllenqualen.« Er wand sich wie in Agonie, verlor alle Freude daran, sein Imperium zu erweitern. Er fürchtete nur noch die »übermächtige Konkurrenz oder die Gefahr künftiger übermächtiger Konkurrenz oder die Art von Konkurrenz, die ich für schädlich halte«. Maheu sollte deshalb alle Rivalen »in Acht und Bann tun«.

Der war nicht sehr zuversichtlich. »Unser Problem, Howard, ist unglücklicherweise, dass sich überall ganz andere Anschauungen breit machen. Das wird einige Zeit dauern. Es ist allgemein bekannt, dass während der letzten sechs Monate in Las Vegas an Wochenenden kein freies Zimmer zu bekommen war und dass deshalb viele Leute gar nicht erst versuchen hierher zu kommen.«

Hughes war anderer Meinung.

»Du sagst, man kann keine Zimmer kriegen. Aber, Bob, genauso sollte es sein. Glaubst du auch nur eine Sekunde, dass das ›21‹ und das ›El Morrocco‹ in New York ein so großer Erfolg wären, wenn sie nicht bis unters Dach belegt wären, sodass es kaum möglich ist, dort zu tanzen oder gar zu atmen? Die Leute wollen nur dorthin gehen, wo es unmöglich ist, Reservierungen zu bekommen – sie wollen nur dahin, wo es voll ist und wo jeder andere auch hin will. Bitte, glaube mir, ich weiß es aus bitterer Erfahrung …«

Tatsächlich witterte Hughes allerorten die größten Schwierigkeiten. Die vorgeblich oder wirklich geplanten Hotels und Casinos bedeuteten nicht nur gefährliche Konkurrenz, sondern etwas viel Schlimmeres: Umweltverschmutzung und Ansteckungsgefahr! Sehr bald würde er von unsauberem Wasser, Moskitoschwärmen, Freaks und schmutzigen Tieren umgeben sein.

»Bob, es sind fast zehn neue Hotels angekündigt. Was mir am meisten Sorge macht, ist das neue ›Holiday Inn‹, direkt gegenüber dem ›Sands‹. Und was es noch schlimmer macht, ist, dass sie dort Showboat-Vorstellungen in einem großen See veranstal-

3. Kapitel · Das Königreich

ten wollen. Ein Showboat in einem Teich mit stehendem, verseuchtem Wasser.

Wenn sie vorhaben sollten, das Wasser vom Mead-See zu nehmen, so wird das abfließende Wasser zum Himmel stinken. Jesus! Wenn ich mir das vorstelle: eine Kläranlage direkt auf dem Rasen vor dem ›Sands‹. Uff! Das wird man sogar bis zum Golfplatz vom ›Sands‹ riechen. Aber woher auch immer das Wasser kommt, da ist auch noch das Moskitoproblem. Man wird kein ein- und abfließendes Wasser haben, sodass es stagniert und ein idealer Platz zum Ausbrüten von Moskitos wird.

Wenn dieses Scheiß-Hotel nicht gestoppt werden kann, möchte ich sobald wie möglich, notfalls mit Verlust, das ›Sands‹ verkaufen.«

Es gab kein Entrinnen. Als die »Showboat«-Vorstellungen schon drohten, das »Sands« zu verpesten, sollte noch eine weitere Monstrosität direkt neben dem »Stardust« errichtet werden – der »Circus-Circus«. Etwas Schlimmeres war in Hughes' Alpträumen kaum denkbar!

»… die armseligen, schmutzigen, schäbigen Seiten des Zirkuslebens. Der dreckige Fußboden, Sägemehl und Elefanten, der Zirkus mit seinen Halbstarken, dem fahrenden Volk, den Clowns – und ich wiederhole: den Tieren. Diese Seite des Zirkus ist gleichzusetzen mit den gewöhnlichen armen Leuten – den sommersprossigen Kindern – den Gelegenheitsarbeitern, die Pfähle einschlagen, drei Mann und drei Vorschlaghammer usw. … Schließlich verbindet sich mit dem ›Strip‹ die Vorstellung von einer gut aussehenden Frau mit Abendkleid und Diamanten, die im Rolls-Royce vor ein Luxushotel fährt. Wie verträgt sich dieses Bild mit einem Zirkus und dessen ordinär gekleideten Leuten, seiner ordinären Atmosphäre und seinem ordinären Geruch?«

Die meisten Menschen orteten den Gestank von Las Vegas woanders: Das organisierte Verbrechen hatte die Luft von Anfang an verpestet. Lange bevor Hughes seine Visionen entwickelte, hatte ein anderer, Bugsy Siegel, die seine realisiert: Wo vorher nur Wüste war, baute er an der Autobahn nach Los Angeles das erste große Spielcasino, das dann zum Las-Vegas-Strip wurde.

Bugsy war seit langem tot, ermordet von Kumpanen oder Rivalen. Aber er hatte Las Vegas nach seinen Vorstellungen gestaltet, und die Gangster bestimmten immer noch die Atmosphäre der Stadt.

Für Hughes hingegen war auch die Mafia lediglich eine Art Umweltverschmutzung. Und nun war ausgerechnet Bugsys Schöpfung, das »Flamingo«, wieder in den Schlagzeilen. Einer von Siegels ursprünglichen Partnern, die Finanzhyäne der Unterwelt, Meyer-Lansky, war geschnappt worden, nachdem er Millionen für sich abgezweigt hatte. Hughes war außer sich vor Wut. Er befürchtete, sein neu geplantes, sauberes, respektables, hochkarätiges Las Vegas werde nun wieder mit dem Hautgout von Gosse und Schmutz behaftet sein.

»… das ist ein neuer Anschlag auf den Ruf des ›Strip‹. Ich finde, das geht jetzt zu weit«, schrieb er an seinen Paladin.

»Zuerst war es Parvin und dessen ganzer miserabler Schwindel, dann kam der Zirkus, das ›Stardust‹ mit seinem Personal, dann das ›Bonanza‹, und schließlich habe ich noch vergessen ›Caesar's‹ mit seinen Rowdies zu erwähnen.

Bob, ich habe Himmel und Hölle in Bewegung gesetzt und versucht, dich zu drängen, etwas gegen diese Sauerei zu unternehmen. Aber trotz meiner dringenden Bitten sind all diese Dinge allmählich unter den Teppich gekehrt worden, ohne dass irgendjemand versucht hätte, wirklich etwas dagegen zu tun …

Das ›Flamingo‹ war wegen seiner Lage direkt am Eingang des ›Strip‹ immer der Inbegriff des Glücksspiels in Nevada. In vielen Filmen kam das ›Flamingo‹ vor, als Beispiel für die Pracht und den Luxus des Spielbetriebs auf dem Las-Vegas-Strip.

Ich habe selbst einen gedreht, *The Las Vegas Story,* in dem das ›Flamingo‹ den ganzen Glanz und Reiz von Las Vegas repräsentierte.

Jedenfalls ist das ›Flamingo‹ der Inbegriff von Las Vegas seit dem unglücklichen Beginn mit Bugsy Siegel. Ich kann dir versichern, die Folge dieses Vorfalls wird sein, dass etwas wie die Bugsy-Siegel-Episode wieder in vollem Umfang von vorn beginnt …«

3. Kapitel · Das Königreich

Hughes wollte um keinen Preis als der Einfaltspinsel von Las Vegas gelten, und er war überzeugt davon, der einzige ehrliche Mann in dieser Stadt zu sein. Nur so war es übrigens auch zu erklären, dass all seine skrupellosen Rivalen mit ihren Casinos gewaltige Gewinne machten, seine dagegen – allen Erwartungen zuwider – Verluste!

»Es versteht sich von selbst, dass man nicht Prinzipien und zugleich auch hohe Profite haben kann«, schrieb er.

Tatsächlich war Hughes wohl naiver, als er sich selbst eingeschätzt hatte: Las Vegas war nur scheinbar in andere Hände übergegangen – von denen der Gangster, die es geschaffen hatten, in die von Hughes. Dass er vermutlich nur ein Strohmann der Mafia war, hat er wahrscheinlich nie begriffen.

Für die Vertreter des organisierten Verbrechens erschien er nämlich genau zur rechten Zeit auf der Bildfläche. Das FBI hatte eine umfassende Abhöraktion eingeleitet; und dabei stellte es sich heraus, dass die Spielcasinos in den Händen heimlicher Hintermänner waren, die regelmäßig ihre Profite abkassierten, das Schwarzgeld nach Miami schafften, wo der Obergangster Meyer-Lansky die Einnahmen in seiner Zentrale an der Collins Avenue zählte und für die Verteilung an die Mafiabanden im ganzen Land sorgte.

Just als das Spiel aus zu sein schien, tauchte der prominente Howard Hughes auf – Inhaber eines unbegrenzt strapazierfähigen Bankkontos. Maheus Mafia-Kumpan John Roselli behauptete, die ganze »Desert-Inn«-Transaktion sei vom Syndikat eingefädelt worden. »Wir haben Hughes suggeriert, das ›D. I.‹ zu kaufen«, erklärte Roselli dem umgedrehten Spitzel Jimmi Fratianno, auch »Ratte« genannt. »Jetzt sieht es so aus, als ob er die ganze Stadt kaufen würde, wenn wir ihn lassen. Er ist genau der Mann, den wir brauchen, vor allem wenn Maheu den Laden schmeißt.«

Hughes hatte zweifellos »den Laden« nicht in der Hand. Offensichtlich hatte die Mafia seine Casinos unter Kontrolle. Sie verkauften ihm ihre Spielhöllen zu weit überhöhten Preisen, zogen ihm weiterhin das Geld aus der Tasche und kassierten dabei Millionen. Ein geheimer Untersuchungsbericht der Finanzbehörden stellte später fest, dass Hughes' Opfer der Gangster war, die bei dieser gewaltigen Manipulation bis zu 50 Millionen Dollar eingenommen hatten.

Tatsächlich war Hughes völlig ahnungslos und schien im Augenblick trotz der rätselhaften Verluste seiner Spielcasinos überraschend wenig betroffen zu sein. Zwar betrachtete er die Mafia als einen gefährlichen Infektionsherd, sah aber auch eine Möglichkeit, sie loszuwerden und sein Monopoly fortzusetzen.

Er könnte nämlich – so seine Spekulation – Las Vegas nicht nur vom organisierten Verbrechen befreien, sondern auch von denen, die es bekämpften:

»Der Präsident bringt sich ja fast um vor Eifer, Nevada mit einem Kreuzzug zur Verbrechensbekämpfung zu überziehen, um die Öffentlichkeit von der Vietnam-Frage abzulenken.

Ich glaube, du könntest Gouverneur Laxalt darauf hinweisen, dass, wenn das so weitergeht, die Gefahr besteht, dass die ganze wunderschöne Fassade von Nevada mit seinem Spielbetrieb plötzlich zusammenkracht. Der Präsident und seine Berater hätten nichts lieber auf der Welt, als wenn sie einen Grund fänden, über das Glücksspiel von Nevada herzufallen, weil hier das wirklich große Geld gemacht wird.

Er tritt gegen das organisierte Verbrechen an, aber wenn es ihm nicht gelingt, irgendein großes Unterwelt-Casino oder irgendein großes Bordell als solches zu entlarven, was unwahrscheinlich ist – ohne all das hat der Präsident keine Fotos, kein effektives Symbol, keinen Anlass, auf den er bei seinen Bemühungen, das organisierte Verbrechen zu bekämpfen, hinweisen kann.

Alles das würde sofort zur Verkörperung des organisierten Verbrechens werden. Las Vegas könnte dann als *das* Sündenbabel hingestellt werden.

Alle Angaben über die Bruttoeinnahmen, die Zahl der Angestellten, die Bevölkerungszunahme, all das könnte gegenüber der Öffentlichkeit so dargestellt werden, als sei Las Vegas ein

3. Kapitel · Das Königreich

einziges riesiges Verbrechernest, eine gigantische Metropole der Sünde.

Ich sage dir, wenn die Nation erst einmal so weit ist, dass man von einem Mann nur zu sagen braucht, er hat ›mit dem Nevada-Glücksspiel zu tun‹, um ihn dann als Verbrecher abzustempeln, sodass man ihn gleich auf dem elektrischen Stuhl anschnallen kann, dann meine ich, ist es Zeit, sich darüber Gedanken zu machen.«

Hughes war von seiner eigenen Schilderung düsterer Gefahren dermaßen beeindruckt, dass er beinahe seine eigenen Pläne aus den Augen verloren hätte: sich als Retter zu präsentieren, als den Mann, der die Katastrophe aufschieben oder zumindest verhindern konnte.

»Ich möchte also, dass du dem Gouverneur klarmachst, dass ich bis zu meinem letzten Dollar alles tun werde, um zu verhindern, dass der Präsident Nevada als Spielball seiner politischen Interessen bei seiner Bekämpfung des organisierten Verbrechens benutzt«, fuhr er fort, bereit, die Urteilsvollstreckung auszusetzen. »Ich möchte Laxalt davon überzeugen, dass er auf mich zählen kann, um zu verhindern, dass der Präsident oder irgendjemand anderer den Ruf des Glücksspiels von Nevada kaputtmacht, denn ich will, dass man dies hier als so seriös ansieht wie die New Yorker Börse.«

Aber er wäre kaum Howard Hughes gewesen, hätte er nicht seine persönlichen Bedingungen gestellt: »… wenn ich das aber versprechen soll, muss ich die Unterstützung des Gouverneurs und seines Spielbetriebs-Ausschusses haben.

Bob, es wird niemals wieder eine solche Gelegenheit wie jetzt geben, noch ein oder zwei weitere Casinos zu erwerben, um diesen heftigen inneren Drang in mir zu befriedigen, mich gegenüber den vielen unfairen konkurrierenden Eindringlingen – den Aufbau einer Konkurrenz – durchzusetzen.

Dazu wäre nur noch der Erwerb einiger weniger zusätzlicher Casinos einschließlich der Ausschaltung dieser Casinos bei der Konkurrenz erforderlich – mit anderen Worten: die Waage braucht nur ein wenig angetippt zu werden – eine kleine Anhebung der einen Seite und eine leichte Senkung des Gewichts auf der Seite der Konkurrenz –, nur eine kleine Änderung des Gleichgewichts, und ich wäre zufrieden.«

Am 30. April 1968 erhielt Hughes die Zustimmung des Gouverneurs und seines Ausschusses. Der Kauf des »Silver Slipper« und des »Stardust« wurde genehmigt, die Konzession für sein fünftes und sein sechstes Casino. Der damit endgültig gekrönte König des Glücksspiels in Las Vegas aber war damit keineswegs zufrieden, denn die Ausschussmitglieder waren sich nicht einig gewesen: Zwei hatten es doch tatsächlich gewagt, seine Souveränität in Frage zu stellen.

Hughes war außer sich vor Wut.

Zwar fühlte er sich nicht gerade als der »neue Pate«, aber dennoch meinte er ein Recht darauf zu haben, alles zu besitzen: die Casinos, die Hotels, die Politiker – alles!

Er war überzeugt davon, den sauberen amerikanischen Kapitalismus nach Las Vegas gebracht zu haben, dorthin, wo es bisher nur eine Geldwaschanlage für die Unterwelt gegeben hatte. In Wirklichkeit allerdings scherte sich Howard Hughes weit weniger um Gesetz und Recht als die Mafia. Die Gangster nämlich waren zufrieden, Casinos zu besitzen und deren Gewinne abzuschöpfen. Hughes dagegen wollte die Herrschaft über den Staat – er fühlte sich berufen, Nevada zu »säubern«. Zu diesem Zweck kaufte er, was und wer käuflich war – und das war so ziemlich alles.

In den nächsten drei Jahren flossen 858 000 Dollar von den Spieltischen des »Silver Slipper« an Politiker in Nevada – immer in 100-Dollar-Noten, immer in bar. Es gab kaum einen Wahlkampf, den Hughes nicht finanzierte. Er wies einen Intimus des Gouverneurs Thomas Bell an, den voraussichtlichen Gewinner zu unterstützen, unabhängig von dessen Partei oder Politik. Wenn gar ein Kopf-an-Kopf-Rennen prognostiziert war, wurden beide Kandidaten protegiert.

Der US-Senator Alan Bible erhielt mindestens 50 000 Dollar, sein Kollege Howard Cannon bekam 70 000 Dollar, der stellvertretende Gouverneur Harry Reid 10 000 Dollar, Justizminister

3. Kapitel · Das Königreich

Robert List 9500 Dollar, Berzirksstaatsanwalt George Franklin 5000 Dollar. 27 Parlamentskandidaten, die in Bells Büro marschierten, kassierten insgesamt 56000 Dollar. Richter, Sheriffs und bestimmte Behördenleiter schauten gelegentlich herein und gingen wieder – mit dicken Briefumschlägen.

Von Zeit zu Zeit erschien Gouverneur Laxalt persönlich bei Bell, um Spenden aus dem Schmiergeldfonds des »Silver Slipper« zu erbitten. Auf Laxalts Empfehlung erhielt der Vorsitzende der Republikanischen Partei von Nevada 15000 Dollar. Der Gouverneur bat Hughes ferner, seinen designierten Nachfolger (Edward Fike) zu unterstützen. Fike kassierte also etwa 55000 Dollar. Sein politischer Gegner von der Demokratischen Partei, Mike O'Callaghan, war diskreter. Er schickte einen Vertreter, der 25000 Dollar empfing. Das Defilee der Posteninhaber und -sucher nahm kein Ende.

Selbstverständlich forderte Hughes mehr oder weniger prompt Gegenleistungen für seine Spenden. Von seiner Lagerstatt im Penthouse wies er Bell, der sein Büro auf der gegenüberliegenden Straßenseite hatte, an ..., »ihn über jede einzelne Vorlage zu informieren, die bei den gesetzgebenden Körperschaften in Nevada eingebracht wurde ..., um die Minister der Legislative aufzufordern, sich seine Auffassungen zu Eigen zu machen ..., Gesetzentwürfe zur Einführung von Hunderennen abzulehnen ..., die Erhöhung der Umsatzsteuer, der Benzinsteuer und der Zigarettensteuer zu stoppen ..., den Clark-County-Schulintegrationsplan zu stoppen ..., den Behörden zu verbieten, neue Straßen anlegen zu lassen, bevor man seine Meinung gehört hatte ..., alles zu tun, um ihn davor zu bewahren, dass er persönlich vor irgendeinem Gericht erscheinen müsse ..., ihn über alle Verordnungen und Gesetze betreffend Unzucht und Pornografie zu unterrichten ..., alles Erdenkliche zu tun, um zu verhindern, dass in Clark County Rockfestivals stattfinden ..., keine Änderung der Regeln der verschiedenen Spielsysteme, vor allem beim Roulette, zuzulassen ..., den Behörden dringend davon abzuraten, Unterhaltungskünstlern aus kommunistischen Ländern das Auftreten in Las Vegas zu gestatten.«

Er ließ wahrlich keinen Zweifel daran aufkommen, was er wirklich wollte: Leben und Gesetz im ganzen Bundesstaat unter seiner Kontrolle wissen. Isoliert wie er war, entging nichts seiner Aufmerksamkeit. Erfolgreich wie er war, war er gleichwohl mit diesem Erfolg niemals zufrieden.

»Ich habe den Eindruck, wir müssen sofort an die Arbeit gehen, oder die Legislative verabschiedet Gesetze, die zu einem Nevada führen, in dem ich nicht leben möchte«, schrieb Hughes, bemüht, sein »Vetorecht« auszuüben. »Schick mir sofort eine knappe Zusammenfassung aller gesetzgeberischen Pläne von Bedeutung, die wahrscheinlich verwirklicht werden. Ich möchte wissen, ob es unter Umständen irgendeine Chance gibt, sie zu Fall zu bringen.«

Hughes hegte größten Argwohn gegen neue Gesetze aller Art, noch mehr allerdings, wenn es sich um neue Steuerregelungen handelte. »Bitte sage Gouverneur Laxalt, wenn er meinem dringenden Appell folgt, keine Erhöhung der Umsatzsteuer zuzulassen und wenn er die übertriebenen Forderungen der Lehrer ein bisschen beschneidet, dass er dann im Falle von Finanzschwierigkeiten mit mir rechnen kann.

Um noch einmal auf die Steuervorlage zurückzukommen, so glaube ich, dass Laxalt weiß, dass ich es nicht zulassen werde, dass der Staat von Nevada in irgendwelche ernste Zahlungsschwierigkeiten oder in Armut gerät. Ich möchte vielmehr dazu beitragen oder einfach dafür sorgen, indem ich zusätzliche Industrie oder das Hughes-Medical-Institute nach Nevada bringe, damit mir wenigstens ein bisschen persönliche Anerkennung zukommt. Ich würde so etwas viel lieber freiwillig tun, als dass die Umsatzsteuer erhöht wird und dass dann irgendein Steuereinnehmer mir tagein, tagaus das Geld aus der Tasche zieht, ganz gleich, unter welchen Umständen.«

Für den milliardenschweren Paranoiker war die Sache klar. Die ausgabefreudigen Lokalpolitiker würden ihm bald den letzten Dollar aus der Tasche gezogen haben: Er durfte sie keine Minute aus den Augen lassen!

Die ihm liebste Lösung des Problems wäre gewesen, das Parlament von Nevada überhaupt nie zusammentreten zu lassen:

3. Kapitel · Das Königreich

»Laxalt steht ziemlich unter Druck, eine Sondersitzung anzuberaumen«, notierte er beunruhigt. »Bob, aus vielen wichtigen Gründen bin ich entschieden dagegen.

Kannst du nicht einige wichtige Politiker dazu bringen, ihm zu helfen und ihm ihre Unterstützung bei seinem Entschluss zuzusagen, diesen Staat nicht in ein finanzielles Chaos gleiten zu lassen, indem sie allen Bürgern Widerstand leisten, die den Staatsschatz für die Masse der geizigen Aasgeier öffnen wollen, die bald bar jeglicher Zurückhaltung das Geld für sich wollen?«
Er ahnte wahrlich Schlimmes:

»Bob, wenn bei dem gegenwärtigen politischen Klima eine Sondersitzung stattfindet, bin ich sicher, dass dem Staat noch das letzte Hemd ausgezogen wird und nicht einmal fünf Cent übrig bleiben, um eine Tasse Kaffee zu kaufen.«

Diese Aasgeier, die darauf aus waren, sein Königreich in den Bankrott zu treiben, waren natürlich dieselben Staatsdiener, die im »Silver Slipper« ihre Seelen an Hughes verkauft hatten.

»Also ehrlich gesagt, Howard«, antwortete Maheu, »die Behörden in Nevada waren doch immer sehr entgegenkommend – auf allen Ebenen. Deine Voraussicht, als du mich angewiesen hast, denen, die ›es wert seien‹, etwas zukommen zu lassen, ist nicht im geringsten mein Verdienst. Du kannst sicher sein, dass sich das auszahlt. Und als ich erwähnte, dass es Bell gelungen sei, das Mieterschutzgesetz zu verhindern, so glaube mir bitte, dass ich nicht die Absicht hatte, dein Verdienst zu schmälern, das wir deiner Voraussicht verdanken. Ohne ›unsere Freunde‹ hätten wir nicht die geringste Chance.«

In der Tat war Hughes recht erfolgreich gewesen. Er hatte den Bau eines Zoos verhindert, Hunderennen unterbunden und Jahrmärkte vereitelt. Dieser immerhin ungewöhnliche Tatbestand ließ ihn gleichwohl nicht ruhen: »Ich beklage mich ja gar nicht darüber, wie wir hier behandelt werden«, erklärte er. »Ich sage lediglich, dass, weil gewisse Leute unsere Wünsche nicht korrekt weitergeben, es eine ganze Menge Gesetzentwürfe gibt, die mir höchst unerwünscht sind und (dennoch) kurz vor ihrer Verabschiedung stehen …

Deshalb schlage ich vor, dass du mit dem Gouverneur in Carson City zusammentriffst und versuchst, eine Vereinbarung zu erzielen, derzufolge er alles unternimmt, um den größten Teil der von mir als unerwünscht angesehenen Gesetzentwürfe zu Fall zu bringen.«

Hughes konnte eben mit genau dem Potentatentum, das er im Laufe der Jahre eher erkämpft als erkauft hatte, nicht zufrieden sein. Andere hatten vor seiner Macht eher Angst: Seine unvorstellbare Kaufwut war plötzlich Thema in Nachtklubs und Kabaretts. Die Pointen lösten Gelächter aus, aber dieses Gelächter klang oft nervös.

Johnny Carson begrüßte die Zuschauer etwa mit den Worten: »Willkommen in Las Vegas, Howard Hughes' Monopoly-Spiel. Haben Sie nicht auch manchmal das Gefühl, dass er diesen ganzen verdammten Ort kauft und dann den Laden dichtmacht?«

Sogar Frank Sinatra, wahrlich nicht Träger einer weißen Weste, ließ sich zu Scherzen hinreißen wie diesem:

»Sie wundern sich, dass ich keinen Drink in der Hand habe?«, fragte der Sänger eines Nachts im »Sands«. »Den hat Howard Hughes gekauft.« Bald darauf allerdings hatte Hughes auch das »Sands« gekauft: Sinatra verging das Witzereißen.

»Zwei Nächte hintereinander, bis in die frühen Morgenstunden, hat Sinatra sich im Casino des ›Sands‹ lächerlich gemacht«, schrieb Maheu an Hughes, nachdem der Ärger begonnen hatte. »Er ist herumgelaufen und hat die Leute beschimpft. Gestern Nacht schob er eine Golfkarre durch ein Spiegelglasfenster und war widerwärtig betrunken. Um ihn vor sich selbst zu beschützen, gab Carl Cohen ihm keinen Kredit mehr, nachdem er 30 000 Dollar in bar erhalten und ungefähr 50 000 Dollar verloren hatte. Sinatra bekam einen Tobsuchtsanfall. Er rief mich heute Nachmittag an, um mir zu sagen, dass er das ›Sands‹ verließe und sein Engagement nicht beenden werde.

Einer der Gründe, warum Cohen ihm keinen Kredit mehr gegeben hat, ist, dass dieser Saukerl im Casino herumgelaufen ist und mit lauter Stimme erklärt hat, du hättest so viel Geld, und es

3. Kapitel · Das Königreich

gäbe keinen Grund, warum du es nicht mit ihm teilst, da er das ›Sands‹ schließlich zu einem so lukrativen Unternehmen gemacht habe.«

Sinatra trat schon seit geraumer Zeit zusammen mit seiner »Rattenbande« im »Sands« auf. Dort hatten er, Dean Martin, Joey Bishop, Peter Lawford und Sammy Davis jr. ihre legendären Shows aufgeführt. Sinatra war sogar einmal Mitbesitzer des Hotels gewesen, musste aber einige Jahre später aufgeben, weil bekannt wurde, dass er mit dem Chicagoer Mafiaboss Sam Giancana zusammenarbeitete. Dennoch betrachtete der Sänger das »Sands« immer noch als seine Domäne, und wenige Tage später tauchte er auf, um den Casino-Manager Cohen zur Rede zu stellen.

Maheu lieferte Hughes folgende minuziöse Schilderung der Ereignisse:

»Gegen 6 Uhr früh erschien Sinatra im ›Sands‹, machte einen Riesenkrach und bestand darauf, Carl Cohen zu sprechen. Er drohte, jeden umzubringen, der sich ihm in den Weg stellen würde, gebrauchte unflätige Worte und sagte, er würde den Telefonisten zusammenschlagen, wenn er ihn nicht mit Cohen verbinden werde etc. …

Um die Situation zu retten, erklärte sich Carl einverstanden, mit ihm zu reden. Sinatra belegte Cohen mit allen Schimpfwörtern, die es gibt, sagte, er würde ihn umbringen, stieß Carl mit einem Tisch und versuchte dann, Carl einen Stuhl über den Kopf zu hauen. Carl duckte sich, gab Sinatra einen Kinnhaken, sodass dieser der Länge nach hinflog. Soviel ich weiß, hat Frank einen abgebrochenen Zahn.«

Tatsächlich waren es zwei Zähne. Und Sinatra verkündete, dass er beim »Sands« aussteigen und mit dem »Caesar's Palace« abschließen werde.

Hughes war empört. Nicht etwa wegen Sinatras bizarren Benehmens oder weil er ihn verlor, sondern weil er ihn an die Konkurrenz verlor. Er konnte die ganze Affäre nur als Komplott der Leute vom »Caesar« deuten, die ihm sein Eigentum nehmen wollten.

»Mir scheint, dass sie, wenn sie (›Caesar's Palace‹) etwas haben wollen, das wir haben (Sinatra), so anständig sein müssten und ehrlich mit uns verhandeln, und es dann kaufen, sie sollten nicht versuchen, es uns einfach wegzunehmen.«

Selbstverständlich hatte Hughes längst einen Plan geschmiedet – oder besser, ein richtiges »Drehbuch«, das Maheu nun in die Tat umzusetzen hatte: »Du nimmst sofort Kontakt zu Sinatra auf – bevor er zu besoffen ist. Sollte er schlafen, lass ihm genügend Zeit, sich zu erholen. Ich bitte dich, ihm Folgendes zu sagen: ›Howard weiß nicht, ob du dich an die Zeit erinnerst, als ihr Freunde wart, aber er erinnert sich daran – es war damals, als du eine Bonanza geflogen hast, eine der ersten an der Küste. Jedenfalls erinnert er sich daran, und als er von den jüngsten Ereignissen hörte, war er maßlos traurig. Er hat jedoch gezögert, sich bei dir und Cohen einzumischen, weil ihr doch so lange gute Freunde wart. Er erinnert sich sogar daran (oder glaubt, sich daran zu erinnern), dass du Sammy Davis jr. auf der Bühne vom ‚Sands‘ zum ersten Mal der Öffentlichkeit vorgestellt hast.

Jedenfalls, um auf die jüngsten Ereignisse zurückzukommen, die Story, die ihm erzählt wurde, erschien ihm so unglaublich, dass es nur ein schlechter Traum und nicht Wirklichkeit gewesen sein konnte.‹

Bitte sage Frank, das Einzige, was mir einfällt, um zu beweisen, dass die jüngsten Vorfälle in keiner Weise meine Gefühle oder Wünsche beeinträchtigt haben, ist, vorzuschlagen, dass er das ›Sands‹ oder das ›Desert Inn‹ aufsucht und für 500 000 oder eine Million Dollar Chips verlangt und dann sieht, was dabei herauskommt. Ich glaube, man wird nicht einmal verlangen, dass er eine Quittung unterschreibt.«

»Old Black and Blue Eyes« verschmähte dieses Angebot. Aber die Presse griff die ganze Affäre auf und stellte sie so dar, als wäre Sinatra buchstäblich aus dem »Sands« hinausgeworfen worden, und zwar auf ausdrücklichen Befehl von Hughes. Es hieß, das Ganze hinge mit irgendwelchen Eifersüchteleien wegen Lana Turner oder vielleicht auch Ava Gardner zusammen. Am liebs-

3. Kapitel · Das Königreich

ten wurde aber kolportiert, dass Hughes, als man ihm von dem Spektakel berichtete, lediglich gefragt habe: »Welcher Frank?«

Auf jeden Fall war dieses Ereignis wohl symbolisch für einen Machtwechsel in Las Vegas. Sinatra und die alte Gang hatten verloren. Howard Hughes hatte gewonnen. Nicht nur die mehr oder weniger bedeutenden Showstars spürten die veränderte Atmosphäre.

Am 28. Juni 1968, Hughes war soeben dabei, das »Stardust« zu übernehmen, bereitete Justizminister Ramsey Clark dem Monopoly-Spiel ein unerwartetes Ende. Clark drohte nämlich, sollte Hughes das 30,5-Millionen-Dollar-Geschäft abschließen, würde er ihn wegen Verletzung der Anti-Trust-Gesetze vor Gericht stellen.

Hughes schäumte. Er wollte sich nicht einschüchtern lassen. Er wollte das »›Stardust‹-Geschäft« zu Ende bringen. Zunächst war er nicht einmal bereit, seine Transaktion überhaupt zu verschieben. Er war davon überzeugt, die Nation verfolge diese Kraftprobe genauso gebannt wie er. Was würde man von ihm halten, wenn er nachgäbe?

»Ich halte es für einen Fehler. Es wird die Aufmerksamkeit ganz Amerikas auf diese Sache lenken. Die Presse, Fernsehen und das *Life*-Magazin werden ein Pferdetoto daraus machen. (Sie werden sogar Wetten abschließen, ob wir es schaffen oder nicht.)

Das ganze Land wird diese Auseinandersetzung verfolgen, und alle werden wissen, dass es das Justizministerium war, das diese Sache mit dem Vorwurf der Verletzung der Anti-Trust-Gesetze ausgelöst hat. Und das hört sich gefährlich an. Außerdem wird irgendjemand wieder ausgraben, dass mir TWA wegen Verletzung der Anti-Trust-Gesetze den Prozess machen will, den größten Zivilprozess in der Geschichte. Ich sehe schon die Leitartikel vor mir, in denen es heißen wird: ›Kann sich dieser Mann eigentlich alles erlauben, ohne mit den Anti-Trust-Gesetzen in Konflikt zu geraten? …‹«

Maheu heizte den Streit an.

»Ich verwette meinen Kopf, dass das Kartellamt seine beabsichtigten Maßnahmen noch bedauern wird«, verkündete er.

»Gestern hatten sie den Beweis aus erster Hand, da wir viele ›Freunde‹ in Washington haben, die wirklich zu uns halten. Heute haben sie viele Nachfragen erhalten – darunter eine vom Vorsitzenden des Rechtsausschusses –, und das ist erst der Anfang.

Howard Cannon rief mich heute Nachmittag an, ihm und Senator Bible sei von Senatskollegen den ganzen Tag über versichert worden, sie könnten mit ihrer vollen Unterstützung rechnen, wenn es gilt, dass wir das ›Stardust‹ übernehmen.

Ich bin in ständigem Kontakt mit George Franklin und Gouverneur Laxalt, und beide sind bereit, einzeln und von sich aus beim Justizministerium zu protestieren.«

Laxalt hielt sein Versprechen. Er schrieb umgehend einen energischen Brief an den Justizminister und drohte, sich mit Hughes zu verbünden.

»Falls Klage erhoben wird«, warnte der Gouverneur, »hätten wir keine andere Wahl, als zu intervenieren und uns mit allen rechtsstaatlichen Mitteln zu wehren.«

All das half nicht. Ramsey Clark blieb hart.

Hughes dagegen begann weich zu werden. Sein zehn Jahre alter TWA-Rechtsstreit versetzte ihn in ständige Angst vor einem Prozess. Und er fürchtete eine Vorladung.

»Gesetzt den Fall, wir übernehmen das ›Stardust‹ und wir teilen dem Justizministerium mit, wir seien gesprächsbereit«, schrieb er, »gesetzt den Fall, sie sagen: Schön, lasst uns reden! Und während wir reden, erscheint in der *Sun* eine Story, dass ein US-Vollzugsbeamter mich wegen einer Vorladung sucht.

Nun, Bob, ich brauche dir nicht zu sagen, dass diese Gesellschaft an Helden gewöhnt ist, die umfallen.

Diese Stadt ist, wie gesagt, typisch für die extremen Gegensätze von großem Erfolg und geradezu kriminellem Misserfolg. Vergiss auch bitte nicht, Bob, dass für die meisten Leute eine Vorladung oder ein Erscheinen vor Gericht gleichbedeutend mit Schuld und Verurteilung ist. Sie machen sich nämlich nicht die Mühe, das Kleingedruckte zu lesen.

Ich wiederhole, man ist es hier gewohnt zu erleben, wie die Leute überall vom Thron fallen …

3. Kapitel · Das Königreich

Vergiss nicht, Bob, dass zur Zeit eine Kampagne zur Verbrechensbekämpfung läuft und dass alle treuen Anhänger der Kennedys nur darauf warten, jemanden schnappen zu können.«

Vom Thron gestoßen und geschnappt, das war unvorstellbar – ein unrühmliches Ende eines grandiosen Abenteuers! Nein, Howard Hughes würde man sein Reich nicht streitig machen. Im Gegenteil, er würde dieses Reich noch ausdehnen!

Las Vegas zu besitzen, das war nicht genug. Es war nicht genug, Nevada zu besitzen. Es war nicht genug, Laxalt zu besitzen. Hughes musste über die Grenzen seines bedrängten Königreiches hinaus zum Angriff schreiten: Er musste Amerika kaufen.

Das wusste er eigentlich schon lange; diese Erkenntnis hatte ihn beim Fernsehen ereilt.

4. Kapitel

Fernsehen

Es war Samstagabend, die Zeit, zu der sich alle Welt trifft. Nur Howard Hughes saß allein vor seinem Fernsehgerät und schaute desinteressiert auf die Mattscheibe.

»Aus Hollywood ... dem Treffpunkt der großen Welt ... in Farbe ... jetzt ›The Dating Game‹.« Ein Tusch als Auftakt. Stürmischer Applaus braust auf. Eine halb verhängte Bühne dreht sich, der Vorhang geht endgültig auf und hervor tritt grinsend der Showmaster.

Er verlässt die Drehbühne, während die Musik ihre volle Lautstärke erreicht, und tritt durch ein riesiges Herz vor das Publikum.

»Eigentlich sollte ich heute Abend mit einem Pflaster vor dem Mund erscheinen, wir haben so viele Geheimnisse in unserem Ärmel«, verkündet der Conférencier und zerrt neckisch an seinen Manschetten. »Wozu diese ganze Geheimnistuerei?«, fragt er, vielsagend lächelnd. »Das ist auch ein Geheimnis.«

Hughes schaute schweigend zu. Vereinzeltes Kichern im Publikum schwoll zu dröhnendem Gelächter an, aber der Milliardär verzog keine Miene. Weder die Fernsehshow noch die unverständliche Tatsache, dass er diesem albernen Conférencier mit seinem affektierten dümmlichen Grinsen über angebliche Geheimnisse überhaupt zuhörte, konnte ihn amüsieren.

»Ich kann Ihnen verraten, dass bei unserem ›Dating Game‹ einer der vielversprechendsten jungen Fernsehstars erscheinen wird«, fuhr der Showmaster fort, wobei er das Wort jung vielsagend betonte und vor Wichtigtuerei jetzt bald zu platzen schien, weil nur er das Geheimnis kannte. Aber er war noch nicht bereit, es preiszugeben. Stattdessen sagte er, gespielte Lüsternheit im Blick, ein swingendes Trio von Stars an, »die dazu geschaffen sind, das Herz eines jeden Junggesellen zu erfreuen«. Die Bühne drehte sich wieder, und es erschienen die drei, dem unbekannten Junggesellen zur Auswahl stehenden »dates« – »ein Filmsternchen, das gerne kocht«, eine Tänzerin (die ebenfalls gerne kochte), und ein Playboy-Häschen.

Gleichgültig verfolgte Hughes den Auftritt. Frauen interessierten ihn nicht mehr. Aber dann geschah etwas, das offensichtlich sein Interesse weckte. Aus der Kulisse – man hatte ihn in eine schalldichte Kabine eingeschlossen – trat der junge Junggeselle hervor, sein Erscheinen rief größte Heiterkeit beim Publikum hervor, nachdem nun endlich das große Geheimnis gelüftet war.

Ein kleiner schwarzer Junge marschierte über die Bühne. Entsetzt starrte Hughes ihn an.

Der Showmaster schwatzte weiter, amüsierte sich über den großartigen Witz und hatte keine Ahnung, welchen unglaublichen Eindruck sein Geheimnis auf einen Zuschauer machte, der selbst einige Geheimnisse zu verbergen hatte und der in diesem Augenblick über das Schicksal der Fernsehgesellschaft und damit auch über das des Showmasters entschied.

Einen eigenen Sender besitzen. Diese Vorstellung hatte Hughes zur fixen Idee entwickelt.

Wie unter einem Zwang sah er rund um die Uhr fern, vom »Sunrise Semester« (das er hasste) bis zur Spätshow (die er liebte). Er sah fern, bis auf allen Kanälen Sendeschluss war und ließ selbst dann den Apparat noch weiterlaufen: Er schlief vor der summenden blinden Mattscheibe ein und wachte wieder auf, wenn die Testbilder erschienen.

Das Fernsehen war nicht nur seine einzige Unterhaltung, sondern auch seine wichtigste Informationsquelle. Hughes überwachte die Welt buchstäblich mit Hilfe des Bildschirms.

Meist bildeten Werbespots oder Filmdialoge die Geräuschkulisse zu seinen Briefen, mit denen er sich in politische Angelegenheiten einmischte oder ein Multi-Millionen-Dollar-Geschäft abschloss, ja, er traf wichtige Entscheidungen, deren Grundlage lediglich eine zufällig gehörte Nachrichtensendung, ein Werbespot oder ein Quiz war.

4. Kapitel · Fernsehen

Viele seiner Notizen begannen mit den Worten: »Ich habe eben im Fernsehen gesehen …«, dann folgten ein Auftrag oder eine Beschwerde. Gelegentlich riet er dem Adressaten auch nur, ein seines Erachtens besonders gutes Programm einzuschalten: »Sagen Sie Maheu, er soll um 13 Uhr sein Gerät anstellen. Das ist die beste Farbübertragung, die ich je gesehen habe. Sie sieht aus wie ein Ölgemälde … Manche Szenen sehen aus, als stammten sie von Gemälden aus unseren besten Museen.« (In diesem Fall war die Assoziation berechtigt, denn Hughes sah gerade einen Film über Michelangelo.)

Dann wiederum beklagte er sich darüber, dass er, um sich zu informieren, ausschließlich aufs Fernsehen angewiesen sei: »Es hat mich wieder Nerven gekostet, etwas aus den Nachrichten zu erfahren, wovon ich nichts wusste … Bob, ich glaube, ich bin der über seine eigenen Geschäfte am schlechtesten informierte Chef in diesem ganzen verdammten Land. Ich bin mehr als irgendjemand sonst in vergleichbarer Position auf die Nachrichten der Medien angewiesen.«

Einmal schlug er sogar vor, eine seiner wichtigsten Firmen, die Hughes-Aircraft-Company, die zu den wichtigsten Lieferanten des Verteidigungsministeriums gehörte, an ein Unternehmen zu verkaufen, das er nur aus der Fernsehwerbung kannte: »Ich habe heute einen Werbespot für eine Firma namens AVCO gesehen, von der ich den Eindruck habe, dass sie praktisch alles fabriziert, was es unter der Sonne gibt, mit Ausnahme von Klosettbecken. Deshalb könnte die AVCO vielleicht ein potenzieller Käufer sein.«

Das Fernsehen reduzierte die Welt draußen auf eine überschaubare Größe, sodass Hughes glaubte, sie auch beherrschen zu können.

»Ich höre nichts anderes im Fernsehen als immer nur Politik«, schrieb er an Maheu voll kindlicher Ungeduld.

»Du bist für die politischen Aktivitäten meiner Firmen und meiner Person verantwortlich … dennoch habe ich von dir kein einziges Wort gehört, wer von den vielen politischen Aspiranten nach unserer Ansicht für ein Amt in Frage kommt und wer nicht.

Howard Hughes · Das wahre Gesicht der Macht

Bob –

I hear nothing but politics on TV.

You are in charge of all political activities for my companies and me, unless you have decided to terminate the assignment I gave you long ago – "to handle all political matters".

Yet I have had no single word from you as to which of the many political aspirants is someone we want in office and which is not.

You promised I could pick the next governor.

It seems to me that we should have had by now a hand picked candidate in every one of these races – someone who would be loyal to us.

4. Kapitel · Fernsehen

Du hast mir versprochen, dass ich den nächsten Gouverneur bestimmen könne.

Ich meine, wir sollten inzwischen für jeden einzelnen Wahlkampf einen handverlesenen Kandidaten haben – jemanden, der uns gegenüber loyal ist.«

Ganz gleich, ob das Fernsehen von einer Wahlkampagne, einem Attentat oder dem Krieg in Vietnam berichtete, Hughes nahm das Gesehene stets gleichgültig auf.

»Hast du um 23 Uhr die CBS-Nachrichten gesehen?«, schrieb er eines Abends an Maheu. »Wenn nicht, lass dir bitte den Text des Berichtes über die Hubschrauber in Vietnam geben. Es werden mehr Hubschrauber gebraucht, als man jemals angenommen hat, und es gehen mehr Hubschrauber verloren als erwartet. Bei CBS hieß es immer wieder, dies sei ein Hubschrauber-Krieg …

Bob, angesichts deiner guten Beziehungen zum Weißen Haus ist es mir ein völliges Rätsel, warum unsere Flugzeugwerke unterbeschäftigt sind, wo wir die besten Konstruktionsentwürfe der Welt für Hubschrauber haben. Kannst du nicht irgendetwas dagegen tun?«

Fernsehen war eine seiner Drogen. Seine gefährlichste Sucht war nicht die nach Geld und Macht, war nicht das Codein oder eines der anderen Mittel, sondern die geradezu sklavische Abhängigkeit vom Bildschirm, diese passive Dauerberieselung, die sein Gehirn überschwemmte und ihn manchmal an den Rand des Wahnsinns trieb. Hughes hing an seinem Fernsehgerät wie ein Süchtiger an seiner Spritze. Obgleich er mehrere Geräte besaß, geriet er in Panik bei dem Gedanken, eines davon zur Reparatur geben zu müssen.

»Besorgt mir das allerneueste Modell eines Portable«, befahl er seinen Mormonen in einer seiner zahllosen schriftlichen Anweisungen. »Wenn wir einen wirklich vollen Erfolg haben, möchte ich all diese verschiedenen Geräte, die wir hier und gegenüber in der Halle haben, loswerden. Bleiben sollen nur zwei der allerneuesten. Wir sollten versuchen, ein Gerät mit Fernbedienung für Kontrast und Helligkeit zu bekommen. So eines habe ich schon immer haben wollen. Soviel ich weiß, gibt es jetzt solche mit automatischer Feineinstellung. Sie behaupten, die Fernbedienung erlaube mehr Varianten als andere …«

Schon bald nach seiner Ankunft in Las Vegas hatte Hughes wegen des Kaufs des lokalen CBS-Regionalsenders verhandelt, und nun gehörte er ihm. Das Sendeschlusszeichen begleitet von der Musik des »Star-Spangled-Banner« ließ ihn nun um 1 Uhr nachts mit seiner Angst nicht mehr allein. Nie mehr würde er vor einer blinden Mattscheibe sitzen müssen.

Hughes besaß seinen eigenen Sender.

Nicht einmal Maheu durfte daran teilhaben. »Ich möchte, dass dieser kleine Winkel des Königreichs mir allein untersteht«, erklärte er seinem Anwalt Dick Gray, der sein Verbindungsmann zum Sender war.

»Ich möchte, dass Maheu absolut nichts damit zu tun hat.«

Doch die Schwierigkeiten nahmen kein Ende. Anstelle vieler »störrischer« Fernsehgeräte besaß er jetzt einen »störrischen« Fernsehsender. Er versuchte krampfhaft, sich einzuschalten:

»Bitte nehmen Sie Verbindung mit dem Sendeleiter von Kanal 8 auf und berichten ihm von den Beschwerden über die unbefriedigende Technik …«

Als Schlimmstes empfand er die Demütigung: Jedermann konnte sehen, wie schlecht sein Sender technisch funktionierte: »Ich möchte, dass Sie dem Sendeleiter klarmachen, dass es allgemein bekannt ist, dass der Sender der Hughes-Tool-Company gehört und dass die Hughes-Tool-Company die Unterstützung der Hughes-Aircraft-Company genießt, die wahrscheinlich an erster Stelle unter allen Elektronik-Firmen der Welt steht.

Unter diesen Umständen ist es nicht hinzunehmen, dass die Qualität des Erkennungssignals von Kanal 8 so weit unter der Norm ist.

Also, wenn es vor allem am technischen Personal von Kanal 8 liegen sollte, dann muss die Hughes-Tool-Company ein Team von Technikern aus Culver City nach Las Vegas schicken. Die werden dann, verdammt, dafür sorgen, dass unser Sender zufrieden stellend arbeitet.«

4. Kapitel · Fernsehen

Die Schwierigkeiten, mit denen Hughes täglich zu kämpfen hatte, ergaben sich jedoch nicht nur im Bereich der Technik. Nichts entging seiner Aufmerksamkeit, kein Detail war zu gering: Er kümmerte sich um die Commercials ebenso wie um politische Kommentare oder das »stark abgefallene Programm zwischen 6 und 6.30 Uhr früh«.

Bei allen Shows wollte er die endgültigen Entscheidungen treffen; er verbrachte Stunden mit den Aufstellungen für jede einzelne Episode jeder einzelnen Serie, die der Sender ausstrahlte. Danach folgte regelmäßig eine Flut von Anweisungen:

»Bitte stellen Sie fest, ob die ›schwarze und weiße Lucy-Show‹ auf dem regulären Programm von 12 bis 12.30 Uhr ist.

Bitte sagen Sie Gray, er möge Smith fragen, ob es nicht besser wäre, eine der restlichen Folgen von *Hawaiian Eye* zu senden, statt eine neue Serie, wie *Run for Your Life* zu starten, die erst vor einer Woche in der Hauptsendezeit war.

O.K., in Gottes Namen, nehmen Sie *Hawaiian Eye*. Aber bitten Sie Smith, die beiden Folgen von *Run for Your Life* und *Man from Uncle* so lange wie möglich zurückzuhalten, da ich erst feststellen möchte, ob sie doch gesendet werden können, bevor sie wieder zurückgeschickt werden.«

Der bedrängte Sendeleiter wartete immer wieder verzweifelt auf Hughes' Antwort, wenn es galt, über Programmvorschläge, die dann sehr oft ohne ein Wort der Erklärung in letzter Minute abgelehnt wurden, zu entscheiden. Hughes' Kommentar zu *Playboy After Dark* lautete lapidar: »Absolut NEIN.« Allerdings nicht ohne den komplizierenden Zusatz: »Aber ich möchte, dass das sehr umsichtig gehandhabt wird, ich will nämlich keinen Ärger mit den Playboy-Leuten.«

Häufig bekam der einsame Milliardär in seinem Penthouse heftige Wutausbrüche, etwa als er eines Abends den Kommentator Paul Harvey in der Hauptnachrichtensendung von KLAS entdeckte: Empört schrieb er: »Wir haben bisher niemals Kommentare gesendet, und wenn wir das tun, so möchte ich vorher jedes Wort gelesen haben.

165

Nehmen Sie Paul Harvey aus dem Programm. Ich gebe Ihnen zehn Tage Zeit, um die Sendung jemandem zu verkaufen (versuchen Sie zunächst Kanal 5), bevor wir sie absetzen, aber auch, wenn Sie sie nicht verkaufen können, werden wir sie aus dem Programm nehmen und bezahlen ...«

Nichts aber vermochte Hughes' Gemüt so sehr zu erregen wie die Werbespots. Wahrscheinlich war es das einzige Mal in seinem Leben, dass Hughes die Partei des Mannes auf der Straße ergriff, als er (wie er meinte), im Namen verärgerter Fernsehzuschauer anstößiger Fernsehwerbung den Krieg erklärte.

»Wie wäre es damit, wenn wir die Werbung für die Adjusta-Betten einstellen?« begehrte er auf. »Eine solche Dauerwerbung mag im Interesse des Herstellers sein, die Zuschauer aber macht sie wahnsinnig.«

Seine Anwälte warnten ihn, er »spiele mit dem Feuer, wenn er seinen Sendeleiter anweise, Werbespots zu streichen oder die Kunden auffordere, deren Konzept zu ändern«, doch Hughes blieb unnachgiebig.

In rascher Folge verbannte er zahlreiche »schäbige, wertlose, missverständliche, unwahre, verzerrende und betrügerische« Spots mit Grundstückswerbung, sogar Reklame für eine Zwiebelschneidemaschine erregte seinen Anstoß: »Es sollten keine Lebensmittel mehr oder Ansager, die mit vollem Mund zu sprechen versuchen, im Studio gezeigt werden. Alle Commercials, die mit Nahrungsmitteln zu tun haben, sollten außerhalb des Studios aufgezeichnet und geschmackvoll präsentiert werden.«

In Wahrheit ging es ihm jedoch weder um Zwiebelschneidemaschinen noch um Adjusta-Betten. Es ging um die Macht. KLAS' Sendezeit war *seine* Zeit, und das größte Donnerwetter brach über den armen Sendeleiter herein, als er einmal wagte, ein gutes Werk zu tun.

Es fing ganz harmlos an. In einer staatlich geförderten Werbekampagne wurde zum Kauf amerikanischer Flaggen aufgefordert, deren Gewinn in Not geratenen Kindern zugute kommen sollte. Doch diese von ihm nicht genehmigten 30-Sekunden-Spots versetzten Hughes in blinde Wut:

4. Kapitel · Fernsehen

»Bitte geben Sie mir sofort eine absolut stichhaltige Erklärung dafür, was den Sendeleiter von KLAS veranlasst hat, kostenlos Spots in einem Sender auszustrahlen, der ihm nicht gehört.

Ich möchte wissen, mit welchem verdammten Recht ein Angestellter eines Fernsehsenders sich für ein caritatives Anliegen einsetzt, ganz gleich, ob es sich dabei um eine Sache handelt, die in Ordnung ist oder nicht.

Ungefähr die Hälfte dieser humanitär verbrämten Reklametricks erweisen sich als betrügerisch oder politisch inspiriert, oder sie werden von irgendwelchen anonymen Gruppen initiiert.

Die Hälfte davon ist ohnehin auf dem Mist von Linken gewachsen oder zumindest auf dem von Leuten, von denen ich nicht möchte, dass mein Name mit ihnen in Verbindung gebracht wird ...«

Als er jedoch erfuhr, dass dieses verdächtig caritative Unternehmen von einem Jugendrichter des Bezirksgerichts organisiert wurde und lokale Prominenz an dem Projekt mitarbeitete, stimmte Hughes widerwillig zu, noch einige Flaggen-Verkaufs-Spots laufen zu lassen. Diese Spots wurden jedoch über die von ihm gesetzte Frist hinaus weitergesendet, eine Tatsache, die Hughes in maßlose Wut versetzte.

»Fernsehzeit ist nichts anderes als Geld«, tobte er. »Die Geschäftsgrundlage eines Senders besteht darin, Zeit gegen Geld einzutauschen.

So wie ich es sehe, ist die unautorisierte Vergabe von Zeit (ganz gleich, ob für ein caritatives Unternehmen oder für etwas anderes) absolut dasselbe, als wenn man in eine Kasse greift und sich einfach Geld herausholt.

Diebstahl ist Diebstahl – ganz gleich, was man hinterher mit dem gestohlenen Geld macht.«

Mehrere Mitarbeiter versuchten, ihn zu beruhigen, aber vergeblich.

»Ich glaube nicht, dass der Sendeleiter hier absichtlich irgendwelches Geld gestohlen hat«, schrieb Maheu. »Ihm sind die Bestimmungen der Behörde für das Kommunikationswesen (FCC) durchaus bekannt, wonach es ausdrücklich gestattet ist, gewisse Bekanntmachungen gratis auszustrahlen, um humanitäre Aktionen zu unterstützen.«

Dass Maheu die Aktion verteidigte, brachte das Fass endgültig zum Überlaufen.

»Ich glaube, er hat so gehandelt, weil er von irgendjemand unter Druck gesetzt wurde. Ich bin sicher, er wusste genau, warum er seinen Kopf hinhielt, und er hatte sicher ein viel stärkeres Motiv, ein solches Risiko einzugehen, als die faulen Entschuldigungen, die er bisher vorgebracht hat …

Ich möchte dich also bitten, eine deiner üblichen gründlichen Untersuchungen einzuleiten, bevor diese Sache als erledigt betrachtet werden kann.

Ich bin fest davon überzeugt, dass du, wenn du dieser Sache nachgehst, feststellen wirst, dass dieser Beitrag in keiner Weise im Sinne des FCC war.

Bob, es gibt mindestens 100 Wohltätigkeitsfonds, Sammelaktionen, Stiftungen etc., die mindestens so wichtig, verdienstvoll und berechtigt sind usw. Weshalb also sucht sich der Sendeleiter diese eine Sache unter all den anderen aus und bringt den Sender in die peinliche Lage, diese eine Sache so übermäßig zu fördern, während all die anderen guten Zwecke, Lazarette, Vietnamkriegswaisen usw. vernachlässigt werden?

Nur eine genaue Untersuchung wird alle diese Tatsachen ans Licht bringen. Willst du diese Aufgabe übernehmen?«

Maheu aber ließ die Angelegenheit auf sich beruhen, und allmählich vergaß Hughes seinen Ärger über die Flaggen-Spots. Stattdessen beschäftigte er sich wieder intensiv mit seiner geliebten »Swinging Shift Show«.

Hughes bestand darauf, alle Filme selbst auszusuchen. Oft konnte er sich erst in allerletzter Minute entscheiden:

»Bitte fragen Sie Stoddard, ob er ohne größere Schwierigkeiten in der Lage ist, die *Las Vegas Story* und *Sealed Cargo* durch *Gang War* und *Great Jewel Robbery* zu ersetzen. Bitte sagen Sie ihm, dass es mir Leid tut, damit so spät zu kommen.«

Es wurde zu einem nächtlichen Ritual: »Wenn es keine Schwierigkeiten macht, wäre ich dankbar, wenn er *Jeopardy* oder *Inside*

4. Kapitel · Fernsehen

the Mafia um 4.30 Uhr früh gegen *Woman Obsessed* austauschen könnte.

Sie und Roy haben vergessen, mich rechtzeitig an die Filme für heute Nacht zu erinnern, und nun stehe ich vor dem Problem, in letzter Minute entscheiden zu müssen«, schrieb Hughes bei anderer Gelegenheit, wobei diesmal seine Mormonen die Schuld kriegten.

»Bitte fragen Sie Stoddard, ob er problemlos zwei Filme an die Stelle der beiden letzten am frühen Morgen setzen kann. Bitte sagen Sie ihm, Sie würden ihm die Titel sobald wie möglich nennen, und als Hilfe sollte er Ihnen eine Inhaltsangabe geben von: *Oklahoma Woman, Fast and Furios, Malta Story, Great Diamond Robbery.*

Also, den wesentlichen Inhalt, bitte.«

Diese plötzlichen Programmänderungen verursachten Ärger. »Es hat Anfragen von Zuschauern gegeben, warum ein Film in der Programmzeitschrift oder in den Zeitungen angekündigt und dann ein anderer gebracht wird«, erklärte der Sendeleiter. »Wenn wir weiterhin unangekündigte Änderungen vornehmen, wird es immer wieder solche Beschwerden geben, und dann ist es möglich, dass wir Ärger mit den Inserenten bekommen.«

Das war eine Sprache, die Hughes verstand. »Betrifft: Die Zukunft«, schrieb er zwei Tage später, »seit ich zum ersten Mal von Beanstandungen gehört habe, dass wir ein anderes Programm zeigen, als in den Zeitschriften ausgedruckt ist, ist dies, soviel ich weiß, das einzige Mal, dass ein Film auf meinen Wunsch ausgewechselt wurde.

Ich habe sogar erlaubt, dass in der vergangenen Nacht um 4 Uhr *Mudlark,* ein absurdes Stück, gesendet wurde, um nicht in Konflikt mit der Ankündigung zu geraten.

Ich werde von nun an nur noch ganz wenige Änderungen verlangen.«

Dieses Versprechen konnte Hughes aber nicht halten, denn die Grenzen seiner moralischen Wertvorstellungen wurden zu oft überschritten. Schließlich löste er das Problem auf denkbar einfache Weise: Die Filmtitel des Spätprogramms wurden in den Programmzeitschriften nicht mehr genannt.

Ein anderes Problem ließ sich auf Dauer nicht lösen: KLAS war nicht in der Lage, jede Nacht drei Filme zu senden, die dem Eigentümer des Senders gefielen. Sogar als die Verantwortlichen Hughes einen Monat im Voraus seitenlange Inhaltsangaben zu den verfügbaren Filmen schickten, konnte diese Schwierigkeit nicht aus dem Weg geräumt werden.

»Die Filme auf der Liste sind meines Erachtens wertlos«, beklagte er sich. »Außer *Hired Gun* habe ich nichts entdeckt, was ich sehen möchte.«

Eine neue Serie wurde ihm vorgeschlagen, stieß aber ebenfalls auf Ablehnung.

Unaufhörlich schmiedete Hughes Pläne, wie die Qualität des Programms zu verbessern sei. Geheime Pläne selbstverständlich. »Ich habe die Absicht, dass die Hughes-Hotels ohne jede Einblendung von Werbung als Sponsor des gesamten ›Swinging Shift‹-Programms auftreten, aber ich will, dass das vorläufig nicht bekannt wird. Meine dringende Bitte ist, dass vorläufig absolut niemand von dieser Sache erfährt, bis ich so weit bin, es in großer Aufmachung bekannt zu geben.«

Als er seine Pläne dann endlich dem Sendeleiter anvertraute, bestand er immer noch auf strengster Geheimhaltung.

Die Kette der Pannen und Schwierigkeiten riss nicht ab. Entgegen Hughes' ausdrücklicher Anordnung wurde eines Nachts zwischen zwei Filmen ein Commercial eingeblendet.

»Wir haben jetzt vier Minuten überzogen, weil ich nicht mit einem Werbespot zwischen *Call of the West* und *Oregon Trail* rechnete«, sorgte sich Hughes. »Bitte erklären Sie dies Stoddard, und fragen Sie ihn, ob wir die fehlenden Minuten nicht beim *Sunrise Semester* einsparen können, statt einen dieser Filme zu kürzen.«

Diese Sendung gefiel ihm ohnehin nicht. Er hatte sich schon seit Monaten über dieses Programm geärgert und es war von ihm bereits auf eine halbe Stunde gekürzt worden. Seine Anwälte warnten ihn, dass er Unannehmlichkeiten mit der Behörde für

4. Kapitel · Fernsehen

das Kommunikationswesen (FCC) bekommen werde, falls KLAS sein ganzes Kulturprogramm streichen sollte.

Sunrise Semester war seine Nemesis. Hughes erklärte niemals, warum er diese Sendung so verabscheute. Sie begann jeden Morgen um 6.30 Uhr, wenn *Swinging Shift* endete, und das schien für Hughes etwas Unerträgliches zu sein. Dennoch verfolgte er das Kulturprogramm geradezu zwanghaft. Als die Verantwortlichen wieder einmal versuchten, die Anfangszeit auf 6 Uhr vorzuverlegen, wehrte Hughes sich erfolgreich. Aber los wurde er die Sendung nicht.

Allein in seinem verdunkelten Zimmer musste Hughes allnächtlich das Ende seiner Filme über sich ergehen lassen und sehen, wie *Sunrise Semester* auf seinem Bildschirm ein neues Morgengrauen ankündigte. Das war eine ständige Qual.

In seinem Bemühen, das Fernsehen – und damit seine persönliche Welt – zu beherrschen, musste Hughes nach noch mehr Macht streben. Er würde eine ganze Senderkette, eine Fernsehgesellschaft, kaufen müssen.

»Bist du dir darüber klar, dass ich heute vor einer 200-Millionen-Dollar-Entscheidung stehe?«

Es war 6 Uhr früh, Sonntagmorgen, 30. Juni 1968. Unruhig schielte Howard Hughes auf die lange Reihe von Nullen, die er soeben auf sein gelbes liniertes Papier gemalt hatte. Er hatte das ganze Wochenende kein Auge zugetan, war völlig verunsichert von seiner ständigen Grübelei und verrannte sich in letzte Einzelheiten. Der Umfang der bevorstehenden Transaktion machte sogar ihm Angst.

Hughes hatte sich entschlossen, ABC zu kaufen.

Niemand hatte jemals mehr als einen kleinen Anteil an einer großen Fernsehgesellschaft besessen, aber Hughes war entschlossen, die Mehrheitsbeteiligung zu erwerben und sie im Handstreich zu erobern. Seit mehr als einem Jahr hatte er sich mit diesen Plänen getragen. Die Sehbeteiligung bei ABC lag weit abgeschlagen hinter den Gesellschaften CBS und NBC an dritter Stelle, und der Sender steckte in einer finanziellen Klemme. Deshalb war er das ideale Objekt für Hughes' Ambitionen.

171

Dieses Mal würde er sich nicht darum streiten, welche Spätfilme ins Programm gehörten, dieses Mal ging es um nackte politische Macht.

»Ich möchte vertraulich und möglichst genau wissen, wie groß unsere Bedeutung bei der öffentlichen Meinungsbildung sein wird, wenn wir ABC übernehmen«, schrieb er an Maheu. »Meine Einstellung ist jedenfalls ganz einfach. Mein Ziel ist der ABC-Nachrichtendienst und was man damit erreichen kann.«

Die »ABC-Tagesschau« mit Howard Hughes hinter den Kulissen natürlich. Seine Frage an Maheu war eher akademischer Natur. In Wirklichkeit bezweifelte er kaum, dass die Herrschaft über eine nationale Senderkette – sei sie auch die schwächste von dreien – ihm einen enormen Einfluss verschaffen würde.

»Vielleicht erinnerst du dich noch an die Los Angeles *Daily News*, als es sie noch gab; sie war vom politischen Standpunkt aus das wichtigste Nachrichtenmedium im Gebiet von South California«, schrieb Hughes und ließ damit seine Strategie erkennen. »Dies war der Fall, obgleich die *Times, Examiner* und *Herald* wesentlich größer und besser waren.

Die Gründe dafür sind mir genau erklärt worden. Man sagte mir, dass die *News* bei jeder aktuellen politischen Frage und bei jedem Bewerber um ein politisches Amt sofort immer eine Stellung pro oder contra einnahm, während gewissenhafte Zeitungen sich gewöhnlich zurückhalten und nicht so entschieden Stellung nehmen, damit man ihnen nicht den Vorwurf machen kann, sie seien parteiisch.

Deshalb erscheint es nur logisch, dass es aufgrund der sehr weit gestreuten Besitzverhältnisse bei den großen Fernsehgesellschaften und der sehr kleinen Anteile des einzelnen Aktionärs fast unmöglich erscheint, von der NBC oder von CBS eine wirklich verlässliche politische Unterstützung zu erhalten, sodass ABC, selbst als schwächster der drei Sender, durchaus das Zünglein an der Waage werden kann, vorausgesetzt, dass man dort eine starke Stellung hat.«

Das Zünglein an der Waage: Mit wachsender Erregung verfolgte Hughes den Börsenkurs der ABC-Aktien, sah, wie sie fie-

4. Kapitel · Fernsehen

len, und wartete, bis sie einen Tiefstand erreicht hatten. Dann schlug er zu.

Am Montag, dem 1. Juli 1968, kurz bevor die Glocke zur Eröffnung der New Yorker Börse läutete, ließ Hughes sein Angebot zur Übernahme des Senders verkünden und löste größte Überraschung sowohl bei ABC als auch in der Wall Street aus. Das war ungeheuer wichtig. Denn es handelte sich nicht um eine harmlose geschäftliche Transaktion, sondern um einen plötzlich vom Zaun gebrochenen Machtkampf.

Hughes gab den Aktionären von ABC zwei Wochen Zeit, um ihm Anteile zu einem Preis zu verkaufen, der erheblich über dem damaligen Börsenkurs lag. Auf diese Weise konnte er 43 Prozent an der Gesellschaft erwerben, mehr als genug, um eine unangefochten beherrschende Position zu bekleiden.

Verblüfft und überrascht hielten Vorstand und Aufsichtsrat von ABC sofort Kriegsrat, finster entschlossen, dies Angebot zu blockieren. Es war jedoch, als kämpften sie mit einem Phantom. Man wusste buchstäblich nichts über den Einsiedler oder seine Absichten. Die einzige gesicherte Tatsache war, dass man ihn seit einem Jahrzehnt nicht mehr gesehen hatte. Das, so meinten die Fernsehleute, sei ihre Trumpfkarte. Man würde Hughes zwingen, vor der Öffentlichkeit zu erscheinen.

WIRD HUGHES SEIN PRIVATLEBEN RISKIEREN, UM ABC ZU BEKOMMEN?, lautete etwa eine typische Schlagzeile. Wie es schien, würde er keine andere Wahl haben.

Normalerweise musste jeder, der nur eine einzelne Fernsehstation, geschweige denn eine ganze Fernsehgesellschaft kaufen wollte, persönlich vor der Behörde für das Kommunikationswesen (FCC) erscheinen. Hughes hatte die Lizenz für KLAS jedoch erhalten, ohne sein Versteckspiel aufgeben zu müssen. Diese Absicht verfolgte er jetzt auch bei der ABC-Transaktion.

Seine Anwälte hielten den Plan zwar für nicht realisierbar, aber der Milliardär schlug ihre Einwände in den Wind. »Dies ist keine Frage, die ein Jurist entscheiden kann, indem er in ein Buch schaut«, sagte er zu Maheu. »Sie hängt vielmehr ganz von der politischen Macht ab, die einem zur Verfügung steht, und der

Fähigkeit, sie sofort einzusetzen, da ich überzeugt bin, dass dies alles erledigt sein wird, bevor die neue Regierung im Amt ist ...«

Es war sein Glück, dass im Jahr 1968 gewählt wurde. Hughes ging davon aus, den Präsidentschaftskandidaten weit Nützlicheres bieten zu können als Geld allein. Mit ihrer Hilfe würde er ABC bekommen.

»Ich kann die Kampagne nicht starten, bevor ich nicht einige Gewissheit habe, dass mich die FCC unterstützt, ohne dass ich persönlich erscheinen muss«, erklärte er. »Ich sehe nur eine Möglichkeit, eine solche Unterstützung zu erhalten, und das ist der Fall, wenn einer der Kandidaten oder das Weiße Haus zugunsten seines Wunschkandidaten die Unterstützung von ABC brauchen. Wenn man sich darüber einigen könnte, dann dürften wir über die notwendigen Mittel verfügen, um unser Ziel zu erreichen. Mit anderen Worten, unsere gegenwärtige Position einschließlich der Unterstützung durch das Weiße Haus oder durch Humphries würde uns die FCC geneigt machen, und wenn ich das wüsste, würde ich die Sache mit Volldampf betreiben. Aber«, mahnte er Maheu zur Vorsicht, »du musst dich diesem Sack heißer Kartoffeln sehr behutsam nähern.«

Nicht einmal Maheu war sicher, ob der Plan durchführbar war. »Die Präsidentschaftsvorwahlen und die Wahl selbst werden bereits vorbei sein, bevor wir in der Lage sind, ABC in unserem Sinne zu beeinflussen«, erwiderte er. »Es gibt andere Möglichkeiten, die Präsidentschaftsbewerber auf unsere Seite zu ziehen.«

Und es gab – wie Maheu versicherte – andere Möglichkeiten, mit der FCC fertig zu werden. »Wir haben genug Zeit, die einzelnen Ausschussmitglieder und alle unteren Ränge zu beeinflussen«, erklärte er und versprach, dass der über beste Beziehungen in Washington verfügende Anwalt Edward Morgan das Kind schon schaukeln werde. »Morgan ist nämlich ein Experte auf diesem Gebiet und wird sich größte Mühe bei dieser wichtigen Sache geben.«

Aber während Morgan die FCC zu beeinflussen suchte, griff ABC auf einem neuen Kriegsschauplatz an. Eine Woche nach

4. Kapitel · Fernsehen

dem Übernahmeangebot, am 9. Juli, beantragte die Fernsehgesellschaft eine einstweilige Verfügung durch ein Bundesgericht, um Hughes zu stoppen.

Seit der gerichtlichen Auseinandersetzung um TWA versetzten Prozesse den Eremiten in Angst und Schrecken. Lieber hatte er seine angebetete Luftfahrtgesellschaft aufgegeben, als vor Gericht zu erscheinen, und nun musste er befürchten, dass dieser Albtraum erneut von ihm Besitz ergreifen würde. Um 4 Uhr früh des nächsten Morgens ließ der verängstigte Hughes seinen mit 1000 Dollar in der Woche honorierten Anwalt Greg Bautzer in Hollywood aus dem Bett klingeln und ihm durch einen seiner Mormonen einen Brief vorlesen.

»Es tut mir Leid, Sie zu wecken«, schrieb Hughes, »aber es passt mir nicht, wie sich die Dinge entwickeln. Bisher war überhaupt nicht die Rede davon, dass ich persönlich erscheinen müsse. Aber bei dem heutigen oder morgigen Termin wird ABC mein Erscheinen verlangen. Dadurch werden alle alten Gerüchte über meinen Tod, meine körperliche Hinfälligkeit usw., usf. wieder aufgewärmt. Und wenn dann aus irgendeinem Grunde die ganze Sache schief gehen sollte, werden die Leute sagen, Schuld sei meine Ablehnung gewesen, persönlich aufzutreten.

Nun, Greg, in dem Augenblick, da die Dinge eine solche Wendung nehmen, werde ich höchstwahrscheinlich für die Verluste verantwortlich gemacht, die jene Leute erleiden, die Aktien auf deren Höchststand gekauft haben (in vollem Vertrauen zu mir) und die dann Verluste hinnehmen müssen, falls aus der Sache nichts wird.

Sehen Sie, normalerweise sagt man, dass solche Verluste eben das Risiko jedes Spekulanten sind. Aber hier haben wir einen Mann, der in der Vorstellung der Allgemeinheit diesen Kampf gewinnen könnte, wenn er bloß wollte, der sich aber damit zufrieden gibt, sich auf seinem Milliarden-Dollar-Arsch auszuruhen und das Leben zu genießen (wenigstens glauben das die meisten Leute von mir).«

Der schlaftrunkene Anwalt erfuhr noch mehr über die Ängste des Finanziers: »Wenn ich das Gesicht verliere, nachdem sich mein Image in den letzten beiden Jahren gebessert hat, wenn ich verklagt werde von Leuten, die bei meinem Spiel mitmachen wollten, wenn mein Ruf als erfolgreicher Geschäftsmann-Finanzmann-Industrieller ruiniert ist …, wenn das die Folge meines ABC-Projektes ist, dann können Sie sicher sein, dass dies einer der schlimmsten Fehler ist, die ich jemals gemacht habe, und ich habe immerhin schon einige gemacht.«

Hughes hatte so große Angst vor dem Prozess, dass er bereit war, seine sämtlichen Fernsehambitionen aufzugeben, wenn ABC versprechen würde, das Verfahren einstellen zu lassen.

»Nun, Greg, man braucht mir nicht zu sagen, dass dies eine furchtbare Enttäuschung für mich wäre. Ich habe mich jedoch nicht zehn Jahre lang mit dem TWA-Verfahren abgequält, um lediglich in ein anderes verwickelt zu werden, das ohne weiteres noch einmal zehn Jahre dauern kann.

Ich mag nun einmal keine Prozesse, und es lohnt sich in keiner Weise, einen neuen Prozess zu riskieren.«

Erst als Maheu ihn am nächsten Morgen beschwor, nicht aufzugeben, bevor der Fall nicht wirklich vor Gericht käme, erklärte sich Hughes bereit, vorläufig weiterzumachen.

Am Nachmittag vor Gericht erwies sich, dass sein Mut nicht vergebens gewesen war. Der Richter lehnte eine einstweilige Verfügung ab, weigerte sich zwei Tage später, Hughes zu einer Aussage zu zwingen und bestätigte in einer Verhandlung, die ungewöhnlicherweise an einem Samstag stattfand, genau zwei Tage, bevor Hughes' Übernahmeangebot ablief, in einer rechtskräftigen Entscheidung das Recht des Howard Hughes, die Fernsehgesellschaft zu kaufen.

Aber diese erfreuliche Nachricht blieb im Penthouse ohne Resonanz. Denn noch während das Gerichtsverfahren lief, war unerwartet ein neuer Gegenspieler aufgetaucht, und wieder einmal wich Hughes der Auseinandersetzung aus.

Aus Washington verlautete nämlich, das Justizministerium habe wegen möglicher Verletzung der Anti-Trust-Gesetze beim Hughes-ABC-Geschäft Bedenken geäußert. Sein Imperium besaß bereits große Anteile an Kabelfernsehgesellschaften, ver-

4. Kapitel · Fernsehen

kaufte ein breit gefächertes Sortiment elektronischer Ausrüstung, baute Nachrichtensatelliten, und schließlich gab es ja auch noch KLAS.

»Es sieht so aus, als ob das Spiel jetzt heißt ›Justizministerium – Druck des Kartellamtes‹«, tobte Hughes. »Ohne diesen Umstand wüsste ich schon genau, was zu tun wäre. Der Fragebogen des Justizministeriums ist mir jedoch völlig egal. Wenn mich die ABC-Affäre nicht nur das kostet, was jedermann für einen fairen Preis hält, sondern darüber hinaus erfordert, dass ich mich dem Störfeuer des Justizministeriums zu unterwerfen habe, dann fürchte ich, muss ich aussteigen.«

Aber selbst als er kurz davor war, das Handtuch zu werfen, beschäftigte Hughes noch eine wachsende Zahl von Anwälten, Hintermännern und Leuten, die in seinem Auftrag Bestechungsgelder zahlten. Er erwog, den früheren Richter am Obersten Bundesgericht, Arthur Goldberg, zu engagieren, damit der ihn bei Rechtsstreitigkeiten in New York vertreten könne. Und für das drohende Anti-Trust-Verfahren ließ er aus Austin, Texas, den persönlichen Anwalt des Präsidenten – Johnsons Intimus Jake Jacobsen – kommen, der früher Berater im Weißen Haus war und später im Zusammenhang mit dem Watergate-Milch-Fonds-Skandal zu einiger Bekanntheit gelangte.

Er war nun wieder in Kampfstimmung und überzeugt davon, das Problem der »Justizministeriums-Vendetta« vielleicht doch noch lösen zu können, auf eine Art, wie sie früher schon oft geholfen hatte.

»Bob«, schrieb er, »ich glaube, es ist unerlässlich, dass wir uns mit Humphries, dem Weißen Haus, Nixon oder McCarthy verbünden und allen unbegrenzte Unterstützung versprechen, wenn sie mir auf der Stelle das Justizministerium vom Halse schaffen!«[*]

Während sich Maheu für den Endkampf dieses zweiwöchigen Feldzuges rüstete, entwarf Hughes zahlreiche neue Strategien,

---

[*] In keiner seiner wahrlich zahlreichen Mitteilungen an Hubert Humphrey hat Howard Hughes diesen Namen jemals richtig geschrieben.

um die Hindernisse zu überwinden, die ihm seine Fernsehgesellschaft vorzuenthalten drohten. Einen Augenblick lang erwog er, freundschaftliche Verhandlungen mit dem Präsidenten von ABC, Leonard Goldenson, aufzunehmen, im nächsten drohte er, alle Aktien, die er inzwischen erworben hatte, auf den Markt zu werfen und damit einen Zusammenbruch des Börsenkurses herbeizuführen.

Einmal war er fast so weit, seine ABC-Anteile an einen Rivalen, den texanischen Finanzmann James J. Ling, zu verkaufen und sei es nur, um die Manager des Senders davon zu überzeugen, dass er von beiden das kleinere Übel sei:

»Mir scheint, die einzige Hoffnung liegt in der entfernten Möglichkeit, Goldenson klarzumachen, dass er nichts damit gewinnt, wenn er mich durch Drohungen, persönlich zu erscheinen usw., zwingt, an Ling oder einen ähnlich harten Burschen zu verkaufen.

An Goldensons Stelle würde ich doch, verdammt noch mal, lieber mit einem Mann wie mir zusammenarbeiten, der an der öffentlichen Repräsentation um diesen Job gar nicht teilhaben, der diesen Job in Wirklichkeit nicht einmal haben, sondern nur eine stille Beteiligung will ...«

Da aber die ABC-Vertreter unerwartet halsstarrig blieben, immer noch Gefahr vom Justizministerium drohte, die Entscheidung der FCC noch ungewiss war und nun doch noch eine weitere Gerichtsverhandlung bevorstand, begann Hughes unsicher zu werden. Mehrere Male beschloss er, die Sache aufzugeben und seinen Ausstieg genauso fieberhaft vorzubereiten, wie er seinen Coup geplant hatte. Dann fasste er sich jedoch wieder ein Herz und schrieb neue Anweisungen nieder.

Am Sonntag, dem 14. Juli, wenige Stunden, bevor er sich an der Börse für Annahme oder Ablehnung zu entscheiden hatte, war Hughes äußerst geschäftig. Während die Mormonen Überstunden machten und zwischen Schreibmaschine und Telefon hin- und herliefen, verfasste der Milliardär von seinem Gefechtsstand im Penthouse aus eine Flut einander widersprechender Notizen: einmal zur Kapitulation bereit, dann wieder – finster

4. Kapitel · Fernsehen

und entschlossen – wollte er den Präsidenten der Vereinigten Staaten »beim Kragen packen«. Ja, er wollte entweder den Washingtoner Prominentenanwalt Tom Finney, einen Partner Clark Cliffords, oder besser noch Larry O'Brien direkt in das »Oval Office«, das Büro des Präsidenten, schicken.

»Ich denke, es ist verhältnismäßig einfach, sofort eine Entscheidung in der Fernsehangelegenheit zu bekommen«, schrieb er voll wiedererwachter Hoffnung. »Ich glaube, eine entsprechende Antwort wäre durch Mr O'Brien oder Mr Finney zu bekommen, die einfach hineinmarschieren und Johnson oder Humphries am Kragen packen und sagen sollten: ›Hör mal zu, mein Freund, mein Klient, Mr Hughes, hat alles in die Wege geleitet, um ABC zu übernehmen. Er hat die ersten sehr schwierigen Wochen überstanden und ist jetzt in bester Verfassung. Er hatte keine Ahnung, dass er bei Mr Goldenson auf so viel Widerstand stoßen würde. Er hatte geglaubt, sein Interesse würde freundlich aufgenommen …‹

Mr Hughes möchte seine ihm noch verbleibenden Jahre in produktiver Arbeit und nicht in ständigem Streit verbringen«, hieß es in dem Schreiben weiter.

»Sein einziges Interesse besteht darin, diesen Sender so auszubauen, dass er ein Gewinn für unser Land wird – etwas, auf das unser Land mit Recht stolz sein kann. Mr Hughes hat nur die Sorge, dass die FCC unter dem Einfluss und dem ständigen Druck von ABC glaubt, es müsse einfach noch gründlicher und formal noch korrekter gehandhabt werden, als dies der Fall wäre, wenn man unter sich bliebe.«

Der unvermeidliche Pferdefuß ließ natürlich nicht länger auf sich warten:

»Dann sollte O'Brien oder Finney das Gespräch dahin bringen, dass er (unser Mann) dankbar sagen könnte: ›Was meinen Sie, was Mr Hughes tun sollte? Ich glaube, er möchte Sie um Rat fragen.‹

Nun kenne ich Humphries nicht, aber ich bin sicher, dass Mr Johnson den Ball schon längst aufgenommen hat, bevor das Gespräch überhaupt so weit kommt.

Mir scheint«, schloss er, »eine solche Unterredung würde zeigen, aus welcher Richtung der Wind über den Rasen des Weißen Hauses weht.«

Es wäre wohl tatsächlich ein interessantes Gespräch geworden.

Lyndon Johnson, der ebenso fanatisch fernsah wie Hughes, war nämlich zu der Überzeugung gelangt, alle Fernsehgesellschaften seien kommunistisch unterwandert. Er hatte die Hughes-ABC-Transaktion genau verfolgt, sich aber angesichts seiner entgegengesetzten Interessen jeder direkten Einmischung enthalten.

Aber Hughes, der schon früher mit dem Präsidenten zu tun gehabt hatte, begriff nie, wie er mit Johnson genau dran war. Maheu riet von dem Plan ab. »Wir dürfen nicht vergessen«, schrieb er, »dass wir, was immer der Präsident empfiehlt, dann für *immer* gebunden sind. Er hingegen nicht, denn sein Ratschlag ist ›inoffiziell‹. Er hätte zwar eine stillschweigende Verpflichtung, aber wir müssen daran denken, dass er sehr viel Erfahrung darin hat, sich vor derartigen Verpflichtungen ›zu drücken‹.«

Hughes war nicht gleich überzeugt. Was sollte er schon verlieren?

»Wenn wir morgen aussteigen müssen, empfehle ich dringend, die Angelegenheit in Johnsons Hände zu legen und zu sagen, was wir tun sollen. Wenn wir dann wirklich grünes Licht von Johnson bekommen sollten, kann ich mir einfach nicht vorstellen, dass die FCC uns entgegen seinen Wünschen Schwierigkeiten macht, und ich zweifle sehr, dass Goldenson das Gerichtsverfahren weiter vorantreibt, wenn sich herausstellen sollte, dass wir die Zustimmung des Weißen Hauses haben.«

Am späten Sonntagabend antwortete Maheu mit dem Pessimismus eines Mannes, der das Leben realistisch einschätzen kann: »Ich weiß, dass du ungern etwas hörst, was du nicht hören willst. Wie du weißt, habe ich schon positives Denken geübt, als Peale überhaupt noch nicht daran dachte, ein Buch darüber zu schreiben. Aber selbst positives Denken bedarf einer gewissen Grundlage. Wenn du mir versichern kannst, dass du zu irgendeinem Zeitpunkt bereit wärest, persönlich zu erscheinen, dann

4. Kapitel · Fernsehen

garantiere ich dir, wird man dir ABC auf einem silbernen Tablett überreichen.«

Aber genau dazu konnte Hughes sich nicht überwinden.

Als die Frist (15 Uhr am Montag) fast abgelaufen war, schien das alles kaum noch eine Rolle zu spielen. Bis mittags waren weniger als 150 000 der zwei Millionen Anteile des ABC-Aktienkapitals, die Hughes kaufen wollte, angeboten worden.

Die Berufung der Fernsehgesellschaft gegen das Urteil, über die am Vormittag verhandelt worden war, schien nun überflüssig zu sein. Um 13 Uhr trat dann noch einmal ein Gremium von drei Richtern zusammen, die Hughes jedoch das Recht bestätigten, ABC zu kaufen. Innerhalb der nächsten zwei Stunden erwarben die Makler des Milliardärs dann beinahe eineinhalb Millionen Anteile.

Zum Schluss der Transaktion besaß Howard Hughes 1,6 Millionen Anteile, mehr als ein Drittel des gesamten Aktienkapitals von ABC, genug, um eine beherrschende Position bei ABC einzunehmen. Nun konnte er auch problemlos mehr Anteile erwerben. Der meist nackt auf seinem Bett liegende Eremit wollte die öffentliche Meinung und die Politik des Landes beeinflussen, und so war es ihm gelungen, die mächtigste Stellung in der Geschichte von Rundfunk und Fernsehen zu bekleiden. Vor diesem Hintergrund ist es kaum zu glauben, dass Maheu auf Hughes' Anweisung hinter den Kulissen dafür gesorgt hatte, dass er den Kauf der zwei Millionen Anteile, um die er so hart gekämpft hatte, bis zuletzt hätte verweigern können. Hughes wollte sich die Hintertür offen halten, das gigantische Geschäft eventuell noch platzen zu lassen.

Mit diesen Manipulationen riskierte Maheu allerdings, im Gefängnis zu landen. »Zum Teufel, Howard«, brüstete er sich später, »wenn einiges von dem herauskommt, was ich gemacht habe, um uns aus der ABC-Sache wieder herauszuwinden, würde ich den Rest meines Lebens im Knast verbringen.«

Zurzeit war davon jedoch nicht die Rede. Alles war nach Wunsch verlaufen. Die Aktien waren angeboten worden, die Gerichte hatten ihn unterstützt, und die FCC schien ebenfalls bereit, einer Übernahme zuzustimmen. Keines der Ausschussmitglieder hatte auch nur die geringste Ahnung von Hughes wirklichen Motiven. Die Transaktion wurde allgemein gutgeheißen. Die Sache hatte nur einen Haken: Hughes' musste persönlich erscheinen und die Lizenz beantragen.

Als er am Montagabend erfuhr, dass die FCC auf dieser Bedingung beharrte, kapitulierte Hughes sofort. Er war bereit, 200 Millionen zu zahlen, aber niemals würde er sein dunkles Versteck verlassen.

»Ich bin dazu einfach nicht in der Lage«, erklärte er. Gegen Mittag des 16. Juli 1968 wurde dann eine offizielle Verlautbarung bekannt gegeben. Hughes verweigerte die Annahme der Aktien. Mit einem Male schien das zähe Ringen um ABC ein Scheingefecht auf irgendeiner imaginären Bühne gewesen zu sein. Hughes hatte jedoch seine Fernsehpläne keineswegs aufgegeben. Wenn er nicht einen der drei bestehenden Sender bekommen konnte, ohne öffentlich in Erscheinung zu treten, würde er eben eine neue, eine vierte Gesellschaft gründen – eine Hughes-Fernsehgesellschaft, die ABC vom Medienmarkt vertreiben sollte.

Diese Idee war nicht neu. Schon seit Jahren hatte er mit diesem Gedanken gespielt und war, während Maheu sich noch um die ABC-Anteile bemühte, mehrmals darauf zurückgekommen.

»Mir ist absolut klar, dass meine Pläne zum Erwerb von ABC nicht in Erfüllung gehen. Deshalb bin ich umso mehr interessiert, hier in Nevada eine starke Sendegesellschaft zu errichten. Ich wäre wirklich sehr zufrieden mit einem wirklich starken Sender Nevada. Ich wäre sehr traurig, wenn das ebenso wie mit ABC nicht klappen würde.«

Ein regionaler Sender allerdings konnte ihn jetzt nicht mehr zufrieden stellen.

Deshalb plante er, einen der großen unabhängigen Sender wie Storer oder Metromedia zu übernehmen, um jede greifbare Kabelfernsehstation im Lande anschließen und das Geld, das an die ABC-Aktionäre gegangen wäre, für sein neues System nutzen zu können.

4. Kapitel · Fernsehen

So erwarb Hughes tatsächlich einen Sender, der allerdings Sportnachrichten übertrug und mit Nachrichten-Satelliten arbeiten sollte, die in Hughes' Konzern hergestellt wurden.

Bald jedoch war er mit »Hughes-Sports-Network« ebenso unzufrieden wie mit KLAS.

Der Wahlkampf 1968 war vorüber, und Hughes verfügte noch immer nicht über eine nationale »Stimme«, unterhielt keinen Draht zur Öffentlichkeit und war schon gar nicht »Zünglein an der Waage«.

Neuen Mut schöpfte er vorübergehend aus einem Bericht Maheus, wonach der neue Präsident sich an Hughes' Plänen interessiert zeigte: »Nixon ließ durch seinen Freund (Rebozo) sagen, dass die Schaffung eines vierten Sendernetzes eine Möglichkeit sei, die Qualität aller Fernsehsendungen zu verbessern.«

Nun aber verlor der machthungrige Exzentriker die Lust an dem Projekt und schmiedete neue alte Pläne.

Alte Liebe rostet bekanntlich nicht, und nachdem er neun Monate lang Anläufe zu Seitensprüngen genommen hatte, war das Objekt seiner obskuren Begierde nun wieder ABC. »Wenn dies jetzt herauskommen sollte, selbst nur als vages Gerücht, würde das die Aktien in die Höhe treiben, und ich müsste aussteigen. Ich bitte deshalb dringend, sich genau zu überlegen, wem wir trauen können.«

Er selbst war mit Feuereifer bei der Sache.

»Bob«, schrieb er, »was mich an ABC so beeindruckt, ist der gewaltige technische Apparat. Es gibt fast in jeder amerikanischen Stadt, in der es einen CBS- oder einen NBC-Sender gibt, auch ABC.

Dieses gewaltige mechanische und technische Wunderwerk liegt brach, wird jeden Tag bloß für die Übertragung von so viel Pferdemist, wie auf ein einziges Band geht, missbraucht.

Bob, für ABC gibt es nur noch eine Richtung, und die führt nach oben ...«

Zwar gab er sich kühnen Träumen hin, gleichwohl verlor er zu keiner Zeit sein realistisches Ziel aus den Augen.

»Vergiss nicht, dass jede Pressekonferenz des Weißen Hauses oder des Kongresses eine Einladung an den ABC-Reporter, der in einer gleichberechtigten Position ist, voraussetzt«, schrieb er, »der auch das gleiche Recht hat, von nun an über jede Wahl Bericht zu erstatten – und zwar nicht erst, nachdem man einen neuen Sender gegründet hat, sondern ab sofort.«

Das Weiße Haus. Der Kongress. Jede Wahl. Ein eigenes Sendernetz. Und das alles sofort. Mit neu erwachtem Interesse und mit wachsender Erregung überlegte er, wie die Übernahme von ABC zu bewerkstelligen sei.

Dieses Mal würde er nicht versuchen, die Macht an sich zu reißen. Das bedeutete lediglich neuen Ärger, neue Gerichtsverfahren und weitere Aufforderungen, vor der FCC zu erscheinen. All das war überflüssig. Wenn man es von vornherein richtig anfinge, glaubte Hughes, müsse es möglich sein, »eine völlig friedliche Übernahme im Einvernehmen mit Goldenson« zu erreichen.

Immerhin war die ABC noch immer in finanziellen Schwierigkeiten, vielleicht wären deshalb Probleme mit der FCC zu vermeiden. Nixon und seine neue Mannschaft waren für ein »gehobenes« Hughes-Programm, jetzt könnten sie es haben. Ein Konkurs von ABC war nicht mehr ausgeschlossen, und eine sofortige finanzielle Spritze könnte die Verhandlungen sicher beschleunigen.

Unglücklicherweise war allerdings auch Hughes finanziell etwas in der Klemme. Da sein Nevada-Geschäft nicht lief, die Hubschrauberfirma steigende Verluste produzierte und das neue Urteil im TWA-Prozess Zahlungen in Höhe von 137 Millionen Dollar androhte, war der bedrängte Milliardär nicht mehr in der Lage, die notwendigen 200 Millionen Dollar so einfach hinzublättern.

Dennoch wollte er ABC haben, mehr noch: Er brauchte den Sender dringend. Er war entschlossen, sein eigenes Fernsehen zu erwerben. Um sich diesen Wunsch zu erfüllen, war er sogar bereit, die Hughes-Tool-Company zu verkaufen, die goldene Gans, die er geerbt hatte, die Grundlage seines Reichtums.

Sein Begehren währte jedoch nicht länger als eine Woche.

4. Kapitel · Fernsehen

An einem Samstagabend war das Penthouse plötzlich von lautem Gelächter erfüllt. Nicht dass Hughes sich amüsierte. Das Gelächter kam aus dem Fernsehapparat. Er hatte den Sender eingeschaltet, den zu kaufen er beabsichtigte.

»Willkommen wieder beim ›Dating Game!‹«, begrüßte der Moderator grinsend Zuschauer und Gäste. Er legte den Arm um einen kleinen Schwarzen, der neben ihm stand. »Jetzt ist es so weit, dass Marc für seinen Daddy ein wunderschönes Mädchen aussucht! O. k., Marc. Wer soll es sein? Junggesellin Nr. 1? Junggesellin Nr. 2? Oder Junggesellin Nr. 3?«

Ein Kameraschwenk auf die drei Starlets. Das Kind überlegte noch. »Tut mir Leid, das ist das Signal«, verkündete der Conférencier. »Es bedeutet: Die Zeit ist um!« Das Kind wählte die Junggesellin Nr. 2, die Schauspielerin, die gerne kochte. Sie lächelte in Naheinstellung in die Kamera. Das Publikum im Studio applaudierte.

Hughes verfolgte das alles mit grimmigem Schweigen. Als die Show vorüber war, wusste er, dass er einen furchtbaren Fehler gemacht hatte.

»Das wär's für heute Abend«, erklärte der Showmaster und verteilte Kusshände. »Vielen Dank, gute Nacht, und hoffentlich kriegt auch ihr immer den Partner, den ihr euch wünscht! Und nun schalten Sie nicht ab, es folgt im ABC-Programm ›The Newlywed Game‹«.

Hughes starrte unverwandt auf den Bildschirm und war nun Zeuge, wie Jungverheiratete sich zankten. Sofort fiel ihm wieder die Ungeheuerlichkeit ein, deren Zeuge er soeben gewesen war. Er nahm seinen Schreibblock vom Nachttisch.

»Ich habe soeben ABCs ›Dating Game‹ und ›Newlywed Game‹ gesehen«, schrieb er und fasste seinen Eindruck in einen Satz: »Lass uns ABC vergessen.

Bob, ich glaube, das ganze Theater über Gewalt im Fernsehen ist völlig übertrieben. Diese beiden Unterhaltungssendungen sind von einmaliger Geschmacklosigkeit.«

Geschmackliche Erwägungen spielten aber keineswegs die entscheidende Rolle bei Hughes' plötzlichem Sinneswandel,

3-29-69

Bob —

I just got through watching ABC's 'Dating Game' and 'Newlywed Game', and my only reaction is 'lets forget all about ABC

Bob, I think all this attention directed toward violence in TV dramatic shows is certainly mis-placed. These two game shows represent the largest single collection of poor taste I have ever seen.

The first show — "Dating Game" consisted of a small negro child selecting, sight unseen, one of three girls (adult girls) to make a sexually embellished trip to Rome with his father.

Two of the girls were negro and one was a very beautiful and attractive white girl. The child chose the white girl, who then was introduced to the negro father of the child and informed that she (the white girl) was to make an all expense paid vacation trip to Rome on TWA.

4. Kapitel · Fernsehen

Bob, the entire handling of the 'show was, in every way carried out in a manner best calculated to titilate and arouse the sexual response of the audience. The whole show was of such a marginal character, sex-wise, that, ~~it would have been doubtful~~ if it had been presented as a motion picture to the governing body of the movie industry, its acceptance would have been very uncertain at best.

But, let me explain that I make the above comment based upon the subject matter and the treatment of the show, without any consideration whatsoever of the racial issue.

Then, on top of the very marginal show of miserable taste, which I have attempted to describe above, they have to compound the abuse of any conceivable moral standard by arranging a sexual rendezvous between a beautiful white girl and

Howard Hughes · Das wahre Gesicht der Macht

a negro man in Rome,
which may even be in
violation of the law.

And all of this is done
solely for one purpose:
to shock and arouse the
sexual response of the audience
so as to obtain a higher
rating from the TV polls
for the benefit of the sponsors.

Please consider this
entire affair most carefully,
Bob, to see if it gives
you any ideas.

Many thanks,

Howard

4. Kapitel · Fernsehen

vielmehr die horrende Unmoral – die Schande –, die »Dating Game« soeben präsentiert hatte.

»Die erste Show – ›Dating Game‹ – zeigte einen kleinen Negerjungen, der, ohne sie zu sehen, für seinen Vater eins von drei Mädchen (erwachsene Mädchen) auszuwählen hatte, das mit seinem Vater eine unterschwellig-sexuelle Romreise machen sollte.

Zwei der Mädchen waren Negerinnen, und eins war ein sehr schönes weißes Mädchen. Das Kind wählte die Weiße, die dann mit dem Negervater des Kindes bekannt gemacht wurde und erfuhr, dass sie (das weiße Mädchen) eine kostenlose Urlaubsreise mit TWA nach Rom gewonnen habe.«

Zur Unsittlichkeit kam auch noch Beleidigung hinzu. Nicht nur, dass man es wagte, dieses sündige gemischtrassige Rendezvous zu arrangieren, man benutzte obendrein noch, nein, besudelte für diesen Zweck *seine* Luftfahrtgesellschaft.

»Bob, die ganze Show lief in hohem Maße darauf hinaus, sexuelle Instinkte beim Publikum zu wecken. Die ganze Show war so sexbetont, dass, wenn man sie der Filmselbstkontrolle als Spielfilm vorgeführt hätte, ihre Zulassung zumindest fraglich gewesen wäre.

Und all das hatte nur einen einzigen Zweck: die sexuellen Instinkte des Publikums zu reizen und zu wecken, lediglich um höhere Einschaltzahlen im Interesse der Sponsors zu erreichen …«

Das 200-Millionen-Dollar-Geschäft mit ABC war damit ein für alle Mal erledigt.

Nach monatelangem fieberhaften Bemühungen, nach all diesen schlaflosen Nächten, nach den Überlegungen, einen Präsidenten am »Kragen zu packen« und »Zünglein an der Waage zu spielen«, nach all den Überlegungen, sogar den lukrativsten Teil seines Imperiums zu verkaufen, hatte Howard Hughes alle seine Fernsehambitionen schließlich allein wegen einer Unterhaltungssendung aufgegeben.

Hughes konnte nicht wissen, dass jenes »schöne weiße Mädchen«, deren schwarzweißes Rendezvous ihn dermaßen empört hatte, in Wirklichkeit eine sehr hellhäutige Schwarze war.

5. Kapitel

Furcht und Ekel

Eines Tages trat der »Schwarze Mann« gewissermaßen direkt in Howard Hughes Zimmer.

Wie von Sinnen vor Angst und Grauen, rief er mitten in der Nacht nach Maheu.

»Äußerst ungern störe ich dich so spät«, kritzelte er mit zittriger Hand, »aber ich sah soeben im Fernsehen etwas, das mich im wahrsten Sinne des Wortes physisch angeekelt hat und es immer noch tut. In einer Sendung der NBC sah ich den größten und abscheulichsten Neger, den man je gesehen hat, einen halben Zentimeter dick mit Vaseline beschmiert – regelrecht von Kopf bis Fuß. Beim bloßen Anblick wurde einem übel.

Bob, die Regie muss diesen Mann absichtlich so widerlich wie möglich gemacht haben. Jedenfalls ging er zielbewusst auf eine tadellos gekleidete weiße Frau, Typ englische Adlige, zu.

Als nun dieser abstoßende Fettklumpen sich der sauberen, geschmackvoll gekleideten weißen Dame näherte, konnte ich nur noch denken: ›Jesus, dass er nur nicht diese Frau anrührt!‹« Aber es war zu spät. Nicht einmal Hughes konnte die Reinheit weißer Weiblichkeit vor der schwarzen, rohen Gewalt schützen: »Und so, nach ein, zwei Minuten Gerede, packte der Mann diese Frau, riss seinen Mund so weit wie möglich auf und küsste sie in einer Art und Weise, die man aus jedem Film herausgeschnitten hätte, selbst wenn beide derselben Rasse angehört hätten.«

Der empörte Texaner war drauf und dran, nach Lynchjustiz zu rufen.

»Bob, diese Show scheint die Aufführung der Broadway-Version des Oscars zu sein, deshalb glaube ich, dass die von mir geschilderte Szene willkürlich dem preisgekrönten Stück entnommen war ...

Ich wollte eigentlich bei irgendeinem Kongressausschuss protestieren«, fuhr Hughes fort, »aber nun, da ich sehe, dass es sich um den Tony-Preis handelt, finde ich es noch viel empörender; trotzdem sollte man mit Vorsicht an die Sache herangehen.«

Der abstoßende Fettklumpen war tatsächlich James Earl Jones, der den Preisboxer Jack Johnson in *Die große weiße Hoffnung* spielte, von dem ein Ausschnitt bei der Preisverteilung im Fernsehen gezeigt wurde. Diese Feststellung konnte die Entrüstung des Milliardärs in keiner Weise besänftigen.

»Bob«, schloss er, »es ist mir egal, ob dies die Neufassung des Abendmahls war – wegen dieser ersten Szene wird es noch einigen Wirbel geben.«

Unter allen seinen Abneigungen und Wahnvorstellungen waren seine Furcht und sein Ekel vor der schwarzen Rasse am stärksten ausgeprägt. Sein orthodoxer Rassismus wurde direkt von jenen Südstaatenmelodramen genährt, die oftmals so übertrieben waren, dass sie einer Parodie mehr glichen als einem Spielfilm. Aber ihm war es tödlich ernst damit, und sein Fanatismus hatte sehr konkrete Folgen.

Hughes selbst schrieb seine Vorurteile und Paranoia einem traumatischen Erlebnis aus seiner Jugendzeit zu. »Ich bin in Houston, Texas, geboren und verbrachte dort meine ersten 20 Jahre«, erklärte er. »Aus nächster Nähe erlebte ich einen Rassenkrawall, bei dem die Neger Gräuel verübten, die ebenso schlimm wie die in Vietnam waren.«

Tatsächlich war Hughes erst elf Jahre alt, als es in seiner strikte Rassentrennung einhaltenden Heimatstadt zu einem plötzlichen Aufruhr der Schwarzen kam. In der Nacht des 23. August 1917 griffen mehr als 100 Soldaten eines überwiegend schwarzen Infanteriebataillons, das nahe der Stadt stationiert war, zu den Waffen und marschierten nach Houston, um einen von weißen Polizisten verprügelten schwarzen Offizier zu rächen. 16 Weiße waren während der dreistündigen Krawalle getötet worden. Der Aufruhr von Houston war ein Meilenstein in der Entwicklung

5. Kapitel · Furcht und Ekel

April '64 ?

Bob –

I hate to disturb you this late, but I just saw something on TV that litterally and actually physically made me nauseated and I still am!

I saw a show on NBC in which the biggest ugliest negro you ever saw in your life was covered – litterally covered from head to foot with vaseline almost $\frac{1}{4}$ of an inch thick. It made you sick just to look at this man.

Bob, the producers must have deliberately tried to make this man as repulsive as possible. Anyway, he walked over next to an immaculately dressed white woman – sort of an English noblewoman type.

Well, when this repulsive gob of grease came close to this clean carefully dressed white woman, all I could think was "Jesus, don't let that woman touch him."

So, after a minute or two

of talk this man grabbed this woman, opened his mouth as wide as possible and kissed this woman in a way that would have been cut out of any movie even if the people involved had both been of the same race.

Bob, this show seems to be the presentation of the Broadway version of the Oscar, so I imagine the scene I described was a scene taken at random from the winning play.

Bob, this must be shot in a theatre with no air conditioning, because every single player is just covered with a thick layer of make up that is melting and practically dripping off onto the floor, just as the layer of grease was melting in the first scene I described from the winning play.

I was all for making a protest to some congressional committee over this, but now that I see it is the Tony awards, I feel it is even more shocking, but I suppose one should approach it with caution.

5. Kapitel · Furcht und Ekel

However, Bob, I dont care
if this was the re-enactment
of the ~~last~~ Last Supper
that first scene is going to
cause some comment.

Best regards to you,

Howard

Amerikas, in dem bis dahin eher einseitig »erfolgreichen« Rassenkampf. Er war der erste, bei dem mehr Weiße als Schwarze ums Leben kamen.

Diese Nacht hatte zweifellos einen großen Eindruck auf den jungen Howard gemacht. Dennoch wurde jetzt, ein halbes Jahrhundert später, der hervorragend bewachte Einsiedler nicht von bewaffneten Banden, sondern von seinen eigenen Wahnvorstellungen verfolgt. In seiner Furcht projizierte er eine Vielzahl unsichtbarer Feinde auf seine Umgebung. Manchmal marschierten sie mit ihren schwarzen Gesichtern an ihm vorbei – als Neger geschminkte Sänger in den Fieberfantasien seines Unterbewusstseins.

Tatsächlich war es seine Todesangst vor den Schwarzen, die Hughes veranlasste, die ersten entscheidenden Schritte in die völlige Einsamkeit zu tun. Nach ihrer Hochzeit bewohnten Hughes und Jean Peters zwei Bungalows des »Beverly Hills Hotels«, wo sie sich aber nur nachts trafen, um sich stundenlang Filme anzusehen.

Sie verabredeten sich allabendlich zu einer eigenen »Spätschau« in den Goldwyn Studios. Aber dann erfuhr Hughes, dass sein Vorführraum dazu benutzt worden war, der ganzen schwarzen Besetzung Schnellkopien von *Porgy and Bess* zu zeigen. Er betrat diesen Raum nie wieder.

Ebenso wenig lud er Jean jemals wieder zum gemeinsamen Anschauen von Filmen ein. Stattdessen zog er allein in Nossecks Filmvorführ-Studio am Sunset Boulevard, ließ sich dort häuslich nieder, hielt aber seinen Aufenthaltsort vor seiner Frau geheim und gab vor, wegen einer »unbekannten Krankheit« im Hospital zu sein. Das war nicht ganz falsch. Denn während der drei Monate, die Hughes allein bei Nossecks verbrachte, bahnte sich eine verhängnisvolle Entwicklung an.

Anfangs führte er noch lange Gespräche mit Bankiers und Anwälten über die TWA-Krise, wobei er stets, wie unter Zwang, das Telefon mit Kleenex abwischte und fortwährend ein halbes Dutzend Kleenexpackungen zu geometrischen Figuren ordnete. Mehrere Wochen lang trug er dasselbe weiße (!) Hemd und hell-

5. Kapitel · Furcht und Ekel

braune Hosen. Dann warf er eines Tages seine schmutzigen Kleider fort, lief nackt herum, hörte auf, mit Bankiers und Anwälten zu sprechen und befahl seinen Untergebenen striktes Schweigen.

Zuletzt erteilte er folgende Generalanweisung: »Versuchen Sie nicht, mich wegen irgendetwas anzusprechen. Warten Sie, bis ich mich melde. Ich wünsche, keinerlei Mitteilungen zu empfangen.«

Nun war alles geregelt. Er blieb in dem Studio in völliger Abgeschiedenheit bis gegen Ende des Sommers 1958. Dann kehrte er plötzlich in seinen Bungalow zurück – und erlitt dort einen totalen Nervenzusammenbruch.

Das wäre vielleicht auch geschehen ohne jene Vorführung von *Porgy and Bess*. Dieses Ereignis mag den Schritt beschleunigt haben, der ihn von seiner Frau trennte und ihn mit seiner Paranoia allein ließ. Die eigentliche Gefahr, die wahre Bedrohung aber war die »Ansteckung«.

Es war nicht nur die Reinheit weißer Weiblichkeit, von der Hughes besessen war, es war die Sauberkeit seiner gesamten Welt. Und diese Reinheit war nicht nur von in seinen Augen großen hässlichen Schwarzen bedroht. Die Gefahr der »Ansteckung« trat in seiner von zwanghaftem Sauberkeitswahn bedrohten Welt in ungezählten Varianten auf. Die gefährlichste davon war unsichtbar: Bakterien.

In fünf rosa Bungalows des »Beverly Hills Hotels« errichtete Hughes sein Domizil; und von seinem Hauptquartier im Bungalow 4 kommandierte er seine Truppen im Kampf gegen die Bakterien.

Hughes brach jeglichen menschlichen Kontakt ab – jeder war ein gefährlicher Keimträger –, von seiner reinlichen Mormonen-Garde abgesehen. Aber selbst diese Elite hatte sich harten Regeln zu unterwerfen, um den »Rückfluss von Bakterien« zu verhindern.

Die wenigen, die persönlich mit ihm zu tun oder ihm notwendigerweise etwas zu überreichen hatten, mussten sich einem Reinigungsritual von 30 Minuten, »Veredelung« genannt, unterziehen – sich »viermal hintereinander gründlich waschen, dabei

Unmengen von Schaum von jeweils anderen Seifenstücken« benutzen – und anschließend weiße Baumwollhandschuhe anziehen.

Aber das war noch nicht genug. Als Abschluss befahl Hughes, dass alles, was ihm seine Mormonen mit ihren behandschuhten Händen überbrachten, in Kleenex oder schottische Papierhandtüchern eingewickelt werden musste, um ihn vor »Infektionen« zu schützen.

Die unsichtbare Gefahr war damit jedoch keineswegs gebannt. Während er nackt in einem weißen Lederstuhl in der »bakterienfreien Zone« seines verdunkelten Bungalows saß, dessen Fenster mit Klebeband versiegelt waren, begann der Milliardär ein vollständiges »Handbuch mit Verhaltensmaßregeln« zu diktieren. Darin wurde detailliert festgelegt, wie viele Handtuchschichten erforderlich waren, um bestimmte Gegenstände ungefährdet berühren zu können.

»Mr Hughes möchte, dass Sie ihm einen Karton Hemden, einen Karton Hosen und einen Karton Schuhe bringen«, begann ein typisches Merkblatt mit der Überschrift »Kleidung zu HRH bringen«.

»Er möchte, dass Sie ein nagelneues, garantiert unbenutztes Messer nehmen, um den Schlitz einer neuen Kleenexpackung zu öffnen.

Nach dem Öffnen der Packung nehmen Sie das Deckblatt und das erste Kleenextuch heraus und werfen beides weg; sodann, mit zwei Fingern der linken und zwei Fingern der rechten Hand, nehmen Sie jedes einzelne Kleenextuch aus der Schachtel und legen diese auf eine ungeöffnete Zeitung und wiederholen dies, bis ca. 50 Tücher säuberlich aufgeschichtet sind. Sie haben nun einen Stapel für eine Hand. Machen Sie einen weiteren für die andere Hand, was im ganzen zwei Kleenexstapel ergibt, die zum Anfassen dieser drei Schachteln zu verwenden sind.

Mr Hughes weist darauf hin, dass Sie mit Ihrem Kopf in einem Winkel von 45 Grad von den verschiedenen Dingen, die Sie berühren, Abstand halten, ebenso wie von den Kleenexpackungen selbst, dem Messer und den Kleenexstapeln.

5. Kapitel · Furcht und Ekel

Achten Sie während dieser Tätigkeit besonders darauf, Ihren Atem von diesen Gegenständen fern zu halten.«

Das war jedoch noch gar nichts gegen die Vorsichtsmaßregeln, die Hughes für die Entfernung seiner Hörgeräteschnur aus dem Badezimmer anordnete:

»Benützen Sie zunächst sechs bis acht Lagen Kleenex, eine nach der anderen durch den Schlitz gezogen, um den Türknopf des Badezimmers anzufassen.

Dasselbe Kleenextuch kann zum Aufdrehen des Warmwasserhahns benützt werden, um einen starken Strahl zu erzielen. Dieses Tuch soll danach weggeworfen werden.

Ein Päckchen von sechs bis acht Kleenex wird dann benutzt, um das Seifenschränkchen zu öffnen, und ein noch ungebrauchter Riegel Seife wird herausgenommen. Alle bisher benutzten Kleenextücher sollen weggeworfen werden.

Die Hände sollen mit großer Sorgfalt gewaschen werden, sorgfältiger als je zuvor, dabei dürfen die Hände während dieser Prozedur nicht die Seiten des Beckens, die Hähne oder irgendetwas berühren. Mit großer Sorgfalt soll auch die Seife niedergelegt werden.

Ein Päckchen von 15–20 frischer Kleenex soll dann benutzt werden, um die Hähne zuzudrehen, und diese Kleenex sollen anschließend weggeworfen werden.«

Der wirklich heikle Punkt dieses Auftrags kam aber erst jetzt: die Beseitigung der Hörgeräteschnur, Schritt 2:

»Die Tür zum Kabinett soll mit mindestens 15 Kleenex geöffnet werden (die Türen müssen mit großer Vorsicht geöffnet und geschlossen werden). Sie dürfen nicht zugeknallt oder mit Schwung zugeworfen werden, um keinen Staub aufzuwirbeln, und außerdem ist größte Sorgfalt geboten, keine Insekten hereinzulassen.

Innerhalb des Kabinetts darf nichts berührt werden – die Innenseiten der Türen, die Decke des Kabinetts, die Seitenwände –, keine anderen Gegenstände innerhalb des Kabinetts dürfen in irgendeiner Weise berührt werden, mit Ausnahme des zu holenden Umschlags.«

Die Schnur des Hörgeräts war vorsichtig in einem Umschlag zu versiegeln, doch durfte nicht einmal der Umschlag berührt werden.

»Der Umschlag soll mit mindestens 15 Kleenex geöffnet und fortgelegt werden. Falls hierzu beide Hände benötigt werden, müssen für jede Hand jeweils 15 Kleenex verwendet werden. (Es ist selbstverständlich, dass diese 15 Kleenex beiderseitig steril sein müssen, ausgenommen der alleräußersten Ecke des Tuches. Nur die Mitte des Tuches sollte mit dem aufzuhebenden Gegenstand in Berührung kommen.) Falls irgendetwas aus der Packung zu entfernen ist, darf dies nur mittels eines sterilen Instruments geschehen.«

Hughes selbst durfte selbstverständlich niemals berührt werden; weder mit bloßen noch mit behandschuhten und geschrubbten Händen. Bei den seltenen Anlässen, die eine Kontaktaufnahme erforderten, wie etwa dem einem Ritual ähnlichen Vorgang des morgendlichen Weckens, war völlige Isolation geboten:

»Rufen Sie Roy und lassen Sie ihn zum Haus heraufkommen, um HRH um 10.15 pünktlich zu wecken, falls HRH zu dieser Zeit noch nicht wach sein sollte. Mit acht Lagen Kleenex soll er so lange die Zehen von HRH, jedes Mal etwas stärker, zwicken, bis er erwacht.«

Seine Mormonen, selbst zu einer Art sterilem Instrumentarium degradiert, befolgten haargenau jede noch so verrückte Anweisung ihres Herrn. Sie stellten niemals einen seiner Befehle in Frage, selbst dann nicht, wenn sie sich ihren Weg durch den Unrat in seinem Schlafzimmer, über Stöße von Zeitungen und benutzten Kleenex-Tüchern hinweg bahnen mussten – und dabei stets darauf zu achten hatten, dass kein Staub aufgewirbelt wurde.

Aus Angst vor Bakterien lebte Hughes in unvorstellbarem Schmutz. Was jedoch sein eigenes reines Selbst verursacht hatte, war frei von der Gefahr der »Ansteckung«. Tatsächlich war er peinlich darauf bedacht, dass nichts sein Schlafzimmer verließ, ebenso wie nichts hereinkommen durfte.

5. Kapitel · Furcht und Ekel

Er konnte sich von nichts trennen, das ihm gehörte. Nicht vom Staub, dem Gerümpel, nicht von seinem Haar, seinen Fingernägeln, seinem Schweiß, nicht von seinem Urin und nicht von seinen Exkrementen. Haare und Bart waren jahrelang nicht geschnitten, obgleich hoch bezahlte Friseure bereitstanden. Er hörte auf, seine Fingernägel zu schneiden, nachdem er seine Lieblingsschere in dem seine Lagerstatt umgebenden Gerümpel »verloren« hatte: Dann begann er, seinen Urin in verschlossenen Krügen zuerst in seiner Bel-Air-Garage und später in seinem Schlafzimmer in Las Vegas aufzubewahren; er litt an chronischer Verstopfung, konnte seine körperlichen Ausscheidungen nicht loswerden, sodass er einmal 26 volle Stunden vergeblich auf der Toilette saß.

Selbst seine Frau vermochte er nicht aufzugeben. Er hielt sie in sicherem Abstand in Bungalow 19, außerhalb der Kampfzone, und sah sie während dieser ersten drei Jahre so gut wie nie. Trotzdem hielt er sie unter scharfer Kontrolle und gegen jede Ansteckung gesichert.

Er ließ sie nirgendwo hingehen, versuchte, sie in ihren Zimmern einsperren zu lassen und fand stets Gründe, sie am Ausgehen zu hindern. Wenn er sie dennoch gehen ließ, mussten seine Männer sie begleiten und dabei detaillierte schriftliche Verhaltungsmaßregeln befolgen, in welchen Jean oft mit dem Codenamen »Major Bertrandez« bezeichnet wurde.

Eine solche Richtlinie (»Wie Major Bertrandez ins Theater zu bringen ist«) lautete beispielsweise: »Falls es nötig ist, die Türen beim Eintreten oder Hinausgehen zu öffnen, so hat dies mit den Füßen und nicht mit den Händen zu erfolgen: Falls es nötig oder allgemein üblich ist, sie ins Theater zu begleiten, soll ihr Sitz heruntergeklappt werden, wobei man sich eines Kleenex-Tuches bediene.«

Jedes Anzeichen einer Krankheit oder einer Infektion von Jean musste Hughes sofort gemeldet werden, und sie durfte keinen anderen Arzt als seinen rufen, und auch dies nur nach Rücksprache mit ihm:

»Wenn die Lage kritisch ist, darf ein Arzt sie anrufen. Es ist ihr unter gar keinen Umständen gestattet, einen Arzt in seiner Praxis, in einer Klinik oder einem anderen Ort aufzusuchen, bevor HRH mit ihr gesprochen hat.

Der Arzt wird darauf hingewiesen, dass er sie nur insoweit unterrichtet, als für eine sofortige Schmerzlinderung oder eine unmittelbare Behandlung erforderlich ist. Dies darf nur dann geschehen, wenn eine Verzögerung die Krankheit nachteilig beeinflussen würde. Es ist nicht auszuschließen, dass ein Telefongespräch erforderlich wird, falls alle Bemühungen fehlschlagen zu warten, bis HRH erreicht worden ist, doch muss der Arzt nicht gebeten, sondern angewiesen werden, ihr lediglich zu sagen, welches Medikament sie einnehmen solle, um eine Verschlechterung ihres Zustandes zu verhindern. Der Arzt soll ihr keine Diagnose stellen und sie nicht für längere Zeit behandeln. Nur die im Augenblick notwendige Behandlung soll durchgeführt werden.«

Hughes nämlich wollte selbst die Diagnose stellen und über die Behandlungsmethode entscheiden.

»HRH könnte die Notwendigkeit weiterer Behandlung oder die Unkenntnis, woran sie leidet, dazu benutzen, ihr das Rauchen abzugewöhnen oder sie dazu veranlassen, regelmäßig zu essen oder ihr eine Menge anderer Dinge zu sagen, die zu ihrem Wohl beitragen würden. Dies könnte nie geschehen, wenn der Arzt sie genau unterrichten würde. Nach dem ersten Kontakt zwischen dem Arzt und Mrs Hughes müssen Sie dafür sorgen, dass sie nicht wieder mit dem Arzt spricht. Falls der Arzt zu Hause ist, möge seine Frau am Telefon erklären, ihr Mann sei nicht da.

Der Arzt soll genau über die Unterredung mit Mrs Hughes Bericht erstatten.«

Selbst Jeans Freunde und Bekannte wurden überwacht. Falls jemand krank wurde, musste er »isoliert« werden. Als ihre Kammerzofe, Cissy Francombe, an einer Leberentzündung erkrankte, verlangte er eine vollständige Quarantäne.

»Wenn beim gegenwärtigen Stand meiner Geschäfte Jean, ich oder irgendein anderer wichtiger Mitarbeiter von dieser Krankheit angesteckt würde, könnte das unvorstellbar fatale Folgen haben.

5. Kapitel · Furcht und Ekel

Als Cary Grant vor einiger Zeit diese Krankheit in London bekam, erzählte er, er sei sechs Monate lang vollkommen unfähig gewesen, etwas anderes zu tun als im Bett zu liegen und sich den Tod zu wünschen.

Ich möchte deshalb ein Isolierungssystem für Cissy, für die Ärzte, die Schwestern sowie für jeden, der bisher oder in Zukunft mit ihr in Kontakt gekommen ist oder kommt, das so effektiv und vollkommen ist, dass es alles bisher Dagewesene übertrifft. Es soll sozusagen acht bis zehn Generationen überdauern. Ich verlange diese Isolierung nicht nur für jeden persönlichen Kontakt, sondern auch gleichermaßen für Zeitungen, Kleider, Blumen, Fernsehgeräte usw., die direkt oder durch die Post zu ihr gelangen.«

»Infizierte Frauen« waren schon immer ein besonderes Problem für ihn gewesen. Vor vielen Jahren hatte Hughes alle seine Kleider, alles, was er besaß – Anzüge, Hemden, Krawatten, Socken, Mäntel, sogar alle seine Tücher und Teppiche –, verbrannt, als ihm zu Ohren kam, dass eine Schauspielerin, mit der er einmal geschlafen hatte, an einer Geschlechtskrankheit litt.

Nun brauchte er zwar keine Kleider zu verbrennen, weil er meistens nackt war – auch sah er keine Frauen mehr. Aber das Trauma blieb. Möglicherweise hatte sich Hughes vor allem deshalb in die Einsamkeit zurückgezogen, weil er seiner neuen Frau entfliehen wollte. Fast unmittelbar nach ihrer Hochzeit begann er, sich abzukapseln. Er konnte sein Leben einfach nicht teilen, ertrug keine intimen Beziehungen. Aber es war nicht nur das. Er schien tatsächlich Angst vor der Frau zu haben, die er verschlüsselt »Der Major« nannte. Zur selben Zeit bereitete ihm eine Affäre mit einem Teenager, das Mädchen hörte auf den aparten Namen »The Party«, große Schwierigkeiten, die auf tiefer liegende Gründe für seine Angst schließen ließen.

Wenn er mit Jean flirtete, sah Hughes stets im Geiste das junge Mädchen. Sie war als Letzte in seinem Harem aufgenommen worden. Als er sie aus einer lokalen Schönheitskonkurrenz aussuchte, war sie kaum 16 Jahre alt, blieb aber sogar nach seiner Heirat in steter Bereitschaft, sorgsam bewacht in einem sterilen

Versteck im »Coldwater Canyon«. Nur ein einziges Mal, Weihnachten 1958, nahm er sie in seinen Bungalow mit, um seinen 53. Geburtstag zu feiern. Das war sein letzter Seitensprung.

Der war wohl nicht gerade von großem Erfolg gekrönt. Monate vergingen ohne eine weitere Verabredung. »The Party« fluchte und beschimpfte Hughes in unflätiger Weise. Die Beobachter, die ihr Telefon abhörten, hörten ihre Schimpfkanonaden.

»Du miserabler Hund«, schrie sie. »Nie kommst du mich besuchen. Ich wette, du kriegst ihn nicht mehr hoch, du alter impotenter Kerl.«

Impotent. Der Playboy aus *The Carpetbagger*, berühmt wegen seiner vielen Affären mit ebenso vielen Starlets, war womöglich von seiner Angst vor Frauen ins Exil getrieben worden – eventuell um seine Impotenz zu verbergen, sicher aber auch, um den Bakterien, den Schwarzen und all seinen anderen namenlosen Ängsten zu entfliehen. Bald sollte er diese Angst für immer hinter sich lassen, allein nach Las Vegas ziehen und den Rest seines Lebens, umgeben von *männlichen* Pflegeschwestern, dort zubringen.

Seine Angst vor »Ansteckung« sollte ihn nie verlassen. In der Vergangenheit war Hughes allein das Opfer seiner Angstzustände gewesen. Sein zehnjähriger Kampf gegen »Ansteckung« wurde nur im Inneren seines verdunkelten Schlafzimmers ausgefochten. Er galt nur der Verteidigung. Nun aber ging Hughes zum Angriff über.

Jene Schrecken, die ihn in die Einsamkeit getrieben hatten, zwangen ihn jetzt, die Welt da draußen unter seine Kontrolle zu bringen.

Er versuchte seit geraumer Zeit, ganz Las Vegas, die »gefallene Stadt«, die zu reinigen er sich vorgenommen hatte, von allen Seuchen zu befreien, von denen sie angeblich befallen war. Die Abwässerreinigung aber entwickelte sich zu einer seiner besonders ausgeprägten Obsessionen:

»Ich bin nach wie vor der Meinung, dass man einen Erholungsort von Weltruf und Bedeutung nicht auf ›Umweltverschmutzung‹ aufbauen kann«, erklärte er. »Nevada darf seinen

5. Kapitel · Furcht und Ekel

Touristen kein Wasser aus einem verschmutzten, ja, richtig stinkenden See anbieten.

Es ist nicht nur eine Sache von Reinheit und Unreinheit, aufgrund einer technischen Analyse. Die eigentliche Frage ist, ob ein anspruchsvoller, äußerst verwöhnter Tourist, ein Tourist, der eine sorgfältige Betreuung, wie sie ihm die großen, eleganten Erholungsorte der Welt bieten, gewöhnt ist, ich wiederhole, ob dieser Tourist sich wohl fühlt, wenn er weiß, dass das Wasser, das er trinkt, in welchem er badet, reines Bergquellwasser ist, wie in den Anzeigen von Coor's Beer behauptet wird, oder er stattdessen das unbehagliche, eklige Gefühl hat, dass das Wasser, das zu trinken er gezwungen ist, das Wasser, das bei seinen Drinks an der Bar verwendet wird, das Wasser, mit dem sein Essen gekocht wird, dass dieses Wasser, in welchem er baden und seine Hände waschen muss, dass dieses Wasser in Wirklichkeit nichts mehr und nichts weniger ist als Abwasser, wobei die Exkremente mittels eines Filters entfernt werden, um es durch ein Rohr pumpen zu können.

Der Name *lake mead water* bedeutet nicht mehr und nicht weniger als *Abwasser!*«

Hughes jedenfalls verspürte eindeutig ein »unbehagliches, ekliges Gefühl«. Er gab seinen Kampf gegen das neue staatliche 80-Millionen-Dollar-Wasserversorgungsprojekt nie auf.

Eine ganze Stadt – Las Vegas, ein ganzer Staat – Nevada – wurden von seiner Paranoia in Mitleidenschaft gezogen.

Noch immer waren es die 30 000 Schwarzen des Staates, vor denen er sich am meisten fürchtete. Für ihn waren sie die sichtbare Verkörperung aller unsichtbaren Bedrohungen.

Das Trauma der *Großen Weißen Hoffnung* war die Verkörperung dieser Angst. Die Schwarzen waren potent, und sie lachten über seine Impotenz. Die Schwarzen waren dunkel, braun wie das Gift, das sein Darm nicht loswerden konnte, so wie der Abwasserschlamm im Wasser. *Die Schwarzen,* sie waren in seinen Augen nicht nur schmutzig. Sie waren *die Riesenbakterien* schlechthin.

205

Sie mussten »isoliert« werden.

Oben in seinem Penthouse hätte Hughes doch eigentlich vor allen Menschen aus der Welt da draußen, ob schwarz oder weiß, sicher sein müssen. Doch das Unfassbare geschah, imaginäre schwarze Eindringlinge suchten ihn heim und peinigten ihn, schlimmer noch: Via Fernsehkanal, via seines eigenen Fernsehkanals, war er ihnen ausgeliefert.

»Gibt es denn keine Möglichkeit, dieses Bildungsprogramm über *Schwarzes Erbe,* das CBS jeden Morgen sendet, loszuwerden?«, fragte Hughes.

»Seither muss ich mir dieses Programm jeden Morgen mit äußerstem Missvergnügen ansehen – ich bin gezwungen, jeden Morgen zu sehen und zu hören, wie das einzige Bildungsprogramm auf KLAS eine solche Propaganda verbreitet wie: ›Afrika ist die Mutter und der Vater der Welt‹.«

Eine der anderen Qualen seines täglichen Lebens betraf das schon zitierte *Sunrise Semester,* Hughes hatte sich nie überwinden können, das Gerät einfach auszuschalten. Er war diesem gefürchteten Vorboten der Dämmerung nur entkommen, weil *Sunrise Semester* zu guter (?) Letzt um 6.30 Uhr früh von *Schwarzes Erbe* abgelöst wurde. Voller Empörung schrieb Hughes:

»Bob, wenn KLAS ein einziges Bildungsprogramm ausstrahlt und dieses eine geschichtliche Studie sein soll, warum kann es dann nicht ein Programm über amerikanische Geschichte statt über afrikanische Geschichte sein.

Wenn das der Fall ist, kann ich nicht einsehen, warum ein Fernsehsender sein Bildungsprogramm ausschließlich auf eine Darstellung der Negergeschichte beschränkt.«

Maheu stimmte zu, warnte aber davor, diese vermeintlich »anstößige« Sendung zu streichen: »Ich bin vielleicht ebenso entschieden gegen diese unterschwellige Propaganda wie du«, erwiderte er, »aber ich glaube, es ist besser, im Augenblick keine unnötigen neuen Probleme aufzuwerfen. Sheriff (Ralph) Lamb und D.A. (George) Franklin haben mir vertraulich mitgeteilt, dass wir in diesem Jahr möglicherweise einen wirklich ›heißen‹ Sommer‹ in Las Vegas bekommen. Mein bescheidener Vorschlag,

5. Kapitel · Furcht und Ekel

Howard, wäre, dieses spezielle Programm auslaufen zu lassen, damit wir der schwarzen Gemeinde keine Gelegenheit bieten, sich auf uns zu konzentrieren.«

Hughes war damit nicht zufrieden. Er wollte keinen Ärger, aber ebenso wenig wollte er *Schwarzes Erbe*. Und er hatte einen Plan:

»Bob, ich frage mich, ob die Einstellung aller Bildungsprogramme während der Sommermonate eine Lösung wäre.

Schließlich sind die Schulen im Sommer geschlossen, und falls man auf das Schulfernsehen verzichtet, gäbe es möglicherweise weniger Kritik wegen der Einstellung dieses speziellen Programms, als wenn es durch ein ›weißes‹ Programm abgelöst würde.«

Während die zwei fortfuhren, in einer Flut von Briefen das Auslaufen dieser Sendung zu erörtern, erhielt Hughes unerwartete Unterstützung: »Sowohl die nationale als auch die lokale NAACP [National Association for the Advancement of Coloured People] protestiert gegen das Programm *Schwarzes Erbe*. KLAS würde gern die Sendung absetzen, wenn Sie dem zustimmen.«

Das veränderte die Situation. Von nun an wurde die Sendung fortgesetzt – bis CBS sie zwei Monate später aus dem Programm nahm. Die anderen KLAS-Programme durften diese Sternstunden der Freiheit nicht erleben. Sogar die Hauptnachrichten waren strikter Rassentrennung verpflichtet: Als es in den örtlichen Schulen deshalb zu Spannungen kam, weigerte sich der Regionalsender glatt, Filme zum Thema Unruhen dem bundesweit ausgestrahlten Programm zu überlassen. Der Sendeleiter hatte seine eigenen Vorstellungen, wie das Rassenproblem via Fernsehen in den Griff zu bekommen sei: »Es gehört zur Politik von KLAS, die Afro-Probleme, die für Las Vegas nützlich sind, zu fördern und jene, die ungünstig sind, herunterzuspielen«, versicherte der Sendeleiter von KLAS seinem unsichtbaren Chef.

»Zum Beispiel gibt es einen taubstummen Star der Basketballmannschaft der Universität von Nevada. Dieser Junge besitzt einen sehr guten Charakter und kümmert sich nicht um die gegenwärtigen Rassenintegrations-Krawalle. Daher sind seine Leistungen von nationalem Interesse für alle diejenigen, die den wahren Grund der Eingliederungsprobleme erkennen und damit den Interessen von Las Vegas dienen.«

Diese feinsinnige Unterscheidung beeindruckte Hughes überhaupt nicht.

Er konnte »Ehrenerklärungen«, expressis verbis: Pseudo-Legitimationen für die Diskussion des Rassenproblems nicht akzeptieren: »Wir wollen keine Programme, in denen Neger vorkommen«, lautete die Antwort aus dem Penthouse. »Falls wir noch mehr derartige Programme haben, wünscht HRH, davon in Kenntnis gesetzt zu werden.«

Das Thema »Schwarze im Fernsehen« war, für den Augenblick wenigstens, nicht mehr von Bedeutung. Aber Howard Hughes wäre nicht Howard Hughes gewesen, hätte er sein Trauma nicht umgehend transferiert: und zwar auf einen Mann namens Arthur Ashe.

Man hatte den schwarzen Tennisstar zu einem Turnier auf dem Gelände des »Desert Inn« eingeladen. Er war gebeten worden zu kommen. Kein anderer als Maheu hatte dies heimlich arrangiert. Denn diese Ausscheidungskämpfe für den Daviscup waren wichtig für Las Vegas – ja, eine wahre Attraktion. Howard Hughes jedoch entdeckte am Vorabend dieser Kämpfe ein Komplott: Also forderte er, das Turnier abzusagen, weil Ashe keinesfalls auf »seinen« Plätzen spielen sollte. Hughes befürchtete, »Horden von Negern« könnten davon angelockt werden.

Maheu versuchte, ihn zu beruhigen: »Howard, ich bin sicher, dass wir nichts zu befürchten haben. Tennis ist kein Spiel, das seine [Ashes] Leute anzieht ...«

Ashe wurde – widerstrebend zwar – akzeptiert, der Boxer Muhammad Ali jedoch nicht. Ein weiteres Mal war die *Große Weiße Hoffnung* enttäuscht worden. Denn: Der Oscar-Preisträger Jack Johnson hatte es geschafft, und das nicht einmal unter Fernseh-»Schutzschirm«, seine »Botschaft« in die Sender der Stadt zu »schmuggeln«. Es jedoch mit Ali aufzunehmen, fehlte ihm jeglicher Mut. Also musste Maheu die Probleme lösen.

5. Kapitel · Furcht und Ekel

»Howard«, antwortete Maheu, »du brauchst dir keine Mühe zu geben, um mich davon zu überzeugen, wie Recht du in Sachen Clay hast.

Wenn es überhaupt möglich ist, so empfinde ich derartige Probleme vielleicht stärker als du.«

Maheu gewann die erste Runde nach Punkten: »Ich habe den Kampf Clay–Frazier abgesagt, jedenfalls soweit, wie er Las Vegas und Nevada betrifft. Ich bin davon überzeugt, dass es niemanden gibt, der glaubt, dieser nichtsnutzige Bastard könne auf Kosten des Staates Publikum anziehen.«

Es genügte Hughes nicht, den Kampf zu verhindern. Er wollte Ali – der wegen Kriegsdienstverweigerung angeklagt werden sollte – ins Gefängnis schicken. »Wir werden alles in unserer Macht Stehende versuchen«, versicherte Maheu, »damit er dort hinkommt.«

Oberflächlich betrachtet entbehrte es nicht einer gewissen Komik, wie ein isolierter alter Mann Barrikaden erklomm, um gegen Ashe und Ali, gegen Propaganda am Morgen und Gespenster in der Nacht zu kämpfen.

Aber Hughes repräsentierte zugleich etwas sehr Reales und sehr Hässliches in Amerika: verdrängte Ängste, verkappten Rassismus, Gefühle, die man nicht mehr offen zu zeigen wagte, die aber immer noch das Bewusstsein sehr vieler Amerikaner bestimmten. George Wallace, Gouverneur von Alabama, vertrat einen ungeschminkten Rassismus, und man jubelte ihm begeistert zu. Richard Nixon warb mit Schlagworten wie »Gesetz und Ordnung« und schürte die Angst vor der Kriminalität der Straße, und er wurde gewählt.

Vorausgegangen waren dieser politischen Entwicklung heftige innenpolitische Auseinandersetzungen. Sie begannen 1965, ein Jahr vor Hughes' Ankunft in Las Vegas, in Watts: Krawalle, Brandstiftung, der erste so genannte heiße Sommer. Jahre später, am Donnerstag, dem 4. April 1968, um 18 Uhr wurde Martin Luther King ermordet. Er hatte einen Augenblick auf dem Balkon eines Motels in Memphis gestanden und sich mit Freunden unten auf dem Hof unterhalten. Sekunden später war er tot.

Das schwarze Amerika ging auf die Straße, das weiße Amerika verfolgte den Krieg zwischen Demonstranten und Polizei am Bildschirm. Das galt natürlich auch für Howard Hughes, dessen Ängste aus dem Fernsehen neue Nahrung erhielten.

Die Schwarzen wollten und konnten ihren Zorn nicht mehr bändigen. In Washington, dann in Baltimore, Detroit, Philadelphia und Chicago; endlich in mehr als 100 Städten wurde aus Trauer Wut, und Wut zog Gewalt nach sich, ein verheerender Feuersturm ergriff das Land, der eine Woche währte und 48 Menschenleben forderte.

Die Bilder vom Kampf erschütterten die Menschen weit über Amerikas Grenzen hinaus: Soldaten, die verkohlte Ghettos besetzten und zwischen Blutlachen in den mit zerbrochenem Glas übersäten Straßen kämpften. Truppen in Kampfanzügen gingen auf dem Rasen vor dem Weißen Haus in Stellung. Ein MG-Trupp bewachte die Stufen des Capitols.

Hughes war diesen Bildern – allein in seinem Penthouse liegend – schutzlos ausgeliefert. Ohne auch nur mit einem Wort den ermordeten Führer der Bürgerrechtsbewegung zu erwähnen, ohne ein Wort des Bedauerns, von jeder Nachdenklichkeit unangefochten, ließ er jetzt seiner Angst vor der fremden Rasse freien Lauf:

»Ich weiß, dies ist deine Verantwortung und auch dein Spezialgebiet«, schrieb Hughes und dachte dabei hoffnungsvoll auch an Maheus FBI-Vergangenheit, »aber ich weiß auch, dass gewaltiger Druck auf die Eigentümer auf dem ›Strip‹ ausgeübt wird, eine liberalere Haltung gegenüber der Integration und der Einstellung von mehr Negern einzunehmen.

… Ich kann jedoch meine Haltung gegenüber der Einstellung von mehr Negern ganz leicht erklären: Ich glaube, es ist eine wundervolle Idee für andere Leute und an anderer Stelle. Ich weiß, das ist kein sehr lobenswerter Standpunkt, aber ich finde, die Neger haben schon genug Fortschritte gemacht, die für die nächsten hundert Jahre reichen, und man kann so etwas auch übertreiben.

Ich möchte nicht, dass du dir irgendwelche Konzessionen aufschwatzen lässt, denn hat man erst einmal Zugeständnisse ge-

5. Kapitel · Furcht und Ekel

macht, kann man nie mehr zurück, sodass es wieder so wird, wie es einmal vorher war.

Ich weiß, das ist ein heißes Eisen«, schloss Hughes, »und ich will nicht, dass du ein neues Kapitel für K.K.K. [Ku-Klux-Klan] schreibst. Auch möchte ich nicht als Negerhasser oder Ähnliches bekannt werden. Aber ich bewerbe mich bei keiner Wahl, und deshalb müssen wir auch der NAACP [National Association for the Advancement of Coloured People] gegenüber nicht unbedingt eine weiße Weste behalten.«

Außerhalb der Stadt, weit entfernt vom grell erleuchteten »Strip« mit seinen Spielhöllen und hochragenden Hotels, weit von der Talmiwelt glitzernder Neonlichter, märchenhaft ausgestatteter Revuen, Swimmingpools in Olympiagröße, Hundert-Dollar-Scheinen und dicken Zigarren, gab es ein anderes Las Vegas: Dort wohnten die Schwarzen der Stadt in einem heruntergekommenen Ghetto: auch eine amerikanische Realität, nur drei Meilen vom großen amerikanischen Traum entfernt. Hier sollten sie nach Hughes' Meinung bleiben: in baufälligen Unterkünften und getrennten Schulen, nur jeder fünfte Erwachsene hatte Arbeit, Jugendliche überhaupt nicht, und ihre nächsten Erholungsmöglichkeiten waren zehn Meilen weit entfernt.

In den späten Sechzigerjahren konnte man dies kaum noch ignorieren. Nicht einmal in Las Vegas. Bundesgerichte ordneten integrierte Klassen an, und im Parlament des Staates Nevada wurden Gesetze eingebracht, die auch die Benachteiligung beenden sollten, die den Schwarzen durch ihre Ghettosituation entstand. Hughes war entsetzt. »... Ich hörte soeben in den Nachrichten, dass der jüngste Entwurf zum Mieterschutzgesetz der schärfste in ganz Amerika sei. Das klingt ziemlich beängstigend.«

Zwei Wochen später konnte Maheu gute Nachrichten überbringen: »Howard, Tom Bell ist es gelungen, das geplante Mieterschutzgesetz zu Fall zu bringen.« Aber selbst Bell, Sozius des Bruders des Gouverneurs und Zahlmeister des Milliardärs, konnte nicht schalten und walten, wie Hughes es wollte.

Nach zwei Wochen wurde eine neue – zwar erheblich abgeschwächte – Vorlage eingebracht und angeblich sogar von Gouverneur Laxalt unterstützt. Hughes war zugleich schockiert und wütend:

»Bob, was bedeutet dieser Gesetzentwurf von Laxalt? Ich hielt ihn für einen Freund und glaubte, Bell habe ihm gesagt, wie ich über die Sache denke.«

Wie konnte der Gouverneur die Wünsche eines so prominenten Bürgers dermaßen ignorieren? Hatte Hughes sich nicht immer als großzügig erwiesen? Und dies alles nur wegen 30 000 Schwarzer. Hughes richtete sofort ein weiteres Schreiben an Maheu und fügte diesmal Beweise für die Unfähigkeit des Gouverneurs bei.

»Bitte lies alles – jedes Wort dieses Artikels. Dies beunruhigt mich. Wenn Laxalt in seinen Zugeständnissen zugunsten der farbigen Rasse so weit geht, könnte dies auch andere gesetzliche Vorhaben beeinflussen.

Das bereitet mir besonders deshalb Sorgen, weil ich neue Investitionen für Nevada plane und Laxalts Freundschaft wichtig für meine Entscheidungen ist.

Wenn Laxalt weiß, dass ich diese Gesetze nicht will und er trotzdem weitermacht und sie irgendwie vorantreibt, so ist das eine merkwürdige Freundschaft.

In diesem Artikel steht, dass das Gesetz nicht ohne Laxalts Drängen durchkäme.

Bitte ruf ihn an oder veranlasse Bell, sofort Verbindung zu ihm aufzunehmen. Es ist vielleicht unmöglich, ihn vormittags zu erreichen, und morgen könnte es zu spät sein ... Ich würde gerne mit meinen Nevada-Plänen weitermachen, aber dies gibt mir viel zu denken ...«

Falls der Gouverneur durch Versprechungen neuer Investitionen oder durch Drohungen, sie zu unterlassen, nicht anderen Sinnes würde, bot Hughes nun den wirklichen Köder an, um den sonst so entgegenkommenden Staatsmann zur Vernunft zu bringen:

»Du kannst Laxalt durch Bell unbegrenzte Zusicherungen für eine uneingeschränkte finanzielle Unterstützung übermitteln.

5. Kapitel · Furcht und Ekel

Bob -

4-16-69

Please read all — every word —
of this article. This worries me.
If Laxalt goes this far in his
leaning toward benefits
favoring the colored race it
may influence other legislation.

What worries me most is
that I am just hovering on
the brink of further huge
investments in Nevada, and
Laxalt's friendship is an important part of this decision.

If Laxalt knows I don't
want this legislation, and he
goes ahead and pushes it anyway, that is peculiar friendship.

It says in this article
that the bill would not pass
except for Laxalt's urging.

Please call him or ask
Bell to contact him at
once. It may be impossible
to reach him in the AM
and tomorrow may be too
late. Bob, I feel so much
better about the AEC situation
in view of the progress you
have made. I would like to
go ahead with all my Nevada
plans, but this worries me

Howard Hughes · Das wahre Gesicht der Macht

a great deal. Please contact
him right away, and while
you have him please try to
get his support on the racing
bill.

You may send Foxalt
through Bell absolutely unlimited assurances of un-
limited financial support.
He does not need the colored
vote and I want him to
know this loud and clear!

From: Maheu

Re: Open Housing

                        16 April 1969, 9:50 am

        Tom Bell just called to inform they have just definitely

killed the open housing bill. He wanted you to know that

Laxalt was very "quietly" helpful in accomplishing this. In

other words Howard, he delivered to Tom the critical vote

which enabled Bell to kill it in committee.

5. Kapitel · Furcht und Ekel

Er ist nicht auf die Wählerstimmen der Schwarzen angewiesen, und ich möchte ihm dies *klar* und *deutlich* sagen.«

Anscheinend erfüllte die Botschaft ihren Zweck. Klar und deutlich. Maheu meldete am Abend des 16. April 1969 seinem Boss den Sieg: »Tom Bell rief soeben an, um zu berichten, dass sie das Mieterschutzgesetz endgültig abgelehnt haben. Er wollte dich wissen lassen, dass Laxalt ›in aller Stille‹ dafür gesorgt hat, dass es klappte. Mit anderen Worten, Howard, er gab die entscheidende Stimme ab, die es Bell ermöglichte, die Vorlage im Ausschuss zu Fall zu bringen.« Wirklich in aller Stille. Die Lokalpresse veröffentlichte eine ganz andere Darstellung: Gouverneur Laxalts Mieterschutzgesetz wurde im Finanzausschuss mit 4 zu 3 Stimmen abgelehnt. Es war eine der ersten größeren Niederlagen in Laxalts Amtszeit.

In der heftigen Debatte, die der Abstimmung im Ausschuss vorausging, warnte einer der Befürworter, Nevada könnte ein zweites Watts werden. Senator James Slattery aus Nevada, der Hughes zu Hilfe kam (er hatte 2500 Dollar erhalten) antwortete: »Wenn Sie den Schneid gehabt hätten, mit Maschinengewehren einzumarschieren und 200 bis 300 Leute in Watts zu töten, wäre das nicht passiert. Sie haben das Gesetz gebrochen.«

Offensichtlich hatte auch Hughes die Warnung nicht verstanden. Einige Monate später schrieb er:

»Ich habe soeben im Kanal 8 das Programm über Rassenintegration gesehen und fand es beängstigend«, schrieb der Einsiedler.

»Ich begreife, dass man sich der Entscheidung des Obersten Gerichtshofs beugen muss (jedenfalls bis zu einem absolut unumgänglichen Grade), wenigstens so lange, bis es wieder geändert wird.

Aber ich bin bestimmt nicht sehr glücklich über diese 800 000-Dollar-Anleihe, die die Schulen haben wollen, und über die Tatsache, dass dieses weit reichende Integrationsgesetz so sklavisch befolgt werden soll. Bitte sag mir, was man hier machen kann.«

In Wirklichkeit war natürlich nichts zu machen, jedenfalls nicht über das hinaus, was die ähnlich gesinnten Stadtväter nicht schon getan hätten.

Ein Bundesrichter, so erklärte Maheu, hatte angeordnet, dass sieben Millionen Dollar für die Aufhebung der Rassentrennung in den Schulen zur Verfügung stehen müssten. Die örtliche Schulbehörde glaubte, mit 800 000 Dollar auszukommen. Hughes war empört.

Seit der Ermordung Kings waren beinahe anderthalb Jahre vergangen.

Trotz der zugespitzten Zustände, trotz der ignoranten Haltung der Verantwortlichen waren Las Vegas die Unruhen, von denen die meisten Städte Amerikas erfasst waren, bisher erspart geblieben.

Aber Sonntagnacht, am 5. Oktober 1969, brach der Aufruhr im Ghetto am Rande der Wüste los. Die Krawalle und Brandstiftungen hielten drei Tage an. 200 Schwarze wurden festgenommen. Zwei Menschen starben.

Der »Strip« war zu keiner Stunde von den Gewalttaten bedroht. Sie breiteten sich nie über die Grenze der fernen Slums aus. Dennoch war Hughes erschüttert.

»Howard«, schrieb Maheu besänftigend, »ich kann dir fast garantieren, dass sie erst anderes Eigentum zerstören, bevor sie sich an unserm vergreifen.«

Hughes schien einen geheimen Verbündeten im feindlichen Lager zu haben.

Wer schützte ausgerechnet den Mann, der das Mieterschutzgesetz verhindert hatte, der versuchte, die Integration in den Schulen zu blockieren, der keine Schwarzen einstellen wollte und nicht einmal erlaubte, dass sie in seinem Fernsehsender auftraten?

Sammy Davis junior.

Er war der Letzte der »Rattenbande«, der Einzige, der im »Sands« blieb, nachdem Sinatra davongelaufen war und der einzige Schwarze auf Hughes' Lohnliste. Er hatte sogar gerade einen neuen Fünfjahresvertrag mit Hughes unterzeichnet.

»Erst vor kurzem«, vertraute Maheu Hughes an, »hat er mir hoch und heilig versichert, dass seine Leute niemals etwas gegen dich unternehmen würden.«

Doch nun tauchte eine neue Gefahr auf, vor der nicht einmal Sammy Davis jr. ihn schützen konnte.

6. Kapitel

Der Entscheidungskampf

Gegen Abend (nach einem schlimmen Tag) nahm Howard Hughes seine Nachmittagszeitung zur Hand.

Er sah durch seine »Zauberbrille«, ein batteriegetriebenes Vergrößerungsglas. Seine eingesunkenen Augen verengten sich bei der Anstrengung, auch die kleinste bedrohliche Nuance zu entdecken, die sich in den klein gedruckten Zeilen verbergen könnte.

Es war aber eine Schlagzeile, die ihn traf: »GRÖSSTER ATOM-VERSUCH ALLER ZEITEN BEI VEGAS!«

»Jetzt reicht es mir aber!«, schrieb er, von Angst und Wut gepeinigt. »Ich lese soeben, dass man den größten Atomversuch, der je in den USA durchgeführt worden ist, machen will, und zwar direkt hier auf dem Versuchsgelände von Vegas.

Ich möchte, dass du sofort den Gouverneur sowie die Senatoren und Kongressleute anrufst«, befahl er Maheu. »Wenn diese außergewöhnlich große Explosion nicht abgesagt wird, werde ich mich mit einem persönlichen Appell direkt an den Präsidenten wenden und verlangen, das gesamte Versuchsprogramm zu verlegen.«

Für Hughes waren diese Zeilen eine Kriegserklärung.

Eine Wasserstoffbombe mit einer Sprengkraft von mehr als 1,2 Millionen Tonnen TNT war tief unter der Wüste von Nevada im Erdboden versenkt worden, keine 160 Kilometer von Howard Hughes' Schlafzimmer entfernt: mehr als 100-mal stärker als die Hiroshima-Bombe – so stark, dass man das von ihr ausgelöste Beben in vier Staaten spüren würde.

Es war Dienstag, der 16. April 1968. In zehn Tagen sollte die Bombe gezündet werden. Das war der Augenblick, vor dem sich

Hughes schon seit mehr als einem Jahr gefürchtet hatte. Die Atomenergie-Kommission hatte genau einen Monat nach seiner Ankunft in Las Vegas eine neue Serie von unterirdischen Atomversuchen angekündigt. Der erste Test, es wurde eine Megatonne Sprengstoff verwendet, fand kurz vor Weihnachten 1966 statt und ließ das »Desert Inn« erzittern. Howard Hughes geriet in Panik. Seither waren jedoch nur kleinere Versuche durchgeführt worden, und der besänftigte Einsiedler glaubte schon, er habe das Versprechen der AEC, künftig nie mehr solche erderschütternden Explosionen auf dem Versuchsgelände von Nevada durchzuführen.

Und dann war er plötzlich diesem heimtückischen Angriff ausgesetzt!

Ungläubig nahm Hughes seine Zeitung und las noch einmal die nüchterne, amtliche Verlautbarung: »Personen im Umkreis von etwa 400 Kilometern werden wahrscheinlich unmittelbar nach der Explosion ein leichtes Erdbeben verspüren, *vor allem, wenn sie sich in den oberen Stockwerken hoher Gebäude oder anderer hoher Bauten aufhalten.*«

Eine Unglücksbotschaft, die direkt an das Penthouse gerichtet war. In zehn Tagen sollte der Countdown beginnen.

Von nun an hatte Howard Hughes die Macht in seinem Reich zu einem Teil an die »Bombe« abgegeben. Die »Bombe« regierte sein Denken und sein Handeln, der Gedanke an sie gewann Macht über den reichsten Mann Amerikas.

Er war, koste es was es wolle, entschlossen, das, was er das »Bomben« nannte, zu stoppen. Diese Entscheidung entwickelte sich zur größten seiner zahlreichen Obsessionen. Er würde diesen Kampf auf allen Regierungsebenen führen und schließlich bis ins Weiße Haus tragen, Präsidenten und Präsidentschaftsbewerbern Bestechungsgelder anbieten. Er würde, besessen, wie er war, versuchen, die Regierung der Vereinigten Staaten zu kaufen, um die atomaren Verheerungen zu verhindern.

Endlich hatte Hughes eine Gefahr entdeckt, die seinem Wahn angemessen war. Die Ängste vor Bakterien, Schwarzen und verseuchtem Wasser hatten seine Paranoia nicht befriedigen kön-

6. Kapitel · Der Entscheidungskampf

nen. Immerhin – wenn auch eher krankheitsbedingt – erkannte er (von der Ostermarschgeneration abgesehen), als Erster die grenzenlose Bedrohung, die von der Kernkraft ausging. Also war er allein, und diese Tatsache begründete seine tödliche Angst.

Das lag unter anderem daran, dass die Atomtests Howard Hughes' einzige reale Erfahrung mit der »Außenwelt« waren, er konnte sie *spüren*, er, der sonst in völliger Isolation von der »Außenwelt« lebte und den Kontakt zu dieser Welt nur über seine Mormonen oder über das Fernsehen herstellen konnte.

»Als wir hierher kamen, geschah das, wie du dich erinnern wirst, nur wegen der Alternative zwischen diesem Gebiet und einem anderen«, schrieb Hughes und erinnerte Maheu so an die Bahamas. »Ich habe mich schließlich dazu entschlossen, um – verrückt genug – dem Hurrikan zu entgehen. Nun, ich möchte betonen, dass ich nicht hierher gekommen bin, nur um jetzt von irgendwelchen stupiden Arschlöchern belästigt zu werden, die Erdbeben produzieren.«

Noch bedrohlicher als die Erderschütterungen waren die radioaktiven Strahlungen. Vor ihnen gab es keinen Schutz, gegen sie halfen weder Kleenex-Tücher noch Desinfektion.

Diese Strahlen, dessen war er sicher, drangen in die unteren Erdschichten ein, vergifteten die Erde und verseuchten das Wasser, dessen Reinheit ihm so sehr wichtig war.

Die »Bombe« aber war nicht nur eine Gefahr für Leib und Leben, sondern auch für die Geschäfte des Howard Hughes. Der nämlich war davon überzeugt, sie könne seine 200-Millionen-Dollar-Investition in Las Vegas gefährden:

»Wer kann die Tatsache bestreiten, dass tausende und abertausende von Touristen für Nevada verloren sind, wenn die Tests fortgesetzt werden und Nevada mit dem Horrorbild nuklearer Verwüstungen identifiziert wird?«

Auch wenn Hughes bei all seinen Ängsten das Geschäftliche nie vergaß, sprachen der Tenor seiner Mitteilungen an die »Außenwelt« und seine zittrige Handschrift auch dafür, dass er in der Furcht vor einem zweiten Hiroshima lebte.

Howard Hughes · Das wahre Gesicht der Macht

I have ~~to~~ insisted
from the start that
any damage would
~~the to~~ be in the
form of destruction
to the ~~————~~
attraction of this
community as a
peaceful paradise - like
resort, at which people
could get away from,
and not be reminded
of the gruesome, ever -
present, over hanging
threat of the ghastly
image of the scarred
and mutilated bodies

6. Kapitel · Der Entscheidungskampf

which remained after
the nuclear bombing
of ~~the~~ Hiroshima.

As I say, the
future image of this
area should, hopefully,
represent a vacation
resort of the very
ultimate quality — not
a military experimental
testing ground for
exterminating devices.

There are many
people in the world
who are violently opposed
to everything ~~the~~ even
remotely associated with
war. I think this
fact has been made
more emphatically evident

recently, than ever before,
thru the many dem-
onstrations.

I am not one of
these people who feel
so strongly that this
~~nation~~ nation should
abandon its military
organizations and weapons
in this hostile world.

However, a large.
segment of the world's
population does feel that
~~that~~ way, and the future
development of Las Vegas,
if it is to be fully
realized, must ~~~~ be
designed to appeal to
every body — not just the
hawks.

6. Kapitel · Der Entscheidungskampf

Und er behielt auf seine Weise Recht. Eines Tages musste ein Gremium unter Vorsitz des Präsidenten endlich einräumen, dass auch die unterirdischen Versuche ernst zu nehmende Risiken bargen. Zehn Jahre später enthüllte die (erzwungene) Veröffentlichung bis dato unterdrückter Dokumente die Wahrheit: Ein Vierteljahrhundert lang hatten Verantwortliche in der Regierung gewusst, dass ihr Versuchsprogramm tausende amerikanischer Bürger zu Krankheit oder, schlimmer noch, zu langsamem Sterben verurteilen würde.

Für Howard Hughes war die Bombe in Wirklichkeit nur der Brennpunkt, in dem alle seine Ängste gebündelt wurden.

Die Tatsache machte aus dem Milliardär einen von Wahnvorstellungen geplagten Propheten des Untergangs. Hätte er nicht über ein solch unvorstellbares Vermögen verfügt, wäre er sicher auf die Straße gegangen, um den »Massen« zu predigen.

»Ich meine, Nevada hat es nicht mehr nötig, um seiner nackten Existenz willen diesen giftigen, verseuchten, radioaktiven Abfall, der schlimmer ist als menschliche Exkremente, lächelnd zu akzeptieren.«

Schlimmer als menschliche Exkremente! Das war die Sprache des analfixierten, weil unter chronischer Verstopfung leidenden Milliardärs.

Hughes hatte das drohende Unheil geahnt.

Einen Monat zuvor waren 5000 Schafe im benachbarten Utah getötet worden, als die US-Army biologische Waffen testete und dieser Test scheiterte.

Das war ein Omen für Howard Hughes, der ohnehin dazu neigte, sich mit einem Opferlamm zu identifizieren.

In seinem Gefechtsstand im Penthouse bereitete sich der nackte Milliardär inzwischen auf einen anderen Entscheidungskampf vor.

Mit einer Flut von Anweisungen befahl Hughes seinem Stabschef Maheu, er solle »in einem Kampf bis zum letzten Atemzug schärfsten Druck auf die Atomenergie-Kommission (AEC) ausüben und dafür alle verfügbaren Kräfte zusammenfassen«.

»Bob, ich möchte, dass du alles versuchst und keine Kosten scheust«, betonte Hughes. »Du weißt, was wir erreichen wollen, und du weißt, dass unsere Reserven unbegrenzt sind.«

Zu dieser Zeit versenkten 160 Kilometer weiter nördlich auf einem öden Wüstenfleck namens Pahute Mesa »feindliche Kräfte« einen zwei Meter langen Zylinder mit einer roten Spitze in einem 1300 Meter tiefen Schacht. Sie konnten nicht ahnen, dass ihr Unternehmen (mit dem Decknamen »Boxcar«) auf schärfsten Widerstand stoßen würde.

Die weiten Gebiete unfruchtbaren Landes in Nevada waren seit langem das Atomversuchsgelände der Nation. Seit fast zwei Jahrzehnten hatte die AEC hier auf einem 3500 Quadratkilometer großen Gelände ihre Bomben gezündet, ohne dass es jemals größere Proteste gegeben hätte.

Aber nun waren die Bataillone in Stellung gegangen: Howard Hughes im Kampf gegen die Vereinigten Staaten. Der reichste Mann Amerikas, alleiniger Eigentümer einer der größten Rüstungsfirmen des Landes mit streng geheimen Militäraufträgen in Höhe von jährlich fast einer Milliarde Dollar, war bereit, gegen die Atomenergie-Kommission, das Verteidigungsministerium und, wenn nötig, gegen das Weiße Haus und die gesamte Regierung in Washington in einen Krieg einzutreten.

Kurz vor »Kriegsausbruch« jedoch, genau einen Tag nach Ankündigung des Unternehmens »Boxcar«, meldete Maheu, der Frieden sei in Sicht oder zumindest eine vorübergehende Waffenruhe.

»Wir haben den Vizepräsidenten in Kenntnis gesetzt, und er wird versuchen, einen Aufschub von 90 Tagen zu erreichen«, berichtete Maheu seinem Chef. Hubert Humphrey, der kurz davor stand, seine Präsidentschaftskandidatur bekannt zu geben und wie gewöhnlich nicht gerade über reichliche Finanzen verfügte, war außerordentlich froh, in dieser Angelegenheit behilflich sein zu können. Darüber hinaus war Gouverneur Laxalt bereit, Humphrey bei der Forderung nach einem Moratorium zu unterstützen.

6. Kapitel · Der Entscheidungskampf

»Ich hatte soeben eine einstündige Unterredung mit dem Gouverneur«, berichtete der Stabschef. »Er ist hundertprozentig unserer Meinung – vor allem, seitdem du klargemacht hast, dass die gesamte Planung und Forschung hier in Nevada fortgesetzt werden könne, mit Ausnahme der Atomversuche selbst.«

Die Friedensbedingungen waren milde. Hughes würde lediglich auf seine Kosten eine Gruppe unabhängiger Wissenschaftler engagieren, die in der Zeit des Stillhalteabkommens ein Urteil über die Unschädlichkeit des geplanten Versuchs abgeben sollten.

»Bob, ich überlasse dir die gesamte Kampagne«, erwiderte Hughes, der bereits einen vollständigen Sieg voraussah. »Ich finde, du solltest *persönlich* ins Weiße Haus gehen, sobald wir den 90-tägigen Aufschub erreicht haben, und versuchen, dem Präsidenten eine dauerhafte Politik schmackhaft zu machen.

Ich bin sicher«, fuhr er unter plump vertraulichem Hinweis auf den entgegenkommenden Vizepräsidenten fort, »HHH würde sich gern mit dir zusammensetzen und einen Termin ausmachen …«

Doch dann wurde Hughes von neuen Untergangsvisionen heimgesucht.

»Die Spätnachrichten im Fernsehen waren alarmierend«, berichtete der Einsiedler. »Es wurde gemeldet, dass, während die bisherigen Explosionen nur in den oberen Stockwerken hoher Gebäude spürbar waren, diese Explosion viel stärker sein werde (in der Tat stärker als jede bisherige Explosion in den Vereinigten Staaten überhaupt).«

Es hieß dann weiter, dass diese Explosion von gewaltigen und länger andauernden Bodenwellen in Straßenhöhe begleitet sein werde, die zu Erdrissen und vor allem zu Löchern und Rissen im Straßenpflaster der Städte und auf den Autobahnen führen könne.

»Der Nachrichtensprecher sagte weiter, es gäbe überhaupt keinen Zweifel, dass diese Explosion alle bisherigen weit in den Schatten stellen werde.

Bob, ich finde das einfach *schändlich!* Bitte lass von dir hören, wenn du nicht zu müde bist.«

Der schlaftrunkene Maheu, der an die nächtlichen Alarmrufe gewöhnt war, ließ sich von den Fernsehberichten nicht einschüchtern. Gelassen antwortete er: »Wir sind ganz zuversichtlich, dass es uns gelingen wird, einen 90-tägigen Aufschub zu erreichen.«

Maheu beauftragte den wendigen John Meier für Unterstützung von wissenschaftlicher Seite zu sorgen.

Meier, ein gerissener Hochstapler, angeblich Doktor der Philosophie, der jedoch nie über die High School hinausgekommen war, erwies sich als großer Meister darin, die Atomgegner unter den Wissenschaftlern heranzuziehen. Seine Meisterschaft bewies er auch, als er Hughes um Millionen für falsche Mutungsrechte beschwindelte.

Bald schloss sich auch der Nobelpreisträger Linus Pauling dem Protest gegen »Boxcar« an, ebenso der Atomgegner Barry Commoner.

»Wir machen große Fortschritte«, meldete Maheu dem Penthouse. »Heute hat der Vizepräsident Unterlagen verlangt, die bereits auf dem Wege in sein Büro sind. Wir haben den Bundesstaat Utah auf unserer Seite, und das wird bereits morgen in Washington spürbar werden. Inzwischen erhalten wir die ersten Daten (telegraphisch von Wissenschaftlern), die Gouverneur Laxalt verlangt hat. Er möchte jetzt, dass sich Gouverneur Reagan unseren Bemühungen anschließt.«

Hubert Humphrey, Ronald Reagan, Paul Laxalt, Linus Pauling und Barry Commoner: Der Streit entwickelte sich zu ihren Gunsten.

Dieser Triumph war jedoch nur von kurzer Dauer.

Maheu, der sich inzwischen der Unterstützung von 30 »prominenten Wissenschaftlern« versichert hatte, kündigte für die kommende Woche seinen Friedensplan an. Die Folge war eine sofortige und kräftige Abfuhr vonseiten der AEC.

»Boxcar«, so erklärte die Regierungsbehörde, sei ein »waffentechnisches Experiment, um die atomare Schlagkraft der Nation zu erproben« – vor allem, um einen Sprengkopf für das damals geplante antiballistische Raketensystem zu entwickeln. Ein Moratorium käme überhaupt nicht in Frage.

6. Kapitel · Der Entscheidungskampf

»Jede Verschiebung des geplanten Tests«, betonte die Kommission, »hätte schädliche Auswirkungen auf unsere nationale Verteidigung.«

Hughes war empört. Man hatte sich nicht nur gegen ihn entschieden, sondern sogar seinen Patriotismus in Frage gestellt.

»Wie kommen die dazu, mit der amerikanischen Flagge vor meinem Gesicht zu wedeln und so zu tun, als sei ich irgendein wichtigtuerischer Idiot, der in seiner Dummheit ein Milliarden-Dollar-Verteidigungsprojekt sabotieren könnte?«, fragte er.

»Ich, der mehr für die Verteidigung getan hat, als sich N.T.S. [Nevada Test Site] jemals träumen lässt. Schließlich sind bisher nur zwei Atomwaffen tatsächlich eingesetzt worden, und damals gab es N.T.S. noch gar nicht. Mein Rüstungsmaterial ist im großen Umfang sowohl im Weltkrieg Nr. 2 als auch in Korea und Vietnam verwendet worden.«

Darüber hinaus war Hughes davon überzeugt, dass die AEC gelogen habe. Er hatte als einer der Waffenschmiede des Landes nicht nur Zugang zu geheimen Informationen, sondern war tatsächlich am ABM-Projekt beteiligt.

»Ich bin absolut auf dem Laufenden, was das gesamte Antiraketenprogramm dieses Landes angeht«, erklärte er. »Wir haben uns aktiv um eine Beteiligung an diesen Projekten beworben, seit vor sieben Jahren mit dem ersten begonnen wurde. Tatsächlich stammt ein großer Teil dieses ersten Systems, das sich als äußerst erfolgreich erwiesen hatte, von uns.«

Die Behauptung, die nationale Verteidigung sei tangiert, entbehrte nach seiner Meinung jeglicher Grundlage.

»Natürlich dürfen wir keinesfalls in die Lage geraten, militärische Geheimnisse zu enthüllen«, warnte der Milliardär. »Aber ich kann dir aufgrund technischer Informationen des Verteidigungsministeriums, die sich völlig legal in meinem Besitz befinden, verraten, dass diese letzte AEC-Verlautbarung zu 99 Prozent echte Scheiße ist.

Wenn du die nackte, ungeschminkte Wahrheit wissen willst, dann sind diese Tests ohne jeglichen Nutzen«, fuhr Hughes fort, fest davon überzeugt, dass seine Gegner lediglich aus Böswilligkeit handelten.

Am Standort der Atomenergie-Kommission in Washington war man zwar sehr misstrauisch, konnte sich aber kaum vorstellen, aus welchen Motiven Hughes eigentlich handelte. Seit Tagen gab es Gerüchte, dass er sich bemühe, das Unternehmen »Boxcar« zu stoppen, darunter die Behauptung, der mysteriöse Einsiedler halte »eine Flugzeugflotte bereit, die die radioaktive Wolke verfolgen« solle, falls die Bombe gezündet würde.

Inzwischen wurde die Behörde von einer beispiellosen Flut von Briefen und Telegrammen überschwemmt, die durch Hughes' Protest angeregt worden war, und die Regierung war beunruhigt wegen möglicher Schritte des Milliardärs. In einem regen, amtlichen Telegrammwechsel zwischen Las Vegas und Washington wimmelte es von delikaten Tatsachen und Mutmaßungen über den seltsamen Widersacher.

Ein als »vertraulich« deklarierter Bericht behauptete, Hughes' Agenten hätten mehreren Wissenschaftlern Schmiergelder als Gegenleistung für atomfeindliche Erklärungen angeboten; ein anderer gab zu bedenken, dass »Hughes' Furcht vor Verseuchung und Erderschütterungen vielleicht nicht unbegründet sei«.

Inzwischen ging der Countdown in Pahute Mesa weiter, während Arbeiter auf dem Versuchsgelände den Bombenschacht, als letzte Vorbereitung für die große Explosion, verschlossen.

Damit war, nach einer Woche trügerischen Friedens, nur vier Tage vor der geplanten Zündung, der Kampf um die Bombe in aller Schärfe entbrannt.

Erbittert von der Ablehnung seines Moratoriums übernahm Hughes nun selbst das Kommando bei dem Feldzug und war bereit, jedes Bündnis einzugehen, jede Strategie zu versuchen und jeden Preis zu zahlen, um den Atomangriff abzuwehren.

Zunächst dachte er daran, die Angelegenheit finanziell zu regeln. Trotz seiner Wut auf die AEC bot er der Behörde ein Geschäft an.

Wenn er den Aufschub eben nicht umsonst bekommen könne, würde er eben dafür bezahlen: »Ich bin bereit, alle Mittel

6. Kapitel · Der Entscheidungskampf

zur Verfügung zu stellen, um für zusätzliche Überstunden und sonstige Unkosten aufzukommen.«

Endlich hatte er eine glückliche Eingebung. Er würde einfach alle Kosten für eine Verlegung der Bombenversuche an einen anderen Ort übernehmen. Am liebsten auf ein im Bau befindliches Versuchsgelände in Alaska.

»Wenn es lediglich die Kosten sind, die die AEC stören«, schrieb Hughes, »dann bin ich, da mir die Sache so wichtig ist, sogar bereit, die Kosten für den Umzug zu einem anderen Versuchsgelände aus meiner eigenen Tasche zu bezahlen.

Ich habe keine Ahnung, wie hoch sie sein werden. Ich wäre da ganz auf die Gnade und Barmherzigkeit der AEC angewiesen, die mir wahrscheinlich alles in Rechnung stellen würde, was es unter der Sonne gibt, einschließlich der Gehälter der letzten drei Jahre. Trotzdem will ich zahlen, um dieses Problem zu lösen, das, falls es nicht gelöst wird, den Rest meines Lebens völlig verändern würde.«

Zwei Monate zuvor hatte er (ausnahmsweise persönlich) Gouverneur Laxalt angerufen, um eine solche Verlegung vorzuschlagen. Es war erst ihr zweites Telefongespräch, und es lehrte Laxalt das Fürchten. Hughes kriegte fast einen hysterischen Anfall. Er hatte gerade gehört, dass die AEC ein Loch bohren ließ, in dem die Bombe versenkt werden sollte – das erste drohende Anzeichen einer bevorstehenden Katastrophe –, und wollte, dass damit Schluss gemacht würde, und zwar sofort.

Kaum war das Gespräch mit Hughes beendet, als Laxalt auch schon den Betriebsleiter auf dem Testgelände anrief.

»Können Sie Ihre gesamten Versuche nicht nach Alaska verlegen?«, fragte der Gouverneur, bereit, das größte Unternehmen in seinem Staat, die AEC, einem einzigen Mann zu Gefallen aus Nevada zu vertreiben.

Laxalt war nicht der einzige Staatsmann, der plötzlich von Klondike-Fieber befallen wurde. Schon bald folgte ihm ein US-Senator. Das war eine wirkliche Überraschung für die Atomenergie-Kommission: Der Mann hieß Mike Gravel und war Senator in Alaska.

Maheu ließ ihn mit einem Privatjet nach Las Vegas einfliegen und dort standesgemäß in einem Hughes-Hotel unterbringen. Er versprach Geld für Gravels nächste Wahlkampagne, und Gravel besuchte das Versuchsgelände von Nevada und empfahl, das gesamte Atomversuchsprogramm der Vereinigten Staaten nach Norden – in seinen Staat – zu verlegen. Dann verkündete er seinen überraschenden Vorschlag in Hughes' Fernsehprogramm.

Aber die Atomenergie-Kommission sträubte sich nach wie vor.

Hughes hatte angeboten, alles, von den Hundeschlitten abgesehen, zu finanzieren, doch die undankbaren Bombenexperten wiesen sein großzügiges Angebot einer Gratisreise nach Alaska schnöde zurück. Nachdem man ihn so vor den Kopf gestoßen hatte, erließ der Einsiedler ein Ultimatum.

Entweder die Vereinigten Staaten verhandelten mit dem Hughes-Imperium über eine vernünftige Lösung, oder Hughes würde die Einstellung des gesamten Atomversuchsprogramms im Lande erzwingen.

»So wie die Dinge jetzt liegen«, überlegte er, »wird die AEC zunächst obsiegen und ›Boxcar‹ starten, aber dann werden wir zu gegebener Zeit eine Möglichkeit finden, ihr ganzes gottverdammtes Programm zu eliminieren, und zwar *vollständig*.

Aber das will ich nicht, und das wollen die nicht. Deshalb meine ich, werden sie mit sich reden lassen.

Wenn sie versuchen sollten, mich rücksichtslos zu überfahren und diese Explosion durchführen«, warnte er, »dann gibt es absolut keinen Grund mehr, mit ihnen zu reden. Dann kriegen sie nicht einmal mehr einen Termin von mir, und keine zehn Pferde in Nevada bringen sie durch die Tür meines Büros.«

Aber Hughes war sicher, die Regierung werde angesichts seines Ultimatums kapitulieren.

Hughes war jedoch nicht rachsüchtig. Er wollte ihnen keinen Karthagen'sischen Frieden aufzwingen.

Sollten die Friedensverhandlungen jedoch scheitern, drohte Hughes damit, »einen lebenslangen Feldzug zur Einstellung aller Bombenexplosionen, ob groß oder klein, wo auch immer in den USA, ihren Besitzungen oder Mandatsgebieten« zu führen.

6. Kapitel · Der Entscheidungskampf

Er war sogar bereit, sich den pazifistischen »Peaceniks« anzuschließen.

»Ich würde es vorziehen, nicht als ›Peacenik‹ klassifiziert zu werden.

Wenn dies jedoch die einzige Möglichkeit ist, dass wir Unterstützung für unsere Sache finden, werde ich mich sogar mit dem Teufel verbünden.«

Hughes hatte in der Tat schon einige für ihn gänzlich untypische Bundesgenossen: Die Internationale Frauenliga für Frieden und Freiheit schloss sich der Kampagne an, ebenso, in einem noch nie da gewesenen Bündnis von Arbeit und Kapital, der abtrünnige liberale Gewerkschaftschef der United Auto Workers, Walter Reuther.

Nachdem Reuther für die Sache gewonnen werden konnte, fühlte Hughes sich ermutigt, eine neue Front aufzumachen, um den Feind buchstäblich in seinem eigenen Lager zu schlagen.

»Vielleicht kann Reuther den Vorsitzenden der Gewerkschaft der Fernmeldetechniker dazu bringen, bei dem Atomversuch zu streiken, denn dann hätten wir, soviel ich weiß, keine Sorgen mehr. Dieser Telefonstreik ist *absolut notwendig*.«

Doch als er versuchte, die feindlichen Nachrichtenverbindungen zu unterbrechen, geriet sein eigener Feldzug ins Stocken. Die Behauptung der AEC, sie handle im Interesse der nationalen Verteidigung, schadete Hughes bei seinen traditionellen Verbündeten, und nur wenige Tage vor dem geplanten Unternehmen verlor er die Unterstützung von politischer Seite.

Als Erste wurden Nevadas US-Senatoren Howard Cannon und Alan Bible fahnenflüchtig. Schließlich erklärte sich sogar Gouverneur Laxalt als neutral.

Nichts konnte Hughes mehr erregen, als wenn Politiker, die er gekauft hatte, nicht bei der Stange blieben. »Ich möchte, dass du dich mit Laxalt, Bible und Cannon triffst«, wies er Maheu an. »Wir stehen vor einer schwierigen Entscheidung. Entweder sie unterstützen unseren Standpunkt in Washington, oder wir sind gezwungen, andere Leute zu finden, die uns vertreten, und zwar für immer.

Bob, wenn die Zeit kommt, und sie lehnen sich an deine Schulter und betteln um Unterstützung, und du kommst zu mir, und ich sage dann wieder okay, wie ich das immer gemacht habe, dann ist es immer wieder dieselbe Geschichte: uneingeschränkte Unterstützung und nicht die geringste gottverdammte Gegenleistung!«

Was den normalerweise willfährigen Laxalt anging, so »müssen wir ihn einfach überzeugen, dass sein künftiges Schicksal in meiner Hand liegt«, schrieb Hughes, »denn ich bin überzeugt, dass er mit ein bisschen Nachhilfe von mir keine Schwierigkeit haben wird, unser AEC-Ziel zu erreichen«.

Tatsächlich hatte Hughes bereits einen Plan für den Gouverneur ausgearbeitet: Laxalt sollte einfach alles in Regierungsbesitz befindliche Land in Nevada, einschließlich natürlich des Kernwaffenversuchsgeländes, beschlagnahmen.

»Nun, Bob, seien wir uns darüber im Klaren, dass Laxalt uns nicht einmal diesen geringen Hilfsdienst leistet, wenn wir ihn nicht stimulieren. Da er nicht für eine weitere Amtszeit kandidiert, empfehle ich, dass er uns einen Bewerber nennt, dessen großzügige Unterstützung durch uns in seinem Sinne wäre – Nixon oder irgendwelche Senats- bzw. Kongressbewerber.«

Offensichtlich wollte Hughes jedoch weder darauf warten, dass Laxalt ihm diesen »geringen« Dienst erwies, noch wollte er weiterhin von irgendwelchen lokalen Politikern abhängig sein.

Er würde jetzt sein Anliegen direkt dem Volke vortragen.

»Alles, was die AEC an Hirnwäsche leisten kann, können wir besser«, erklärte er.

»Bob«, fuhr er fort, »es ist wichtig, dass wir in der Öffentlichkeit Angst verbreiten – richtige Angst – wegen Wasserverseuchung, Erdstößen und Beeinträchtigung des Tourismus.

Es ist mir scheißegal, wie viel das kostet und zu welchen ausgefallenen Mitteln man greifen muss.«

Wäre die Bombe nämlich erst einmal gezündet, wäre es zu spät.

»Die Leute lieben die Nähe der Gefahr und erzählen hinterher gern ihren Freunden: ›Ach, es war wirklich nicht schlimm.‹

6. Kapitel · Der Entscheidungskampf

Und, Bob, wenn einmal diese Meinung vorherrscht, dann werden immer mehr Menschen zu Anhängern des Nevada-Versuchsgeländes. Diese Leute haben dann kein Vertrauen mehr zu uns, weil wir nicht in der Lage waren, den Versuch zu stoppen.«

Darauf gab es nur eine Antwort. Man musste die öffentliche Meinung aufputschen und so die Einstellung des bevorstehenden Atomversuchs erzwingen. Jedes Mittel war erlaubt, kein potenzieller Bundesgenosse durfte vernachlässigt werden.

»Bob, ich sehe dies als Möglichkeit, den Friedensfreunden und Beatniks usw. durch eine Publicitykampagne klarzumachen, dass diese Explosion nur der Großindustrie nützt – den Multis, dem Establishment«, schrieb Hughes, der inzwischen sogar bereit war, den Kapitalismus anzugreifen.

»Die Anhänger der Protestbewegung sagen: ›Wenn sie genug Geld haben, Menschen auf den Mond zu schicken, wie wäre es dann damit, sich auch um die Armen auf der Erde zu kümmern?‹

Nun, dieselbe Logik kann man, glaube ich, auch hier anwenden, um einen Protest gegen die Erprobung von Kernwaffen in Nevada zu organisieren.«

Natürlich würde ein solch hochherziger Appell bei den saturierten Bürgern von Las Vegas nicht ankommen. Ihnen musste man von einer ganz anderen Seite kommen.

»Ich glaube, hier ist eine Kampagne vonnöten, die auf den Geldbeutel zielt, damit sie Eindruck macht«, klagte Hughes. »Man hat ihnen das Versuchsprogramm mit der Behauptung schmackhaft gemacht, dass es Arbeitsplätze schaffe. Ich glaube, in Las Vegas werden wir nur dann Fortschritte machen, wenn wir den Leuten klarmachen, dass die Bombe in Wirklichkeit Arbeitsplätze kaputtmacht.«

Das war es: Er würde bekannt geben, die Bombendrohung habe ihn dazu veranlasst, das »New Sands« aufzugeben – ein 150-Millionen-Dollar-Hotelkomplex, den er schon vor langer Zeit versprochen, aber in Wirklichkeit niemals wirklich zu bauen geplant hatte.

Zu diesem Plan steuerte Maheu eine eigene Idee bei. Vielleicht könnte man den Erzrivalen Kirk Kerkorian überreden, sich der

Kampagne anzuschließen, indem er den Bau seines »International Hotels« stoppte. Hughes hatte ursprünglich den Bau des »New Sands« nur deshalb angekündigt, um zu verhindern, dass Kerkorian das für das »International« benötigte Kapital erhielt.

»Je länger ich über deine Strategie mit Kerkorian nachdenke, desto besser finde ich sie!«, frohlockte der Milliardär. »Ich finde die Drohung, wir würden die Errichtung des 4000 Räume zählenden ›Sands‹ wegen der Atomversuche verschieben, fabelhaft.

Wir brauchen *Schlagzeilen*. Und die möchte ich jetzt sofort sehen, *bitte!*«

Maheu hatte Bedenken: Er fürchtete, die Betroffenen, also die AEC, das Verteidigungsministerium und die Regierung würden sich mit allen Kräften wehren.

Hughes wischte die Bedenken seines obersten Beraters vom Tisch: »Bob, wenn wir Angst haben, die Regierung herauszufordern, weil sie die stärkeren Truppen hat, dann möchte ich hier in diesem Lande nicht länger leben.«

Maheus Bedenken waren jedoch nur allzu berechtigt. Hughes begann auf eigene Faust, die Anti-Atombewegung wieder aufleben zu lassen, und mit zunehmendem Erfolg mehrten sich die Angriffe gegen ihn.

Der Vorsitzende der Atomenergie-Kommission, Glenn Seaborg, warf dem Milliardär vor, er »bringe ein Element der Unsicherheit in unser nationales Sicherheitsprogramm«, und James Reeves, Direktor des Versuchsgeländes von Nevada, trat im lokalen Fernsehen auf, um Hughes' Kampagne in Grund und Boden zu verdammen.

»Hast du heute Abend um 22.30 Uhr Kanal 13 gesehen?«, fragte der verunsicherte Hughes seinen Statthalter. »Reeves hat uns als ein Schreckgespenst hingestellt. Ich sage dir, Bob, in 30 Minuten hat er heute Abend alles kaputtgemacht, was du, um mir ein neues Image zu verleihen, mit so großer Mühe geschafft hattest. 18 Monate Mühe und Arbeit sind von einem wichtigtuerischen, quasseligen alten Furz, der so dumm aussieht, dass es einem Leid tun kann, mit einem Schlage zerteppert worden.

6. Kapitel · Der Entscheidungskampf

Ich sage dir, wenn der die Sprengung durchführt, und es fallen keine Häuser zusammen, dann können wir einpacken.«

Hughes' Gegner griffen schließlich so massiv an, dass er damit rechnen musste, vor einen Kongressausschuss geladen zu werden.

Doch obwohl er große Angst davor hatte, aus seinem Versteck geholt zu werden, blieb er fest entschlossen, auch weiterhin gegen die Bombe zu kämpfen.

Maheu gelang es, die drohende Vorladung in Washington abzuwenden, aber er konnte nichts dagegen tun, dass der Countdown in Nevada weiterging.

Während sich der Kampf gegen die Bombe seinem Endstadium näherte, wurde der verzweifelte Hughes in seinem Penthouse abwechselnd von Untergangsvisionen geplagt und von der Sorge erfüllt, die Explosion könne sich womöglich als harmlos erweisen.

»Ich bin überzeugt davon, dass dieser Versuch überhaupt keine sichtbaren Schäden hinterlassen wird«, schrieb er voller Gram. »Der Damm wird nicht brechen, die Erde sowie die Gebäude werden weniger schwanken, als die Leute nach all unseren Unheil verkündenden Prophezeiungen erwartet haben.«

Hughes fürchtete, die Kernexplosion würde keine den gewöhnlichen Leuten *sichtbaren* Folgen haben, sondern nur die unsichtbaren Auswirkungen, die er allein einzuschätzen wusste. Er hatte sich inzwischen so weit in seine Zwangsvorstellungen hineingesteigert, dass er jetzt ein Nichteintreten seiner düsteren Prophezeiungen mehr fürchtete als den Holocaust selbst. Wenn es ihm jetzt nicht gelänge, den bevorstehenden Atomversuch abzublocken, hätte er sich mit seinen Ängsten lächerlich gemacht; und das bedeutete zwangsläufig auch Verlust von Ansehen und Macht auf anderen Gebieten.

»Wenn die Explosion stattfindet, werden wir einfach als Versager dastehen«, schrieb er. »Man wird sagen, kleine Dinge hätten wir im Griff, aber wenn es wirklich um die Wurst ginge, wie beim Bombentest, seien wir einfach überfordert.

Deshalb ist es wichtiger denn je, dass wir nichts unversucht lassen, um die Sache zu stoppen.«

Es waren nur noch 48 Stunden Zeit bis zum »Jüngsten Tage«. Die Bevollmächtigten des Hughes-Imperiums reisten nach Washington, um mit einigen Vertretern der AEC Tacheles zu reden und mit dem Vizepräsidenten zu konspirieren.

Verzweifelt überlegte Howard Hughes, wie man die für Freitagvormittag angesetzte Zündung der Bombe in letzter Minute verhindern könne.

»Ich bin kein Peacenik und möchte auch deren Sache nicht unterstützen«, schrieb er. »Ich möchte nur, dass der Versuch hinausgeschoben wird, um genügend Druck auf Washington ausüben zu können, einen 90-tägigen Aufschub zu erreichen. Ich will gar nicht das ganze Programm kaputtmachen, ich will nur 90 Tage.«

Die Nachrichten aus Washington waren jedoch niederschmetternd. »Es gibt keine Möglichkeit, dass wir auch nur einen Tag Aufschub von der AEC erhalten«, berichtete Maheu. »Es gibt nur noch einen Weg, und der führt über das Weiße Haus. Jetzt ist es an der Zeit, andere Kräfte einzusetzen.«

Hughes hatte keine Lust, weitere Unterhändler nach Washington zu senden, die gewissermaßen mit dem Hut in der Hand um Frieden baten.

Während der vergangenen neun Tage war Hughes in allerlei Rollen geschlüpft: Er hatte den Propheten gespielt, den General, den Führer einer Friedensbewegung. Jetzt war es an der Zeit, auf bewährte Mittel zurückzugreifen: Er musste jemanden finden, den er bestechen konnte.

Er wollte sich nicht wie die Peaceniks oder die Ostermarschierer von Amerika abwenden. Hughes wollte – das war einmalig in den Annalen der Korruption – versuchen, die Regierung zu bestechen, um sie zu veranlassen, das *Richtige* zu tun.

Genau einen Tag vor der großen Kernexplosion wollte Hughes noch einen letzten Appell an die Vernunft des Mannes richten, der allein Macht hatte, die Katastrophe zu verhindern. In der Stunde der Gefahr lag das Schicksal der Nation in den Händen von Howard Hughes und Lyndon Johnson.

7. Kapitel

Mr. President

Howard Hughes wandte sich also an den Präsidenten der Vereinigten Staaten, ganz wie ein Souverän an einen anderen.

In den frühen Morgenstunden des 25. April 1968 griff der von Angst und Schlaflosigkeit gepeinigte Howard Hughes zur Feder, um sein Anliegen Lyndon Baines Johnson vorzutragen.

»Mr President«, schrieb er, »Sie werden sich vielleicht nicht mehr erinnern, aber vor Jahren, als Sie noch im Senat saßen, waren wir miteinander bekannt, nicht näher, aber doch so, dass Ihnen mein Name vielleicht etwas sagt.«

Taktvoll ging er nicht näher auf die Art ihrer Beziehung ein. Johnson würde sich erinnern.

»Als Sie Präsident wurden«, fuhr Hughes fort, »hatte ich häufiger den Wunsch, mit Ihnen in Verbindung zu treten, da es immer wieder Situationen gab, in denen ich dringend Ihrer Hilfe bedurft hätte …

Aber ich hielt Sie für zu beschäftigt, als dass ich Sie aus rein egoistischen Gründen hätte belästigen dürfen.

Nun ist etwas geschehen, das nur Sie ändern können. Würden Sie aufgrund meiner persönlichen Versicherung, dass unabhängige Wissenschaftler und Techniker definitive Beweise haben – und weitere dafür beibringen können –, die die Gefahren und Ungewissheiten für die Gesundheit der Einwohner von Südnevada aufzeigen, falls die nukleare Explosion mit einer Sprengkraft von über einer Megatonne morgen früh stattfindet, eine, wenn auch nur kurze, Verschiebung dieses Versuchs gewähren, um meinen Repräsentanten, die nach Washington kommen, Gelegenheit zu geben, demjenigen, wen auch immer Sie damit beauftragen mögen, die zwingenden Gründe vorzutragen, warum nach unserer Ansicht ein Aufschub von 90 Tagen dringend notwendig ist?«

Ein bisschen vage war das wohl formuliert, aber es war nicht nötig, die Namen der Wissenschaftler zu nennen oder die Beweise zu zitieren. Hughes bot seine »persönliche Versicherung« an. Das musste genügen. Auch war er von der Richtigkeit seiner Behauptungen hundertprozentig überzeugt. »Ich bin gewiss kein Peacenik«, erklärte er. »Es dürfte sich im Laufe der Jahre herumgesprochen haben, dass meine politische Auffassung weit rechts von der Mitte angesiedelt ist.

Ich habe nicht die Absicht, das Verteidigungsprogramm in irgendeiner Weise zu behindern, und ich kann definitiv beweisen, dass, falls meine Bitte erhört wird, das Versuchsprogramm nicht beeinträchtigt wird« – dann entschloss er sich für eine positivere Formulierung, »dass das Programm sogar *noch schneller* Fortschritte machen wird als bisher.

Wenn die AEC-Techniker die Atomexplosionen auf dem Las-Vegas-Versuchsgelände nicht als einen gefährlichen Grenzfall betrachten, warum haben sie mir dann vor elf Monaten fest versprochen, die großen Explosionen … von hier an einen weiter entfernten Ort zu verlegen?«, fragte Hughes und warf Johnson damit vor, eine gar nicht existente Vereinbarung gebrochen zu haben.

»Ich dachte, Nevada sei inzwischen ein voll anerkannter Staat und würde nicht mehr wie unfruchtbares Ödland behandelt, das nur als Schuttabladeplatz für giftigen, verseuchten Atommüll zu gebrauchen ist, der normalerweise hermetisch verschlossen und an der tiefsten Stelle des Ozeans versenkt wird.

Die AEC-Techniker behaupten, es gäbe keine schädlichen Folgen, aber ich frage mich, wo diese Techniker in zehn oder zwanzig Jahren sein werden.

Im benachbarten Utah liegen einige tote Schafe herum.«

An dem vier Seiten langen Brief hatte Hughes die ganze Nacht und die Hälfte des darauf folgenden Tages geschrieben. Es waren nur noch 24 Stunden bis zu der gefürchteten Explosion, also nicht mehr Zeit genug, den Brief ins Weiße Haus zu schicken.

7. Kapitel · Mr. President

Stattdessen gab einer der Mormonen den Text telefonisch an den Washingtoner Anwalt Thomas Finney durch – einem Sozius von Johnsons neuem Verteidigungsminister Clark Clifford. Finney lieferte Hughes' leidenschaftlichen Appell persönlich im Büro des Präsidenten ab.

Lyndon Johnson aber steckte selbst bis zum Hals in Problemen. Vor weniger als einem Monat hatte man ihn mehr oder weniger zum Rücktritt gezwungen.

Doch das war es nicht allein. Eugene McCarthy sammelte weiterhin große Erfolge bei den Präsidentschaftsvorwahlen, und sogar der verhasste Bobby Kennedy machte seinen seit langem gefürchteten Anspruch auf den Thron seines Bruders geltend. In Vietnam waren Siegeshoffnungen von der Tet-Offensive begraben worden, das amerikanische Wirtschaftsgefüge geriet ins Wanken, der Weltgoldmarkt stand vor dem Zusammenbruch, und die Nation war innerlich zerrissen von Protestmärschen, Studentenaufständen und Rassenkrawallen von noch nie dagewesener Heftigkeit.

Nach außen ließ Johnson sich nichts anmerken, aber innerlich war er ein gebrochener Mann. Die Atmosphäre im Weißen Haus glich der bei einem Belagerungszustand.

Am Tage überhäufte der Präsident seinen Stab mit lauten Verratsvorwürfen und geflüsterten Konspirationsgeschichten: Kommunisten beherrschten das Fernsehen. Der Washingtoner Korrespondent der *New York Times,* James Reston, paktierte mit dem russischen Botschafter. Beim größten Teil der Presse war es nicht anders, auch namhafte Wissenschaftler arbeiteten gegen ihn. Alle waren sie im Bündnis mit den Kennedys, und gemeinsam hatten sie seinen Sturz vorbereitet.

Nachts träumte Johnson, er sei vom Nacken abwärts gelähmt, ein hilfloser Krüppel, unfähig, dagegen zu protestieren, dass selbst seine treuesten Mitarbeiter Diadochenkämpfe ausfochten um das, was von seiner Macht übrig geblieben war.

Nicht nur Howard Robard Hughes war paranoid, auch Lyndon Baines Johnson begann, unter Verfolgungswahn zu leiden. Der Präsident zog sich gerade für ein Staatsbankett zu Ehren des

Königs von Norwegen um, als er den Brief erhielt. Er war schlecht gelaunt. Der Tag hatte nur Katastrophen gebracht. Der UN-Botschafter Arthur Goldberg war nach einem erbitterten Streit wegen Johnsons Kriegspolitik zurückgetreten; niemand wollte den Posten; Hanoi drohte, die festgefahrenen Friedensverhandlungen abzubrechen, Kriegsgegner versammelten sich in New York zu einem für den nächsten Tag geplanten Protestmarsch, radikale Studenten hatten soeben mehrere Gebäude in Columbia besetzt, und hohe Regierungsbeamte waren dabei, zu Bobby Kennedy überzulaufen. Und in all diesem Tohuwabohu, umgeben von Verrätern, musste der Präsident die Hälfte seiner Zeit König Olaf widmen. (»Er ist der dümmste König, dem ich jemals begegnet bin«, klagte LBJ und fügte säuerlich hinzu: »Ich verstehe nicht, wie man so einen Doofen zum König machen kann.«)

Deshalb reagierte er auf den Brief zunächst wütend. »Was zum Teufel bildet sich Howard Hughes ein, wer er ist?!«, schnauzte er, weil er in der Bitte, den Test zu stoppen, lediglich eine weitere Herausforderung seiner Macht sah.

Die Frage traf ins Schwarze. Wer war eigentlich Howard Hughes? Weder Johnson noch irgendjemand im Weißen Haus wusste darauf eine Antwort. Der Präsident wusste nur, was jeder wusste: Hughes war der reichste Mann Amerikas, ein Mann mit unvorstellbarer Macht, dem ein gewaltiges, undurchsichtiges Imperium untertan war, eine mythische Figur, die sich verbarg, und der größte private Rüstungsindustrielle des Landes. Das war genug.

Trotz seiner Bedrängnis ignorierte Johnson den an ihn gerichteten Appell nicht, nahm ihn auch nicht auf die leichte Schulter. Mit einer Entscheidung, für die es keinen Präzedenzfall gibt, stellte er seine Genehmigung für den geplanten Test zurück und ließ die AEC vertraulich wissen, dass nichts geschehen dürfe, bevor er nicht grünes Licht gegeben habe.

Der Präsident hatte seine Meinung geändert. Obgleich er immer noch arg irritiert davon war, dass sich irgendein gewöhnlicher Bürger herausnahm, die nationale Verteidigungspolitik bestimmen zu wollen, war Johnson doch auch beeindruckt, ja

7. Kapitel · Mr. President

sogar geschmeichelt. Der Brief gab ihm ein Gefühl von noch größerer Wichtigkeit. Voller Stolz zeigte er ihn mehreren Mitarbeitern – mehr wie ein Kind, das soeben das Autogramm einer bekannten Persönlichkeit erhalten hat, als wie ein Präsident, der eine Bittschrift in den Händen hält. Johnson war so fasziniert von dem persönlichen Kontakt zu diesem mysteriösen Mann, dass er hinterher fälschlicherweise behauptete, er habe mit Hughes telefoniert.

Auch hatte sich der Präsident ganz offensichtlich der scheinbar logischen Argumentation des für sein exzentrisches Wesen bekannten Finanzmagnaten nicht entziehen können.

»Vielleicht hat er Unrecht«, erklärte Johnson seinem Redenschreiber Harry McPherson, »aber er ist ganz bestimmt nicht dumm.«

Der einsame Nackte in seinem Penthouse konnte nicht ahnen, dass ihm soeben von höchster Stelle geistige Gesundheit bescheinigt worden war, dennoch war er seiner Sache sicher. »Mein Brief an den Präsidenten war ein Meisterstück«, schrieb er triumphierend. »Als ich an die Zeit unseres Kennenlernens vor acht Jahren zurückdachte, erinnerte ich mich an sehr konkrete Einzelheiten.«

Konkrete Einzelheiten in der Erinnerung des Howard Hughes' konnten nur Bargeld bedeuten. Hughes hatte Johnson nicht nur bei seiner Präsidentschaftskandidatur vor acht Jahren unterstützt, sondern auch während der letzten zwei Jahrzehnte unter die Arme gegriffen, als der Senatsneuling am Anfang seiner Karriere stand. Wie eng ihre Beziehungen waren, ist unbekannt. Auf jeden Fall war es eine verhältnismäßig kleine Summe, die Hughes in jenen Anfangsjahren zur Verfügung gestellt hatte und derer er sich jetzt wieder so deutlich erinnerte. Er hatte den Mann, der jetzt Präsident war, einst mit Kleingeld gekauft; und wenn Johnson es inzwischen zu etwas gebracht hatte, so blieb er für den Milliardär doch nur ein Politiker, den man bestechen konnte.

»Ich habe diese Art Geschäfte schon früher mit ihm gemacht«, erklärte er. »Deshalb halte ich ihn auch nicht gerade für einen Unschuldsengel.«

Wie weit diese früheren Beziehungen Johnson momentan beeinflussten, ist ungewiss; zweifellos aber hatte der Präsident einst Schmiergelder empfangen. In seinen ersten harten Jahren war der hagere junge Kongressabgeordnete Johnson regelmäßiger Besucher der Hughes-Tool-Company in Houston und mit deren Generalbevollmächtigten Noah Dietrich befreundet. Mit seinem großen Cowboyhut in der Hand hatte Johnson darum gebeten, die Reklameflächen der Firma kostenlos für seine Wahlplakate benutzen zu dürfen. Dietrich lehnte ab. Er zog es vor, darauf für ein anderes Unternehmen von Hughes zu werben: Grand Prize Beer.

Nach seinem Wahlsieg 1948, der ihn mit 87 Prozent der Stimmen für eine zweite Legislaturperiode in den Senat brachte, war »Erdrutsch-Lyndon« offenbar eine Investition wert. Sein Wahlerfolg – lediglich etwas getrübt von Vorwürfen aufgrund angeblich gefälschter Stimmzettel – war zufällig zeitgleich mit Hughes' erstem Versuch, politische Macht zu kaufen.

Im Laufe der Jahre erhielt Johnson weitere Spenden, bis sein Preis schließlich auf die fabelhafte Summe von einer Million Dollar geklettert war. Zum gegenwärtigen Zeitpunkt glaubte Hughes allerdings noch, sein Brief würde genügen, das Schicksal zu wenden: der Brief und die »deutlichen Erinnerungen«.

Auch der Präsident erinnerte sich deutlich daran und rechnete offenbar mit künftigen Gaben. Sicher hatte er es genossen, dass nun Hughes der Bittsteller war, dass der Mann, den er einmal um die Überlassung von Reklameflächen gebeten hatte, nun ihn bat, ihn, den Führer der freien Welt, einen Atomversuch zu stoppen.

Einen Tag zuvor hatte einer von Hughes' Vertretern den Stabschef des Weißen Hauses, Marvin Watson, angerufen und großzügig angeboten: »Mr Hughes ist bereit, die gesamte bevorstehende Wahlkampfkampagne von Vizepräsident Hubert H. Humphrey in einem solchen Umfang zu finanzieren, dass sie sich mit den Senator Robert Kennedy zur Verfügung stehenden Geldern messen kann.« Das galt aber nur, wenn Johnson den geplanten Atomversuch aufschieben würde.

7. Kapitel · Mr. President

Watson behauptete später, er habe diesen Anruf weder Humphrey noch Johnson gegenüber erwähnt, und es gibt keinen Beweis dafür, dass Hughes selbst eine solche Zahlung autorisiert hatte.

Was immer Hughes, Johnson und Humphrey wussten, und wann sie es erfuhren, die Verhandlungen mit Sawyer im Präsidentenbüro begannen jedenfalls vielversprechend.

Maheu berichtete unter anderem: »... du wirst dich erinnern, dass, als er Vizepräsident war, du mich gebeten hast, irgendetwas mit ihm zu vereinbaren, damit er uns jederzeit anrufen könne, wenn er Kandidaten hätte, an denen er persönlich interessiert sei. Wir haben ihn in dieser Hinsicht und in vielen anderen Dingen niemals im Stich gelassen.«

Einer der Kandidaten, an denen Johnson »persönlich interessiert« war, war sein langjähriger Protegé John Connally, der sich damals um das Amt des Gouverneurs von Texas bewarb. Maheu sorgte dafür, dass Connallys Wahlkampf unterstützt wurde.

Der offenbar immer noch dankbare Johnson war – wie es schien – also bereit, dem Milliardär beim Kampf gegen die Atomtests zu helfen.

»Er erzählte Grant, falls du Sorgen wegen des bevorstehenden Versuchs haben solltest, es für ihn Grund genug sei, sich ebenfalls Sorgen zu machen«, berichtete Maheu abschließend über die soeben beendete Unterredung im Präsidentenbüro.

Doch die Zeit verrann, ohne dass der zunehmend nervöser werdende Hughes etwas von Präsident Johnson hörte.

»Ich möchte, dass du Sawyer anrufst und ihn fragst, ob er wisse, wie man herausfinden könnte, ob der Präsident meinen Brief tatsächlich gelesen hat, wie seine Entscheidung lautet und ob er irgendetwas zu unternehmen gedenkt«, schrieb er aufgeregt.

Entgegen seiner festen Überzeugung von der Macht seiner Worte erregte ihn zunehmend der Verdacht, seine Feinde könnten beim Präsidenten ein offenes Ohr gefunden haben.

Deshalb plädierte er dafür, die »Zurückhaltung« aufzugeben und vermeintlichen Widersachern und Hintertreppen-Lobbyisten so schnell wie möglich das Handwerk zu legen.

In Wahrheit hatte Johnson diese Angelegenheit nicht an irgendeinen Mitarbeiter delegiert, sondern die Sache vielmehr selbst in die Hand genommen und den halben Stab des Weißen Hauses mobilisiert.

Zwar war es ein Beweis für Hughes' reale Macht, dass dieser etwas verquaste Hilfeschrei von Johnson so ernst genommen wurde, aber die Spitzenberater des Präsidenten lehnten einen Aufschub des geplanten Atomversuchs dennoch einmütig ab.

Als Johnson kurz vor Mitternacht von seinem Bankett zurückkehrte, lagen ihre Berichte schon vor.

Sicherheitsberater Rostow, der das Vertrauen des Präsidenten genoss, versicherte Johnson, der geplante Test sei absolut ungefährlich und werde vollkommen kontrolliert verlaufen. Es erübrigt sich wohl zu erwähnen, dass auch Glenn Seaborg, Vorsitzender der AEC, die Versuche energisch verteidigte.

Und dennoch: Unter den hunderten von Papieren, die an diesem Tag auf seinem Schreibtisch landeten – CIA-Meldungen, Berichte des Nationalen Sicherheitsrates, Verlustmeldungen aus Vietnam, Frontberichte aus Saigon und Nachrichten über die Friedensverhandlungen aus Laos, eine dringende Meldung über chinesische Truppenbewegungen, FBI-Berichte über den geplanten Antikriegsmarsch, Botschaften von Ägyptens Nasser und vom Schah des Iran – erregte nur ein Dokument die Aufmerksamkeit des Präsidenten: der Brief des Howard Hughes.

Und obwohl ihm seine Experten unzweideutig und eindringlich empfohlen hatten, den Test wie geplant durchzuführen, hatte der Präsident, als er in den frühen Morgenstunden des Freitag zu Bett ging, noch keine endgültige Entscheidung getroffen.

Howard Hughes dagegen, der seine Mormonen angewiesen hatte, ihn wach zu halten, konnte die Spannung nicht länger ertragen und auch nicht die Demütigung, wie ein zum Tode Verurteilter auf eine Begnadigung durch den Präsidenten in letzter Stunde zu warten.

»Ich habe die Schnauze voll von dieser ewigen Arschleckerei und dieser unterwürfigen Bettelei«, schrieb er, schäumend vor

7. Kapitel · Mr. President

Wut. »Warum versuchen wir nicht, eine einstweilige Verfügung zu erlangen, und zwar sofort? Wir können nicht warten, bis sich Johnson von selbst meldet.«

Den Gedanken, vor Gericht zu gehen, hatte Hughes schon erwogen, bevor er an den Präsidenten appellierte. Er war zuversichtlich: »Es kommt nur darauf an, den richtigen Richter zu finden. Es gibt dort [am Obersten Gerichtshof] eine ganze Reihe schrecklich linkslastiger Typen unter den Richtern, und wenn wir einen von diesen erwischen und nicht einen von den anderen, könnten wir das in 20 Minuten durchziehen.

Worauf warten wir noch?«, drängte der Milliardär.

Besänftigend wies Maheu darauf hin, dass kein Gericht in einer Nachtsitzung groß angelegte Atomwaffenversuche unterbinden könne und riet zur Vorsicht, weil ein solcher Versuch den »Präsidenten in eine Lage bringen würde, in der er gegen uns kämpfen müsste«.

Hughes resignierte und erklärte sich widerwillig damit einverstanden, vorläufig auf rechtliche Schritte zu verzichten.

Im Ton eines Mannes, der in seiner letzten Stunde alle Bedenken über Bord wirft, fügte er jedoch hinzu: »Wie du weißt, hat Johnson auch noch ein paar andere Dinge zu tun, und wenn sein Kabinett nicht will, dass er diesen Aufschub gewährt, dann sollten wir vielleicht jemanden in dieses Weiße Haus schicken, der dort ein bisschen Putz macht.«

Er wusste auch gleich, wer für diesen Job geeignet war: Clark Clifford, 25 Jahre lang Hughes' Anwalt und nun Verteidigungsminister im Kabinett des Präsidenten.

Erst vor einem Monat hatte Clifford den Präsidenten gedrängt, sich aus Vietnam zurückzuziehen, weil der Krieg der Wirtschaft schade. Da musste er doch in der Lage sein, einen einfachen Atomversuch zu unterbinden.

Clifford verfügte seit Jahren über erstklassige Beziehungen zu jeder Administration, ja sogar zu jedem Präsidenten seit Truman. Einst hatte er gegen den heftigen Widerstand des Innenministeriums für Hughes einen Landerwerb in Nevada durchgesetzt; 1966 war es seinem Anwaltsbüro gelungen, eine Kongressuntersuchung wegen mutmaßlicher Einflussnahme des Milliardärs auf das Pentagon abzuwehren, mit Hilfe diskreter Zahlungen versteht sich.

Inzwischen ging der Countdown in der nächtlichen Dunkelheit der Wüste von Nevada ungestört voran. Wegen des vorübergehend schlechten Wetters hatte es für kurze Zeit so ausgesehen, als müsse der Versuch verschoben werden, aber um drei Uhr früh war der Himmel wieder klar. Techniker trafen auf dem Versuchsgelände letzte Vorbereitungen für die Zündung der Wasserstoffbombe.

Hughes lag allein in seinem Schlafzimmer und kritzelte fieberhaft einige letzte Zeilen an den Präsidenten.

Johnson war ebenfalls in seinem Schlafzimmer und wog die Notwendigkeit der nationalen Sicherheit gegen die Worte des Howard Hughes ab. Er war immer noch unentschlossen, als ein Bericht seines wissenschaftlichen Beraters Donald Hornig eintraf, der (wie Rostow und Seaborg) dem Präsidenten dringend empfahl, den Test durchzuführen und das Versuchsprogramm keinesfalls zu ändern.

Johnson befahl, die Bombe zu zünden.

Genau um 7 Uhr früh, am Freitag, dem 26. April 1968, detonierte die 1,2 Megatonnen starke Wasserstoffbombe und ließ die Erde in vier Staaten erbeben. Eine gewaltige Staubwolke erhob sich über Pahute Mesa und verwandelte das darunter liegende Felsenbett zu Staub, riss ein 200 Meter großes unterirdisches Loch mit solcher Gewalt auf, dass Seismografen von New York bis Alaska die Erdstöße registrierten. Auf dem Punkt Null wölbte sich die Erde bedenklich, senkte sich wieder, sackte in sich zusammen und ließ einen weiteren riesigen Krater in der öden Mondlandschaft zurück. 160 Kilometer entfernt erbebten die Hotels auf dem Las-Vegas-Strip, das Wasser in den Swimmingpools schwappte über, und die mit dicken Teppichen bedeckten Korridore der Spielcasinos vibrierten.

Buchstäblich bis zur letzten Minute hatte Howard Hughes gehofft, sein Appell könne Lyndon Johnsons Meinung ändern, doch nun sah er ein, dass all seine Bemühungen gescheitert

7. Kapitel · Mr. President

waren. Der Präsident hatte seinen Brief nicht einmal beantwortet. Jedenfalls nicht so, wie Hughes das erwartet hatte: Zwei Wochen später traf im »Desert Inn« ein Kuvert ein, das »persönlich und vertraulich an Mr Hughes« adressiert war und einen Brief von Johnson enthielt.

Der Präsident äußerte darin Freude und Befriedigung über den Verlauf des Tests, betonte dessen wissenschaftliche Bedeutung und erklärte, dass die AEC mit seiner vollen Unterstützung die Großversuche auf dem Gelände von Pahute Mesa fortsetzen werde.

Der Tenor des Briefes war eher besänftigend, Hughes jedoch empfand ihn als Ohrfeige. Entrüstet las er ihn wieder und immer wieder.

Wahrscheinlich, so dachte Hughes, hatte der Präsident ihn für einen Narren oder einen Geizhals gehalten und bei anderen kassiert.

Das würde ihm nicht noch einmal passieren. Er hatte begriffen.

Von nun an würde er tun, was man von ihm erwartete – und er würde die Bombardements beenden.

»Wir müssen von der ›Seifenkiste‹ runter und aufhören, Predigten zu halten und uns stattdessen auf das alte Prinzip des Kaufens und Bezahlens besinnen, um in dieser Frage zu einem Kompromiss zu gelangen.

Ich glaube, wir schaffen es zu einem erschwinglichen Preis, eine solche Vereinbarung zu erkaufen ...

Ich finde, du solltest einmal feststellen, wer im Weißen Haus der richtige Empfänger ist«, drängte er Maheu, »und lass dich bitte nicht von der Ungeheuerlichkeit dieses Gedankens abschrecken. Ich weiß seit Jahren, dass das Weiße Haus unter dieser demokratischen Regierungsmannschaft so korrupt wie nur irgend möglich ist. Ich weiß zwar noch nicht, an wen man sich dort heranmachen sollte, aber irgendjemanden wird es schon geben, dessen kannst du ganz sicher sein.«

Auch der Präsident sollte nicht leer ausgehen. Er hatte früher Geld genommen, also würde er es wieder tun.

Johnsons vermeintliche Zurückweisung führte zu einer entscheidenden Wende in Hughes' Haltung gegenüber der Politik und den Politikern: Er verlor die letzten Skrupel, mit seinem Vermögen politische Macht zu kaufen.

»Nun, ich glaube«, schrieb er, und es klang, als definiere er die freie Marktwirtschaft, »es gibt irgendwo einen Markt, wo das, was wir brauchen, gekauft oder verkauft wird, und ich empfehle deshalb: Statt noch mehr Zeit damit zu verschwenden, Almosen zu erbetteln, sollten wir jetzt den richtigen Ort und die richtigen Leute suchen und das kaufen, was wir brauchen.«

Offenbar glaubte Hughes immer noch, Johnson sei einer der richtigen Männer. Der richtige Ort für Verhandlungen war jedoch offenbar nicht das Weiße Haus, sondern die LBJ-Ranch. Und der richtige Betrag, meinte Hughes, sollte eine Million Dollar sein.

Die Idee dazu kam von Maheu: »Da ich mich in der nächsten Woche in Washington aufhalten werde – was hältst du davon, wenn ich den Präsidenten in meiner Eigenschaft als dein persönlicher Vertreter einmal anrufe? Das könnte für uns sowohl beim AEC-Programm als auch beim ›Stardust‹ nützlich sein. Ich würde ihm erzählen, dass du dich für seine Zukunftspläne interessierst und bereit seist, ihm in jeder Weise zu helfen. Seine Antwort dürfte wirklich sehr interessant sein.«

Als Maheu dieses Prozedere vorschlug, stritt Hughes sich gerade mit dem Justizministerium über den Kauf eines weiteren großen Hotelcasinos, des »Stardust«. Trotz aller Bemühungen des Vorsitzenden des Rechtsausschusses James Eastland sowie den Senatoren aus Nevada und des Gouverneurs Laxalt war Justizminister Ramsey Clark nicht bereit, Howard Hughes' Monopoly-Spiel in Las Vegas zu unterstützen.

In Washington verlor Maheu allerdings gegen den Chef des Kartellamtes Edwin Zimmermann. Auch zu einer Visite bei Johnson kam es nicht. Der Präsident war krank und hatte sich zur Erholung auf seine Ranch zurückgezogen. Maheu empfahl Geduld und Zurückhaltung.

7. Kapitel · Mr. President

5/14/68

Bob —

There was nothing in the President's letter to suggest any decision beyond the one taken when they went ahead with the last explosion. I read the letter with microscopic care. I looked minutely for some in-between-the-lines meaning. I could find none at all. Everything he said seemed to be an elaborate, over emphatic defense of his position.

When I say "puzzling" I mean this:

He did not answer my letter until 2 weeks after he received it.

This, above, coupled with the strange ~~tone~~ tone of his letter, suggests two things to me — Either (a.) that he waited the two weeks for me to contact him and work out a straight-forward "deal" on this problem, and then became angry when I failed to respond and let me have the hostile letter, or (B.) that during the two week period he was negotiating with representatives of R.E.E.Co. or E. G. & G. and finally made a deal with them.

249

Howard Hughes · Das wahre Gesicht der Macht

You see, Bob, some people feel I have unlimited power and absolutely no scrupples. You and I know this is not true, but they don't know it.

Any way, you ask me what to do. I don't recommend hiring a firm to make a study. I urge what I have urged from the beginning: Down to earth, brass tacks, bargaining with the A.E.C. and the White House — in Washington.

That is what I recommend, and that we do it right away. I think we ought to start by asking Long to ask the A.E.C. for a break down of aproximate costs and delays (if any) of performing the large blasts ~~in~~ at another site. We may find this is the way to open the doors and start some effective negotiating toward a paid for compromise.

At least if he is in daily talks with A.E.C., we will know their plans when the next blast etc.

In other words, I urge

7. Kapitel · Mr. President

we get down off the soap box
and quit trying to make over
the morals of the world and
focus on a bought and paid
for compromise settlement of
this issue.

I feel we may find that, at a
price we can afford, we can buy
a settlement and convince E.G.&G.
that under such settlement there
will be only one loser — me.
And that E.G.&G. will not lose
anything that will not be reimbursed
by me.

At least lets try it, and
quick, please!

Now simultaneously with
our efforts thru the A.E.C. or
E.G.&G., or both, I think you
should try to determine who
is the real, honest-to-God, bagman at the White House. And
please dont be frightened away by
the enormity of the thought. I
have known for a number of
years that the White House under
this particular Democratic administration is just as crooked as it
can be. Now, I dont know whom
you have to approach, but there
is somebody, take my word for
it. Now I dont say we should

count on this, but I certainly think we should explore it as another string to the bow.

I have more, but please let me have some assurance that we are at work on this program first. I feel we have hesitated a little during the last week, probably my fault, but I want to go full blast now, and I certainly would like to have, as I say, some confirmation of a take-off.

I wait to hear,

Howard

P.S. One thing I should have told you, in connection with my assumption that the Pres. may have waited the two weeks to hear from me on some kind of a hard-cash, adult, basis, I should tell you that I have done this kind of business with him before. So, he wears no awe-inspiring robe of virtue with me. I gave him some critically needed funds when he was in the senate. He remembers this as he spoke of it to Finney. This is why he may very realistically have waited the two weeks for me to send somebody to him before he replied or took a stand. Anyway, I think this is one very

7. Kapitel · Mr. President

plausible explanation of everything, including the hostility when he did write.

In any event, it all boils down to one point: We have been spending hours of mental toil and turmoil, and days of delay trying to force the A.E.C. to give us what we want free and, in addition, to take bread out of the mouths of E.G.&G. employes, figuratively speaking, and all free of charge to us.

Now, I think there is a market-place, somewhere, where the things we want can be bought or sold, and I urge that instead of spending any more time begging for a free hand-out, we find the right place and the right people and buy what we want.

Please let me know,

Howard

Hughes wollte nicht warten. Er hatte dem Präsidenten eine Reihe dringender Probleme vorzutragen, etwa die geplante Herstellung kleiner Hubschrauber für den Einsatz in Vietnam. Das wichtigste dieser Probleme aber blieben die atomaren Tests.

Zwei Wochen nach seiner gescheiterten Mission im Weißen Haus war Maheu auf dem Wege zur LBJ-Ranch, ohne die volle Bedeutung seines Auftrags zu kennen. Dessen eigentlicher Sinn erschloss sich nur seinem schweigsamen Chef. »Ich kann jetzt noch nicht mit dir darüber reden«, beschied Hughes Maheu knapp und schickte ihn ohne weitere Erklärung los.

Auch Johnson ahnte nicht, was ihm die Ehre des hohen Besuches verschaffte. Allein der Name Hughes hatte dem Präsidenten genügt, um dessen Unterhändler zu empfangen.

»Wer ist dieser Maheu, und weshalb möchte er Sie sprechen, Mr President?«, fragte Jim Jones, Protokollchef des Weißen Hauses.

»Er ist Howard Hughes' Mann«, erwiderte Johnson, als sei die Frage damit erschöpfend beantwortet.

Am Abend vor seiner Ankunft auf der LBJ-Ranch rief Maheu aus einem Hotel in Texas im Penthouse an. »Ich habe für morgen früh einen Termin beim Präsidenten der Vereinigten Staaten«, berichtete er. »Ich würde jetzt gerne wissen, worüber ich mit ihm sprechen soll.« Hughes war nicht mitteilsamer geworden: »Ruf mich morgen früh an, kurz bevor du gehst«, erwiderte er, »und inzwischen schlaf gut!«

Das war unter diesen Umständen gar nicht so einfach für Maheu. Er und der Präsident waren einander schon früher begegnet, und zwar in jenem Jahr, als auch Lyndon B. Johnson erfuhr, wovon Hughes, Maheu und die CIA schon lange wussten: von dem Plan, den kubanischen Staatschef Fidel Castro zu ermorden.

Hughes war damals gleich in dieses Geheimnis eingeweiht worden. Der damalige Vizepräsident und jetzige Präsident der Vereinigten Staaten aber hatte von dem geplanten Komplott nicht die geringste Ahnung. Erst sechs Jahre später erfuhr er davon: durch den Washingtoner Journalisten Drew Pearson.

7. Kapitel · Mr. President

Johnson reagierte mit tiefer Empörung. Er war davon überzeugt, das versuchte Attentat auf Castro hinge irgendwie mit John F. Kennedys Tod zusammen, ja, war sich sogar sicher, dass die CIA bei der Ermordung Kennedys ihre Hand im Spiel hatte. Er fürchtete deshalb, dass auch er in Gefahr sei, alarmierte den Geheimdienst und ordnete eine streng geheime Untersuchung durch das FBI an. Die CIA beschimpfte er als »eine verdammte Mörder-AG« und zitierte den Spionagechef Richard Helms zu sich ins Weiße Haus.

Johnson erfuhr niemals die volle Wahrheit, wusste aber nun, dass Maheu damals eine zentrale Rolle in diesem Stück gespielt hatte. Also wusste der Präsident auch, dass Hughes' Unterhändler ein ehemaliger Topagent der CIA war und mit jenen Gangstern unter einer Decke gesteckt hatte, die vergeblich versucht hatten, Fidel Castro umzubringen.

Während Maheu in den frühen Morgenstunden des 12. August 1968 in einem Motel in Dallas voller Nervosität auf einen Anruf von Howard Hughes wartete, um Instruktionen für seine Mission entgegenzunehmen, fragte sich auch der Präsident mit einigem Unbehagen, was Maheu wohl mit seinem Besuch bezwecke.

Nur wenige Minuten vor Maheus Aufbruch meldete der Milliardär sich bei seinem Unterhändler. »Er wollte, dass ich Präsident Johnson mitteile«, sagte Maheu später aus, »er, Howard Hughes, sei bereit, Johnson nach dessen Ausscheiden aus dem Amt eine Million Dollar zu zahlen, falls der vorher die Atomversuche stoppen würde.«

Das war ein Auftrag, den Maheu niemals ausführte. Johnson war zwar krank, aber dennoch aufgeräumt und guter Dinge, als er im Laufe des Morgens von einer Untersuchung im Krankenhaus auf seine Ranch zurückkehrte, wo Maheu bereits auf ihn wartete.

Er legte seinen mächtigen Arm um Maheus Schulter und geleitete ihn zum Vordersitz eines Wagens, in dem auch seine Frau saß. Sie unternahmen eine halbstündige Besichtigungstour durch den Besitz des Präsidenten.

Howard Hughes · Das wahre Gesicht der Macht

Erst als die beiden Männer allein im Garten vor dem großen steinernen Farmhaus saßen, kamen sie zur Sache.

Im Schatten einer alten Eiche, neben dem Präsidenten auf einem Gartenstuhl sitzend, erzählte Maheu, Hughes habe ein aufrichtiges Interesse an Johnsons Zukunft und lasse fragen, ob er sich irgendwie nützlich machen könne.

Die eine Million Dollar verschwieg er vorsichtshalber. Doch Johnson hatte bald begriffen, mit welchem Ziel sein Besuch gekommen war. Maheu versuchte offenbar, ihn gewissermaßen in aller Freundschaft zu bestechen.

Wie Maheu später im Penthouse berichtete, sagte Johnson, »er sei sehr daran interessiert, später eine Schule für öffentliche Angelegenheiten zu gründen, die mit der Universität von Texas zusammenarbeiten sollte, in unmittelbarer Nachbarschaft der Johnson-Bibliothek, die gerade gebaut werde«, und »er würde sich sehr über eine Unterstützung dieses Projekts freuen«.

In den letzten Monaten seiner Präsidentschaft widmete sich Johnson mit großem Eifer der LBJ-Schule und -Bibliothek. Sie waren eine Art Denkmal, das »seinen Platz in der Geschichte« dokumentieren sollte. Damit wollte er den »Harvards«, den ihm nicht gerade wohlgesonnenen Professoren der Ostküste, entgegentreten, von deren »Nachruf« nichts Gutes zu erwarten war.

»Als wir über den Zweck dieser Schule diskutierten, betonte er vor allem seinen Wunsch, die Leute sollten sich mehr mit Politik und Regierungsaufgaben beschäftigen, damit ›wir auf solche ‚Heinis‘ verzichten können, wie diesen Zimmermann, der das Kartellamt des Justizministeriums leitet‹. Dann fragte er mich, wie der Stand der Dinge bei unserem ›Stardust‹-Problem sei. Ich informierte ihn über die jüngste Entwicklung. Er sagte: ›Na, ich werde mich darum kümmern, und dann wollen wir mal sehen, was geschieht.‹« Zwar konnte der Präsident offenbar problemlos die Bibliotheks-Stiftung mit dem »Stardust«-Geschäft verquicken, er ließ jedoch keinen Zweifel daran aufkommen, dass er keinesfalls gedenke, über die Atomversuche zu verhandeln. Bevor Maheu dazu kam, die Tests überhaupt zu erwähnen, holte Johnson zu einem Präventivschlag aus. Er nahm Bezug auf den

7. Kapitel · Mr. President

Brief des Milliardärs und sagte knapp: »Das sei ein Dokument, das er nicht der Johnson-Bibliothek zur Verfügung stellen werde; wenn er das täte, würde das sehr peinlich für Mr Hughes sein.« Das war deutlich, dennoch wollte Johnson die Angelegenheit nicht einfach unter den Teppich kehren. Angeblich versprach er sogar, »alles, was in seiner Macht stünde, zu tun, um künftige große Atomversuche in Nevada zu unterbinden«.

Nach ihrer fast dreistündigen Unterredung bat Johnson seinen Gast zum Lunch und begleitete ihn dann selbst zum Flugzeug.

»Ich war insgesamt fünf Stunden auf der Ranch und hätte nicht großzügiger und gastfreundlicher behandelt werden können«, schrieb Maheu in seinem Abschlussbericht an Hughes. »Beim Abschied bat er mich, dir seinen Respekt und seine besten Wünsche zu übermitteln.«

Er hatte den Besuch wohl wirklich als angenehm empfunden. Kurz nach Maheus Abreise schilderte Johnson einem seiner Mitarbeiter einen gänzlich anderen Eindruck. Hughes' Emissär, so vertraute er dem Mann voller Empörung an, habe es gewagt, ihm Geld anzubieten!

»Ich habe ihm gesagt, er solle sich das in den Hintern stecken«, erklärte der Präsident. Während der nächsten Tage verbreitete sich im Weißen Haus das Gerücht, Hughes habe der LBJ-Bibliothek eine große Spende angeboten, und diese sei von Johnson entrüstet zurückgewiesen worden. Der Präsident sei geradezu schockiert gewesen, dass Maheu so etwas auch nur vorzuschlagen gewagt habe.

In Wirklichkeit hatte der Präsident seinen Spendensammler Arthur Krim aufgefordert, das Geld von Hughes zu beschaffen, ja, Krim später sogar nach Las Vegas geschickt, um die versprochene Spende von Maheu einzutreiben.

Johnsons Versuch, seine Wünsche nach Geld heimlich in die Tat umzusetzen, erwies sich als vergebens. Hughes hatte kein Interesse an solchen nebensächlichen Geschäften. Als er hörte, dass Spenden für die LBJ-Bibliothek auf 25 000 Dollar begrenzt seien, soll er wütend gesagt haben: »Zum Teufel, für 25 000 Dollar kriege ich doch diesen Hund nicht in die Hand!« Folgerichtig spendete er niemals auch nur einen einzigen Cent.

Auch Johnson »lieferte« nicht. Weder unterband er das Atomversuchsprogramm noch zeigte seine Einmischung in der »Stardust«-Affäre irgendeine Wirkung beim Justizminister oder dessen Stellvertreter, jenem »Heini« Zimmermann.

Howard Hughes war umso fester entschlossen, wenigstens den nächsten Präsidenten in die Hand zu bekommen. Er war unfähig zu erkennen, dass er ausgerechnet etwas »kaufen« wollte, was kein Präsident »verkaufen« konnte – nämlich die Bombe. Und so begann er, nach einem Präsidentschaftskandidaten zu suchen, mit dem sich erfolgreicher handeln ließ.

8. Kapitel

Armer Hubert

Ja, so sollte Politik in Amerika gemacht werden. Eine Politik des Glücks, eine Politik der Freude! Und so wird es auch sein, von jetzt an und für immer!«

Diese vor guter Laune überströmende Stimme war unverkennbar. Mit hochgerissenen Armen nach allen Seiten winkend, war Hubert Horatio Humphrey kaum in der Lage, seine überschwängliche Begeisterung zu zügeln, als er am 27. April 1968 seinen Kampf um die Präsidentschaft eröffnete. Seit dem plötzlichen Rücktritt Johnsons war fast ein Monat vergangen, und nun fühlte sich der Vizepräsident frei, seine eigene Kandidatur anzukündigen.

»Und deshalb, meine Freunde und Landsleute«, erklärte er in einer in ganz Amerika übertragenen Fernsehsendung vor 2000 Anhängern, die sich im Ballsaal eines Washingtoner Hotels versammelt hatten, »bewerbe ich mich um die Nominierung …« Bevor er mit seinem Satz zu Ende war, erhob sich die jubelnde Menge und rief: »Wir wollen Humphrey! Wir wollen Humphrey!« sodass seine letzten Worte von den Sprechchören übertönt wurden, worauf ein strahlender Hubert mit lauter Stimme antwortete: »Ihr habt ihn!« Die Begeisterung im Saal kannte keine Grenzen.

Dieser stets gut gelaunte »fröhliche Kämpfer« war offenbar noch nie so euphorisch gewesen wie in diesem Augenblick: Als seine Kapelle den *Minnesota Rouser* spielte und seine Anhänger ihre Plastik-»Humphrey«-Hüte schwenkten – stand er dort, bereit, in das Weiße Haus einzuziehen, und verkündete »die Politik des Glücks, die Politik der Freude«.

Das war allerdings ein besonders unpassendes Schlagwort für einen Wahlfeldzug in jenem unseligen Jahr, dem Jahr des Krieges, der Krawalle und Attentate. Und in diesem Augenblick dürfte es einer als besonders unpassend empfunden haben, einer, der sehr bald zu einem der wichtigsten Förderer des Vizepräsidenten werden sollte: Howard Hughes.

Denn im Penthouse herrschte keine Freude mehr. Der Milliardär verfolgte Humphreys Auftritt auf seinem Bildschirm und plante jetzt eine gänzlich andere Art von Politik: die Politik des Geldes, die Politik der Bestechung.

»Bob«, schrieb Hughes, »wir müssen deshalb, wie ich meine, gleich mit unserem größten Knüppel den Anfang machen. Wir sollten entscheiden, welchen Kandidaten wir zu unterstützen gedenken und das dann aber auch ›auf Teufel komm raus‹ tun, doch nur, wenn er für uns etwas in Sachen Bombe tun will.

Nun, wenn Humphries dieser Mann ist, schön.«

Gemeinsamkeiten gab es keine zwischen dem Präsidentschaftskandidaten und dem Milliardär. Humphrey genoss die Öffentlichkeit, liebte das Bad in der Menge, war extrovertiert, redselig und auf fast peinliche Weise sentimental. Er war in einem Zimmer über dem Drugstore der Familie geboren, in Armut aufgewachsen, hatte sein Studium aufgeben müssen, um zu arbeiten, und seine politische Karriere war immer noch von chronischem Geldmangel behindert. Er war ein Liberaler alten Schlages, ein Freund der Farmer und Arbeiter und engagierte sich für jede soziale Frage, von den Bürgerrechten über Rüstungskontrolle bis zu kostenlosem Gesundheitsdienst.

Humphrey war landesweit bekannt geworden, als er sich auf dem Demokratischen Parteikonvent von 1948 energisch für ein Bürgerrechtsprogramm einsetzte. Damals erklärte er: »Es gibt welche, die sagen, ›wir werden dieses Problem der bürgerlichen Rechte vorantreiben‹, ich sage, wir kommen damit 172 Jahre zu spät.« Hughes hingegen benutzte das Attentat auf King, um zu erklären: »Die Neger haben schon genug Gleichberechtigung erzielt, das reicht für die nächsten hundert Jahre, man kann so etwas auch übertreiben.«

Nun, im Frühjahr 1968 waren der Oligarch aus Texas und der Volksfreund aus Minnesota dabei, ein Bündnis zu schließen.

8. Kapitel · Armer Hubert

Keine politische Forderung des Hubert Humphrey – und schon gar nicht die nach atomarer Abrüstung – hatten ihm je genutzt, doch plötzlich war er auf eine Goldmine gestoßen. Hughes war entschlossen, koste es, was es wolle, die Atombombenversuche zu stoppen, und der Vizepräsident, der ein Jahrzehnt lang ohne finanzielle Unterstützung für die Einschränkung der Atomtests gekämpft hatte, war nur zu gern bereit, sich an der lukrativen Anti-Atomkampagne des Milliardärs zu beteiligen.

Außer der Bombe verband sie nichts. Wenn man davon absah, dass Hughes einen Präsidenten wollte, der sich ihm verpflichtet fühlte, und dass Humphrey dringend Geld brauchte, um das Weiße Haus zu erobern.

Armer Hubert. Seit 1952 hatte er unermüdlich das Amt des Präsidenten angestrebt; 1968 stieg er in die Wahlkampfarena mit wenig Geld und bösen Erinnerungen an Niederlagen früherer Jahre. Am schlimmsten war jene Nacht, als er hilflos in einem mit einer Reifenpanne liegen gebliebenen Mietbus saß und vor Wut und Erbitterung Tränen vergoss, weil er über sich den Privatjet der Kennedys hinwegbrausen hörte, der seinen gut betuchten Gegner zum Sieg bei der Präsidentenvorwahl nach Virginia, dann zur Nominierung sowie schließlich ins Weiße Haus brachte.

Diesmal würde es anders sein. Dieses Mal war Humphrey entschlossen, erster Klasse zu reisen. Er akzeptierte illegale Spenden der Milchlobby, nahm ein dubioses Darlehen von einem Getreidehändler aus Minnesota an und wurde endlich sogar mit Howard Hughes handelseinig.

Dennoch erhielt Richard Nixon das Vierfache an Spenden, und Humphrey konnte erst in den letzten Wochen seiner Kampagne Wahlkampfspots im Fernsehen bezahlen. Er verlor die Wahl, weil ihm ein paar tausend Stimmen fehlten, die er für ein paar Millionen Dollar mehr hätte haben können. Einen Tag nachdem »Humphries« seine Bewerbung verkündet hatte, war Hughes zur Stelle. »Ich habe in der Zeitung gelesen, dass HHH im Augenblick in ziemlichen Geldnöten ist«, schrieb er. »Wollen wir nicht diese Gelegenheit beim Schopfe packen? Ich meine, energisch und im großen Stil?«

Binnen zwei Wochen traf Maheu mit dem Vizepräsidenten zusammen. Der Handel kam zustande. Bevor der Wahlkampf vorüber war, hatte Hubert Humphrey 100 000 Dollar – die Hälfte in Bargeld – von Howard Hughes erhalten.

Humphrey war jedoch nicht der einzige Präsidentschaftsbewerber, den Hughes unterstützte, und es waren nicht nur die Atomtests, die Hughes Kummer bereiteten. Als die Wahl von 1968 bevorstand, sah er sich einer ganzen Reihe bedeutender Probleme gegenüber.

So hatte das Kartellamt ihn daran gehindert, ganz Las Vegas zu kaufen. Auch wollte er noch immer die American Broadcasting Company übernehmen; das bedurfte aber der Zustimmung der Behörde für das Kommunikationswesen (FCC). Sein Versuch, mit Hilfe einer nicht ganz legalen Übernahme der Air West wieder in das Luftfahrtgeschäft einzusteigen, hing von der Zustimmung sowohl der Zivilen Luftfahrtbehörde als auch des Weißen Hauses ab. Sein Hubschraubergeschäft hatte mit einer Katastrophe geendet, und hier konnte er sich nur durch einen neuen Vertrag mit der Regierung retten. Sein Rechtsstreit wegen der TWA-Affäre, bei dem immerhin 137 Millionen Dollar auf dem Spiel standen, sollte vor das Oberste Bundesgericht kommen, das von einem neuen Präsidenten umbesetzt werden würde. Eine große Steuerreform drohte, den steuerfreien Status seiner Stiftung (ein medizinisches Institut) zu gefährden. Und schließlich gab es auch noch die Hughes-Aircraft-Company mit einem Jahresumsatz von einer Milliarde Dollar, die fast völlig vom Verteidigungsministerium, der CIA und Verträgen mit der Raumfahrtbehörde abhängig war.

Ein Mann, dessen Interessen so eng mit der Bundesregierung verknüpft waren, konnte die Wahl eines neuen Staatschefs nicht einfach dem Zufall überlassen.

»Ich finde, wir sollten uns jetzt entschließen, welchen Präsidentschaftskandidaten wir protegieren wollen, und dann sollten wir *aufs Ganze gehen!*«, schrieb Hughes, der unparteiisch, aber entschlossen war, auf den Gewinner zu setzen, selbst wenn dies bedeutete, dass er für jeden Teilnehmer des Wettkampfes zahlen müsste.

8. Kapitel · Armer Hubert

»Wenn wir zum Beispiel Kennedy oder Humphries wählen, dann müssten der Vorsitzende der Demokratischen Partei und deren Funktionäre uns eine ganze Menge auf dem Wege zum Weißen Haus helfen können.«

Unter den Demokraten war Humphrey erste Wahl. Im Augenblick wenigstens sah Hughes in Bobby Kennedy lediglich eine Karte in diesem zynischen Spiel, das den Not leidenden Vizepräsidenten schneller in die Falle locken sollte.

»Bob«, schrieb Hughes, indem er sein Szenario weiter ausspann, »ich frage mich, ob wir uns nicht mit Humphries zusammensetzen und ihm einfach erzählen sollten, ich sei bereits von Kennedy in überdeutlicher Weise angesprochen worden.«

Das stimmte zwar nicht, aber diese Lüge würde ihre Wirkung auf Humphrey, der ohnehin nicht Zugang zu vielen anderen Milliardären hatte, sicher nicht verfehlen.

»Und dann«, schloss die Spinne, die ihr Netz fertiggewebt hatte, »sollten wir sagen, was wir von ihm wollen. Sollte er sich desinteressiert zeigen, dann sollten wir uns an Kennedy heranmachen, *ohne auch nur einen Augenblick zu zögern.*«

Aber Humphrey war keineswegs desinteressiert. Schon bevor seine Kandidatur offiziell bekannt gegeben wurde, hatte der Vizepräsident für den Milliardär Verbindungen geknüpft, Gespräche arrangiert.

Hughes betrachtete den Vizepräsidenten als seinen Mann in Johnsons Weißem Haus und versuchte, den widerspenstigen Obersten Befehlshaber über einen willfährigen Paladin zu beeinflussen.

»Es gibt nur einen Mann, der uns bei Johnson zum Ziel führen kann – und dieser Mann ist HHH«, schrieb Hughes. »Warum lassen wir ihn nicht auf der Grundlage absoluter Vertraulichkeit wissen, dass wir in wirklich zuverlässiger Weise ihm volle, uneingeschränkte Unterstützung bei seinem Kampf um das Weiße Haus leihen, wenn er nur diese eine Sache für uns erledigen würde?«

Hughes erwartete für seine Investition eine Gegenleistung, war aber nicht immer mit Humphreys Leistungen zufrieden.

I am afraid there are only two people strong enough to face up to the A.E.C. They are Kennedy or Johnson.

I can see no way to motivate Kennedy except by a ~~truly~~ truly meaningful gesture of assistance.

The only way I can see to motivate Johnson would be through a meaningful offer of assistance to Humphries, who is, I understand, Johnson 'designee.

So, Bob, I am wondering if we should not sit down with Humphries and tell him I have been propositioned by Kennedy in the most all-out way. That I feel I can only sponsor one man in a truly important way, that I am willing to risk offending Kennedy and agree to give the most unlimited support to Humphries — not just in Nevada — but on a basis that should provide far more than he ever contemplated for the entire country. Then, I think we have to tell him what we want.

If he is indifferent, then I think we should go to work on Kennedy without a moments delay.

8. Kapitel · Armer Hubert

Der Milliardär wusste offenbar nicht, dass Johnson für seinen Vizepräsidenten nur Verachtung empfand, ihm keine weiterreichenden Kompetenzen einräumte, sondern ihn vielmehr in einer Weise behandelte, die man gelegentlich fast sadistisch nennen konnte.

Einmal hatte er den Vizepräsidenten auf seine Ranch eingeladen und dann beschlossen, Humphrey solle – im Cowboydress – einen Ausritt machen. Er verpasste seinem Spezi eine Montur, die viel zu groß war, mit einem Riesenhut, der ihm über die Ohren fiel und setzte ihn auf das störrischste Pferd der Ranch. Schließlich ließ er das Pressekorps des Weißen Hauses kommen, damit sie Bilder von Hubert machen konnten, der aussah wie ein zu Tode geängstigter Zirkusclown.

Auch nachdem Hubert sein Thronfolger geworden war, setzte Johnson seine Schikanen fort. Als ein Reporter ihn bat, sich über seinen Kandidaten zu äußern, erwiderte LBJ: »Er weint zu viel.« Gefragt, was er damit meinte, zischte Johnson: »Weiter nichts – er weint zu viel.«

Sogar jetzt noch, als Präsidentschaftskandidat, stand Humphrey weiter unter Johnsons Fuchtel.

Als Maheu Humphrey einmal während des Wahlfeldzuges anrief und ein Wahlhelfer dessen Mitteilung weitergab, explodierte der Vizepräsident in ohnmächtiger Wut. »Verdammt noch mal, sag Hughes, er soll den Präsidenten der Vereinigten Staaten anrufen und nicht mich«, rief er empört. »Sage ihm nur: Im Augenblick könnte ich nicht mal ein Schlagloch auf der Pennsylvania Avenue reparieren lassen, geschweige denn einen Atomversuch in der Wüste stoppen. Soll er doch Lyndon Johnson anrufen.«

Dennoch hatte Hughes genug Aufträge für seinen Mann, von dem er in einer Art und Weise sprach, als sei der Vizepräsident lediglich einer seiner Angestellten. »Ich finde, wir müssten mit der AEC Verhandlungen aufnehmen, so als ob wir über ein Geschäft verhandelten«, schrieb er. »Ich denke, dies ließe sich über Humphries machen.«

Als Hughes sich schließlich entschloss, direkte Verbindung zu Johnson aufzunehmen, gedachte er, den Vizepräsidenten als seinen Laufburschen zu beschäftigen: »Wie du weißt, bin ich bereit, eine kurze persönliche Botschaft an Johnson zu schicken, und wir sollten Humphries bitten, sie dem Präsidenten zu übergeben – und zwar persönlich.«

Als LBJ seinen Atomstoppappell abwies, versuchte der Milliardär, den glücklosen Vizepräsidenten wenigstens zum Teil dafür verantwortlich zu machen.

»Er sollte mehr Einfluss auf die jetzige Administration haben, als irgendjemand sonst«, schrieb Hughes, der sich noch immer nicht darüber beruhigt hatte, dass sich der Präsident zwei Wochen damit Zeit gelassen hatte, seinen Brief zu beantworten. »Aber wenn er überhaupt etwas für uns getan hat, wieso musste der Präsident uns das dann in dieser ungewöhnlichen Weise unter die Nase reiben? Das hört sich jedenfalls nicht so an, als ob Humphries oder irgendein anderer auch nur *ein* gutes Wort für uns eingelegt hätten.«

Johnsons provozierende Unnachgiebigkeit verstärkte jedoch nur die Entschlossenheit des Milliardärs, einen willfährigen Präsidenten an dessen Stelle zu haben.

Knapp eine Woche, nachdem Humphrey seine Kampagne eröffnet hatte, eröffnete Maheu Hughes' Kampagne. Bald würden sie gemeinsam kämpfen.

»Die Profis meinen, der Vizepräsident wäre am besten geeignet, unsere Sache in die Hand zu nehmen, und zwar nicht nur wegen seiner gegenwärtigen Position, sondern vor allem wegen seiner Kandidatur«, meldete Maheu dem Penthouse. »Wir halten es für wichtig, dass er von selbst darauf kommt. Wir haben deshalb die Maschine in Gang gesetzt und hoffen, dass er mich nach Washington einlädt, damit wir darüber sprechen können, welche Strategie wir einschlagen.«

Humphrey brauchte nicht lange, um »von sich aus« die richtige Entscheidung zu treffen. Schon am nächsten Tag ließ er wissen, er sei bereit, seine Politik mit Hughes abzustimmen. Diese Mitteilung wurde von einem Familienmitglied überbracht.

Robert Andrew Humphrey, einer der drei Söhne des Vizepräsidenten, war schon zwei Jahre zuvor von Maheu als »Vertreter

8. Kapitel · Armer Hubert

für den Mittelwesten« von Radiarc Inc., einer Elektronikfirma, angestellt worden, die Maheu erworben hatte. Die Firma gehörte nicht zum Hughes-Imperium, aber mit Humphrey junior schien sie dennoch eine hervorragende Kapitalanlage zu sein.

Nun war der Vizepräsident offenbar selbst bereit, dem Team beizutreten. »Bob hat heute Verbindung mit mir aufgenommen, um mir mitzuteilen, dass sein Vater es für sehr wichtig halte, mich wegen der künftigen Pläne der AEC zu sprechen«, berichtete Maheu und fügte hinzu, dass das Bündnis mit Humphrey in den nächsten Tagen in Denver, Colorado, besiegelt werden solle.

»Heute ließ mich der Vizepräsident wissen, dass er am Donnerstag in Denver sein werde, um mit mir über seine Strategie zu sprechen, wie die großen Atomversuche in Nevada *verzögert* und schließlich gänzlich *verhindert* werden können.«

Bei einer nächtlichen Zusammenkunft in der Suite des Vizepräsidenten im »Hilton« von Denver, so sagte Maheu später aus, erklärte sich Humphrey bereit, den Kampf gegen die Bombe aufzunehmen, und zwar als Gegenleistung für eine versprochene Wahlspende in Höhe von 100 000 Dollar, von denen die Hälfte in bar zu zahlen war.

Dieses private Kernwaffenabrüstungsabkommen sollte Hughes etwa 400 000 Dollar kosten. Einhundert »Riesen« für Humphrey und 300 000 Dollar zur Finanzierung einer »unabhängigen Studie«, ausgeführt von sechs Wissenschaftlern, die alle als Kritiker der Atomversuche bekannt, aber auch vom Weißen Haus anerkannt waren.

»Bei diesem Programm will der Vizepräsident vertrauensvoll mit uns zusammenarbeiten«, erklärte Maheu. »Er möchte wissen, was du von dem Plan hältst.«

Hughes war ungehalten. Er erwartete Resultate für sein Geld – nicht Studien – und war bereit, entsprechend dafür zu zahlen. »Meine Stellungnahme ist sehr einfach. Du weißt, was wir erreichen wollen, und du weißt, dass unsere Mittel unbeschränkt sind. Du musst von dieser Seite an die Sache herangehen. Ich dachte, du seist mit den Resultaten deiner Reise nach Denver zufrieden.«

Zufällig fiel die enttäuschende Gipfelkonferenz in Denver mit der Eröffnung der Vietnam-Friedensgespräche in Paris zusammen, was Hughes auf eine neue Idee brachte, wie er den soeben gekauften Präsidentschaftskandidaten noch nutzbringender einsetzen könne.

Er wollte Humphrey nach Paris schicken.

Offenbar konnte man es dem Vizepräsidenten nicht länger allein überlassen, seine Wahlkampfstrategie zu gestalten. Hughes würde die Planung vom Penthouse aus übernehmen müssen. Tatsächlich hatte er sich einen kühnen und komplizierten Trick ausgedacht: Humphrey würde selbst erst dahinter kommen, wenn er die ihm zugedachte Mission erfüllt hätte.

Für die gesamte übrige Nation war der Vietnamkrieg die brennende Frage im Wahlkampf von 1968. Für Hughes waren es die Atomversuche in Nevada. Nun war er auf den Gedanken gekommen, diese beiden Fragen geschickt miteinander zu verknüpfen. Wenn alles gut ging, würde der ahnungslose Humphrey als Held daraus hervorgehen, und Hughes hätte einen ehrenvollen Frieden.

»Mir ist soeben eingefallen«, schrieb Hughes, »dass jetzt doch der ideale Augenblick wäre, Humphries oder irgendeine andere Stimme der Nation dazu zu bringen, an die soeben bei den Friedensverhandlungen in Paris versammelten Delegierten einen beschwörenden Appell zu richten und ihnen Glück und Segen bei den bevorstehenden Friedensbemühungen zu wünschen.

Dabei wäre es klug, wenn in diesem ersten Appell, der die Gebete der ganzen Menschheit um einen erfolgreichen Abschluss der Verhandlungen zum Ausdruck bringen sollte, noch nicht die Rede von den Atomversuchen in Nevada ist.

Jedoch sollte der Mann, der diese Rede von den Glückwünschen und Gebeten auf Hoffnungen der ganzen Menschheit usw., usf. hält, jemand sein, von dem wir sicher sein können, dass er auch bereit ist, eine leidenschaftliche Rede gegen alle geplanten Atomversuche zu halten. Mit anderen Worten, der Mann, den wir für diesen Zweck aussuchen, sollte überhaupt nicht wissen, was wir vorhaben, und wir sollten dafür sorgen, dass er beim ers-

8. Kapitel · Armer Hubert

ten Mal noch gar nichts darüber sagt, was wir eigentlich wollen. Es sollte jedoch jemand sein, den wir so fest in der Hand haben, dass er kurz danach auf unsere Aufforderung hin genau das sagt, was wir wollen.«

»Das klingt komplizierter, als es ist«, beruhigte Hughes Maheu. »Ich glaube, du kennst meine etwas pedantische Art und weißt sicher recht gut, was ich meine.«

Maheu hatte Hughes sehr wohl verstanden, aber er setzte offenbar mehr Vertrauen in den Denver-Plan, dem sein Herr und Meister misstrauisch gegenüberstand. Humphrey ging nicht nach Paris. Jedoch war er auch in Washington für Hughes sehr nützlich.

So nützlich, dass die Atomenergie-Kommission befürchtete, ein von Hughes eingesetztes Wissenschaftlergremium, in dem ausschließlich Gegner saßen, und das auch die Unterstützung des Vizepräsidenten hatte, würde das gesamte Nevada-Programm gefährden.

Bald führten die AEC-Manager einen beinahe ebenso regen Briefwechsel wie Hughes und Maheu. Sie wollten herausfinden, ob der Mann, der möglicherweise bald Präsident der Vereinigten Staaten sein würde, sich wirklich mit dem reichsten Bürger des Landes zu einem Anti-Atombündnis zusammengetan hatte.

»Ich rief Oberst Hunt im Büro des Vizepräsidenten an, um mit ihm über Gerüchte zu sprechen, die wir in Las Vegas gehört haben, in denen die Rede von einer Vereinbarung zwischen dem Vizepräsidenten und der Hughes-Organisation ist«, berichtete der Leiter der Behörde Arnold Fritsch. »Ich machte ihn darauf aufmerksam, dass, obgleich dies bisher nur ein Gerücht sei, wir aber dennoch besorgt wären, da das bahnbrechende Testprogramm von größter Wichtigkeit für die nationale Sicherheit ist.«

Als die AEC-Leute erkannten, wie begründet ihr Verdacht war, versuchten sie die »unabhängige« Hughes-Studie zu verhindern, und da sich dies als unmöglich erwies, bemühten sie sich, dieses Gremium dem Einfluss des Milliardärs zu entziehen.

Der Vorsitzende der Atomenergie-Kommission Seaborg unterrichtete den Präsidenten. Johnson war wütend. Er hatte genug Ärger, ein Kreuzzug gegen die Atombombenversuche, der lediglich die schon vorhandenen Antikriegsgefühle aufflackern lassen würde, hatte ihm gerade noch gefehlt. Hughes' Aktivitäten verärgerten ihn. Darüber hinaus behandelte Humphrey seine Verbindung zu dem Milliardär wenig diskret. Im Weißen Haus war bereits allgemein bekannt, dass der Vizepräsident Wahlkampfgelder von Hughes erhielt.

»Hubert sollte lieber seinen Hosenstall zulassen«, sagte der Präsident zu einem seiner Mitarbeiter. »Er könnte sonst mit seinem Schwanz in Hughes' Hosentasche erwischt werden.« Johnson gab nun seinerseits eine Studie in Auftrag, wählte aber Wissenschaftler, die nicht im Verdacht standen, zu den Tauben zu zählen und die den Hughes-Humphrey-Leuten eine Lektion erteilen sollten.

Dennoch war es Humphrey gelungen, die erste offizielle Untersuchung nuklearer Risiken zu erzwingen. Und als das vom Präsidenten eingesetzte Gremium seinen Bericht ablieferte, erwiesen sich dessen Untersuchungsergebnisse als schockierend. Hughes hatte Recht. Die großen Explosionen waren gefährlich. Das hoch qualifizierte Gremium konservativer Wissenschaftler, die einzeln von der AEC ausgewählt worden waren und unter Führung des früheren Forschungsleiters der Behörde und zweier hoher Berater des Weißen Hauses gearbeitet hatten, erklärten Hughes' Befürchtungen für absolut begründet. Sie wiesen warnend darauf hin, dass Megatonnen starke Explosionen größere Erdbeben verursachen könnten und empfahlen, die Tests in Nevada einzustellen.

Humphrey hatte gewonnen. Allerdings zu spät, um sich selbst oder seinem heimlichen Geldgeber zu nützen. Als die Wissenschaftler im November zusammentraten, hatte Humphrey die Wahlen bereits verloren. Er bekam ihren Bericht niemals zu sehen, den zunächst Johnson und dann Nixon ignorierten und unterdrückten. Trotz der Warnungen vor wirklichen und allgegenwärtigen Gefahren gingen die Versuche ohne Einschränkung weiter.

Hughes, der seine Skepsis gegenüber Humphrey nie ganz ablegte, hatte einen solchen Reinfall erwartet.

8. Kapitel · Armer Hubert

Er hatte seine eigenen Wissenschaftler bei der Hughes-Aircraft-Company gefragt, die voraussagten, dass die Regierung irgendwelche nachteiligen Ereignisse einfach nicht zur Kenntnis nehmen würde: »Sie sagten: ›Selbst wenn man Einstein wieder aus dem Grabe holen würde und ihn die Studie machen ließe, so würde das nicht den geringsten Eindruck machen.‹ Sie sagten: ›Die spielen mit gezinkten Karten, und sie sind lange genug in Las Vegas gewesen, um zu wissen, was gezinkte Karten sind!‹«

Und das wusste der Milliardär in der Tat. Sie waren Teil seines Spiels mit dem Kandidaten Humphrey.

Er zweifelte nicht so sehr an dem guten Willen des Vizepräsidenten, sondern vielmehr an dessen Fähigkeiten. Ein gekaufter Mann aber, der nicht liefern konnte, war kaum besser als ein Mann, der nicht gekauft werden konnte.

Dennoch gab es unter den Demokraten natürlich keine wirkliche Alternative zu Humphrey, so unzureichend er auch sein mochte. Und nach dem 6. Juni 1968 gab es überhaupt keine Alternative mehr.

Bobby Kennedy war tot. Seine Ermordung veränderte in dramatischer Weise die Präsidentschaftswahlkampagne, erschütterte die gesamte Nation. Sogar Howard Hughes begann nun, seine Haltung neu zu überdenken. Der politische Markt war in Bewegung geraten. Im Augenblick war es nicht ratsam, überhastete Einkäufe zu tätigen. Es wäre besser, einige Tage zu warten.

»Betrifft: Die nächsten 48 Stunden«, schrieb Hughes. »Ich glaube, wir müssen entscheiden, wen wir von jeder Partei nominiert sehen wollen und dürfen dann nicht warten, bis es geschieht, sondern müssen sofort loslegen und etwas unternehmen.

Der Letzte, den ich nominiert sehen möchte, ist Edward Kennedy. Er erhält zu viel Unterstützung von anderer Seite. Ich möchte einen Kandidaten, der uns braucht und unsere Hilfe wünscht. Ich favorisiere immer noch Humphries. Aber ich bin gegen jede weitere Unterstützung, bevor wir ihm auf den Zahn gefühlt haben. Nur ein paar Tage – aber ich meine, wir sollten

6/6/68

Bob –

Re. the next 48 hrs., I think we must decide whom we want to see ~~be~~ nominated by each party, and then not wait for it to happen, but go out and do something about it.

The last person I want to see nominated is Edward Kennedy. He would receive too much support from others. I want to see a candidate who needs us and wants our help. I still favor Humphries. But I urge against any further support until we feel his pulse. Only a couple of days – but I don't feel we should ~~increase~~ increase our investment in him in the meantime. Only until you get some kind of an indication of his attitude and his capabilities.

Please let me know your recommendation on all points. Many thanks,

Howard

8. Kapitel · Armer Hubert

in der Zwischenzeit unsere Investitionen bei ihm noch nicht erhöhen. Erst wenn du etwas über seine Haltung und seine Möglichkeiten weißt.«

Maheu »fühlte« Humphrey »auf den Zahn« und schrieb an Hughes: »Hinsichtlich der AEC machen wir an allen Fronten weitere Fortschritte. Der Vizepräsident ist in jeder Hinsicht äußerst kooperativ, und über ihn liefern wir ständig die wichtigsten Informationen an das Weiße Haus, an die entsprechenden Stellen bei den Vereinten Nationen und vor allem an diejenigen, die auf höchster Ebene mit den Russen verhandeln.«

Als Nächstes wandte sich Humphrey direkt an Maheu. Er wollte wissen, ob Hughes Interesse daran hätte, mit ihm über einen potenziellen Kandidaten für das Amt des Vizepräsidenten zu sprechen.

Hubert Humphrey verhielt sich tadellos, und seine Möglichkeiten würden sich schließlich ändern, sobald er erst einmal Präsident wäre. Kennedy war tot, also würden sie mit an Sicherheit grenzender Wahrscheinlichkeit Humphrey nominieren. Jetzt galt es also zu zahlen.

Am 29. Juli 1968 stieg Robert Maheu im »Century Plaza Hotel« in Los Angeles ab; er führte einen großen Umschlag mit 25 000 Dollar in Hundert-Dollar-Noten mit sich. Er nahm eine Suite im 17. Stock und wartete dort auf einen Kurier aus Las Vegas, der weitere 25 000 Dollar in einer schwarzen Aktentasche mitbrachte. Dann fuhr er ins Erdgeschoss, wo der Kandidat auf ihn wartete.

Humphrey hielt sich schon seit einigen Tagen in der Stadt auf. Am Ende seiner Reise durch die Wahlkreise gab er ein Bankett zu Ehren von 30 ausgewählten Spendern, das 5000 Dollar pro Gedeck kostete. Maheu begrüßte den Vizepräsidenten. Er arrangierte gegen Ende des Abends ein privates Treffen. Anschließend wollte er den Kandidaten zum Flughafen begleiten.

Humphreys Limousine wartete bereits. Maheu setzte sich zum Vizepräsidenten in den Fond des Wagens. Sie unterhielten sich einige Minuten über Hughes und die Bombentests. Dann legte Maheu eine schwarze Aktentasche vor Humphreys Füße. Sie enthielt 50 000 Dollar. Nach etwa 500 Metern Fahrt hielt die Wagenkolonne plötzlich an, und Maheu stieg aus.

»Es war eine sehr angenehme Begegnung«, schrieb er noch in derselben Nacht in seiner Erfolgsmeldung, »und dieser Mann lässt dir versichern, dass er sich ein Bein ausreißen würde, um unsere Wünsche zu erfüllen.«

Humphrey, der seinen Kampf um die Präsidentschaftskandidatur damit eröffnet hatte, eine »Politik der Freude« zu proklamieren, traf am 25. August ziemlich niedergeschlagen in Chicago ein. Mit Ausnahme einiger bezahlter Wahlhelfer war niemand zu seiner Begrüßung erschienen.

In Chicago herrschte Bürgerkriegsstimmung. Vormittags hatte die Polizei den Lincoln-Park gestürmt, Antikriegsdemonstranten niedergeknüppelt und von Tränengas geblendete Jugendliche zusammengeschlagen. Humphrey war nervös.

Maheu ebenfalls. Zwar hatte er schon seit Jahren in Hughes' Auftrag Schmiergelder an Politiker verteilt, aber einem Vizepräsidenten der Vereinigten Staaten heimlich 50 000 Dollar zuzustecken war Bestechung und quantitativ wie qualitativ anderer Größenordnung.

»Ich weiß, du hältst mich für übervorsichtig, weil ich es nicht riskiere, am Telefon über Dinge zu reden, die Humphrey und den Parteikonvent betreffen«, schrieb er anlässlich der bevorstehenden Nominierung des demokratischen Präsidentschaftskandidaten.

»Ich persönlich traue der AEC ohne weiteres zu, dass sie versuchen wird, unsere Bemühungen zu durchkreuzen. Wenn sie jemals in der Lage wären zu beweisen, in welchem Umfang wir diesem Mann helfen, dann würden sie mit Sicherheit über uns herfallen.

Ich habe nichts dagegen, bei Air West, Los Angeles Airways und vielen anderen Projekten ein kalkuliertes Risiko einzugehen, aber was Humphrey betrifft, so sollten wir äußerst vorsichtig sein.«

Vorsicht war in der Tat geboten. Wochenlang hatte Präsident Johnson seinen mutmaßlichen Nachfolger öffentlich lächerlich

8. Kapitel · Armer Hubert

gemacht und intern schikaniert. Nun aber fürchtete Humphrey etwas viel Schlimmeres: einen Coup. Es gab Gerüchte, denen zufolge LBJ plante, nach Chicago zu fliegen, an seinem 60. Geburtstag vor dem Parteikongress zu erscheinen und dort die Nominierung wieder an sich zu reißen.

Maheu kommentierte diese Gerüchte auf seine Weise: »Ich glaube deshalb, wenn du dem Präsidenten deine Unterstützung für ein Kolleg für öffentliche Angelegenheiten an der Universität von Texas zusagen willst, dann sollten wir das tun, bevor der Parteitag in vollem Gange ist.«

Hughes verweigerte jedoch hartnäckig eine solche Spende, um die Johnson zwei Wochen zuvor bei seinem geheimen Treffen mit Maheu auf seiner Ranch gebeten hatte. Er hatte andere Sorgen, nämlich dass die Stimmung plötzlich zugunsten von Edward Kennedy umschlagen könnte.

»Es ist nicht zu bestreiten, dass die Kräfte, die Kennedy aufstellen wollen, verdammt stark sind«, erzählte Hughes Maheu. »Nach Angaben, die ich heute Morgen von unserem Informanten erhielt, ist jedoch Mr H. ›in‹.«

Diese Information war Hughes aber nicht sicher genug. »Ich möchte nicht einmal, dass Ted Kennedy Vizepräsidentschaftskandidat wird«, teilte er mit, entschlossen, Kennedy von der Kandidatenliste zu streichen. »Können wir etwas dagegen tun?«

Maheu forschte noch einmal nach: »Bob Humphrey glaubt, dass die Kennedy-Situation unter Kontrolle ist«, ließ er Hughes über einen der Mormonen wissen. »Bobs Wahl wäre der Senator von Maine.«

Dieser Senator war niemand anderer als Maheus alter Freund Ed Muskie. Inzwischen war Hubert Humphrey in seiner Hotelsuite auf dieselbe Idee gekommen. Nach stundenlangem Überlegen hatte er schließlich seinen Wahlkampfleiter Larry O'Brien gefragt: »Larry, wenn du dich innerhalb von 15 Sekunden entscheiden müsstest, wen würdest du nehmen?« O'Brien nannte Muskie, und Hubert bat den mächtigen Mann aus Maine zu sich.

»Howard, wie ich dir schon gestern sagte, war Muskie definitiv meine Wahl Nummer eins«, schrieb Maheu triumphierend. »Er und seine Frau, meine Frau und ich, sind schon immer Freunde gewesen – wir kommen alle aus derselben Kleinstadt in Maine. Wir waren seine Anhänger schon seit seinem ersten Auftritt auf der politischen Bühne. Er ist wirklich ein Mordskerl. Er war mein Anwalt, bevor er Senator wurde … Der Vizepräsident und Larry wissen ganz genau, dass ich mit Muskie eng befreundet bin.«

Während Hughes und Maheu einerseits und Humphrey und O'Brien andererseits voll damit beschäftigt waren, die Stücke vom Kuchen der Macht zu verteilen, tobten Straßenschlachten in Chicago. Sie erreichten ihren Höhepunkt am Abend des 28. August, als in der von Stacheldraht und gepanzerten Mannschaftswagen geschützten Kongresshalle die Delegierten eben dabei waren, ihre Stimme abzugeben.

Draußen, vor dem »Conrad Hilton«, direkt unter Humphreys Fenstern, geradewegs vor den Fernsehkameras, griff die Polizei von Chicago plötzlich tausende von Demonstranten an, die in Richtung auf das Amphitheater marschierten. Die Polizisten schossen mit Tränengasmunition, versprühten Mace und schlugen von allen Seiten auf die Menge ein, jagten die Männer, Frauen und Jugendlichen vor sich her, knüppelten sie hemmungslos nieder. Die Polizisten griffen schließlich sogar einige ältere Zuschauer an, trieben sie mit dem Rücken zuerst durch die Spiegelglasscheiben der Hotelfenster, verfolgten sie drinnen weiter und verprügelten Gäste, die an der Bar saßen, im Restaurant aßen oder in der Hotelhalle standen.

»Die ganze Welt sieht zu!«, riefen draußen die Demonstranten in Sprechchören, aber Bürgermeister Daley und seiner Polizei war das offenbar gleichgültig.

Sogar im Innern der Kongresshalle griffen Daleys Sicherheitskräfte Delegierte an und zerrten sie mit sich, verfolgten sogar den Fernsehberichterstatter Dan Rather, stießen ihn in den Bauch und schlugen ihn zu Boden. All das war live und landesweit auf den Bildschirmen zu sehen, während der entsetzte Nachrichtensprecher Walter Cronkite, der die Sendung moderierte, vergeblich versuchte, mit seinem Reporter Verbindung aufzunehmen.

8. Kapitel · Armer Hubert

Als Senator Abraham Ribicoff vom Parteitagspodium aus die »Gestapo-Methoden auf den Straßen von Chicago« anprangerte, erhob sich Bürgermeister Daley, der direkt unter ihm saß, drohte dem Senator wütend mit der Faust und nannte ihn einen »verdammten jüdischen Bastard«.

Inmitten dieses Tumults und dieser Massenhysterie wurde Hubert Humphrey zum Kandidaten der Demokratischen Partei für das Amt des Präsidenten der Vereinigten Staaten nominiert.

Nach all den leidenschaftlichen Hoffnungen, den Tragödien und Unruhen des Jahres 1968, nach McCarthy und seinem Kreuzzug gegen den Kommunismus, nach New Hampshire und Johnsons Rücktritt, nach der Ermordung Robert Kennedys, nach all den Krawallen, Märschen und Demonstrationen, nach der Belagerung von Chicago standen sich nun als Kandidaten der alte Humphrey und der neue Nixon gegenüber.

Howard Hughes hatte die Ereignisse im Fernsehen verfolgt und war doch zufrieden. Das war ein Wettstreit, den er gar nicht verlieren konnte.

»Ich habe mir erlaubt, uns nicht festzulegen und hoffe sehr, dass du mit meiner Beurteilung einverstanden bist. Ich glaube auch, wir sollten wesentlich mehr für jeden Einzelnen tun, da so viel auf dem Spiel steht«, schrieb Maheu an Howard Hughes.

Der war einverstanden. Er konnte es kaum darauf ankommen lassen, die Wähler über Sieg und Niederlage der Präsidentschaftskandidaten entscheiden zu lassen. Lieber ließ er Nixon durch Gouverneur Laxalt 50 000 Dollar zukommen und Humphrey weitere 50 000 Dollar durch Dwayne Andreas, einen langjährigen Anhänger, der keine offizielle Rolle bei der Kampagne spielte, aber »heikle« Spenden entgegennahm.

»Du kannst beruhigt sein, Howard«, berichtete Maheu, »wir haben alle notwendigen Schritte unternommen, um gut dazustehen, wie immer das Ganze ausgehen mag.«

Es lief nicht gut für Humphrey, als er in der Nacht des 29. August, der letzten Nacht des Demokratischen Parteikongresses, auf das Podium stieg, um seine Nominierung anzunehmen.

Er hatte noch nie so schlecht ausgesehen, wie in der Stunde seines größten Triumphes.

Gebeutelt von LBJ und Bürgermeister Daley und unter dem Eindruck all der Toten in Vietnam und der zusammengeschlagenen Demonstranten in Chicago, fühlte er sich nun selbst beschmutzt.

Dennoch stand er aufrecht da mit einem gefrorenen Lächeln auf den Lippen, dankte voll sklavischer Ergebenheit seinem erbarmungslosen Zuchtmeister Lyndon Johnson und schloss mit Worten voller hohlem Pathos: »Ich erkläre diesem großartigen Parteikonvent und unserer großen Nation, dass ich bereit bin, unser Land zu führen!«

Zwei Uhr morgens war vorüber, als Humphrey in sein Hotel zurückkehrte. Er war müde und zerschlagen, konnte aber nicht schlafen. Angeekelt von allem räumte er sein Zimmer auf, leerte Aschenbecher, wusch halb leere Gläser ab, als könne er sich durch das Reinigen seiner Suite zugleich auch von dem Gefühl befreien, selbst besudelt zu sein. Dann schickte er einen Geheimdienstbeamten, um Larry O'Brien zu holen.

Von drei Uhr früh bis zum Morgengrauen redeten Humphrey und O'Brien miteinander. Der Vizepräsident klagte ihm sein Leid. Er war verzweifelt. Er hatte kein Geld für den bevorstehenden Präsidentschaftswahlkampf, kein Wahlprogramm und keinen Wahlkampfleiter. O'Brien hatte Humphrey lediglich versprochen, ihm bis zum Parteikonvent zu helfen. O'Brien hatte andere Pläne. Er hatte Humphrey nie Genaueres erzählt, aber von Anfang an deutlich gesagt, dass er aus der Politik aussteigen werde, »um endlich Geld zu machen«.

Stundenlang saßen die beiden Männer in dem nach Tränengas riechenden Raum zusammen. Noch in diesen frühen Morgenstunden erklangen unten auf der Straße Sprechchöre der wütenden Demonstranten: »Nieder mit Hump! Nieder mit Hump!«

»Larry, hörst du die Leute da draußen?«, jammerte Humphrey und flehte O'Brien plötzlich an, bei ihm zu bleiben und seine Wahlkampagne zu leiten. »Bitte, Larry, lass mich nicht allein.«

8. Kapitel · Armer Hubert

O'Brien aber war zunächst nicht umzustimmen. Er hatte die Nase voll vom Dienst an der Allgemeinheit. Er hatte die Nase voll von dem schwachen Hubert Humphrey. Auf ihn wartete ein neuer Job. Er wollte endlich kassieren.

»Mein Gott, Hubert«, platzte er heraus, »ich will mich doch ins Privatleben zurückziehen!«

Humphrey flehte ihn förmlich an. »Larry, ich habe doch nur dich«, flehte er. »Wenn ich sie dazu kriege, dass sie noch ein bisschen auf dich warten, wäre es dann möglich?«

O'Brien ließ sich erweichen. Zum ersten Mal nannte er den Namen seines neuen Chefs, und die Nennung dieses Namens traf Humphrey wie ein Schlag.

Im Morgengrauen des 30. August 1968, einem Freitag, war Hubert Humphrey, der Vizepräsident der Vereinigten Staaten, der Mann, der soeben zum Präsidentschaftsbewerber nominiert worden war, gezwungen, Robert Maheu anzurufen. Er musste den Mann anrufen, bei dem sein Sohn beschäftigt war und der ihm dabei geholfen hatte, seinen Mitbewerber auszuwählen, den Mann, der ihm auf dem Rücksitz eines Autos 50 »Riesen« zugesteckt hatte, und um Erlaubnis fragen, ob O'Brien sein Wahlkampfmanager bleiben dürfe.

Eines wusste er zu diesem Zeitpunkt noch nicht: Larry O'Brien hatte sich bereits verpflichtet, für Howard Hughes zu arbeiten.

9. Kapitel

Die Kennedy-Clique

Alter Bastard. Diese Assoziation hatte Howard Hughes jetzt so gut wie immer, wenn er an die Kennedys dachte; nicht Jack, nicht Bobby, nicht Teddy, nicht die tollen Söhne, sondern den Halsabschneider von Vater. Der alte Joe. Das war der eigentliche Kennedy, an den Hughes sich erinnerte. Und den er verachtete.

»Die Kennedy-Familie, ihr Geld und ihr Einfluss, ist mir immer ein Dorn im Auge gewesen, und zwar von den ersten Tagen meiner geschäftlichen Tätigkeit an«, schrieb der Milliardär. Sein Groll hatte sich über 48 Jahre aufgestaut.

Von Anfang an hatte er Joseph P. Kennedy nicht leiden können. Mitte der Zwanzigerjahre waren beide nach Hollywood gegangen, der Ire aus Boston und der Texaner, um von einer noch jungen Industrie Besitz zu ergreifen, die von eingewanderten Juden aufgebaut worden war. Beide hatten sich vorgenommen, die Stadt zu erobern.

Hughes war gekommen, um Filme zu machen. 1925, mit noch nicht zwanzig Jahren, voller romantischer Ideale, hatte der hoch gewachsene, gut aussehende Großindustrielle Houston verlassen, um sein Erbe in der Traumfabrik anzulegen. Hier, zwischen den Palmen und rosa Stuckpalästen schufen Menschen mit den abenteuerlichsten Biographien jenes Bild von Amerika, das ein großer Teil der Bevölkerung gern haben wollte. Aber Hughes verkörperte dieses Bild. Innerhalb weniger Jahre war er nicht nur ein berühmter Produzent, sondern ein Star.

Kennedy dagegen war lediglich gekommen, um Geld zu verdienen. Er war 37 Jahre alt und bereits ein etablierter, hart gesottener Geschäftsmann, den die Welt des Films nur rein finanziell interes-

281

sierte. »Man sehe sich nur einmal diesen Haufen Flickschuster an, die in Hollywood Millionäre werden«, sagte er zu einem seiner Mitarbeiter, als er nach Kalifornien aufbrach. »Am liebsten möchte ich ihnen das ganze verdammte Geschäft abknöpfen.«

Er versuchte es. Joe Kennedy war ein rücksichtsloser Spekulant, und manch einer hatte gute Gründe, ihn zu hassen. Aber was hatte er getan, dass Hughes so schlecht auf ihn zu sprechen war? Irgendwie hing das mit dem Studio RKO zusammen. Kennedy hat niemals einen bemerkenswerten Film gemacht, aber er gründete ein Filmstudio, und das schien Hughes ihm vorzuwerfen.

20 Jahre später erwarb Hughes selbst RKO. Aber nicht von Kennedy. Joe hatte Hollywood schon vor langer Zeit verlassen.

Weshalb also dieser Groll? Während ihrer gemeinsamen drei Jahre in Hollywood sind Kennedy und Hughes vermutlich niemals zusammengetroffen – »Howard war ja noch ein Kind«, kommentierte Joes Geliebte Gloria Swanson diese Tatsache. »Wir verkehrten nicht in denselben Kreisen.«

Joe stieg in Bank-, Schnaps- und Grundstücksgeschäfte ein, schlug immer hart und schnell zu, oft unter Umgehung der Gesetze. Sein Vermögen erwarb er mit Whiskyhandel, der von Alkoholschmuggel oft nicht weit entfernt war, und mit skrupellosen Börsenmanipulationen. Er war weniger ein Geschäftsmann als vielmehr eine Art Raubvogel, der sich auf fremde Beute stürzte, ein waghalsiger Pirat, der die Wall Street bis zu dem Augenblick schröpfte, als er selbst Erster Vorsitzender der Börsenaufsichtsbehörde wurde, und, wie manche behaupteten, auch dann noch. Kurz, ein Mann wie Hughes selbst eines Tages einer sein würde, aber weniger romantisch. Er machte sich viel mehr Feinde, vernichtete seine Rivalen, betrog seine Partner, aber er geriet nicht ein einziges Mal mit Hughes aneinander.

Woher also kam diese Abneigung? Was hatte der alte Joe dem jungen Howard angetan? Nichts.

Alles, was Howard Hughes gegen die Kennedys einzuwenden hatte, war die Tatsache, dass auch sie Geld und Macht hatten, diese Macht war ihm ein Dorn im Auge. Und zwar seit eh und je.

9. Kapitel · Die Kennedy-Clique

Anfangs hatten sie sogar auch mehr Geld. Als Hughes später sehr viel mehr Geld besaß, hatten sie mehr Macht. Sie besaßen immer gerade das, wonach Hughes strebte. Damals in Hollywood war es RKO. Später war es das Weiße Haus. Nicht nur, dass der alte Joe es für seinen Sohn gekauft hatte, er hatte es Howard Hughes gestohlen. Das konnte der Milliardär nicht vergessen und schon gar nicht verzeihen.

»Da kannst du einmal sehen, wie gemein es war, dass nach meiner hundertprozentigen Unterstützung Nixons Jack Kennedy diesen äußerst knappen, so genannten Sieg über unseren Mann errungen hat«, schrieb Hughes erbittert über den »Diebstahl« des Weißen Hauses im Jahre 1960 durch den Kennedy-Clan.

Hughes und Joe Kennedy hatten beide versucht, Amerika zu kaufen. Kennedy hatte gesiegt. Aber das allein war es nicht. In ihren Hollywood-Tagen war Hughes der Held der Wochenschauen, Joe der skrupellose Spekulant. Nun waren die Kennedys dem Image ihres Vaters entronnen und zu königlicher Größe gewachsen, während Hughes ein zwar unvorstellbar reicher, aber exzentrischer, einsamer Mann war.

Und jetzt, im Jahre 1968, als Hughes bereits alles in der Tasche zu haben wähnte, sein Plan, die Regierung der Vereinigten Staaten zu kaufen, fast gelungen und er siegessicher war, nachdem er sowohl Humphrey als auch Nixon gekauft hatte, war der alte Joe ihm wieder eine Nasenlänge voraus.

Am Samstag, dem 16. März 1968, stieg Robert F. Kennedy plötzlich in den Wahlkampf ein, verkündete seinen Anspruch auf den Thron vom selben Senatszimmer aus, in dem sein Bruder vor acht Jahren seine Kampagne begonnen hatte.

»Ich bewerbe mich nicht um die Präsidentschaft, lediglich um irgendjemanden zu bekämpfen, sondern um eine neue Politik einzuschlagen«, erklärte er und sah sehr jung und sehr verletzlich aus, sein langes Haar fiel ihm in die Stirn, seine berühmte Kennedy-Stimme war stockend und unsicher und dennoch flößte sie älteren, mächtigeren Männern Furcht ein. »Ich kann nicht beiseite stehen in einem Kampf, der über die Zukunft unserer Nation und die Zukunft unserer Kinder entscheidet.«

Auch Hughes konnte das nicht. Allein in seinem Penthouse, verfolgte der Milliardär Bobbys Rede im Fernsehen, sah, wie Joe dabei war, wieder einen Sohn in das Weiße Haus zu bringen und griff nach seinem gelben Schreibblock.

»Betr.: Kennedy, ich will ihn zum Präsidenten genauso gerne, wie ich Mumps haben möchte«, schrieb er. »Ich kann mir nichts Schlimmeres vorstellen, als acht Jahre unter seiner exaltierten Führung. Möge Gott uns helfen!

Wir müssen jedoch damit rechnen. Es könnte passieren, also halten wir uns nach beiden Seiten bedeckt.«

Er wollte über den nächsten Präsidenten verfügen können, selbst wenn er jeden Kandidaten im Ringen um die Macht kaufen müsste, und selbst wenn das bedeutete, Bobby zu unterstützen. Aber wie konnte man einen Kennedy kaufen?

Diese Frage wurde erneut dringlich, als einen Monat später die Atomenergie-Kommission ihm den Krieg erklärte. Angesichts des bevorstehenden neuen Atomversuchs, den Johnson nicht verhindern wollte und Humphrey offenbar nicht verhindern konnte, überdachte Hughes seine Strategie.

»Ich fürchte, es gibt nur zwei Leute, die stark genug sind, es mit der AEC aufzunehmen«, schrieb er. »Das sind Kennedy oder Johnson.

Ich sehe keine andere Möglichkeit, Kennedy zu motivieren, außer durch eine wirklich großzügige Geste.«

Da er jedoch eigentlich abgeneigt war, sich mit Kennedy zu verbünden und auch stark bezweifelte, dass Bobby sich kaufen ließ, sah Hughes jedoch eine Möglichkeit, die Kennedy-Gefahr zu nutzen, um die Atomgefahr zu bannen. Deshalb ließ er jetzt Johnson mitteilen, er würde Humphrey unterstützen, und zwar »in einem solchen Ausmaß, dass er es mit den Finanzmitteln aufnehmen kann, die von den Kennedys aufgewendet werden«. Gleichzeitig wies er Maheu an, dem bedürftigen Vizepräsidenten einen richtigen Schrecken einzujagen: »Setz dich mit Humphries zusammen und erzähle ihm, dass ich in äußerst deutlicher Form von Kennedy angesprochen worden bin.«

9. Kapitel · Die Kennedy-Clique

Das war eine Lüge. Aber in weniger als zwei Wochen entsprach sie den Tatsachen.

Bevor Hughes seinen Einsatz machen konnte, bevor Bobby seine erste Präsidentenvorwahl gewonnen hatte, schickte Kennedy einen Vertrauensmann zu Hughes. Sogar Kennedy!

Maheu berichtete: »Pierre Salinger hat mich angerufen, um mich zu fragen, ob wir uns nicht in Las Vegas sprechen können, sowie das Ergebnis der morgigen Vorwahlen in Indiana feststeht. Er sagte, Bobby stimmt mit unserer Haltung überein, diese AEC-Versuche aufzuschieben, und sie wollen erst einmal mit uns reden, bevor sie irgendeine ›öffentliche‹ Stellungnahme abgeben.

Howard, wir beide wissen, dass dies die Ouvertüre für eine Bitte um Finanzhilfe bei ihrer Wahlkampagne ist – und ich hätte gerne eine Richtlinie von dir, wie wir uns da verhalten sollen.

Wäre unsere einzige Sorge ›politischer‹ Natur, dann würde ich dazu neigen, Kennedy zu vergessen — weil ich fest davon überzeugt bin, dass ›Hubert‹ genug ›fällige Rechnungen‹ von den politischen Profis hat, um ihm die Nominierung der Demokraten zu sichern. Da jedoch im Augenblick andere Dinge für uns auf dem Spiel stehen, dürfte es klug sein, sich abzusichern.«

Hughes war von diesem Annäherungsversuch keineswegs überrascht.

»Ich weiß nicht, was Salinger und Kennedy wollen, aber ich kann mir sehr gut vorstellen, was sie in absehbarer Zeit brauchen.

Im Augenblick bin ich nicht dafür, auch nur einen Dollar herzugeben, ehe er nicht halbwegs ein Versprechen machen kann oder will, um uns bei der Verschiebung oder Einstellung der Bombenversuche zu helfen. Wenn er allerdings die Nominierung erhält, sind wir, glaube ich, gezwungen zu zahlen, ganz gleich, ob er etwas gegen die Bombe macht oder nicht.

Also noch einmal: Entweder ein Versprechen hinsichtlich der Bombe oder seine Nominierung; solange empfehle ich hinhaltende Schritte, garniert mit schönen Reden und alle möglichen Versprechungen für die Zukunft, aber keine konkreten Geldzusagen.

Aber, ich wiederhole, ich möchte ihn mir nicht zum Feind machen.«

Anfang Mai, nach Kennedys erstem Sieg bei den Präsidentschaftsvorwahlen, kam Pierre Salinger nach Las Vegas. Er wies Maheu darauf hin, dass Bobby in seiner Jungfernrede vor dem Senat drei Jahre zuvor eine Beendigung aller Atomversuche gefordert hatte und versicherte, Kennedy würde ihm jetzt im Kampf gegen die Bombe helfen. Daher bat er um eine Wahlspende. Maheu wich aus, versprach aber, seinen Chef von dem Gespräch zu informieren.

Es verlief alles in freundschaftlicher Atmosphäre. Maheu und Salinger kannten sich schon elf Jahre, Maheu war zweiter Vorsitzender des Wahlausschusses, als Salinger sich 1964 in Kalifornien um einen Senatssitz bewarb.

Auch Robert Kennedy und Maheu hatten einander kennen gelernt, und zwar im Zusammenhang mit dem Attentatsplan gegen Castro. Kennedy hatte im Mai 1962, als er Justizminister und sein Bruder Präsident war, von diesem Mordkomplott der CIA erfahren. Die CIA war gezwungen, sich zu offenbaren. Dies war die einzige Möglichkeit, die Ermittlungen gegen Maheu einzustellen, der dafür verantwortlich war, dass die Telefonleitung des Schauspielers Dan Rowan angezapft wurde. Rowan hatte damals ein Verhältnis mit der Sängerin und Freundin des Chicagoer Mafiabosses Sam Giancana. Kennedy war schockiert. Nicht wegen des gescheiterten Attentatsversuchs, sondern weil die CIA seines Erachtens die falschen Leute dafür ausgesucht hatte. Das galt vor allem für Giancana. Kennedy musste J. Edgar Hoover informieren. Der wusste, dass John F. Kennedy gerade erst eine Affäre mit einer anderen Freundin Giancanas, Judith Campbell, hinter sich hatte. Und Kennedy wiederum wusste dies.

Für Bobby lag es also nahe anzunehmen, Maheu und damit auch Hughes wüssten eine ganze Menge aus dem nichtoffiziellen Leben der Kennedys. Und nicht nur aus ihrem Leben. Vielleicht wusste Maheu, wer hinter dem Mord an John F. Kennedy steckte.

Die mögliche Verbindung zwischen dem Castro-Mordplan und dem Mord in Dallas quälte Kennedy seit langem. Und erst

9. Kapitel · Die Kennedy-Clique

vor einem Jahr war die ganze schmutzige Geschichte durch einen Zeitungsartikel von Drew Pearson ans Licht gekommen und hatte ihm praktisch das Kainsmal auf die Stirn gedrückt.

»Präsident Johnson sitzt auf einer politischen Wasserstoffbombe«, hieß es in dem Artikel, »nach unbestätigten Berichten hat Senator Robert Kennedy anscheinend einen Attentatsplan gebilligt, wobei der Schuss möglicherweise nach hinten losging und seinen Bruder das Leben kostete.« Bobbys schlimmste Befürchtung, die er nur wenigen engen Freunden anvertraute, wurde hier angesprochen, nämlich dass Castro oder die Mafia oder die CIA selbst die Ermordung seines Bruders angestiftet hätten.

Im Hintergrund dieser ganzen Verwicklung lauerte Maheus Chef: der geheimnisvolle Milliardär mit dem brennenden Hass auf die ganze Kennedy-Familie.

Bobby konnte nicht ahnen, wie tief Hughes' Hass saß, aber er wusste ganz genau, wie gefährlich es war, von Hughes Geld anzunehmen. Er selbst hatte daraus politisches Kapital geschlagen, dass die von Hughes an Nixon gezahlten Gelder seinerzeit einen Skandal auslösten und damit entscheidend zum Sieg seines Bruders im Jahre 1960 beitrugen: Später, als Justizminister, ordnete er eine geheime Untersuchung der Beziehungen zwischen Hughes und Nixon an.

Aber nun, 1968, brauchte Kennedy dringend Geld für seine eigene Wahlkampagne, und er bat Hughes um eine Wahlspende.

Einige Wochen nach ihrem Treffen in Las Vegas rief Maheu Salinger an und teilte mit, Hughes werde 25 000 Dollar an Kennedy zahlen. Das war noch keine richtige Investition, aber immerhin eine gute Absicherung. Salinger, der sich wegen der Vorwahlen in Portland aufhielt, erklärte, er würde unmittelbar nach dem nächsten Wahlakt in Kalifornien nach Las Vegas kommen, um das Geld abzuholen.

Zunächst übertönte der Jubel die Schüsse.

Bobby hatte soeben einen großen Sieg errungen. Er hatte in Kalifornien gewonnen. In nur zwölf Wochen hatte er dazu beigetragen, Lyndon Johnson zur Abdankung zu zwingen, hatte

Hubert Humphrey in dessen Heimatstaat Süddakota geschlagen, und nun hatte er seinem Rivalen Eugene McCarthy in Kalifornien eine Niederlage beigebracht. Am Dienstag, dem 4. Juni 1968, betrat er den überfüllten Ballsaal des »Ambassador Hotels« in Los Angeles, um seinen Sieg zu verkünden.

Fast ausgelassen scherzte Kennedy mit seinen jubelnden Anhängern, machte ein V-Zeichen und erklärte: »Und nun auf nach Chicago, um auch dort zu siegen!« Dann verließ er die Tribüne. Kaum jemand der Anwesenden bezweifelte, dass der nächste Präsident der Vereinigten Staaten Robert Kennedy heißen würde.

Minuten später lag er schon im Sterben.

Howard Hughes verfolgte alles am Bildschirm. Live und in Farbe sah er, wie es geschah, und er blieb die ganze Nacht auf, um die Wiederholungen zu sehen: die Siegesrede, dann die Schüsse und Robert Kennedy in einer Blutlache liegend – immer wieder dieselben Bilder. Er hörte die ärztlichen Statements aus dem Krankenhaus, sah individuelle und allgemeine Erschütterung – sah, wie Menschen hin- und herrannten, weinten, schrien oder zu stillem Gebet niederknieten – er sah, wie die Kennedy-Familie sich erneut zu einer Totenwache versammelte.

Nachrichten und ernste Kommentare dröhnten während der ganzen Nacht durch sein Schlafzimmer: »Es gab nur einen Attentäter … Dies war keine Verschwörung … Alle Amerikaner haben ein Gefühl der Schuld … Es war offensichtlich die Tat eines Einzelnen … Der Höhepunkt der Gewalttätigkeit in unserem Lande … Wenige Wochen nach der Ermordung von King … Bruder des ermordeten Präsidenten … Zweifellos handelt es sich nicht um eine Verschwörung …«

Während die Fernsehkommentatoren wieder einmal eilends versuchten, eine schockierte Nation zu beruhigen, begann Hughes sein Komplott zu schmieden. Er nahm seinen Schreibblock vom Nachttisch, und während Kennedy noch zwischen Leben und Tod schwebte, schrieb er:

»Mir scheint, dass dieser historische Augenblick der ideale Zeitpunkt ist, unsere Anti-Trust-Kampagne zu starten.

9. Kapitel · Die Kennedy-Clique

Mit anderen Worten, ich kann mir keinen besseren Moment vorstellen, und selbst wenn wir noch ein Jahr warten, wo die öffentliche Meinung so entschieden und leidenschaftlich empfänglich ist für die Notwendigkeit von Maßnahmen zur Verbrechensbekämpfung.

Dies ist bestimmt die beste Gelegenheit, um unseren Appell an die Abteilung zur Verbrechensbekämpfung beim Justizministerium mit dem Hinweis darauf zu untermauern, was wir zur Verbesserung der Situation hier schon alles getan haben, und wie ungeheuer nachteilig es sich auswirkt, dass das Kartellamt die einmalige Möglichkeit durchkreuzt, die sich aller Wahrscheinlichkeit nie wieder ergeben wird, nämlich die Möglichkeit, angesichts der allgemeinen öffentlichen Empörung Gewalt und Verbrechen als signifikante Faktoren im Leben der Gemeinschaft vollständig auszuschalten.«

Zunächst witterte er hinter dem Attentat nur die fantastische Chance, sein Monopoly in Las Vegas fortzusetzen. Er saß fast 26 Stunden ununterbrochen vor dem Fernsehgerät.

Er sah, wie der verstörte Frank Mankiewicz zum letzten Mal in dem provisorischen Presseraum des Hospitals zum Barmherzigen Samariter erschien, um der Welt mitzuteilen, dass Bobby Kennedy tot sei. Auf diesen Augenblick hatte Hughes in zwei schlaflosen Nächten gewartet.

»Ich hasse es, mit der Tür ins Haus zu fallen«, schrieb er und konnte seine Ungeduld offenbar kaum zügeln, »aber ich sehe hier eine Möglichkeit, die vielleicht im ganzen Leben nicht wiederkommt. Ich beabsichtige nicht, Präsident zu werden, aber ich will politische Macht.

Ich meine eine Organisation, dass wir uns niemals mehr über eine so lächerliche Sache, wie das Anti-Trust-Problem, Sorgen zu machen brauchen – jedenfalls nicht für die nächsten hundert Jahre.

Und ich denke dabei an die Möglichkeit, Gouverneur Laxalt, wenn wir es wollen, 1972 oder 1976 ins Weiße Haus zu hieven.

Jedenfalls scheint mir, dass uns genau die Leute, die wir brauchen, soeben, platsch, in den Schoß gefallen sind.«

Er sah in der plötzlich führerlosen Kennedy-Mannschaft eine leichte Beute. Er würde den ganzen Kennedy-Stab übernehmen und daraus einen Hughes-Stab machen. Mit Hilfe dieser dynamischen Politprofis würde er einen Mann seiner Wahl ins Weiße Haus schicken, einen Mann wie Paul Laxalt.

Kennedys Ermordung hatte noch eine andere Dimension. Aus dem Kampf ums Weiße Haus war der einzige Kandidat ausgeschieden, den Hughes nicht wollte und den er nicht hätte kontrollieren können. Nun galt es, schnell zu handeln.

Maheu war völlig durcheinander. Ausgerechnet in dieser Katastrophennacht wurde er mit einer Flut von aufgeregten Briefen überhäuft. Sie enthielten Forderungen, so tollkühn und ungeheuerlich, dass selbst Hughes' erfahrener Mitstreiter nicht sofort begriff, dass sein Chef von ihm nicht nur verlangte, den nächsten Präsidenten herauszufinden, sondern auch die ganze Kennedy-Mannschaft zu kaufen.

»Aus deinem Schreiben habe ich den Eindruck gewonnen, dass du für diese Tätigkeit lediglich an jemanden aus dem Kennedy-Stab denkst«, erwiderte Maheu.

»Mein Eindruck ist sicher falsch, denn wir müssen, um unsere Absicht zu verwirklichen, über diesen speziellen Bereich hinausdenken.

Offenbar wird Senator Ted Kennedy ihr Erbe. Da sehe ich einige seltsame Allianzen auf uns zukommen. Auf jeden Fall, Howard, bitte ich dich, mich aufzuklären.«

Seltsame Allianzen? Hughes war nicht daran interessiert, irgendwelche Allianzen einzugehen, schon gar nicht mit den Kennedys. Was er vorhatte, war eine ganz simple geschäftliche Transaktion.

»Ich möchte, dass wir Bob Kennedys gesamten Stab anheuern«, erläuterte er mit einiger Ungeduld. »Sie sind gewohnt, das Kennedy-Geld hinter sich zu haben, und das können wir ihnen auch bieten. Ich möchte ein Bündnis mit der ganzen Kennedy-Gruppe, ich will sie auf unsere Gehaltsliste setzen.«

Hughes hatte dieses Sperrfeuer wenige Stunden nach Kennedys Tod eröffnet und war nun so aufgeregt, dass er nicht schla-

9. Kapitel · Die Kennedy-Clique

fen konnte. Stattdessen verfolgte er im Fernsehen die ewig selben Bilder vom Attentat und Filme, die einen Abriss von Bobbys Leben zeigten. Er starrte bis in die frühen Morgenstunden gebannt auf den Bildschirm. Als der überwiegende Teil der übrigen Bürger Amerikas aufwachte und voller Entsetzen erfuhr, dass Kennedy gestorben war, legte Howard Hughes sich schlafen, um erst am Donnerstagnachmittag wieder aufzuwachen. Seine Erregung hatte sich keineswegs gelegt.

»Ich bin soeben aufgewacht«, schrieb er sofort in einem weiteren Brief an Maheu. »Ich war Montag und Dienstag die ganze Nacht auf.* Ich hörte, wie Mankiewicz die verhängnisvolle Mitteilung machte, und da unser Kanal 8 immer noch auf Sendung war, blieb ich die ganze Nacht auf und war erstaunt festzustellen, dass wir exklusiv über seinen Tod berichten und das Nachrufmaterial senden konnten usw.«

Hughes war begeistert von dem Erfolg seiner Fernsehstation, dem regionalen CBS-Sender.

»Die beiden anderen Anstalten, ABC und NBC, waren in Südnevada während der ganzen Nacht nicht auf Sendung …

Trotzdem bitte ich dich, Bob, niemandem etwas wegen unseres Erfolges mit dieser Exklusivsendung zu sagen.« Hughes wurde vorsichtig, denn er hatte plötzlich erkannt, wie taktlos und sogar gefährlich es sein könnte, sich mit einem solchen kleinen Erfolg zu brüsten, wenn es um so viel wichtigere Dinge ging. »Mir fiel nämlich eben ein, dass du deine Freunde vom Kanal 13 deshalb möglicherweise etwas auf den Arm nehmen könntest. Tu das bitte nicht. Ich halte es nämlich für sehr wünschenswert, dass wir unser Spätfilmprogramm ausschließlich hier in Südnevada behalten. Ich hoffe, es schließlich in ein Programm für die ganze Nacht ausweiten zu können und wünsche dabei keine Konkurrenz. Ich glaube nämlich, der Markt kann nicht zwei solcher Sendungen vertragen.«

---

* Bezüglich der Tage irrte sich Hughes: In Wirklichkeit waren es Dienstag- und Mittwochnacht.

Dann kam er noch einmal auf seinen Plan zu sprechen, die Kennedy-Mannschaft anzuheuern und einen Mann seiner Wahl ins Weiße Haus zu schicken. Doch auch seine größenwahnsinnigen Phantasmagorien konnten den Hass auf die Kennedys nicht stillen. Dieser Hass hatte die ganze Nacht gebrannt, hatte Nahrung erhalten, während er am Bildschirm die Chronik der ganzen unseligen, ruhmreichen und tragischen Saga verfolgte. Nun, am Tage von Bobbys Tod, konnte er ihn nicht länger zügeln, es brach aus ihm heraus. Während er zugleich kaltblütig die Möglichkeiten erwog, die dieses Attentat ihm bot.

»Ich bin vertrauter mit der Geschichte und dem Rest der Kennedy-Familie, als du dir vorstellen kannst«, schrieb er, dachte dabei an den alten Joe und ließ seinem lang gehegten Groll freien Lauf. »Ich kenne die Familie, ihr Geld und ihr Einfluss sind mir seit eh und je, seit Beginn meiner geschäftlichen Aktivitäten, ein Dorn im Auge gewesen …

Deshalb bin ich, wie ich dir schon sagte, aufgrund dieser lang gehegten Eifersucht und persönlichen Feindschaft ziemlich gut über die Leute informiert, die sich zunächst um Jack und dann um Bob versammelten. Im Wesentlichen dieselbe Gruppe. Sie wurde lediglich übernommen. Aber denk einmal an die Erfahrungen, die sie in zwei Wahlkampagnen sammeln konnten!«

Sie waren genau die Männer, die er brauchte, und nun waren sie gewissermaßen ohne Kopf. Hughes war nicht so blind vor Hass, dass er diese Gelegenheit etwa versäumte.

»Jedenfalls kann ich sehr gut die Furcht und die Vereinsamung nachfühlen, von der die Kennedy-Mannschaft jetzt erfasst sein muss. Ich habe solche Gefühle am eigenen Leibe erfahren und weiß, wie stark sie sein können. Ich wiederhole deshalb, dass dies nach meiner Überzeugung eine einmalige Gelegenheit ist, eine geschlossene und bestens ausgebildete politische Organisation ›direkt von der Stange‹ zu kaufen …«

Hughes wusste, dass er schnell handeln musste, bevor der Kennedy-Klüngel sich besann und womöglich neue »Beschützer« fand.

9. Kapitel · Die Kennedy-Clique

Robert Kennedy war noch nicht beerdigt, da schmiedete Howard Hughes bereits Pläne, wie er die Leute des Verstorbenen ködern könne. Kennedy war in der St. Patrick Cathedral aufgebahrt, und jene Männer, die Hughes für sich gewinnen wollte, hielten die Totenwache am Sarg.

Am Samstag sagte Edward Kennedy in seiner Trauerrede:

»Mein Bruder braucht nicht idealisiert und größer gemacht zu werden, als er im Leben war. Man sollte sich seiner lediglich als eines guten und anständigen Mannes erinnern, der Unrecht sah und versuchte, es zu beseitigen, der Leid sah und versuchte, es zu lindern, der Krieg sah und versuchte, ihn zu beenden.

Wie er viele Male in vielen Teilen dieses Landes zu denen sagte, deren Nähe er suchte und die seine Nähe suchten: ›Manche Menschen sehen die Dinge, wie sie sind, und fragen warum. Ich träume von Dingen, die niemals waren, und frage, warum nicht?‹«

Bobby Kennedys Leichnam wurde durch die großen Bronzetüren der Kathedrale hinausgetragen und zu dem Zug nach Washington gebracht, wo er auf dem Nationalfriedhof von Arlington beerdigt werden sollte.

Howard Hughes sah den Trauerfeierlichkeiten im Fernsehen zu. Auch er träumte von Dingen, die es noch nie gegeben hatte. Auch wenn es eigentlich galt, Robert Kennedys Manager und Wahlkampfhelfer anzuwerben, konnte Hughes der Versuchung nicht widerstehen, dem letzten lebenden Bruder des Clans einen Tritt zu versetzen:

»Eben sah ich Ted Kennedy, wie bei einem Wahlfeldzug, am hinteren Ende des Eisenbahnzuges stehen«, schrieb Hughes. »Wenn das nicht der Gipfel der Geschmacklosigkeit war, dann weiß ich nicht, wie man das sonst nennen soll. Wenn ich auch dafür bin, mir den Kennedy-Stab in diesem günstigen Augenblick zu schnappen … so empfehle ich doch dringend, dass du nichts unternimmst, das uns in irgendeiner Weise mit Kennedy oder seiner Wahlkampagne in Verbindung bringt. Ich fürchte, dass, wer auch immer Mrs Kennedys Ratgeber seit dem Tode ihres Mannes ist, der Betreffende nicht so schlau oder so geschickt gewesen ist,

Bob —   6/6/68

I have just awakened. I was
up all night monday and Tuesday
nights. I heard Mankiewicz
make the fateful announcement
and, since our ch 8 was still
on the air, I stayed up all
night to watch in amazement
as we continued to achieve
absolutely exclusive coverage of
his death and obituary material
etc.

The other two networks, ABC
and NBC were not on the air
in Sou. Nevada during the entire
night until the following morning. I dont know if this
circumstance prevailed throughout
the US generally, or only in
Sou. Nevada. I do know that
ABC and NBC had just closed
down their broadcasts from the
hospital for the night and ch 13
and ch 3 had just gone dark
for the night. This was un-
derstandable, as the doctors had
just announced that there would
be no more regular bulletins
until morning.

I believe it was sheer
accident that CBS was still
on the air when the bomb
fell. Of course they (CBS)
made the most of it and I

9. Kapitel · Die Kennedy-Clique

thought how lucky we were to have been on the air and achieved this historic news broadcast. However, I expected ABC and NBC to come back on and go crazy trying to recoup their position. But, to my amazement, the screens remained dark the whole night. Whether ABC and NBC were dark all night nationally, I do not know.

Anyway, Bob, please do not say anything to anybody about our achieving this TV exclusive. It occurred to me you might mention it by way of gently needling your friends in Ch 13. But please do not. I am very desirous that we retain the late night movie programing exclusively here in So. Nevada. I hope eventually to extend this into an all-night, every-night show, and I don't want any competition. I don't think the market can support 2 such shows.

Returning to this morning, I am certain that you, at no time, really understood what I was urging you to do, Bob, it is true that I have discussed another project with you; The

proposal to select one Repub. and
one Demo. candidate and then to
give that candidate full and all-
out support. This project I
still want carried out. Just
as I still want the Rene TV
project carried out. However, the
item set forth in my first
message of Thursday morning
was something entirely different.

I am more familiar than
you realize with the history and
the remaining entity of the
Kennedy family. You see Joe
Kennedy used to own the biggest part of RKO studio before
I got into it. The Kennedy
family and their money and
influence have been a thorn
that has been relentlessly shoved
into my guts since the very
beginning of my business activities. So you can see how
cruel it was, after my all-out
support of Nixon, to have
Jack Kennedy achieve that
very, very marginal so-called
victory over my man.

So, as I point out, thru
this long-standing feeling of
~~jealousy~~ and personal enmity,
I have become fairly well informed
about the organization of people that
sprung up. first around Jack. and then

9. Kapitel · Die Kennedy-Clique

around Bob. Essentially the same group. They just moved over. But think of the experience they have had in the two campaigns combined!

Now, I am positive that all of these people (and don't forget the Convention and victory was virtually within their grasp) that all of these people, after they come-to following a 48 hour effort to drink themselves into oblivion, will feel awfully and terribly alone and frightened. Of course, they might make it again with Ted, but that is a long and uncertain road. Now, Bob, just try to visualize how it would feel. I have a group of people who have remained loyal to me, or so I have chosen to believe, and I have worried sufficiently about them being faced with such a situation, that I have gone to extreme lengths in furnishing them protection against any such adversity. It was not easy, because such protection, if it places the person in the posture of receiving a bequest under my will, is worthless, and might do more harm than good.

In any event, Bob, you can see that I have given this matter a great deal of thought. Also, there is some similarities between the group who assisted the Kennedy brothers and my organization, although, unfortunately, I do not have the lovable qualities of Jack and Bob that led to their famous popularity.

Anyway, I do feel competant to judge the feelings of fear and lonliness which I am certain must have consumed the Kennedy group by now. I have experienced these emotions myself and I know how powerful they can be. So, I repeat that I am positive this is a once-in-a-lifetime opportunity to acquire a ready-made political organization all trained and ready to go.

Now Bob, Mr. Gates, of the Gates Rubber Co. just stole from us the top prize winning designer of our helicopter and the top 7 or 8 technical men under him. It seems you might have warned me that this was a possibility. I am positive I could have persuaded him not to go - positive! So, Bob, this time, instead of waiting until somebody else grabs these people, let's move first!

9. Kapitel · Die Kennedy-Clique

6/8/68

Bob —
I just saw Ted Kennedy campaigning from the tail end of the funeral train. If that isn't the all time high in bad taste, I dont know what you may chose to call it. While I am all in favor of the effort to latch onto the Kennedy organization at this propitious moment, as I recommended yesterday, I urge you not to do anything that might identify us as being in any way associated with Kennedy or his campaign. I am afraid that whoever has been acting as ~~Mrs.~~ Mrs. Kennedy's guiding light since her husband's death has not been as shrewd or as clever as everybody anticipated. Personally I think the entire funeral operation since the Good Samaritan has been one ghastly over-played, over-produced, and over-dramatized spectacle. I think that this whole deal is going to erupt into one horrible shambles. Mrs. Jack Kennedy was criticized badly for over-doing Pres. Kennedy's funeral activities and I think this operation is many times worse, if such a thing is possible. I just wanted to let you know. We certainly have the best news service. I have been amazed.

wie man hätte voraussetzen sollen. Ich persönlich halte die ganzen Trauerfeierlichkeiten seit dem Hospital zum Barmherzigen Samariter für ein entsetzlich übertriebenes und überdramatisiertes Schauspiel. Ich nehme an, dass die ganze Sache in einem wüsten Durcheinander enden wird. Mrs Jack Kennedy wurde schon scharf kritisiert, weil sie um Präsident Kennedy zu viel Trara gemacht hat, aber diese Sache war noch viel, viel schlimmer, wenn so etwas überhaupt möglich ist.«

Larry O'Brien, der im Trauerzug Richtung Washington mitfuhr, fühlte sich einsam und verunsichert. Er war aus Lyndon Johnsons Kabinett ausgetreten, um Robert Kennedys Wahlkampagne zu leiten, so wie er acht Jahre zuvor John Kennedys Kampagne gemanagt hatte, und nun lag Bobby tot in einem flaggengeschmückten Sarg im letzten der einundzwanzig Eisenbahnwagen.

Anfangs beobachtete O'Brien noch die Menschenmenge, die entlang der Strecke stand, aber als der Andrang der Trauernden die Schienen blockierte und der Zug auf seiner 48-stündigen Reise von New York nach Washington nur noch langsam dahinschlich, saß er wie gelähmt da und musste an den Flug der *Air Force One* denken, mit dem John F. Kennedy von Dallas in die Hauptstadt heimkehrte. Die Witwe des Präsidenten war an Bord der Maschine gewesen. Als er nun auf dem Gang des Zuges auf und ab ging, begegnete O'Brian erneut Jacqueline Kennedy. »Oh, Larry«, flüsterte sie, »ist es nicht furchtbar, dass wir uns wieder bei einem solchen Anlass treffen müssen? Es ist unfassbar.« Der Zug traf nachts in Washington ein. Die Beerdigung auf dem Nationalfriedhof fand im Dunkeln statt. Das Grab Bobby Kennedys lag neben dem seines Bruders.

Nach 16 Jahren im Dienste der Kennedys, von Jacks erster Kandidatur für den Senat bis zu Bobbys letztem Wahlfeldzug, war Larry O'Brien plötzlich ohne Job, ohne jemanden, der ihn protegierte und ohne jede Vorstellung, wie er seine Familie unterhalten und was er als Nächstes tun sollte.

Er saß in seiner Wohnung in Washington, als Robert Maheu anrief. »*Larry O'Brien* – er kommt am nächsten Dienstag auf

9. Kapitel · Die Kennedy-Clique

unsere Einladung hierher zu einer Unterredung über die Lage nach der Ermordung von Senator Kennedy«, berichtete Maheu danach seinem Arbeitgeber. »Er ist bereit, über eine Anstellung zu sprechen und hat bereits eine Zusage (ohne jegliche Verpflichtung) von vier oder fünf Schlüsselleuten aus dem Kennedy-Lager, dass sie sich nicht anderweitig binden wollen, bevor sie von dir gehört haben.«

Am 4. Juli traf er in Las Vegas ein und wurde standesgemäß im »Desert Inn« untergebracht. Hughes ließ ihn herzlich grüßen, sich selbst aber natürlich nicht blicken. O'Brien hatte mit Präsidenten zusammengesessen und sich in den höchsten Kreisen der Macht bewegt. Jack Kennedy hatte ihn persönlich angeworben und der alte Joe ihn in seinem Haus begrüßt, Lyndon Johnson hatte ihn gebeten, im Weißen Haus zu bleiben, und Bobby war es gelungen, ihn abzuwerben. Howard Hughes bekam er jedoch nie zu sehen.

»Ich habe ihn selbst noch nie gesehen«, erklärte Maheu, als sie in seinem Haus direkt neben dem Hotel über eine Anstellung verhandelten. Diese Bemerkung gab wenig Anlass, Vertrauen zu wecken, und so holte Maheu aus seinem Schreibtisch einen auf gelbem, liniertem Papier mit der Hand geschriebenen Brief hervor. »Ich möchte Sie nicht darüber im Zweifel lassen, dass alles, was ich sage, direkt von Hughes stammt«, sagte er und zeigte O'Brien das Gekritzel seines Chefs.

Unglücklicherweise war dieses »Beweisstück« wahrscheinlich jene Tirade des Howard Hughes über den »Dorn in meinem Auge«. Das geht aus O'Briens eigenem Bericht hervor. Anstatt den Hass auf die Kennedys zu spüren, der deutlich aus den Zeilen sprach, empfand O'Brien, der den Job unbedingt haben wollte, dieses Schreiben als aufrichtige Beileidsbekundung.

Maheu ging darauf vorsichtshalber nicht weiter ein, vielmehr bot er O'Brien einen Posten an, und zwar in einem Code, den beide Männer verstanden. Er erzählte O'Brien, Hughes habe ein Problem – er sei der Meinung, seine »guten Werke« würden vom amerikanischen Volk nicht genügend gewürdigt! O'Brien, der seinem Gastgeber immer um eine Nasenlänge voraus war, verstand genau. John F. Kennedy und Lyndon Johnson hatten ähnliche Formen des Liebesentzugs durchlitten.

Es herrschte völlige Übereinstimmung. Während der beiden nächsten Tage erzählte Maheu von den »guten Werken«, denen Hughes sich zur Zeit widmete. Es waren ihrer viele: sein gestopptes Monopoly-Spiel in Las Vegas, sein Rechtsstreit wegen der Fluggesellschaft TWA. Just an diesem Wochenende hatte Hughes seine Wohltätigkeit auf eine in finanziellen Schwierigkeiten befindliche Fernsehgesellschaft und eine um ihre Existenz kämpfende neue Luftfahrtfirma ausgedehnt. Er brütete einen Plan aus, um Air West zu übernehmen und unternahm einen plötzlichen Vorstoß, die Fernsehgesellschaft ABC zu erwerben. Diese besonders großzügige Tat erforderte sofort volle Konzentration.

Es war schon ein glücklicher Zufall, dass O'Brien ohnehin gerade in Verbindung zu den drei Fernsehgesellschaften stand. Auch sie hatten nämlich Imageprobleme, und O'Brien sollte ihnen dabei helfen. Eisenhowers früherer Pressesekretär, der jetzige Vizepräsident von ABC, James Hagerty, hatte tatsächlich einen solchen Vorschlag gemacht. Da sowohl Hughes als auch Hagerty nur gute Absichten verfolgten, sah O'Brien darin offensichtlich keinen Interessenkonflikt.

Laut Maheu war O'Brien in dieser Hinsicht durchaus optimistisch. »Er meint, die Behörde für das Kommunikationswesen (FCC) und/oder das Justizministerium werden keine unerfüllbaren Bedingungen stellen«, berichtete er. »Ob wir uns nun mit Larry O'Brien einigen oder nicht, so sollten wir uns doch in jedem Fall seiner bedienen, bevor wir den ›großen Schritt‹ in Washington unternehmen.«

Hughes hätte O'Brien am liebsten direkt zum Präsidenten geschickt. »Nach meiner Meinung, Bob, dürfte es verhältnismäßig einfach sein, eine sofortige Antwort in der Fernsehsache zu erhalten«, schrieb er. »Ich meine, Mr O'Brien sollte eine solche Antwort bekommen können, indem er einfach hereinmarschiert, Johnson am Kragen packt und ihm sagt: ›Hör mal zu, mein Freund, mein Klient, Mr Hughes, hat die Initiative ergriffen, um ABC zu übernehmen.‹«

9. Kapitel · Die Kennedy-Clique

Maheu hatte gewisse Bedenken, ob die Aufforderung, LBJ »am Kragen zu packen«, sich so günstig auswirken würde, aber er hatte zugleich eine hohe Meinung von O'Brien. »Ich kenne keinen Menschen, dem der Präsident mehr verpflichtet wäre und der die ganze Sache so schnell in Ordnung bringen könnte wie er.« Und weiter: »Ich weiß zufällig, dass, als O'Brien die Administration verließ, um sich Kennedys Wahlkampf zu widmen, er das mit dem Segen des Präsidenten gemacht hat. Außerdem weiß ich, dass der Präsident und Humphrey außerordentlich scharf darauf sind, dass er bei der Humphrey-Kampagne mitmacht.«

Als O'Brien nach Washington zurückkehrte, stellte er fest, dass Humphrey tatsächlich angerufen hatte, während er mit Maheu in Las Vegas verhandelte. Der Vizepräsident hatte fast genauso schnell reagiert wie Hughes, um O'Brien für sich zu gewinnen, kam aber eben doch etwas zu spät. O'Brien hatte bereits mehr oder weniger fest zugesagt, für den Milliardär zu arbeiten. Mit Zustimmung Maheus verschob er jedoch seine Arbeit für Hughes, um Humphrey vor und während des Parteikonvents der Demokraten beizustehen. Schließlich erklärte er sich sogar bereit, damit bis nach den Wahlen im November zu warten. Allerdings erst, nachdem Humphrey dafür persönlich Maheus Erlaubnis eingeholt hatte.

Inzwischen verhandelte O'Brien weiter mit Hughes. Ende Juli traf er sich in Washington zu einer zweiten Gesprächsrunde mit Maheu, zwei Tage, nachdem Maheu Humphrey auf dem Rücksitz einer Limousine die 50 000 Dollar zugesteckt hatte. Es war ein arbeitsreiches Wochenende für den Geldbriefträger. Bei ihrem Treffen im »Madison Hotel« übergab er O'Brien die 25 000 Dollar, die Hughes Bobby Kennedy einst versprochen hatte. O'Brien reichte den Geldumschlag an Kennedys Schwager Steve Smith weiter, der diese ungewöhnliche Beileidsbezeugung dankbar entgegennahm.

Maheu und O'Brien wurden handelseinig. Howard Hughes war ein Klient der neu gegründeten Firma O'Brien Associates und ihres Eigentümers. Larry O'Brien wurden in einem Zweijahresvertrag insgesamt 360 000 Dollar zugesagt, 15 000 im Monat, 500 pro Tag.

Hughes hatte es geschafft. Er hatte den Führer der Kennedy-Mannschaft eingefangen, deren wichtigsten Mann in seinen Dienst gestellt.

Jetzt sollte der Mann, der 1960 Kennedys Wahlkampf, 1964 Johnsons und 1968 Robert Kennedys Wahlkampf geleitet hatte, der Mann, der soeben das Kommando über Humphreys Kampf um den Präsidentenstuhl übernommen hatte, auch Howard Hughes Kampagnen leiten. Der Mann, der die Interessen des Weißen Hauses im Kongress vertreten hatte, für die »Neuen Grenzen« und die »Große Gesellschaft« gefochten hatte, sollte nun in Washington seinen Einfluss zugunsten der bizarren Figur im Penthouse geltend machen. Von nun an würde der erste politische Lobbyist Politik für einen Verrückten machen, der insgeheim beschlossen hatte, Amerika zu kaufen.

Nur die Einzelheiten mussten noch ausgearbeitet werden. Sofort nach den Novemberwahlen kehrte O'Brien nach Las Vegas zurück, um letzte Einzelheiten zu besprechen und den Vertrag zu unterzeichnen. Inzwischen war er auch Vorsitzender des Demokratischen Nationalkomitees geworden. Aber darüber zerbrach er sich nicht weiter den Kopf: Er würde einfach der Demokratischen Partei als ehrenamtlicher Führer und gleichzeitig Hughes' als dessen hoch bezahlter Washingtoner Vertreter dienen.

O'Brien stürzte sich mit Feuereifer sofort in seine neue Arbeit.

Sein Angebot zur Übernahme von Air West kommentierte Howard Hughes folgendermaßen: »… dieser Plan setzt voraus, dass die Aktien fallen und dass wir dann mit einem spektakulären Angebot aufwarten.« Kurz: Er wollte die Aktionäre betrügen. Maheu sprach darüber mit O'Brien.

»Ich glaube kaum, dass es einen Menschen gibt, der sich besser mit der Führung von Kampagnen auskennt, als Larry«, beteuerte er später. »Obgleich unsere gegenwärtige Sache nicht auf der politischen Bühne behandelt wird, erwarte ich doch unschätzbare Ratschläge von ihm, wie man die Aktionäre so motivieren kann, dass sie uns entgegenkommen.«

9. Kapitel · Die Kennedy-Clique

Es sollte sich bald zeigen, wie Recht Maheu mit seiner Einschätzung hatte. Als Hughes zur Zahlung der 137 Millionen TWA-Dollar verurteilt wurde, beschlossen Maheu und O'Brien, den Bankiers mit einer Kongressuntersuchung zu drohen.

»Leider gibt es das Establishment nun einmal; dagegen benimmt sich die Mafia ja wie eine Sonntagsschule beim Picknick«, schrieb Maheu an seinen Chef. »Zufällig sind wir das Opfer dieser Leute, und ich meine wirklich, wir sollten das nicht einfach hinnehmen. In einem Monat wird O'Brien zur Verfügung stehen. Ich habe die ganze Situation mit ihm besprochen, und er kann es gar nicht mehr erwarten loszuschlagen. Wir haben noch Zeit genug, um eine Situation zu schaffen, die diese Schmarotzer dazu bringen wird, vor uns auf den Knien zu rutschen.«

Maheu und O'Brien kämpften an allen Fronten. O'Brien hatte noch nicht einmal angefangen, offiziell für Hughes zu arbeiten, da war von neuen Atomtests in Nevada die Rede: Sein erster großer Einsatz stand bevor.

Es war der 12. Dezember 1968. Die Atomenergie-Kommission hatte soeben einen weiteren Megatonnen-Test angekündigt. Es war der erste seit dem Unternehmen »Boxcar«, dessentwegen Hughes vor acht Monaten seinen Feldzug gestartet hatte. Er hatte gehofft, weitere Versuche zumindest so lange hinauszögern zu können, bis ein ihm genehmer Präsident im Amt wäre. Aber LBJ saß immer noch im Weißen Haus und hatte sich einfach nicht kaufen lassen, Nixon war zwar gekauft *und* gewählt, aber noch nicht vereidigt. Hughes stand vor einem echten Problem: Er wusste nicht, wen er schmieren sollte.

»Bitte, versuche schnellstens Humphries zu erreichen oder lasse O'Brien dem Schatzmeister der Demokraten ein Angebot machen«, schrieb Hughes aufgeregt. »Ich bitte dringend, dass wir jetzt alle Register ziehen.«

Wieder verlangte Hughes, Maheu solle eine Million Dollar anbieten – entweder noch einmal Johnson, oder dem geschlagenen Humphrey für seine Wahlkampfschulden, oder aber der leeren Parteikasse der Demokratischen Partei, oder dem siegreichen, aber noch machtlosen Nixon –, jedem, der in der Lage wäre, den

305

drohenden Test zu verhindern. Von den Atomtestplänen der AEC erfuhr Maheu auf den Bahamas, wo er sich gerade mit der Nixon-Mannschaft ein trautes Stelldichein gab. Also sollte O'Brien den Fall übernehmen und in Washington alle Register ziehen.

»Larry O'Brien trifft morgen früh mit dem Mann an der Spitze zusammen«, schrieb Maheu an Hughes. »Howard, ich habe daran gedacht, selbst nach Washington zu gehen, bin aber nach reiflicher Überlegung zu der Überzeugung gekommen, dass niemand seine Sache dort besser machen kann als O'Brien.«

Maheu jettete zwischen Miami und den Bahamas hin und her, um den neu gewählten Präsidenten zu treffen, versuchte aber zwischenzeitlich immer wieder, den noch amtierenden Vizepräsidenten zu erreichen.

»Ich habe soeben ein Gespräch mit Humphrey angemeldet«, teilte er Hughes mit. »Ich möchte noch das Letzte aus ihm herausholen, bevor wir weitere Schritte unternehmen, deshalb gedulde dich bitte, Howard.«

Damit war er gut beraten, denn: »Auf der anderen Seite steht (Lee) DuBridge, Nixons künftiger Wissenschaftsberater, hinter uns, empfiehlt aber der neuen Administration dringend, eine Politik der strikten Nichteinmischung bei dem bevorstehenden Test.

Nixons engste Berater haben mich davon unterrichtet, dass der gewählte Präsident keinesfalls seine Nase in diese Sache stecken wird, bevor er nicht tatsächlich sein Amt angetreten hat.

Howard«, schloss Maheu, »im Augenblick bleibt uns nichts anderes übrig, als uns noch an die Demokraten zu halten. Das ist auch der Grund, warum es so wichtig für mich ist, jede Möglichkeit auszuschöpfen, soweit es Humphrey und LBJ betrifft.«

Hughes, der angesichts des neuen Countdown in Nevada Blut und Wasser schwitzte, war enttäuscht, dass es seinen Geldbriefträgern nicht gelungen war, einen Empfänger für immerhin eine Million Dollar zu finden.

»Ich bin untröstlich, dass du eine Politik der Nichteinmischung vorschlägst«, jammerte er, »und dass wir es nicht einmal geschafft haben, eine Verschiebung des Tests zu erreichen.

9. Kapitel · Die Kennedy-Clique

Du sagst, wir sollten diesen einen noch über uns ergehen lassen. Ich fürchte jedoch, dass unser Prestige und unser Image in der Öffentlichkeit schweren Schaden leiden wird, wenn wir es zulassen, dass dieser Versuch durchgeführt wird, oder wenn wir nicht die politische Macht haben, ihn zu unterbinden.

Ich bitte dich dringend, deine Haltung zu ändern und alle Register zu ziehen. Ich habe noch nichts davon gehört, dass mein Angebot (das Zwanzigfache von Humphries)* irgendjemandem gemacht worden ist, der in der Lage wäre, es zu akzeptieren oder darüber zu verhandeln.«

Larry O'Brien versuchte sein Glück derweil in Washington. Da Maheu feststellen musste, dass die Nixon-Mannschaft noch nicht einsatzbereit und der Vizepräsident zu anständig war, sich für nicht erbrachte Leistungen bezahlen zu lassen, versuchte O'Brien nun mit dem Mann ins Geschäft zu kommen, der noch alle Fäden in der Hand hielt, Lyndon Johnson. Viel erreicht hatte er jedoch noch nicht.

»Howard«, schrieb Maheu, »ich hatte eben ein langes Gespräch mit Larry O'Brien, und wir haben beschlossen, noch einmal einen Vorstoß beim Präsidenten zu machen.« Endlich waren nur noch zwei Tage Frist bis zu dem gefürchteten Test. Als die Stunde X näher rückte, verlangte Hughes, Maheu solle selbst mit dem Präsidenten sprechen. »Howard, bevor ich gehe, möchte Larry dir Folgendes zu überlegen geben«, erwiderte Maheu aus Miami. »Er ist davon überzeugt, dass es sich bei diesem Versuch um einen Kompromiss handelt, zu dem LBJ unwiderruflich verpflichtet ist. Er macht sich ernsthaft Sorgen, dass die Bitte um einen Termin für mich vom Präsidenten missverstanden werden könnte, da er und Larry sich seit vielen Jahren so nahe stehen,

---

* Humphrey erhielt 100 000 Dollar von Hughes. Es ist unklar, ob der Milliardär die volle Summe vergessen hatte oder nur die 50 000 Dollar zählte, die dem Vizepräsidenten direkt ausgehändigt worden waren, als er jetzt das »Zwanzigfache von Humphries« mit seiner versuchten Eine-Million-Dollar-Bestechung gleichsetzte.

sodass es aussehen könnte, als hätten wir kein Vertrauen zum Präsidenten oder zu Larry.«

Die Situation entwickelte sich kritisch. O'Brien und Maheu hätten die Sache gern ruhen lassen, aber Hughes blieb hartnäckig. Erneut forderte er Maheu auf, den Präsidenten aufzusuchen und ihm das Geld anzubieten. So genau hatte Maheu O'Brien bislang noch nicht in den Bestechungsplan eingeweiht. Weil Hughes aber nun verlangte, er selbst solle Johnson noch einmal eine Million Dollar anbieten, sprach Maheu anscheinend offener mit O'Brien.

»Über einen vorher verabredeten Code konnte ich Larry sagen, wie weit wir gehen würden«, berichtete er.

Erst in diesem Augenblick dürfte O'Brien voll und ganz erkannt haben, worauf er sich da eingelassen, was für einem Mann er sich verschrieben hatte. Es wird ihm wohl kalt den Rücken hinuntergelaufen sein. Einen Präsidenten zu bestechen – dazu sah er sich nicht in der Lage. Aber er war auch nicht so schockiert, dass er seinen neuen Job aufgegeben hätte.

»Er meint, wir sollten uns das noch einmal überlegen«, fuhr Maheu in seinem Bericht über O'Briens Reaktion fort, »denn er glaubt, dass es für LBJ zu spät ist, noch seine Meinung zu ändern, und dass es unserer Sache unter Umständen nur Schaden zufügen könnte. Er ist bereit, seine Karriere bei uns zu machen (offizieller Arbeitsbeginn 1. Januar 1969) und sich für unsere wichtigsten Ziele einzusetzen.«

War O'Brien zwar nicht bereit, Johnson zu bestechen, so hatte er offenbar nichts dagegen, einen Termin für Maheu zu arrangieren.

»Howard, wie du weißt, mache ich alles, was du verlangst«, schloss Maheu, »und Larry wird natürlich dafür sorgen, dass ich einen Termin bekomme.«

Nur Lyndon Johnsons hinhaltender Widerstand verhinderte, dass es zu diesem Gespräch im Weißen Haus kam. Sei es, weil Hughes die versprochene Spende für die Bibliothek nicht geleistet hatte, sei es, weil Johnson sich niemals der Höhe der Summe voll bewusst wurde oder weil er einfach nicht bereit war, Hughes

9. Kapitel · Die Kennedy-Clique

die Bombe gewissermaßen zu verkaufen. Wie auch immer: Der Präsident weigerte sich jedenfalls, Maheu zu empfangen.

Die mehr als eine Megatonne starke Explosion fand, wie vorgesehen, am Donnerstag, dem 19. Dezember 1968, statt. Sie löste ein Erdbeben aus, das ganz Las Vegas erschütterte, und hatte Erdstöße zur Folge, die so stark waren, dass Seismografen auf der ganzen Welt sie verzeichneten. Hughes, der allein in seinem Bunker lag und sich an der Bettkante festhielt, musste erkennen, dass er wiederum mit seiner Absicht gescheitert war, den atomaren Frieden zu erkaufen.

Aber sein Kampf gegen die Bombe war noch nicht zu Ende. Auch nicht seine Fixierung auf die Kennedys. Nachdem er O'Brien gekauft hatte, gab Hughes die Hoffnung niemals auf, der letzte lebende Kennedy-Bruder könne vielleicht ebenfalls käuflich sein.

»Ted Kennedy hält hier eine Rede, und ich ermächtige dich, ihm den Himmel und den Mond sowie unbegrenzte Unterstützung für seine Bewerbung um die Präsidentschaft anzubieten, wenn er unter Verwendung unseres Materials die AEC in seiner Rede hier auf die Hörner nimmt«, schrieb Hughes.

»Bob, wenn er die Schafe in Utah erwähnt, sage ich dir, wird er einen Riesenbeifall bekommen«, fuhr er fort und erinnerte damit an die »5000 Opferlämmer«, die bei einem gescheiterten Test biologischer Waffen getötet worden waren.

Am 25. April 1969 traf Kennedy in Las Vegas ein, um anlässlich eines Dinners zu Ehren seines Senatskollegen Howard Cannon eine Rede zu halten – für Hughes eine Gelegenheit, seine neue Verbindung zu dem Kennedy-Klüngel zu besiegeln und gleichzeitig den »Bombern«, wie er die Atomenergie-Kommission nannte, einen empfindlichen Schlag zu versetzen.

Hughes war inzwischen in einer recht bedrückenden Lage. Ihm drohte eine Vorladung vor den Kongress. Er brauchte mächtige Verbündete. Er wollte Edward Kennedy haben.

»Hast du schon etwas von Kennedy gehört?«, fragte er Maheu unruhig, da die Stunde näher rückte, zu der Kennedy seine Rede halten wollte.

Unverzüglich wurde er dann von einer weiteren fixen Idee heimgesucht.

»Übrigens«, fügte er hinzu, »ich finde, du solltest jemand veranlassen, Kennedy ganz genau unsere Einstellung gegenüber dem Wasserleitungssystem zu erläutern, sonst könnte er möglicherweise in seiner Rede die diesbezüglichen Pläne unterstützen.«

Die Mahnung erreichte Maheu im »Sands«, wo er aus Anlass des Wahlsieges von Senator Cannon eine Cocktailparty für 200 ausgewählte Gäste gab. Ehrengast war Edward Kennedy.

Was auch immer Maheu dem Senator auf seiner kleinen Soiree gesagt haben mag, der attackierte weder die AEC noch verurteilte er die Atomversuche, und er bedauerte in seiner Rede an diesem Abend auch nicht die toten Schafe von Utah. Also bekam er auch weder den Himmel noch den Mond, noch irgendwelches Geld von Hughes.

Dafür bekam Kennedy ein Revuegirl.

Das Rendezvous arrangierte Jack Entratter, Unterhaltungschef im »Sands«. Der ehemalige Rausschmeißer vom »Stork Club« traf sich um Mitternacht mit Kennedy und brachte ihn zu einer Suite im achtzehnten Stock. Dort verbrachte Teddy die Nacht – obgleich er offiziell in einem anderen Hotel abgestiegen war – und das Showgirl ebenfalls.

Als der Verleger eines lokalen Boulevardblattes Wind davon bekam und drohte, die pikanten Einzelheiten zu enthüllen, bot Maheu ihm Geld. Da dieser Colin McKinlay sich jedoch weigerte, von seiner Story Abstand zu nehmen, musste Maheu Hughes notgedrungen von der Sache erzählen.

»Bis vor wenigen Stunden war Bell noch überzeugt, er habe McKinlay unter Kontrolle«, berichtete der besorgte Drahtzieher.

»McKinlay teilte Bell jedoch mit, er habe eine sensationelle Story im Zusammenhang mit Senator Kennedys Aufenthalt in Las Vegas, als er seine Rede zu Ehren von Senator Cannon hielt. McKinlay behauptet, Senator Kennedy sei nach Beendigung der Festivitäten an diesem Abend zum ›Sands‹-Hotel gegangen und habe dort den Abend mit einer ›Biene‹ verbracht, die ihm von Jack Entratter zugeführt worden war.

9. Kapitel · Die Kennedy-Clique

Heute hat McKinlay erklärt, er werde Kennedy, dich und mich fertigmachen, indem er diese Story in seinem nächsten Nachrichtenbrief veröffentlicht. Er wolle damit den Beweis erbringen, dass, wenn wichtige Leute nach Las Vegas kommen, alle Vorkehrungen zur Befriedigung ihrer Wünsche aufgrund der Macht und des Einflusses von Hughes getroffen werden.

Unglücklicherweise, Howard, ist etwas dran an der Story, obgleich Entratter mich noch nicht über alle Einzelheiten aufgeklärt hatte«, schloss Maheu, der mit dem Schlimmsten rechnete. »Wir bemühen uns nach wie vor sicherzustellen, dass das nächste Skandalblatt nicht gedruckt oder nicht ausgeliefert wird.«

Sie bemühten sich vergeblich. Die Story wurde gedruckt, und das Blatt wurde ausgeliefert. Dennoch wurde der Bericht praktisch ignoriert – obgleich darin von einer »blonden Busenschönheit« die Rede war, die die Tür von Kennedys Suite geöffnet habe, als der Hotelpage in jener Nacht etwas zu trinken brachte, und die noch immer dort war, als am nächsten Morgen der Zimmerkellner mit dem Frühstück erschien – er wurde ignoriert, obwohl zu der Zeit, als die Story erschien, Kennedys Frauengeschichten Schlagzeilen machten.

Es war Juli 1969. Mary Jo Kopechne war tot. Und Edward Kennedy bereitete sich darauf vor, im bundesweiten Fernsehprogramm den Unfall von Chappaquiddick zu erklären.

Howard Hughes riet zu größter Zurückhaltung in dieser Angelegenheit, wenngleich er selbstverständlich genauestens über den Gang der Ereignisse hinter den Kulissen informiert werden wollte. Er fürchtete, O'Brien könne in den Fall verwickelt werden. Doch diese Befürchtungen waren – so oder so – überflüssig, denn gerade in dem Moment, als O'Brien offiziell in Hughes' Dienste treten sollte, entschied er sich anders. Das war keine moralische Entscheidung, er wurde nicht etwa plötzlich von Gewissensbissen geplagt. Im letzten Augenblick erhielt er ein besseres Angebot aus der Wall Street. Zwar brach er seine Beziehungen zu Hughes nicht ganz ab, hielt weiterhin zu Maheu Kontakt und vermittelte Hughes zwei seiner engen Mitarbeiter, Joe Napolitan, einen Medienberater, der mit O'Brien bei den Wahl-

7-24-69   R

Bob –

What is the most educated guess as to what is going to happen about the Kennedy situation?

I just heard a newscast saying Kennedy is planning a statement tomorrow. Do you have any idea what it is likely to say?

I only want to know what if anything you already know. please, do not become in any way involved in this, and please do not permit O'Brien to become entangled in it.

I heard that all the Kennedy hiarchy was gathered today at Hiannisport mass. I hoped O'Brien was not included, but I realize it could be very dangerous if it should filter back to Kennedy that any such request was made of O'Brien.

So, tread very carefully in this entire affair.

Howard

9. Kapitel · Die Kennedy-Clique

kampagnen für Kennedy und Humphrey zusammengearbeitet hatte, und Claude DeSautels, einen führenden Washingtoner Lobbyisten, der O'Briens Stellvertreter in Kennedys und Johnsons Regierung gewesen war. Napolitan und DeSautels erhielten je 5000 Dollar im Monat. Beide baten O'Brien häufig um Rat, wenn es die Geschäfte des Howard Hughes betraf.

»Obgleich O'Brien die Stellung bei der Investmentgesellschaft angenommen hat«, erklärte Maheu seinem Chef die Lage, »hat er uns weiterhin zur Verfügung gestanden und sein Hauptteam zusammengehalten. Larry ist weiterhin von großem Nutzen für uns, und es gibt viele Dinge, die er besser so erledigen kann, als wenn er unser Angestellter wäre.«

Während der gesamten Zeit, in der O'Brien in der Wall Street arbeitete, berichtete Maheu darüber, was Larry alles für Hughes erreicht hatte.

»Betr.: CAB (Zivilluftfahrtbehörde), Howard, die Sache läuft unheimlich gut«, schrieb Maheu, als er sich gerade darum bemühte, die amtliche Erlaubnis zur Übernahme von Air West zu bekommen. »Offensichtlich haben Larry O'Brien und seine Leute gut vorgearbeitet.« Auf seine eigene Aussage vor der Zivilluftfahrtbehörde eingehend, fügte Maheu später hinzu: »Ich glaube, ich habe ziemlich gute Arbeit geleistet und die Meineide auf ein Mindestmaß beschränkt.«

Der Kampf gegen die Atombombentests wurde mit unverminderter Heftigkeit weitergeführt. O'Briens Team hatte verlässliche Verbündete im Kongress gewonnen: »O'Brien und seine Leute haben unter den Gegnern der Atomversuche jene ausgesiebt, die zum Liberalismus neigen. Sie arbeiten vielmehr sehr eng mit einer soliden Gruppe zusammen und werden ihr eigenes Programm aufstellen, das man nicht auf uns zurückführen kann.«

Hughes war damit aber nicht zufrieden. Er wollte nicht O'Briens Team, und er wollte auch nicht O'Briens inoffizielle Hilfe. Er wollte O'Brien selbst.

»Ich war sehr davon beeindruckt, was du an politischen Talenten aufgetrieben hast«, schrieb er Maheu. »Ich möchte jedoch *einen* politisch versierten, maßgeblichen Mann, der jederzeit zur Verfügung steht.«

Hughes hatte bereits Richard Danner, einen langjährigen Mitarbeiter Nixons, angeheuert, der alle Vereinbarungen zwischen dem Penthouse und dem Weißen Haus über Bebe Rebozo, den engsten Freund des neuen Präsidenten, laufen ließ. Die Verbindung zu den Republikanern war also hergestellt.

»Am liebsten hätte ich sowohl O'Brien als auch Danner«, erklärte Hughes, der Mittelsmänner in beiden Parteien haben wollte.

»Meinst du nicht, dass man O'Brien auf einer vernünftigen Basis dazu bewegen kann, seine Meinung zu ändern und zurückzukommen?«

Es stellte sich heraus, dass O'Brien gar nicht gedrängt zu werden brauchte. Seine Wall-Street-Firma war bald bankrott, er selbst tief verschuldet. Mitte August 1969 kehrte Larry O'Brien nach Las Vegas zurück und war nur zu gern bereit, wieder mit Howard Hughes zusammenzuarbeiten.

Die Firma O'Brien Associates begann ihre Arbeit am 1. Oktober, gerade noch rechtzeitig, um im Sinne ihres wichtigsten Klienten an der Änderung der Bundessteuergesetzgebung mitzuwirken.

Die Steuerreform von 1969 führte zu einschneidenden Änderungen im Finanzsystem der USA und stellte Hughes vor ernste Probleme. Zwar hatte der reichste Mann Amerikas 17 Jahre lang keinen Pfennig Einkommensteuer gezahlt, bis der Verkauf von TWA ihn schließlich dazu zwang; zwar hatte die Holdinggesellschaft für seinen Konzern, Hughes-Tool, während der drei Jahre, in denen sich ihr einziger Eigentümer in Las Vegas verborgen hielt, keine Körperschaftsteuer gezahlt, aber der Stein des Anstoßes war ein anderer: die gemeinnützige Stiftung des Milliardärs, das Howard-Hughes-Medical-Institute.

Wie viele von Amerikas großen »Menschenfreunden« – Ford, Rockefeller, Carnegie – hatte auch Hughes die Möglichkeit entdeckt, sich auf höchst lukrative Weise Anerkennung in der Öffentlichkeit zu verschaffen: Er gründete eine Stiftung.

9. Kapitel · Die Kennedy-Clique

In einem »einzigartigen Akt der Menschlichkeit« hatte er das gesamte Kapital der Hughes-Aircraft-Company dem Hughes-Medical-Institute übertragen. So wurde aus seiner Rüstungsfabrik mit jährlich einer Milliarde Umsatz eine gemeinnützige Körperschaft, die keine Steuern zu zahlen brauchte. Seinen Hausarzt Verne Mason machte er zum Leiter der medizinischen Forschungsabteilung. Hughes selbst blieb Präsident der Rüstungsfirma, war alleiniger Treuhänder der neuen Stiftung und behielt auf diese Weise die Kontrolle über beide Unternehmen. Und nun sollte dieser Akt der Nächstenliebe mit einem Mal vergebens gewesen sein.

Zu verdanken hatte Hughes diese ärgerliche Tatsache dem Texaner Wright Patman, der Vorsitzender des Bankenausschusses des Repräsentantenhauses war und seit Jahren versuchte, eine parlamentarische Untersuchung des Stiftungsschwindels durchzusetzen. Seine Nachforschungen machten deutlich, dass hunderte von so genannten gemeinnützigen Unternehmen den Reichen nur dazu dienten, Steuern zu sparen und so gewaltige Vermögen anzuhäufen. 1969 endlich hatte Patman den eklatantesten Fall im Visier: einen der zehn größten Rüstungsindustriellen, Hersteller von Raketen und Spionagesatelliten, dessen Firma sich als wohltätige Stiftung gerierte, die der medizinischen Forschung »zum Nutzen der Menschheit« diente.

Patman fand schließlich heraus, dass das Howard-Hughes-Medical-Institute nur einen wirklichen Nutznießer hatte: Howard Hughes. In den 15 Jahren seines Bestehens hatte das Institut für medizinische Forschung lediglich sechs Millionen Dollar zur Verfügung gestellt und dem Milliardär Rückerstattungen in Höhe von fast 24 Millionen Dollar eingebracht. In dieser Zeit erzielten seine Flugzeugwerke einen Reingewinn von 134 Millionen Dollar, ohne der Stiftung, die Eigentümer dieses Unternehmens war, eine Dividende zu zahlen. Von dieser wahrhaft gigantischen Summe wurden nur zwei Millionen Dollar für wohltätige Zwecke gespendet. Aufgrund eines komplizierten Vertrages mit der Hughes-Tool-Company erhielt die Stiftung weitere 20 Millionen Dollar, von denen jedoch der größte Teil in Form von Zinsen für ein Darlehen an Hughes zurückfloss.

Dieser Shylock von einem Treuhänder erhielt darüber hinaus jährlich fast eine Million Dollar Spesen. Und jeder Penny, den Hughes, der Gütige, seiner Stiftung gab – inklusive des Geldes, das er zurückerhielt –, wurde auf die Rechnungen aufgeschlagen, die Hughes' Rüstungsfabriken dem Pentagon präsentierten, sodass die anderen Steuerzahler letzten Endes für sämtliche Kosten seines »Konzerns der Menschlichkeit« aufkommen mussten. Es war in der Tat ein einträgliches Geschäft. 1969 aber war das medizinische Institut bankrott. Es musste einen Kredit von einer Million aufnehmen, allerdings nicht, um damit Forschungskosten zu begleichen, sondern um damit die Zinsen zu zahlen, die es seinem großzügigen Stifter schuldete.

»Das riecht mehr nach Hochfinanz als nach Wohltätigkeit«, klagte Patman. Ein anderes Ausschussmitglied, das einen der Stiftungsdirektoren einer überaus peinlichen Befragung unterzog, fragte ironisch: »Sie meinen, Mr Hughes, der Treuhänder, hat niemals das Gefühl gehabt, dass Mr Hughes, der Geschäftsführer, daran gehindert werden sollte, Mr Hughes das Geld zu bezahlen, das Mr Hughes dem Mr Hughes schuldete?«

Das waren gefährliche Worte. Aber zum Glück gab es ja Larry O'Brien.

»Mir ist durchaus die Übereinstimmung bekannt, die seit Jahren zwischen Patman und O'Brien herrschte«, meldete Maheu dem Philanthropen im Penthouse. »Darüber hinaus erfuhr ich gestern Abend zufällig, dass Dick Danner und Patman ebenfalls seit Jahren enge Freunde sind. Wenn ich von dir keine entgegengesetzte Anweisung bekomme, möchte ich mit Danner und O'Brien ein Programm absprechen, wie wir uns Patman vielleicht vom Halse schaffen können.«

Aber Wright Patman war nicht zu bremsen. Er befand sich auf einem Kreuzzug, und seine Enthüllungen zwangen schließlich den Kongress, allen steuerfreien privaten Stiftungen strenge Beschränkungen aufzuerlegen.

Mit einer Ausnahme. Dafür sollte Larry O'Brien sorgen.

»Larry O'Briens Leute haben mich auf Mängel des kommenden Steuerreformgesetzes hingewiesen«, erklärte Maheu seinem

9. Kapitel · Die Kennedy-Clique

Arbeitgeber. »O'Brien und seine Leute haben nachteilige Bestimmungen entdeckt, die sich als katastrophal für das HHMI [Howard-Hughes-Medical-Institute] und Hughes-Aircraft erweisen könnten.«

In der Tat katastrophal. Aufgrund des Gesetzentwurfs, den das Repräsentantenhaus verabschiedet hatte, müsste das medizinische Institut sich tatsächlich als wohltätige Einrichtung erweisen und mindestens zehn Millionen Dollar für gemeinnützige Zwecke spenden – womöglich sogar zwei- bis dreimal so viel, eine Summe also, die weit höher war, als die in den vergangenen 15 Jahren zur Verfügung gestellte. Schlimmer noch: Das neue Gesetz würde jegliche »Selbstbedienung« verbieten. Hughes müsste 200 Prozent Steuerstrafe auf alle Rückerstattungen aus seiner Stiftung zahlen, und, die größte aller Ängste, er würde die Majorität bei seiner Flugzeugfabrik verlieren und innerhalb von zehn Jahren 80 Prozent seines Aktienkapitals verkaufen müssen.

Die Lösung dieses wahrlich nicht kleinen Problems war eine Aufgabe so recht nach Larry O'Briens Geschmack. Er hatte noch mächtige Verbündete. Neben Nixons Freund Danner beschäftigte Hughes noch andere Lobbyisten, zu denen Gillis Long gehörte, ein ehemaliger Kongressabgeordneter von Louisiana und Vetter von Russell Long, dem Vorsitzenden des Finanzausschusses im Senat. Und diesen Ausschuss musste der Steuerreform-Gesetzentwurf passieren.

Als die Vorlage den Senatsausschuss verließ, enthielt sie denn auch einen recht harmlos wirkenden Passus mit für Hughes großer Wirkung. In dem 225 Seiten starken Gesetz fand sich ein einziger Satz, wonach »medizinische Forschungseinrichtungen« – nämlich das Hughes Institute – von dieser Regelung ausgenommen waren.

Eilends meldete Maheu die gute Nachricht dem Penthouse: »In seinen gestrigen und heutigen Sitzungen hat der Finanzausschuss des Senats alle Änderungsanträge, auf die wir wegen HHMI Wert legten, gebilligt.«

Der geänderte Gesetzentwurf ging nun noch an den Vermittlungsausschuss beider Häuser und bedurfte der endgültigen

Zustimmung des ganzen Kongresses, aber eigentlich hatte er nur noch eine Hürde zu passieren, verkörpert von Wilbur Mills, dem Vorsitzenden des Haushaltsausschusses. O'Brien lud seinen alten Freund Mills zum Essen ein. Zwei Stunden lang diskutierten sie über die Auswirkungen der neuen Steuergesetze auf Stiftungen aller Art. Zwar behauptete O'Brien später, er habe den Namen Hughes nicht einmal erwähnt, doch steht fest, dass Wilbur Mills ein eifriger Befürworter dieser für Hughes so außerordentlich günstigen Ausnahmeregelung war.

Maheu war entzückt. »Howard, wir haben uns eine Gruppe hochqualifizierter Leute gesichert, die unsere Washingtoner Probleme behandeln«, schrieb er stolz. »Dank deiner weisen Voraussicht war O'Brien vielleicht der Tipp des Jahrhunderts. Ich bin überzeugt, dass wir im Augenblick kein Problem haben, das O'Brien, Long und Danner nicht zu deiner Befriedigung erledigen könnten.«

Aber Hughes war nicht zufrieden. Die heimliche Ausnahmebestimmung für sein Wohltätigkeitsinstitut war ihm nicht genug. Er wollte das gesamte Steuergesetz in weiten Bereichen gänzlich umgeschrieben haben.

»Ich bin entsetzt«, schrieb er.

»Du hast mir versichert, dass das neue Steuergesetz nicht unangenehm für mich wird und dass du deshalb in Washington während dieser kritischen Tage nicht gebraucht würdest, da alles unter Kontrolle sei.

Ich habe soeben in den Nachrichten gehört, dass die Kapitalertragssteuern erhöht werden sollen, und zwar beträchtlich. Ich fürchte, deine Weigerung, dich voll einzusetzen, hat zu dieser Tragödie geführt.«

Maheu nahm diese Kritik gelassen hin. Seine Mannschaft und er würden Hughes auch diesen Wunsch erfüllen.

»Ich freue mich, dass du meine Aufmerksamkeit auf die Kapitalertragssteuern gelenkt hast«, erwiderte er. »Wir können deshalb mit O'Brien, Long, Danner und Morgan konferieren. Wir haben die Fassung des Repräsentantenhauses und des Senats genau studiert. Glücklicherweise haben wir fünf ausgezeichnete ›Beziehungen‹ zu jedem Mitglied der zuständigen Ausschüsse.

9. Kapitel · Die Kennedy-Clique

Es wird kein Stein auf dem anderen bleiben. Wir wollen den Präsidenten darauf aufmerksam machen, wie unpopulär dieser Teil des Gesetzentwurfes ist, und zwar vor allem für diejenigen, die zweifellos etwa 80 Prozent aller nationalen Spenden für Präsidentschaftskampagnen aufbringen.«

Richard Nixon aber hatte andere Probleme. Auch er war gegen eine starke Erhöhung der Kapitalertragssteuer, doch der von den Demokraten majorisierte Kongress blieb unerbittlich. Die Hauptsorge des Präsidenten war eher privater Natur.

Es war geplant, die Steuerermäßigungen für die Schenkung von Dokumenten an gemeinnützige Einrichtungen aufzuheben. Nixon wollte seine Papiere aus der Zeit vor seiner Präsidentschaft dem Nationalarchiv überlassen. Dafür erwartete er einen Steuererlass von einer halben Million Dollar. Nixon hielt seine Schenkung zurück, bis er sicher sein konnte, wann er eine Steuerbefreiung beantragen musste. Inzwischen kämpfte der oberste Lobbyist des Weißen Hauses, Bryce Harlow, darum, diese Gesetzeslücke wenigstens so lange offen zu lassen, bis der Präsident hindurchgeschlüpft war.

Anlässlich seiner Beratungen mit Harlow sprach Nixon auch oft ein weiteres Problem an: das Bündnis Hughes–O'Brien. Larry O'Brien und Howard Hughes! Dieser Gedanke verfolgte ihn ständig und wurde im Laufe seiner Präsidentschaft zu einer fixen Idee.

Nixon litt unter dieser doppelten Unsicherheit, nicht zu wissen, was Larry O'Brien und Howard Hughes zusammen ausheckten und versuchte, über Bryce Harlow auf Zeitgewinn bei der Gesetzesentscheidung im Kongress zu drängen. Unter allen Gesetzesvorlagen hatte diese für Nixon höchste Priorität. Aber das Problem blieb ungelöst, da die Vorlage erst noch einmal an den Vermittlungsausschuss beider Häuser ging.

Auch Hughes musste oben in seinem Penthouse diese letzte kritische Runde durchstehen. Die Kapitalertragssteuer war zwar gesenkt worden, aber eben nicht genug.

Am 22. Dezember 1969 beendete der Vermittlungsausschuss beider Häuser seine Beratungen. Sie hatten fünf Tage und Nächte gedauert und zu einer Kompromissfassung des Steuerreform-gesetzes geführt. Noch am selben Tage wurde das Gesetz vom Kongress endgültig verabschiedet.

Larry O'Brien hatte sich durchgesetzt. Howard Hughes hatte einen unglaublichen Sieg errungen. Das im wahrsten Sinne des Wortes so heftig umstrittene neue Gesetz verschonte keinen amerikanischen Steuerzahler, keine Firma, keine Körperschaft. Selbst die seit langem unangetasteten Steuererleichterungen für die Ölindustrie wurden gestrichen. Und mehr als 30 000 bislang steuer-freie Stiftungen wurden einer strikten Kontrolle unterworfen, darunter die Ford-Stiftung, die Rockefeller-Stiftung und die Carnegie-Stiftung, nur nicht die Stiftung des Howard Hughes. Dank Larry O'Brien war er gänzlich ungeschoren davongekommen. Hughes aber war von Dankbarkeit weit entfernt.

»Ich bin natürlich dankbar, dass die Änderungen bei der Formulierung des Steuergesetzes (soweit es Stiftungen betrifft) Änderungen der Satzungen von HHMI überflüssig machen«, schrieb er ungehalten.

»Das ist nett, Bob, und eine Annehmlichkeit, die ich zu schätzen weiß.

Ich hoffe jedoch, dass du erkennst, wie unwichtig diese Neuigkeit ist, wenn man zugleich von einer Erhöhung der Kapitalertragssteuer hört.

Ich habe doch ausführlich und mit großem Nachdruck darauf hingewiesen, dass die Angelegenheiten und Gelder des HHMI, soweit es mich betrifft, eine ganz andere Sache sind.

Ich habe ferner erklärt, dass HHMI genügend Hilfsquellen hat und für seine künftigen Aktivitäten finanziell gut ausgestattet ist«, fuhr er fort, »und deshalb hat ein Dollar in der Kasse des HHMI nicht annähernd den Wert eines Dollars in der Kasse der Hughes-Tool-Company oder des Dollars in meiner Privatschatulle.

Deshalb kannst du sicher verstehen, dass die gegenwärtigen Pläne, die Kapitalertragssteuer zu erhöhen, mich mitten ins Herz treffen, auf dem einzigen Gebiet, wo ich einigen Profit von wirklicher Bedeutung erhoffte, und zwar von jetzt an für alle Zeiten.

9. Kapitel · Die Kennedy-Clique

Es scheint, dass dieses Gesetz für fast jedermann im Lande eine Katastrophe ist, ausgenommen natürlich die alleruntersten Einkommensschichten.

Bitte berichte sofort, Bob, mir macht diese Sache mehr Sorge als alles andere ...«

Hughes hätte sich keine Sorgen zu machen brauchen. Die neue Kapitalertragssteuer betraf nicht seine Geschäfte. Denn auch für Hughes-Tool gab es eine hübsche kleine Lücke im Gesetz, einen Passus, der eigentlich für kleine Firmen mit Liquiditätsschwierigkeiten gedacht war: Aktiengesellschaften mit zehn oder weniger Anteilseignern. Dazu gehörte Hughes-Tool, die hatte nur einen. Von nun an brauchte die Holding keine Kapitalertragssteuer, ja überhaupt keine Körperschaftsteuer mehr zu zahlen.

Die eine Hälfte seines Konzerns war nun auch als »gemeinnütziges Unternehmen« steuerfrei, die andere erhielt Steuervergünstigungen, weil sie vom Gesetz wie ein »Mittelstandsunternehmen« behandelt wurde. Nur Hughes selbst musste Steuern zahlen. Im ersten Jahr nach In-Kraft-Treten des neuen Gesetzes zahlte er 20 012,64 Dollar. So hatte sich der Milliardär die Steuerreform gewünscht. O'Brien Associates hatten ihren ersten offiziellen Auftrag glänzend erfüllt.

Richard Nixon erging es nicht ganz so gut. Der Präsident verlor seinen Kampf gegen den Kongress. Am 30. Dezember 1969 unterzeichnete er, nicht ohne vorher mit seinem Vetorecht gedroht zu haben, verärgert eine neue Gesetzesbestimmung innerhalb der Steuerreform, die den Steuernachlass für gestiftete Privatpapiere abschaffte. Diese Bestimmung trat rückwirkend bis Juli in Kraft. Damit hatte Nixon die Frist versäumt. Die große Chance für seine Steuerersparnis war vertan. So schien es jedenfalls.

Aber am 10. April 1970 unterschrieb Nixon seine Steuererklärung für 1969. Darin beantragte er einen Steuernachlass in Höhe von 576 000 Dollar für seine Papiere und fügte eine Schenkungsurkunde bei, aus der hervorging, dass die Übergabe an das Nationalarchiv im März 1969, also vier Monate vor dem Ablauf der Frist, erfolgt war. Diese Lüge ermöglichte Nixon, während seiner Präsidentschaft so gut wie keine Steuern zu zahlen: 1970 zahlte er 792,81 Dollar, 1971 waren es 873,03 Dollar, und 1972 entrichtete er 4298 Dollar. Nixon hatte die Bundesfinanzbehörde auf diese Weise um 467 000 Dollar betrogen.

Zu dieser Zeit war Larry O'Brien bereits wieder Vorsitzender des Nationalkomitees der Demokraten. Nixons Angst vor der Beziehung zwischen Hughes und O'Brien steigerte sich zur Qual.

O'Brien war nicht nur eine Repräsentationsfigur, sondern der eigentliche Oppositionsführer. Da Johnson im Exil, Humphrey geschlagen und Teddy Kennedy in Ungnade gefallen waren, war er der Mann, der 1970 für seine Partei die Weichen bei den Kongresswahlen stellte. Mit der finanziellen Rückendeckung seines Chefs Howard Hughes reiste O'Brien im Lande umher und griff Nixon an.

Der wiederum war fest entschlossen, Beweise für das Komplott Hughes–O'Brien zu finden. Er wollte erfahren, was der Demokrat für all die Schmiergelder eigentlich tat. Der Präsident wäre erstaunt gewesen, wenn er es gewusst hätte, etwa, dass O'Brien protestieren sollte gegen die Ausstrahlung einer Fernsehsendung, die das US-Raumfahrtprogramm in ungünstigem Licht darstellte.

Er wäre noch weit mehr erstaunt gewesen, hätte er gewusst, dass Larry O'Brien von Hughes auch Aufträge erhielt, die ihn, den Präsidenten, selbst betrafen.

Da der Milliardär von ängstlichen und hasserfüllten Obsessionen des Präsidenten in Bezug auf O'Brien nichts ahnte, verlangte er regelmäßig, O'Brien direkt ins Weiße Haus zu schicken.

»Angenommen, wir haben jetzt Kontakt zu Nixon, so lass (vielleicht O'Brien) zur Administration gehen und dort anbieten, im Interesse der Bevölkerung von Südnevada beim Bau eines alternativen Wasserleitungssystems zu helfen, das von privater Hand finanziert würde und keine Staatsgelder erfordere«, schlug Hughes vor.

Als er fürchtete, der Präsident könne sich mit den »Bombern« zusammentun, verlangte Hughes erneut, O'Brien solle Kontakt

9. Kapitel · Die Kennedy-Clique

zu Nixon aufnehmen: »Die absolut wichtigste Sache ist zurzeit bei weitem die Nixon-AEC-Verbindung, die ich für katastrophal halte und die irgendwie gesprengt werden muss. Kannst du O'Brien daransetzen und *alle Register ziehen?*«

Tatsächlich heckten Maheu und O'Brien einen Plan aus, Nixon bei der Zustimmung des Senats zu einer Nominierung für den Obersten Gerichtshof zu helfen, wenn er dafür die Atomversuche einstelle.

Nixon erfuhr von alldem niemals. Er wurde aber immer begieriger zu erfahren, was O'Brien eigentlich vorhatte, und scheute dabei keine Mühe.

»Ich fand, es war nicht ohne eine feine – berichtenswerte – Ironie«, schrieb er später in seinen Memoiren, »dass, nachdem jahrelang Howard Hughes als mein edler Spender galt, es sich schließlich herausstellte, dass in Wahrheit der Vorsitzende des Nationalkommitees der Demokratischen Partei von einem lukrativen Platz auf Hughes' Gehaltsliste profitiert hatte.«

Eine Tatsache allerdings verschwieg der Präsident in seinen Erinnerungen.

Er stand selbst auf dieser Liste.

10. Kapitel

Nixon: Das Schmiergeld

Das Blut tropfte langsam aus einem aufgehängten Halblitertropf, sickerte durch einen Plastikschlauch und floss durch die Injektionsspritze in den abgezehrten Arm des leichenblassen alten Mannes.

Howard Hughes, dem Tode schon sehr nahe, kehrte ins Leben zurück. Seit Monaten litt er unter aufgebrochenen Hämorrhoiden, hatte viel Blut verloren, und da er schon stark unterernährt war, hatte sich eine Leben bedrohende Anämie entwickelt.

Da er nicht bereit war, ein Krankenhaus aufzusuchen, mussten seine Vasallen nach »nicht verseuchtem« Blut suchen. Das war gar nicht so einfach. Hughes bestand darauf, die genaue Herkunft jedes einzelnen Liters Blut zu erfahren, verlangte eine peinliche Untersuchung aller potenziellen Spender, lehnte einige wegen ihrer Essgewohnheiten ab, andere aufgrund ihrer sexuellen Praktiken und alle, die vorher schon einmal Blut gespendet hatten. Endlich entschied er sich für einige extrem reinliche und unverdächtig lebende Mormonen aus Salt Lake City.

Die Transfusion hatte den lebensschwachen Milliardär derartig gestärkt, dass er sich dem Alltag wieder gewachsen fühlte und das Fernsehgerät anschaltete. Berichtet wurde über die Wahlnacht vom 5. November 1968. Hughes hoffte, lang ersehnte Wünsche könnten sich erfüllen.

»… uns steht wirklich ein sehr knapper Wahlausgang bevor«, dröhnte landesweit die Stimme des Nachrichtensprechers.

»Ein Kopf-an-Kopf-Rennen überall im Lande. Nicht der eindeutige Wahlsieg, den man erwartet hatte.« Diesen Kommentar konnte man auch hören, allerdings erheblich leiser und 5000

Meilen entfernt, in einem düsteren Hotelzimmer. Dort zeichneten bislang wenig bekannte Männer, die bald nur zu bekannt sein sollten, die Wahlergebnisse für Richard Nixon auf.

Nixon selbst hielt sich in einem entlegenen Zimmer des »Waldorf Towers« in New York auf und teilte seine Einsamkeit nicht einmal mit einem Fernseher. Stunde um Stunde verbrachte er dort allein, über seine gelben Notizzettel gebeugt, und analysierte den Wahlverlauf.

Seit Wochen hatte er an Humphrey Boden verloren, sah seine einstmals sichere Führung Tag für Tag schrumpfen, und nun, allein in der tristen Atmosphäre seines Zimmers, wusste er, dass sein politisches Überleben in Frage gestellt war.

Genau um 3 Uhr früh trat er dann auf, in einem verknitterten Anzug, erschöpft von der Nervenanspannung, aber bereit, sich als Sieger zu stellen, wenngleich das noch nicht feststand, aber Nixon vertraute darauf, seine Niederlage gegen John F. Kennedy vom Jahre 1960 und den Schwanengesang auf seine politische Karriere aus dem Jahr 1962 ausgewetzt zu haben.

Er war bereit, ins Weiße Haus einzuziehen.

Nixon war genau der Mann, den Howard Hughes im »Ovalen Büro«, dem Amtszimmer des Präsidenten, hatte sitzen sehen wollen.

»Ich bin entschlossen, dieses Jahr einen Präsidenten unserer Wahl zu bestimmen, und zwar jemanden, der uns verpflichtet ist und der diese Verpflichtung auch anerkennt«, hatte er 1968 zu Beginn des Wahlfeldzuges erklärt.

»Bei Nixon«, schrieb er später, »weiß ich genau: Er anerkennt die Realitäten.«

Das bizarre Verhältnis der beiden Männer war mehr als zwei Jahrzehnte alt und hatte mehrere Krisen überstanden. Nixon war eben von allen Politikern, die Hughes je zu bestechen versucht hatte, das Erfolg versprechendste Opfer.

Hughes hatte Nixon seit dessen erster Kandidatur für den Kongress im Jahre 1946 unterstützt. Und in diesem Fall handelt es sich nicht nur um Wahlkampf- oder Stiftungsspenden. Nixon und seine Familie profitierten auch privat von diesem Gönner,

10. Kapitel · Nixon: Das Schmiergeld

... I am determined to elect a
president of our choosing this year and
one who will be deeply indebted,
and who will recognize his in-
debtedness.
Since I am willing to go
beyond all limitations on this, I
think we should be able to select
a candidate and a party, who
knows the facts of political life

If we select Nixon, then he,
I know for sure knows the facts
of life

dessen Geldquellen schier unerschöpflich schienen. Insgesamt erhielt Richard Milhouse Nixon mehr als 500 000 Dollar.

Doch eines Tages war der Bann, der diese so unterschiedlichen Männer zusammenhielt, gebrochen. In den letzten Tagen der Wahlkampagne von 1960 explodierte ein Skandal: Angeblich hatte Nixon ein Hughes-Darlehen von 205 000 Dollar nicht zurückgezahlt.

Der Name Hughes erschien nirgends auf dem Darlehensvertrag, und keiner der Nixons zeichnete für die Rückzahlung des Geldes verantwortlich, das für Nixons bankrotten Bruder bestimmt war.

Hughes sah sein Geld nie wieder. Dennoch war es ein gutes Geschäft für ihn. Innerhalb von weniger als drei Monaten nach seiner großzügigen Hilfe für die bedürftigen Nixons erkannte das Finanzamt offiziell seinen gemeinnützigen Status an. Es erklärte das Howard-Hughes-Medical-Institute zu einer von Steuerzahlungen befreiten Stiftung.

Der »Hughes-Darlehen-Skandal« beherrschte während der letzten Wochen vor der hart umkämpften Wahl von 1960 die Schlagzeilen.

Maheu hatte alle Hände voll zu tun. Die Pläne für das Attentat auf Castro mussten zunächst zurückstehen. Er war ganz und gar damit beschäftigt, die Stories über das Paar Nixon–Hughes wenigstens ab und an zu verhindern.

Nixon war überzeugt davon, dass ihn der Skandal die Präsidentschaft kosten werde. Tatsächlich verlor er dann – wenn auch nur knapp, die Wahl gegen Kennedy – woran immer das gelegen haben mag.

Und nun, im Jahre 1968, bereitete sich Richard Nixon auf ein sensationelles Comeback vor, und beide, er und Hughes, bemühten sich darum, wieder miteinander ins Geschäft zu kommen.

»Ich möchte, dass du, als mein Vertrauensmann, Nixon aufsuchst«, wies Hughes Maheu an. Zwei Tage zuvor hatte mit den Vorwahlen in New Hampshire der Kampf um die Präsidentschaft begonnen. Howard Hughes war von Anfang an von Ni-

10. Kapitel · Nixon: Das Schmiergeld

xons Sieg überzeugt, unter anderem, weil die Demokratische Partei in sich stark zersplittert war.

»Ich glaube fest an die Möglichkeit eines republikanischen Wahlsiegs in diesem Jahr«, fuhr Hughes fort. »Wenn jeder Schritt auf diesem Wege unter unserer Förderung und Kontrolle vor sich gehen könnte«, fügte er hinzu, da er nicht die geringsten Zweifel an Nixons Korrumpierbarkeit hegte. Aber, sicher ist sicher, er dachte auch schon an den potenziellen Nachfolger. »Dann könnte Laxalt unser nächster Kandidat sein.«

Nixon wollte – trotz seiner schlechten Erfahrungen – ihre alte Beziehung wieder aufleben lassen.

Selbstverständlich konnte Nixon den Kontakt zu Hughes nicht auf direktem Wege herstellen. Die beiden Männer hatten sich trotz ihrer alten Beziehung niemals persönlich getroffen. Alle ihre Geschäfte wurden über Mittelsmänner abgewickelt, und diesmal bestand Nixon auf äußerster Diskretion.

Im Frühjahr 1968 trafen sich Nixon, sein bester Freund Bebe Rebozo und Richard Danner und entwarfen einen Schlachtplan, demzufolge Danner die brisante Aufgabe übertragen wurde, sich mit Hughes in Verbindung zu setzen.

»Die Diskussion lief allgemein darauf hinaus, ob ich irgendwelche Kontakte hätte oder wüsste, die ich zur Beschaffung von Geld nützen könne«, sagte Danner später aus. »Und die mir bekannten Leute kannten sie selbstverständlich genauso gut oder besser. Es erhob sich die Frage, wie man wohl am besten Fühlung mit Hughes aufnehmen könne … Und bei dieser Gelegenheit baten mich Mr Nixon und Mr Rebozo, ich möge versuchen, mit jemandem aus Hughes' Organisation wegen einer Spende in Verbindung zu treten.«

Da Nixon und Hughes in gewisser Weise aufeinander angewiesen waren, andererseits ihre Geschäfte aber über eine Unzahl von Mittelsmännern abwickeln mussten, die oft ihrerseits wieder Mittelsmänner einsetzten, entwickelte sich ihre Beziehung bald äußerst kompliziert.

Eines Tages trafen sich diese drei Mittelsmänner beim Frühstück zu einer geschäftlichen Besprechung: Bebe Rebozo, Richard

Danner und Edward Morgan, der die Interessen des Howard Hughes wahrnehmen und eine Spende von 100 000 Dollar anbieten sollte. Davon waren 50 000 Dollar für den Wahlkampf und 50 000 für den Kandidaten gedacht. Maheu hatte das Bargeld besorgt, Morgan sollte es übergeben, Rebozo in Empfang nehmen. Doch dazu kam es nicht.

Rebozo nämlich erinnerte sich der Folgen des früheren »Hughes-Darlehens-Skandals« und deshalb bereitete ihm Morgans Verbindung zu Drew Pearson und Jack Anderson, die das Ganze damals aufgedeckt hatten, größte Sorgen. Auch gegen die Person des Howard Hughes hegte Rebozo gewisse Bedenken.

Morgan seinerseits war zwar zunächst bereit, den Geldbriefträger zu spielen, ansonsten aber wollte er mit der ganzen Sache nichts zu tun haben. Dann aber gebot ihm sein Instinkt, keinesfalls Geld von einem Mann wie Hughes an einen Mann wie Nixon weiterzuleiten, ohne eine Quittung dafür zu erhalten. Diese Art von Geschäften konnte schief gehen. Morgan zog sich zurück, und nun versuchte Maheu, Rebozo davon zu überzeugen, dass die Gespenster der Vergangenheit gebannt seien.

»Ich kann dir versichern, dass beide Kandidaten jetzt sehr zufrieden mit uns sind«, berichtete er Hughes später, »... in der vergangenen Woche konnten wir verhindern, dass die Sache mit dem Don-Nixon-Darlehen in der Öffentlichkeit wieder aufgewärmt wird. Humphrey selbst gab seinen Leuten Anweisungen, davon keinen Gebrauch zu machen, und Nixon weiß, dass Humphrey dies auf meine Bitte hin getan hat.«

Aber was immer Maheu auch erreicht haben mochte, es wurde wieder zunichte gemacht, als Donald Nixon, der angeblich 1960 die 205 000 Dollar erhalten hatte, auf der Bildfläche erschien und verkündete, er würde das Hughes-Geld an Rebozo übergeben. Rebozo war fassungslos. Donald Nixon hatte seit jenem unseligen Skandal die strikte Anweisung, sich aus Geldgeschäften herauszuhalten. Schon gar nicht dürfte sein Name im Zusammenhang mit Howard Hughes zur Sprache kommen.

Rebozo beschloss, umgehend aus dieser Sache auszusteigen.

10. Kapitel · Nixon: Das Schmiergeld

Da stand Maheu nun mit einem Haufen Bargeld und wusste nicht, wem er es geben sollte.

Bereits einige Wochen vor der Novemberwahl hatte er ganz offiziell für Nixons Wahlfeldzug 50 000 Dollar gespendet. Den Scheck überreichte Gouverneur Laxalt. Anfang Dezember flogen Maheu und Laxalt nach Palm Springs, wo Nixon an einer Konferenz republikanischer Gouverneure teilnehmen sollte. Es gelang Laxalt jedoch nicht, ein Treffen mit dem designierten Präsidenten zu vereinbaren. Nixon scheute offenbar eine direkte Begegnung zwecks Geldübergabe und ließ wissen, er habe keinen Termin mehr frei.

Eine Woche konferierte Maheu auf den Bahamas mit Vertretern der neu gewählten Regierung und hat bei dieser Gelegenheit wohl erneut versucht, das Geld loszuwerden. Jedenfalls vermerkte ein Kassierer des »Sands«-Casinos auf einem Abbuchungsformular über 50 000 Dollar am 5. Dezember 1968: »Das Geld wurde Bob Maheu ausgehändigt. Mir wurde gesagt, Maheu würde dies während seiner Reise auf die Bahamas dem Präsidenten übergeben.« Viel Geld aus vielen verschiedenen Quellen war inzwischen geflossen: Anfang September 50 000 Dollar von Hughes' privatem Bankkonto, im Dezember weitere 50 000 Dollar von Hughes' Konto für »Nixons Defizit«, und im Juni 1969 weitere 50 000 Dollar, einige Tage später die erwähnten 50 000 Dollar aus der Kasse des »Sands«, und dann nochmals 50 000 Dollar aus der Kasse des »Silver Slipper« im Oktober 1970. Es ist unmöglich, genau zu sagen, wie viel Geld Nixon nun tatsächlich erhielt.

Sicher ist jedoch, dass 100 000 Dollar, zwei Bündel Hundert-Dollar-Scheine, von Howard Hughes (sie waren zur Zeit der Novemberwahl und bis zur Amtseinführung im Januar noch nicht ausgehändigt) endlich doch ihren Weg in Bebe Rebozos Schließfach fanden und Richard Nixon von da an keine Ruhe mehr lassen sollten.

Sie bedeuteten ein Geheimnis, dessen Enthüllung er fortwährend fürchtete, und diese Furcht löste später ein politisches Erdbeben aus, das nicht nur die Vereinigten Staaten von Amerika erschütterte: die Watergate-Affäre.

331

Am 20. Januar 1969 zog Richard Nixon, begleitet vom Jubel tausender, ins Weiße Haus ein: der ordnungsgemäß gewählte und vereidigte Präsident der Vereinigten Staaten. Er hätte also zufrieden sein können. Doch Nixon traute niemandem, fürchtete alle und zog sich, abgeschirmt von seiner Palastgarde, sofort in die Isolation zurück. Er regierte das Land wie Howard Hughes sein Imperium, gestützt auf eine kleine Gruppe gleichgesinnter Gefolgsmänner.

»Ich bin gespannt, was wir alles aus dieser Regierung herausholen können, nachdem wir uns so viele Jahre bemüht haben, ihr auf die Sprünge zu helfen«, schrieb der Milliardär dann auch kurz nach der Amtseinführung an Maheu.

Der wusste schon bald Gutes zu melden. Monatelang waren Hughes' Bemühungen, in Las Vegas weitere Casinos zu kaufen, vom Justizministerium blockiert worden. »Ich bin äußerst zufrieden mit dem neuen Chef des Kartellamtes«, berichtete Maheu dann plötzlich seinem Chef. »Er war unsere Nummer eins unter mehreren hoch qualifizierten Kandidaten, deren Namen mir einige Zeit vor der Ernennung unterbreitet worden waren.«

Binnen eines Jahres sollte Hughes fast alles von Nixon erhalten, was er wollte: grünes Licht für sein Las-Vegas-Monopoly-Spiel, die Zustimmung für seinen gesetzwidrigen Wiedereinstieg in das Luftfahrtgeschäft, eine enorme Vergrößerung seines schon vorher umfangreichen, ja konkurrenzlosen Geschäfts mit dem Pentagon und sogar die Beendigung der bundesstaatlichen Finanzierung des verhassten Nevada-Wasserprojekts.

Aber noch immer war Hughes nicht zufrieden: »Ich teilte dir vor einigen Tagen mit, dass die Ernennung Hickels zum Innenminister nicht mit meinen diversen wichtigen Geschäftsinteressen vereinbar wäre«, beklagte sich Hughes, obwohl kein Grund für seine Einwände gegen den früheren Gouverneur von Alaska erkennbar war. »Ich war deshalb sehr erstaunt, heute feststellen zu müssen, dass er ernannt worden ist.«

In Wirklichkeit war das gesamte Kabinett nicht nach seinem Geschmack. »In keinem einzigen Fall wurde ich um meine Meinung gebeten, und keiner der Regierungsanwärter wurde auf-

10. Kapitel · Nixon: Das Schmiergeld

grund meiner Zustimmung ernannt«, fuhr er fort. »Ich finde das angesichts meiner Bemühungen und meines Vertrauens zu dieser Regierung empörend. Und um das Maß voll zu machen, wurde ein neuer Chef der AEC eingesetzt, ohne dass ich davon im Voraus unterrichtet worden wäre.«

Und als wäre dies nicht unerhört genug, war der Präsident wiederum, ohne Hughes zu verständigen, nun dabei, den Obersten Gerichtshof neu zu besetzen. »Das Wichtigste könnte die Ablösung von Fortas durch einen neuen Obersten Richter sein, wo jetzt der TWA-Prozess auf uns zukommt«, schrieb Hughes an Maheu. »Wie du weißt, war ich enttäuscht über den geringen Einfluss, den man mir bei der Auswahl der verschiedenen Kandidaten für das Kabinett und die anderen, weniger wichtigen Regierungsposten eingeräumt hat ...

Du erinnerst dich, wie ich dir sagte, der ›Himmel sei die Grenze‹ für Wahlkampfspenden, und ich erwartete dafür eine gewisse Möglichkeit, einige Leute für diese Regierungsposten vorschlagen zu können, die ja alle als Teil der neuen Regierung wieder ausgewählt werden würden.

Also bitte, bitte, Bob, lass uns ein bisschen bei der Auswahl des neuen Justizministers mitreden können.«

Da Nixon es schon versäumte, seine Regierungsmannschaft mit Hughes abzustimmen, hätte der eigentlich gewarnt sein sollen. Doch der nächste Schlag traf ihn unvorbereitet.

»Jesus, was kommt jetzt noch!«, kritzelte er offenbar voller Panik auf einen seiner zahlreichen Zettel. »Die Nachrichten brachten soeben, dass Nixon nun für 10 000 000 000 Dollar (Milliarden) konventionell bemannte Langstreckenbomber kaufen will. Bob, das bedeutet Boeing, McDonell-Douglas, Lockheed oder Convair – aber überhaupt nichts für uns.«

Obgleich er unter der Nixon-Administration zu einem der zehn größten Rüstungsfabrikanten aufstieg, versetzte ihn der Gedanke, das Pentagon mit anderen Firmen teilen zu müssen, in Angst und Schrecken.

Der neue Präsident entwickelte sich überhaupt immer mehr zu einer Enttäuschung. Dabei stand der große Schock noch bevor.

5-12-69

Bob-

Can't you do something about the Parvin situation? It goes back on the board in the face of Parvin being identified with Justice Douglas in some kind of corruption deal. Please advise, urgent.

Next, the new Supreme Court justice to replace Fortas could be the most urgent item before us with the TWA suit coming up. You know I have been disappointed in the very meagre voice I have had in the consideration of various apointees for cabinet and other lesser administrative posts. So, please take this opportunity to salvage this situation.

You remember I told you the sky was the limit in campaign contributions and I really expected, as the result, to have some small chance to propose a few people for consideration for these positions in government, all of which were re-selected as a part of the new incoming administration.

So, please, please, Bob, let us have some small voice in the selection of the new justice. Most sincerely, Howard

10. Kapitel · Nixon: Das Schmiergeld

Lange bevor der »Rest der Amerikaner« begann, mit seinem Präsidenten zu hadern, war Hughes schon voll der Empörung, nicht etwa wegen Kambodscha, nicht wegen Vietnam oder des Weihnachtsbombardements, und ganz bestimmt nicht, weil er wusste, dass Nixon ein Gauner war. Nein, Howard Hughes war entsetzt über Nixons erste größere Tat als Staatsmann.

Im März 1969, weniger als zwei Monate nach der Amtseinführung des Präsidenten, klagte der Milliardär Robert Maheu sein Leid.

»In den Nachrichten hieß es soeben, Nixon werde seine ABM-Pläne vorantreiben«, schrieb er in größter Bestürzung. »Bob, das ist ein schrecklicher Fehler. Es wäre vielleicht in meinem eigensten Interesse, egoistischerweise gar nichts zu tun und dieses (ABM)-System entwickeln zu lassen, aber für das Land ist es eine haarsträubende Fehlentscheidung, und auch für Nixon selbst, von dem ich möchte, dass er an Format gewinnt.«

Hughes äußerte seine Erbitterung in hochmoralischer Tonart, ohne jedoch den wirklichen Grund für seine Einwände gegen das antiballistische Raketenabwehrsystem zu nennen.

ABM bedeutete für den Rüstungsindustriellen Hughes enorme Profite, aber es bedeutete zugleich weitere groß angelegte Bombenversuche in Nevada, bedeutete den atomaren Albtraum, den Hughes mit der Wahl eines Mannes, »der die Realitäten des Lebens kennt«, beendet glaubte.

Einen Monat später verwandelte sich Hughes' Verbitterung in offenen Zorn. Herb Klein, der Nachrichtenchef des Weißen Hauses, hielt in Las Vegas eine Rede, in der er die Atomtests befürwortete.

»Wer ist dieser Bastard Klein?«, wollte Hughes wissen. »Ich bin ernstlich besorgt, dass die Nixon-Administration offensichtlich beabsichtigt, alle Möglichkeiten der Regierungs-Propaganda-Maschinerie zu nutzen, um die öffentliche Meinung zum Testprogramm positiv einzustimmen.

Das ist erschütternd, Bob«, fuhr er fort. »Ich nahm immer an, dass du die Nixon-Administration auf unsere Seite gebracht hast. Es ist *dringend* erforderlich, dass etwas getan wird, um diese Nixon-Atomtest-Maschinerie zum Stillstand zu bringen.«

So ganz wollte er Nixons Undankbarkeit immer noch nicht wahrhaben: »Manchmal frage ich mich, ob Nixon sich der Zuwendungen, die, wie ich hoffe, gemacht wurden, bewusst ist, oder hat man womöglich vergessen, sie zu machen?«

Niemand hatte sie vergessen. Rebozo und Danner leiteten schließlich die 100 000 Dollar, die so große Irrwege gegangen waren, in Nixons private Schmiergeldkasse.

Danner arbeitete nämlich inzwischen für Hughes – als Verbindungsmann zu Nixon und unterhielt einen intensiven Kontakt zu Rebozo, der wiederum seine Scheu vor den Hughes-Leuten plötzlich abgelegt hatte.

Nixon dagegen lebte auch jetzt noch in panischer Angst davor, öffentlich mit Hughes in Verbindung gebracht zu werden. War aber vor der Wahl die Furcht größer gewesen als die Habgier, so übertraf die Habgier jetzt, da Nixon fest im Sattel saß, alles andere. Rebozo ließ Danner gegenüber die eine oder andere anzügliche Bemerkung fallen: hinsichtlich der 100 000 Dollar, die Humphrey erhalten hatte. Irgendwie hatte der Präsident davon erfahren, und Rebozo fragte sich, warum Nixon nichts erhalten hatte.

Maheu bot Rebozo daraufhin sofort 50 000 weitere Dollar an. Rebozo lehnte zunächst ab, stimmte später aber zu, allerdings der doppelten Summe, nämlich 100 000 Dollar.

Man nannte die Zahlung »Wahlkampfspende«, aber es fand überhaupt kein Wahlkampf statt, und Rebozo gab zu verstehen, dass diese Spende lieber direkt an ihn – und zwar in bar – gezahlt werden sollte.

Damit nicht genug, der »Spenden«-Empfänger stellte auch noch Bedingungen: Hughes sollte sich aus dem ABM-Streit heraushalten.

Hughes reagierte wohlwollend, erklärte sich mit der Zahlung sofort einverstanden und schickte einen zwölf Seiten langen Brief an Nixon, in dem er eingehend begründete, warum der Präsident die ABM-Pläne nicht weiter unterstützen dürfe.

10. Kapitel · Nixon: Das Schmiergeld

Am 4. Juli trafen Nixon und Rebozo sich auf einer Bahamas-Insel. Rebozo übergab das Hughes-Memorandum.

»Howard, Rebozo hat deine Botschaft über ABM an den Präsidenten weitergegeben«, meldete Maheu am selben Tage seinem Chef. »Er war sehr dankbar, aber Rebozo konnte aus seiner Reaktion nicht erkennen, ob der Präsident die Entscheidung seines Verteidigungsministers rückgängig machen würde oder nicht.«

Nixon war allerdings sofort bereit, Hughes seine Dankbarkeit auf andere Weise zu beweisen:

»Howard«, berichtete Maheu weiter, »nach unserer jetzigen Kenntnis ist mit der Zustimmung des Präsidenten zu Air West und zu der des CAB nächste Woche zu rechnen.«

Air West war zwar nicht mit TWA zu vergleichen, aber Hughes, der seine ersten Lorbeeren als Luftfahrtpionier verdiente, hatte nun endlich wieder eine Fluggesellschaft, wenn auch eine kleine, die darüber hinaus noch mit finanziellen Schwierigkeiten kämpfte.

»Wir brauchen einen Tiefstand an der Börse«, hatte er seinerzeit, als er den Coup plante, wissen lassen, »und dann kreuzen wir mit einem Aufsehen erregenden Angebot auf.«

Anfangs war alles nach Plan gelaufen. Als die Aktien aufgrund einer Flut nachteiliger, von Hughes' PR-Leuten heimlich lancierten Berichten einen Tiefstand von 16 Dollar erreicht hatten, prellte der Milliardär mit seinem Angebot, 22 Dollar pro Aktie, vor. Mehr als die Hälfte der Aktionäre nahm das Angebot an.

Aber der widerspenstige Vorstand von Air West lehnte mit 13:11 Stimmen Hughes' Angebot ab. »Ich glaube nicht, dass diese egoistischen Bastarde bereit sind, ihre Meinung zu ändern«, berichtete Maheu, wusste aber sofort Rat: Er würde ein Scheinverfahren gegen den oppositionellen Vorstand einleiten und ein Komplott inszenieren, in dem drei Strohmänner zehntausende von Air-West-Aktien auf den Markt werfen sollten, um eine Panik an der Börse auszulösen.

Maheu beschrieb seinem Chef das ungesetzliche Prozedere wie folgt:

»Wie du sicher weißt, sind die damit zusammenhängenden Maßnahmen heute in Delaware eingeleitet worden. Morgen werden weitere Schritte gegen die 13 Vorstandsmitglieder beim Obersten Gerichtshof in New York unternommen. Die Gewerkschaften werden morgen ihre Entrüstung bekunden, und ein bestimmter Mechanismus ist in Gang gesetzt worden, um das Aktienkapital zu drücken, sodass die Direktoren, die gegen das Geschäft gestimmt haben, ihre vollen persönlichen Verpflichtungen erkennen.«

Die Kursmanipulation und die Einschüchterungskampagne waren ein voller Erfolg. Die Opposition kapitulierte. Und als Hughes schließlich den Handel abschloss, konnte er durch ein Hintertürchen in der Vereinbarung schlüpfen: Er zahlte nicht die versprochenen 22 Dollar, sondern nur 8,75 Dollar.

Er hatte die Air-West-Aktionäre um fast 60 Millionen Dollar betrogen. Nun gehörte die Fluggesellschaft mit »freundlicher Genehmigung« des Richard Nixon endlich ihm. Wie in der Mitteilung Rebozos vom 4. Juli versprochen, war das Zivilluftfahrtbundesamt (CAB) mit der Übernahme zum 15. Juli einverstanden, und der Präsident machte sie am 21. Juli perfekt.

Es vergingen zuvor jedoch fast zwei Wochen, ohne dass Nixon auf den ABM-Appell reagierte. Hughes wurde allmählich ungeduldig.

»Ich bin enttäuscht, denn da ich keinen Bericht über die Reaktion des Präsidenten auf meinen Brief erhalten habe, muss ich annehmen, dass er niemanden damit betraut hat, ihn zu lesen«, klagte er.

»Bob, ich habe dir unbegrenzte finanzielle Mittel zur Verfügung gestellt und dir absolute Freiheit eingeräumt, jeden, den du willst, zu deiner Unterstützung auszuwählen.

Da ich der Meinung bin, dir einen Blankoscheck ausgestellt zu haben, dir also finanziell und sonst volle Handlungsfreiheit einräumte, hätte ich wohl ein Recht darauf, in irgendeiner Weise benachrichtigt zu werden, was genau geschehen ist und durch wen es gemacht wurde und was jetzt versucht wird und mit welchem Ergebnis man rechnet.«

10. Kapitel · Nixon: Das Schmiergeld

Der Präsident hatte Hughes jedoch keineswegs vergessen. Er hatte Henry Kissinger gebeten, das ABM-Memorandum zu lesen. Am 16. Juli, dem Tag, an dem die Apollo-11-Astronauten zu ihrem ersten Spaziergang auf dem Mond starteten, setzte sich Nixon mit seinem nationalen Sicherheitsberater zusammen.

An diesem Morgen, kurz bevor sie zusammen den historischen Augenblick des Starts im Fernsehen erlebten, forderte der Präsident Kissinger auf, Hughes aufzusuchen.

Gleichermaßen wütend und verblüfft kehrte Kissinger in sein Büro im Parterre des Weißen Hauses zurück. Er erzählte seinem Stellvertreter Alexander Haig, Nixon habe ihm soeben befohlen, den Milliardär privat über streng geheime Dinge zu informieren, nicht nur über ABM, sondern auch über die allgemeine strategische Lage, über das atomare Gleichgewicht – und, als Gipfel der Ungeheuerlichkeit, Hughes' eigene Ansichten zur Verteidigungspolitik zu erfragen.

Obwohl er seinen eigenen Gönner Nelson Rockefeller regelmäßig informierte, der ihm insgeheim vor seinem Eintritt in den Stab des Weißen Hauses 50 000 Dollar zugesteckt hatte, sträubte sich Kissinger stets, Nixons Wohltätern zu Diensten zu sein. So etwas war ihm noch nie zugemutet worden. Der Hughes-Auftrag versetzte Kissinger in maßlose Wut.

»Henry war nicht sonderlich begeistert von dieser Idee«, erzählte Haig später. »Er reagierte eher zynisch und ziemlich skeptisch darauf und fragte sich, ob diese Art von Beschäftigung das Richtige sei.« Andere, die Zeugen von Kissingers Wutanfall waren, sagen, er habe sowohl die Motive des Präsidenten als auch dessen geistige Gesundheit in Frage gestellt. »Er ist verrückt«, rief Kissinger. »*Das* kann er doch niemandem antun! Ich kann keine privaten Friedensgespräche mit Hughes führen.«

Haig selbst fand das alles recht amüsant.

Maheu meldete dem Penthouse, was er über Rebozo und Danner von Nixons Reaktion gehört hatte.

»Howard, wir haben soeben erfahren, dass der Präsident dir in den nächsten Tagen einen Brief schreiben wird, um dir für deine

Stellungnahme zu ABM zu danken, die du in deinem Memorandum, das Rebozo überbrachte, niedergelegt hast.

Wichtiger ist jedoch, dass der Präsident besagtes Memorandum mit Dr. Kissinger, seiner Nr. 1 als technischer Berater, diskutiert hat. Kissinger war sehr beeindruckt und gab zu, du habest einige Anregungen gemacht, auf die man bisher nicht gekommen sei.

Deshalb möchte der Präsident gern wissen, ob er Kissinger nach Las Vegas schicken könne, um dich von einigen neuen Entwicklungen in Kenntnis zu setzen und um von deinen Überlegungen zu profitieren.

Wie du weißt, Howard«, fügte Maheu hinzu, indem er feinfühlig Rücksicht auf einen empfindlichen Punkt nahm, »durch die direkte Verbindung von meinem Haus zu deinem Büro (die hundertprozentig sicher ist) könnte ein solches Gespräch stattfinden, ohne dass du mit Kissinger persönlich zusammentriffst.«

Die Aussicht auf Kissingers Besuch jagte Hughes Angst ein. Er konnte es einfach nicht über sich bringen, mit einem Außenstehenden, und sei es auch Kissinger, zu verhandeln, nicht einmal telefonisch.

»Betr. ABM«, kritzelte er auf einen Zettel. »Ich bitte dich, dem Präsidenten für das Angebot mit Kissinger herzlich zu danken; aber sage ihm, ich hielte dies für unnötig, und ich glaubte auch nicht, dass dies der Sache dienlich wäre.

Bob, diesen Mann hierher kommen zu lassen, würde mich bloß in Verlegenheit bringen.

Es würde mich zwingen, einen Abgesandten des Präsidenten zurückzuweisen, und wie immer man es auch beschönigen mag, der Präsident würde es so auffassen.

Bitte, egal wie du es machst, verhindere *diese Reise irgendwie!*«

Das Angebot, von dem Nixon sicher vermutete, es würde für Hughes so schmeichelhaft sein, dass es die Zahlung nicht gefährden würde – und gleichzeitig dessen Opposition gegen ABM beenden –, versetzte den Milliardär vielmehr in Angst und Schrecken.

10. Kapitel · Nixon: Das Schmiergeld

7/16 - 7.30 ‹‹ ‹‹

Bob -

Re the ABM. I urge you thank the president profusely for his offer to send Kissinger, but tell him I do not consider that this is necessary and I do not think it would advance the situation.

Bob, to have this man here could only embarass me.

It would place me in the position of refusing to see an envoy of the president; and, no matter how you try to dress it up, this is the way the president will view it.

Please, regardless of how you do it, ~~kill off this trip~~ in some way.

All I ask for, re the ABM, is a simple, brief, explanation of why he cannot consider the plan I proposed, if, in fact, it is his decision to reject it.

Also, and more important, I want to know whose assistance, other than the president, you intend to seek. In other words, what course of action do you intend to pursue, now that the

341

Howard Hughes · Das wahre Gesicht der Macht

president obviously has turned
it down.

What about the senate leaders
of the faction opposing the ABM,
do you want to consider going to
them?

Please advise,

Howard

10. Kapitel · Nixon: Das Schmiergeld

Da er von Hughes' innerem Dilemma nichts wusste, und die 100 000 Dollar nicht aufs Spiel setzen wollte, sandte der Präsident eine halbe Stunde später weitere Beweise seines guten Willens. Den ganzen Juli hindurch hatten Nixon und Kissinger Pläne für eine ganze Reihe gewaltiger Kernexplosionen erörtert, um den ABM-Sprengkopf zu erproben. Bisher war noch keine amtliche Entscheidung getroffen worden. Aber nun, am 16. Juli, ließ der Oberste Befehlshaber seinen »heimlichen Gönner« im Voraus Folgendes wissen:

»Howard«, teilte Maheu Hughes eilends mit, »wir haben aus zuverlässiger Quelle erfahren, dass die AEC den Kampf endgültig aufgegeben hat und alle Tests von einer Megatonne oder mehr in Alaska durchführen wird. Wir wurden darüber hinaus informiert, dass aus Sicherheitsgründen zurzeit keine öffentlichen Verlautbarungen, die ihre Kapitulation bestätigen würden, gemacht werden können.«

Howard Hughes hatte seinen verzweifelten Kampf darum, die Bombe zu verbannen, gewonnen. Jedenfalls schien es so.

Das war wirklich ein Anlass zum Feiern.

11. Kapitel

Howard gibt eine Party

Es sollte die größte Party werden, die Las Vegas je gesehen hatte, und Howard Hughes wollte sie geben.

Das große Ereignis sollte am Wochenende des 4. Juli stattfinden, zur selben Zeit also, zu der auch die 100 000 Dollar übergeben werden sollten, wobei die Party Hughes weit mehr beschäftigte als diese Transaktion.

Anlass war die Eröffnung des »Landmark«, seiner jüngsten Hotelerwerbung, und zugleich wollten Hughes und Maheu ihre erfolgreiche Partnerschaft feiern.

Aber es kam anders.

Das 31-stöckige »Landmark« war das hässlichste Hotel der Stadt. Bevor Hughes es für 17,3 Millionen Dollar von seinen bankrotten Eigentümern kaufte, hatte es acht Jahre leer gestanden.

Robert Maheu allerdings gefiel es ausgezeichnet.

»Howard, wenn du dich jemals entschließen solltest, das Penthouse zu verlassen, wärest du begeistert von der Aussicht hier oben«, schrieb er im Frühjahr 1969 an Hughes und ließ sich zu einer ungewohnt poetischen Beschreibung hinreißen: »Am Tage ist es herrlich und nach Dunkelwerden unglaublich schön. Man hat das Gefühl, als stünde dieses Gebäude genau in der Mitte des Tales, und die umgebenden Berge seien alle gleich weit entfernt.«

Doch das von Maheu so begeistert beschriebene Projekt gab Anlass zu heftigem Ärger.

Vielleicht war es nur die »Eröffnung«, vor der Hughes Angst hatte, da seine gesamte Existenz darauf ausgerichtet war, Dinge zu verbergen.

Darüber hinaus hatte es noch eine besondere Bewandtnis mit dieser Eröffnung: Direkt gegenüber dem »Landmark« stand nämlich das »International«, das größte Hotel von Las Vegas. Es gehörte Hughes' Erzrivalen Kirk Kerkorian und sollte in derselben Woche eröffnet werden. Die Party im »Landmark« musste aber der Erfolg schlechthin werden.

»Man muss den Leuten einreden, die Eröffnung des ›Landmark‹ sei das größte Ereignis seit dem ›Abendmahl‹«, schrieb Hughes.

»… es bedarf nur eines einzigen Zwischenfalls, wenn irgendein stupider Geschäftsmann versehentlich einen der vielen Zeitungsleute beleidigt, die wir doch sicher von New York, Washington, London, Paris usw. hierher bringen wollen, und dann ist der Teufel los.

Deshalb, so meine ich, ist es zwar möglich, die Leute, die ins ›Landmark‹ kommen, auszuwählen, aber wir haben es nicht in der Hand, wie der Premierenabend schließlich verläuft.«

Hughes wusste aber auch, wie diesem Dilemma zu entkommen war: Er würde einfach den Eröffnungstermin offen lassen.

»Wenn wir uns über die Show und die anderen Programmteile rasch im Klaren sind, umso besser, aber ich bin dafür, in der Öffentlichkeit nicht weiter den 1. Juli als Termin anzukündigen und ein solches Datum auch nicht mündlich weiterzugeben. Ich möchte uns Peinlichkeiten ersparen für den Fall, dass die Eröffnung etwas später stattfindet.

Da ich sowieso in dem Ruf stehe, unzuverlässig bei Verabredungen zu sein, möchte ich, dass dieses Ereignis erst dann angekündigt wird, wenn der Termin unumstößlich feststeht.«

Maheu war betroffen. Es war schwierig, in Las Vegas einen Galaabend zu planen und ihn gleichzeitig geheim zu halten; und es war unmöglich, so etwas zu planen, ohne zu wissen, wann genau es stattfinden sollte.

»Wenn wir nicht am 1. Juli eröffnen, würden wir es dennoch sehr begrüßen, wenn du uns einen bestimmten Termin (welchen auch immer) nennen könntest«, erwiderte er. »Wir glauben wirklich, dass der 1. Juli ein sehr guter Termin wäre. Wenn du jedoch andererseits Gründe hast, dass dir der 1. Juli nicht

11. Kapitel · Howard gibt eine Party

passt, brauchst du uns diese Gründe nicht zu nennen, aber wir möchten dich doch um einen bestimmten Termin bitten.«

Hughes hatte einen Grund, und er war auch bereit, ihn zu nennen. Was er Maheu *nicht* nennen wollte, war der Termin.

»Was ich absolut nicht möchte, ist, dass das ›Landmark‹ am 1. Juli eröffnet und ich dann sehen muss, wie das ›International‹ ein paar Tage später aufmacht und die Eröffnung des ›Landmark‹ im Vergleich dazu mickerig erscheint«, erklärte Hughes. »Auch möchte ich es nicht erleben, dass das ›International‹ mit Barbra Streisand eröffnet, während das ›Landmark‹ keinen Namen auf der Markise über dem Eingang hat.

Deshalb bitte ich dich, in dieser Angelegenheit mit mir am selben Strang zu ziehen«, beharrte er.

Bereitwillig vertiefte er sich dagegen bis ins kleinste Detail bei der Planung der Party. Vor allem galt es, die Frage zu klären, wen man als Entertainer engagieren könnte:

Bob Hope etwa, oder Hope *und* Crosby. Dean Martin hatte einen Exklusivvertrag mit einem anderen Hotel, war sogar dessen Mitbesitzer. Dennoch wollte Hughes ihn unbedingt haben.

»Kannst du dir vorstellen, was das für ein Aufsehen im ganzen Land erregen würde, wenn Martin im ›Landmark‹ auftritt, wo er doch Mitbesitzer des ›Riviera‹ ist?«, fragte Hughes.

»Ich sehe schon einige smarte Reporter vor mir, die, wenn man sie entsprechend ermuntert, einen richtigen Groschenroman über das schreiben, was sich hinter den Kulissen abspielt. Siehst du nicht auch die Möglichkeit, daraus eine große Story zu machen: ›Las-Vegas-Mogule‹ bekämpfen einander hinter der schillernden Fassade …«

Maheus Fantasie trieb noch weit bizarrere Blüten. Er wollte die ganze wiedervereinte Gruppe »Rat Pack« (Rattenbande) auftreten lassen. Dieser Coup würde sicher in die Glitzer-Geschichte von Las Vegas eingehen. Maheu würde die versammelte Prominenz »Hughes Parade of Stars« taufen.

Damit aber war Howard Hughes nicht einverstanden.

Er fürchtete, die Nennung seines Namens im Zusammenhang mit einer derartigen Aufführung könnte Spekulationen nähren:

347

Man könnte ihm unterstellen, er wolle nun auch in die Unterhaltungsbranche expandieren.

Deshalb lenkte er das Thema wieder auf die leidige Terminfrage.

»Was das Eröffnungsdatum betrifft«, fügte er hinzu, »so flehe ich dich an, dafür zu sorgen, dass keinerlei Bestätigung des 1. Juli als Termin durchsickert. Wie du davon überzeugt bist, dass man K. damit treffen kann, wenn wir eher eröffnen als das ›International‹, so bin ich ebenso fest davon überzeugt, dass dies ein Fehler wäre.«

Hughes' hartnäckige Weigerung, überhaupt einen Termin zu nennen, ließ Maheu langsam nervös werden.

»Ich hoffe sehr, dass du verstehst, in welch einer unmöglichen Situation ich mich befinde, wenn ich immer noch keinen Eröffnungstermin nennen kann«, schrieb er. »Howard, wir beharren ja in keiner Weise auf dem 1. Juli. Wenn du es vorziehst, dass wir ein paar Tage nach dem ›International‹ aufmachen, gib uns einen festen Zeitpunkt, und wir werden entsprechend verfahren.

Aber, verdammt noch mal, Howard, wenn es dir wirklich um das ›Landmark‹ geht, kannst du diese Entscheidung nicht länger hinauszögern.«

Aber Hughes ließ sich nicht erweichen, und da Maheu sich so uneinsichtig zeigte, fiel ihm flugs ein neuer Grund dafür ein, sich nicht auf ein Eröffnungsdatum festzulegen: Es gab nämlich eine weit gewichtigere Konkurrenz für die geplante Veranstaltung als Korkorian und sein »International«!

»Für mich gab es soeben ein grausames Erwachen«, schrieb er, Aufregung vortäuschend. »Die Mondlandung soll im Juli stattfinden!

Was mich genauso beunruhigt, ist, dass es möglicherweise noch andere Ereignisse an den für uns in Frage kommenden Terminen gibt – hier oder andernorts, sodass die Aufmerksamkeit der Öffentlichkeit vom ›Landmark‹ abgelenkt würde.

Bitte, Bob, überprüfe deshalb den Terminkalender, sowohl lokal als auch national, und melde mir alle wichtigen Ereignisse, die für Juli geplant sind.«

11. Kapitel · Howard gibt eine Party

Maheu war wütend. Es ging ihm längst nicht mehr nur um die Party. Sein Ruf in Las Vegas stand auf dem Spiel. Er war einer der mächtigsten Männer der Stadt, und nun wurde plötzlich offenbar, dass er lediglich eine Art Schlackenschammes war, der nicht einmal selbstständig den Termin für eine Party bestimmen durfte. Diese Demütigung ertrug er nicht länger.

»Ich stehe hier an der Front, spreche mit Dean Martin, Danny Thomas, den Astronauten, der Öffentlichkeit, dem Gouverneur und weiß überhaupt nicht, worüber ich, verdammt noch mal, rede, weil du uns noch immer keinen Termin genannt hast«, schrieb er voller Panik.

Hughes reagierte darauf, wie schon so oft: Statt Maheu aus der Bredouille zu helfen und so eine simple Frage wie die nach einem Eröffnungsdatum zu beantworten, stellte er gleich ihre ganze Freundschaft in Frage:

»Bob, du hast gute Arbeit für mich geleistet, und ich weiß das zu schätzen«, schrieb er feierlich. »Ich akzeptiere auch deine mehrfachen Erklärungen, dass du gleich in die Luft gehst und dass ich es lernen müsse, dies nicht so ernst zu nehmen.

Bob, es gibt jedoch noch andere Dinge im Leben als Geld und Erfolg«, setzte er seine Belehrungen dann fort.

»Ich fürchte, ich bin an einem Punkt angekommen, wo es mir weniger auf Geld und Erfolg ankommt, als vielmehr auf meine Gesundheit und die mir noch verbleibenden Jahre.

Wenn du also glaubst, durch mein Zögern, dir einen bestimmten Termin zu nennen, in eine so peinliche Lage zu geraten, dass du nicht mehr in Las Vegas bleiben kannst, dann glaube ich, dass die Zeit gekommen ist, mich im Interesse meiner Gesundheit nach einem weniger tüchtigen und weniger erfolgreichen Mann umzusehen, dem es nicht so schwer fällt, mit meinem zugegebenermaßen unvollkommenen Verhalten fertig zu werden, der dann der Geschäftsführer hier in Las Vegas sein sollte.

Betr.: ›Landmark-Eröffnung‹. Ich habe dir wiederholt gesagt, ich wünsche es nicht, dass das ›Landmark‹ vor dem ›International‹ eröffnet wird.«

Dieses Mal hatte Hughes ihn beim Wort genommen und ihn in seine Schranken verwiesen. Plötzlich war es nicht mehr Maheus *Ruf*, der auf dem Spiel stand, sondern sein 500 000-Dollar-Job. Maheu hatte begriffen und lenkte die Aufmerksamkeit seines Chefs auf die nächste Frage: die Gästeliste.

Er trieb diese wichtige Angelegenheit auf seine Weise voran:

»Ich habe soeben eine elegante Einladung für die Eröffnung des ›International‹ erhalten«, schrieb er. »Während wir reden, handelt er. Howard, ich glaube wirklich, wenn wir nicht in Kürze unsere Gästeliste zusammengestellt haben, bringt uns das in eine peinliche Lage.«

Hughes ließ diese Drängelei gänzlich unbeeindruckt. Er lehnte die mühsam erstellte Liste kurzerhand ab.

Mit einem Male nämlich ging es nicht mehr ohne nahezu wissenschaftliche Akribie.

»Teile die Leute, die du willst, in Kategorien ein, und wenn du jemanden einlädst, lade auch die anderen dieser Kategorie ein, die gleiche Verdienste haben, mit denen man ebenso befreundet ist usw. Es sei denn, sie haben irgendetwas gemacht, das sie disqualifiziert, oder sie sind ungeeignet, weil sie einfach kein Format haben, oder weil sie sich irgendeiner Illoyalität schuldig machten oder Ähnliches.

Wenn du zum Beispiel Schauspieler und Schauspielerinnen einladen willst, was du offensichtlich vorhast, solltest du den Bühnenalmanach durchgehen oder die Akademielisten einsehen und alle die Schauspieler und Schauspielerinnen auswählen, die einen bestimmten Berühmtheitsgrad haben, es sei denn, sie kommen aus den oben genannten Gründen nicht in Frage.«

Anfangs hatte Hughes auch daran gedacht, seine ganze alte Clique einzuladen, dann aber kamen ihm Zweifel.

»Dies ist eine äußerst wichtige Frage, Bob. Wenn man zu viele Leute einlädt, die gute Freunde von mir sind, dann darf man nicht vergessen, dass viele von ihnen enttäuscht sein werden, weil sie mich nicht sehen. Auch muss man daran denken, dass wir zwangsläufig eine ganze Reihe auslassen müssen, die dann sehr beleidigt sein werden.«

11. Kapitel · Howard gibt eine Party

Maheu war das ewige Hin und Her schließlich leid und schlug seinem Chef vor, die Gästeliste selbst zusammenzustellen, was der allerdings ablehnte. Der schwarze Peter blieb also bei Maheu.

Hughes behielt es sich nur vor, gnädig seine Zustimmung zu erteilen, eine Aufgabe, der er sich mit größtem Vergnügen unterzog.

Denn natürlich fand er sofort diverse Anlässe, an der Liste herumzumäkeln.

»Ich bin mir durchaus darüber im Klaren, dass die Zeit mit den Einladungen knapp wird und muss nicht erst daran erinnert werden«, sagte er, als Maheu auch wegen des Termins drängte.

»Bob, betr. deine Liste. Du hast tatsächlich eine ganze Menge Leute ausgelassen, die furchtbar beleidigt sein werden – zum Beispiel hast du an Rita Hayworth, Sidney Poitier und Connie Stevens gedacht, aber Darryl Zanuck und die Leiter aller großen Studios und noch viele andere wichtige Stars vergessen. Susan Hayward zum Beispiel. Erinnerst du dich nicht an meine entsprechenden Hinweise?«

Natürlich hatte Maheu weder im Bühnenalmanach noch in den Akademielisten nachgeschaut, noch hatte er sich die Mühe gemacht, alle *gleich qualifizierten* Kandidaten aufzuführen. Das hätte ihm auch wenig genutzt, denn es war effektiv unmöglich, den übervorsichtigen Exzentriker im Penthouse zufrieden zu stellen. So wurde die Gästeliste länger und länger, bis Maheu schließlich vorschlug, zwei Parties zu veranstalten, um nur ja keinen illustren Mr X oder weniger illustren Mr Y vor den Kopf zu stoßen.

Innerhalb von drei Tagen schrieb Maheu die Gästeliste für die noch gar nicht feststehende Party dreimal um. Hughes war nie zufrieden. Hatte er eingangs gefordert, Vertreter von den Luftfahrtgesellschaften und Flugzeugindustrien einzuladen, war er wenig später dagegen. Die zunächst beängstigend lange Liste war am Ende seiner »Streicharbeit« mit einem Male beängstigend kurz.

Seine Freunde aus der Filmwelt fielen dem Rotstift ebenso zum Opfer wie Gewerkschafter, Autohändler und Leute, die außerhalb von Las Vegas wohnten.

Schließlich fragte er sich, warum er überhaupt einen Haufen Fremder einladen sollte, wenn er seine Freunde nicht einlud, weil sie ja darauf bestehen könnten, ihn zu sehen.

Maheus Nerven waren diesem Stress nicht mehr gewachsen. Er hatte zahlreiche Berichte vorgelegt, seine Vorschlagsliste begründet, erläutert, warum er jeden einzelnen Gast für geeignet hielt, sofort alle diejenigen fallen lassen, die Hughes nicht haben wollte, diejenigen hinzugesetzt, die er vorschlug, hinzugefügte Namen wieder gestrichen, als der Milliardär plötzlich Einladungen beanstandete, die er kurz zuvor noch verlangt hatte, revidierte Listen eingereicht und die revidierten Listen wiederum revidiert.

Und das alles vergebens.

Jeder einzelne Name, der hinzugefügt, und jeder Name, der gestrichen wurde, stellte auch alle anderen Namen in Frage und veranlasste Hughes, die gesamte Liste erneut zu »analysieren«.

»Ich bin überzeugt, dass es genügt, mir die revidierte und gekürzte Liste, die ich vorgeschlagen habe, ein letztes Mal vorzulegen«, versicherte er Maheu. »Ich hoffe, dass ich dir binnen einer Stunde grünes Licht geben kann, nachdem du mir die Liste noch einmal vorgelegt hast.

Betr.: Eröffnungstermin usw., ich empfehle, noch einmal zu zählen, wie viel Gäste es nach den letzten Änderungen sind. Mir scheint, dass die Gesamtzahl nach den Änderungen, die ich erbeten habe, es erlaubt, mit einer Veranstaltung auszukommen, *was ich dringend empfehle.*«

Hughes' Forderung nach einer erneut geänderten Gästeliste kam kurz nach Mitternacht, drei Tage bevor mutmaßlich die große Party im »Landmark« stattfinden sollte. Er hatte die Liste derart gekürzt, dass der »große Galaabend« jetzt bequem im Lift des Hotels hätte stattfinden können. Einen Termin zu nennen verweigerte er nach wie vor hartnäckig.

Maheu verlor schließlich die Beherrschung.

»Howard«, schrieb er, »wir haben keine revidierte Gästeliste, weil wir im Augenblick überhaupt nicht wissen, ob wir nun in einer oder zwei Gruppen – oder überhaupt feiern werden. Wenn

11. Kapitel · Howard gibt eine Party

wir niemanden haben, der eingeladen werden soll, dann ist es hypothetisch, überhaupt eine Gästeliste aufzustellen.

Ich habe dir mindestens zehnmal den Terminplan vorgelegt. Unglücklicherweise habe ich mich nur darum und um deine anderen Probleme gekümmert, sodass ich nicht die geringste Ahnung habe, was wir zum Essen anbieten sollen. Ich weiß nur, dass es uns, wie ich dir schon früher mitteilte, etwa zehn Dollar pro Nase kosten wird, die Bestien zu füttern. Deshalb«, schloss Maheu, »könnte es mir völlig egal sein, ob die Sache nun am 30. oder am 1. steigt, oder ob wir diesen verdammten Laden überhaupt eröffnen. Ich empfehle dir, Howard, deshalb ganz ehrlich, dass wir diesen ganzen Quatsch lassen und nicht etwa die Gelegenheit nutzen, das ›International‹ zu blamieren, sondern dass *die* uns stattdessen blamieren, und warten, bis du zufrieden bist, dass du tüchtige Leute um dich hast, um deine Premiere zu bekommen, wozu ich dir viel Erfolg wünsche.«

Hughes nahm die Standpauke mit erstaunlicher Ruhe entgegen. Er hatte den Kampf um die Gästeliste noch nicht aufgegeben. Noch nicht.

»Bob, ich finde nicht, dass ich unvernünftig wegen dieser Gästeliste war«, schrieb er.

»Ehrlich gesagt, Bob, wenn ich mir schon die Mühe mache, diese Liste durchzugehen, solltest du das ebenfalls können.

Ich bin sicher, es wird sich schon die Gelegenheit ergeben, dass diese Liste bis zum Letzten verbessert und analysiert werden kann, und dann ist diese ganze Arbeit nicht umsonst gewesen und braucht nicht noch einmal getan zu werden.«

Und so begann Hughes erneut und mit unvermindertem Eifer, zu verbessern und zu analysieren, und er forderte Maheu auf durchzuhalten.

»Bitte, überprüfe noch einmal die restlichen Namen«, fuhr er fort, »ich würde gern die Gründe für die Einladung dieser Leute erfahren sowie die Namen und Qualifikationen anderer Leute, die nach deiner Ansicht dazukommen sollten, falls diese Namen wieder auf die Liste gesetzt werden.

Mit anderen Worten, wenn diese Grundstücksmakler und Bauunternehmer wieder draufkommen, gehörte es sich dann nicht, dass andere Leute aus denselben Berufen ebenfalls eingeladen werden?

Betr.: Morrie Friedman, bitte sage mir Näheres über ihn.

Außerdem, Bob, möchte ich eine Liste von anderen Autohändlern haben, die vielleicht eingeladen werden sollten, nachdem ich Ackerman wieder auf die Liste gesetzt habe.«

Ackerman! Der erste Name auf der ersten der vielen Listen, die Maheu zusammengestellt hatte. Hughes hatte ihn gleich zu Anfang gestrichen, und nun stand er wieder da.

Hughes hatte versprochen, innerhalb einer Stunde nach Empfang der letzten geänderten Gästeliste grünes Licht zu geben. Am 28. Juni, um 7.40 Uhr früh, zwanzig Minuten vor der »Frist«, erteilte Hughes dann auch »plein pouvoir« auf seine Art:

»Hier ist der erste Teil der Namen für die Gästeliste«, verkündete er triumphierend. »Ich habe drei Namen mit o. k. gekennzeichnet. (!)

Du hast meinen Segen und kannst jetzt loslegen und diese Leute anrufen.

Wann sollen sie deiner Meinung nach kommen?

Meines Erachtens sollte es keine schriftlichen Einladungen geben. Das ist wichtig.«

Drei Namen und ein kleines Problem! Hughes hatte Maheu immer noch nicht den Termin für die Eröffnung genannt. Er konnte also nicht einmal diese drei Gäste, denen Hughes widerstrebend zugestimmt hatte, einladen.

Drei Gäste. Maheu hatte wochenlang Tag und Nacht gearbeitet, um die große Party auf die Beine zu stellen, es hatte seiner ganzen Geschicklichkeit bedurft, die Sache durchzuziehen, trotz aller Bemühungen von Hughes, das Ganze zu sabotieren. Er hatte wieder eine schlaflose Nacht damit zugebracht, die endgültig revidierte Liste aufzustellen, um seinen verrückten Chef zufrieden zu stellen. Und dies war nun der Dank. Drei Gäste. Kein Eröffnungstermin. Rien ne va plus! Maheu hatte genug.

11. Kapitel · Howard gibt eine Party

»… wenn du mich in die totale Depression treiben wolltest, so ist dir das gelungen«, schrieb er.

»Howard, es macht mir nichts aus, dir jeden Augenblick des Tages, 24 Stunden täglich, zur Verfügung zu stehen. Es ist ein verdammtes Opfer, aber dein Stab kann dir bestätigen, dass es in den letzten zweieinhalb Jahren immer nur wenige Augenblicke gedauert hat, mich zu finden. Ich habe aber inzwischen den Eindruck, dass alle meine Bemühungen, mit dir in dieser Sache zusammenzuarbeiten, absolut vergebens sind.

Es ist sehr deprimierend, den Telefonhörer abzunehmen und praktisch jedes Mal in jüngster Vergangenheit für das, was ich getan oder unterlassen habe, zur Sau gemacht zu werden. Hinterher bin ich in jeder Hinsicht klug und weise«, fügte er mit wachsender Wut hinzu.

Sein kalt berechnender Opportunismus ließ Maheu im Stich, mit einem Male waren ihm die Konsequenzen seines Handelns gleichgültig.

»Howard, es mag ein Schock für dich sein, aber wir werden allmählich unglaubwürdig.

Soviel ich weiß, haben wir eine Eröffnung, die in wenigen Tagen stattfinden soll. Jeder scheint damit zu rechnen, nur du nicht. Wir haben im Schweiße unseres Angesichts für diese Sache gearbeitet und brauchen jetzt einen Beweis deines Vertrauens. Letzten Endes, Howard, bist nur du es, der etwas zu gewinnen oder zu verlieren hat. Angesichts meiner gegenwärtigen Verfassung könnte es mir völlig egal sein, ob die Sache nun stattfindet oder nicht.«

Natürlich war es ihm nicht egal. Dies war seine Party, deren Planung seinen Schweiß gekostet hatte. Und er, nicht Hughes, wäre der Sündenbock, wenn die Sache schief ginge.

»Howard, zum Schluss kann ich dir nur noch sagen, dass ich keineswegs meinen Namen mit einem Fiasko identifiziert wissen will. Aber wenn du unbedingt scharf darauf bist, die Ursache dafür zu sein, dann fürchte ich, dich nicht daran hindern zu können.

Die Eröffnung, wenn es denn überhaupt eine geben wird, ist in wenigen Tagen, und so gerne ich dir helfen möchte, ist es dafür fast zu spät.

Es ist unumgänglich, jetzt einen Termin festzulegen.

Wenn du, Howard, andererseits der Meinung bist, ich sollte mich um diese ganze ›Landmark‹-Geschichte nicht kümmern, so brauchst du mir das nur zu sagen, und du wirst es dann erleben, wie schnell ich von der Bildfläche verschwunden bin.«

Auf diesen Augenblick hatte Hughes gewartet. Endlich war Maheu ihm in die Falle gegangen.

»Es tut mir Leid«, antwortete er, wenngleich heimliche Befriedigung aus seinen Zellen sprach, »ich kann kein grünes Licht geben, solange diese Missstimmung zwischen uns herrscht.«

Sein Plan verlief nach Wunsch. Es war ihm nicht nur gelungen, Maheu in einen Streit zu verwickeln, der Streit selbst war jetzt der beste Vorwand, das Eröffnungsdatum weiterhin offen zu lassen, auch war jetzt formal Maheu im Unrecht. Und vor allem hatte er seinen Partner dazu gebracht, seine wahren Gefühle zu verraten, die ganze Wut, die Hughes fürchtete, die ganze Leidenschaft, nach der er sich sehnte.

»Du erzählst mir ständig, dass ich mir das einbilde, wenn ich von Missverständnissen zwischen uns spreche, und dass es die gar nicht gäbe …«, fuhr er fort. »Und dann kommt ein Moment wie heute Morgen, und du lässt die Maske fallen, und die ganze aufgestaute Wut kommt zum Vorschein.

Ich stimme mit keinem Punkt in deiner Mitteilung überein – mit absolut keinem«, setzte er barsch hinzu.

»Doch das ist in gewisser Weise gar nicht schlecht, denn du hast schließlich die Maske fallen lassen, gesagt, was du denkst und was die Wurzel des ganzen Übels ist.

Es ist nicht gut, diese Dinge zu beschönigen und so zu tun, als ob es sie nicht gäbe …

Es ist geradezu absurd für zwei Leute, die in unserer Lage sind, wo jeder von dem anderen völlig abhängig ist, solche aufgestauten Gefühle der Verbitterung und des Ressentiments zu unterdrücken, wie du sie heute Morgen gezeigt hast.«

Dann gab er seinen vermeintlich unparteiischen Standpunkt auf. »Ebenso überzeugt, wie du zu sein scheinst, dass ich Unrecht habe und dass du den Kürzeren ziehst usw., ebenso überzeugt,

11. Kapitel · Howard gibt eine Party

wie du zu sein scheinst, dass du schlecht behandelt wirst und meinst, du müsstest dich irgendwie rächen, ebenso fest bin ich davon überzeugt, dass du hundertprozentig Unrecht hast.«

Dann kam er auf das eigentliche Thema zurück:

»Ich bitte dich hiermit ganz offiziell, keine Ankündigung mit einem festen Termin zu machen und keinerlei Vorbereitungen für die Eröffnung zu treffen. Außerdem ersuche ich dich dringend, Bob, auch nicht gerüchteweise, verlauten zu lassen, dass am 1. Juli die Eröffnung stattfindet oder irgendetwas anderes in Verbindung mit dieser Sache, bis wir alle diese Fragen gelöst haben.

Bob, das Obige ist wirklich enorm wichtig, wenn wir überhaupt eine Chance haben wollen, den Bruch zwischen uns zu kitten«, fügte er warnend hinzu.

Das saß. Der Herausforderer war ausgezählt und hatte nun Angst vor seiner eigenen Courage:

»Selbst jemand, der sich, wie ich, für zäh und kräftig hält, muss schließlich zu Boden gehen, wenn er so viele Schläge am ganzen Körper und auf den Kopf einstecken muss«, schrieb der Herausforderer und warf das Handtuch. »Da muss man einfach groggy werden. Denn wenn man schon in den Seilen hängt und immer noch Rippenstöße bekommt, dürfte es nicht ganz unverständlich sein, wenn man schreit: ›Au, das tut weh.‹«

Der Drahtzieher des Castro-Komplotts, Howard Hughes' zäher Sparringpartner, hing in den Seilen. Hughes hatte gesiegt.

Bis zum 1. Juli waren jetzt nur noch weniger als drei Tage Zeit. Maheu, der gerade noch gedacht hatte, die Flinte ins Korn zu werfen, sich dann aber geschwind eines Besseren besann, versuchte erneut, seinen Chef vom Ernst der Lage zu überzeugen: »Von nun an ist jede Entscheidung besser als gar keine«, drängte er. »Howard, in bestimmten Kreisen hat man den Eindruck, wir seien schlecht organisiert.«

Das war eine euphemistische Umschreibung des wahren Sachverhalts. Dennoch reagierte Hughes empört und beleidigt. Irgendwelche Miesmacher wagten es, die Früchte seiner Arbeit zu kritisieren.

Howard Hughes · Das wahre Gesicht der Macht

Bob –

I am very grateful to you for the many contributions you have made toward the success of the various activities I have assigned to you.

However, Bob, there comes a time when the success of a man's business endeavors are not as important as his peace of mind and the condition of his health.

Bob, I have worked as hard, and devoted myself as completely to my work as anybody I know.

So, I now wind up a supposedly successful business man who has wrecked his health and consumed the best part of his life in the process.

11. Kapitel · Howard gibt eine Party

Und Robert Maheu hatte diese Empörung wie üblich auszubaden.

»Wenn die Zeitungen über die unglaubliche Steigerung der Umsätze in dieser Gegend und den unglaublichen Zuzug von Menschen schreiben, dann darf ich für mich in Anspruch nehmen, etwas für die Allgemeinheit getan zu haben.

Bob, am ärgerlichsten ist für mich der Teil deines Briefes, in dem du erklärst, ich müsse mich mit der Tatsache abfinden, in ›bestimmten Kreisen‹ herrsche der Eindruck vor, wir seien nicht gut organisiert.«

Maheu hatte einmal seine Achillesferse gezeigt, und dieses Wissen nutzte sein Chef jetzt gnadenlos aus.

»Ich empfehle, Bob, dass du deinen Job hier in Las Vegas einem Mann deiner Wahl überlässt«, schrieb er, wohl wissend, dass er Maheu nur mit Kompetenzentzug zu drohen brauchte, um ihn in die Knie zu zwingen. Und: »Aus diesem Grunde, Bob, wäre ich froh, wenn du den ganzen Sommer in Newport und auf deinem Boot so viel Zeit, wie du nur willst, verbringen könntest.

Ich glaube, unbewusst gibst du mir die Schuld für jedes Wochenende, das du nicht auf deinem Schiff bist, und ich hoffe, dass dieser Vorschlag dem ein Ende macht.«

Kein Streit um eine läppische Party war das wert. Maheu war verzweifelt entschlossen, sich nicht aufs Meer schicken zu lassen. Er lenkte ein und bewies seinem Zuchtmeister damit ein weiteres Mal, wie schwach er aufgrund seiner obsessiven Machtgelüste in Wirklichkeit war:

»Howard«, schrieb er, »ich weiß, wie es damals mit deinem Film *The Outlaw* gewesen ist und wie du beschlossen hast, gegen den Rat aller Experten die Freigabe zu verschieben. Mir ist auch bekannt, wie du 1947 in deiner Aussage vor dem Brewster-Ausschuss – nachdem du dir alle Vorwürfe angehört hattest – sie alle zurückgewiesen hast und mit Brewster auf deine Weise fertig geworden bist.

Ich will nicht ausschließen, dass du im Falle der Eröffnung des ›Landmark‹ wieder einmal Recht hast. Schließlich, Howard, ist es eine Sache, das Für und Wider zu erörtern, und meine Sache zu sagen, wie ich darüber denke, aber es kann nur einen Captain geben.«

Das war die Kapitulation, sie führte gleichwohl zu einem überraschenden Ergebnis.

Die Erinnerung an vergangene glorreiche Zeiten hatte eine magische Wirkung auf Captain Hughes. Endlich nannte er einen Termin. Oder vielmehr eine ganze Reihe von Terminen – den 3. Juli, den 4. Juli, den 5. Juli, den 24. Juli. Jeder einzelne wurde sorgfältig erörtert, sowohl in allgemeiner Hinsicht als auch in Bezug auf konkrete Ereignisse wie die Mondlandung oder die Eröffnung des »International«. Dann erwog er gar einen dreimonatigen Aufschub, nur um sich dann schließlich doch auf den 1. Juli festzulegen.

Seine folgenschwere Entscheidung versetzte ihn unverzüglich in neue Ängste. Schlaflosigkeit plagte ihn.

»Ich habe die ganze Nacht sehr intensive Seelenforschung betrieben«, teilte er Maheu am Morgen des 30. Juni, einen Tag vor dem gefürchteten Ereignis, mit.

»Nachdem nun alle Entscheidungen bezüglich der Eröffnung des ›Landmark‹ nicht mehr rückgängig zu machen sind, wirst du die Einladungslisten heute Morgen in Händen haben. Ich möchte nicht, dass du mich vorher anrufst, aber das dürfte ja wohl kein Problem sein. Es sind noch einige ganz kleine Änderungen zu machen, und ich möchte einige sehr wichtige Entscheidungen für die Zukunft treffen.

Bob, ich möchte, dass du dir über eines im Klaren bist: Ich bin mit den gegenwärtigen Umständen einfach nicht zufrieden. Ich habe nicht mehr so viele Jahre vor mir, dass ich es mir erlauben kann, weiterhin ein Leben zu führen, das so wenig mit dem zu tun hat, was ich wirklich will.«

Hughes spielte nicht etwa auf seine Einsamkeit an, seinen bizarren Lebensstil oder seinen elenden Gesundheitszustand. Er war vielmehr melancholisch und ruhelos, weil die Dinge in Nevada nicht so liefen, wie er das wollte, ein Gefühl, das sich offensichtlich angesichts der drohenden »Landmark«-Party verstärkte. Er erwog, Nevada zu verlassen.

11. Kapitel · Howard gibt eine Party

»... ich möchte mit neuen Projekten an einem anderen Ort anfangen, und zwar entweder in Baja oder auf den Bahamas.

Ich will entweder hier in großem Stil weitermachen, oder ich will hier raus – und zwar *jetzt! Bitte.*

Bitte antworte mir, Bob, es ist äußerst dringend.« Und:

»Ich bin gerade mit den Gästelisten beschäftigt.«

Einen Tag vor dem großen Ereignis nämlich hatte Hughes sage und schreibe ganzen 44 Einladungen zugestimmt; auch das Menü durfte Maheu noch nicht bestellen. Und außerdem war während der hektischen Planung ein anderes kleines Problem offenbar in den Hintergrund getreten: Hughes hatte die Tatsache großzügig übersehen, dass ihm das »Landmark« noch gar nicht gehörte. Er weigerte sich einfach, den Kauf abzuschließen.

»Es scheint, als seien du und ich die einzigen Leute in Clark County, die nicht wissen, wann es eigentlich zu diesem Geschäftsabschluss kommt«, schrieb Maheu verstört.

Keine Gäste, kein Essen und plötzlich die Gewissheit, das Hughes das »Landmark« am Eröffnungstage überhaupt nicht gehörte. Am frühen Morgen des 30. Juni platzte Maheu endgültig der Kragen.

»Howard«, schrieb er wütend, »es ist jetzt 7 Uhr, und ich hänge noch immer in der Luft.

Angesichts der gegenwärtigen Situation kann ich dir als Erstem erklären, dass, falls du mich während der ›Festivitäten‹ im ›Landmark‹ suchen solltest, du deinen Leuten erzählen kannst, sie würden mich im ›Circus-Circus‹ finden.«

Maheu war in streitlustiger Stimmung. Das »Circus-Circus« war ein Hughes besonders verhasstes Konkurrenzunternehmen, ein neues Casino, dessen Eröffnung zu verhindern er sich die größte Mühe gegeben hatte, weil er fürchtete, es könne der Stadt einen Hauch von Bumslokalatmosphäre und Tingel-Tangel-Platz verleihen. Maheu war sich bewusst, dass er seinen Chef bis aufs Blut reizen werde, als er fortfuhr:

»Wie du siehst, Howard, habe ich bisher noch keine Zeit gehabt, das ›Circus-Circus‹ auch nur einmal zu besuchen, aber ich fange allmählich an zu glauben, da ich am 1. Juli nichts Besseres vorhabe, sollte ich endlich einmal die Gelegenheit ergreifen.«

Diese Medizin wirkte. Hughes geriet in Rage. Aber die Genugtuung einer gelungenen Provokation gönnte er seinem »Partner« natürlich nicht.

»Ich weiß, du hast früher immer gesagt, du seist ein freimütiger Mensch, der seine Gefühle nicht unterdrücken könne usw., und dass ich es nicht so ernst nehmen solle, wenn du Dampf ablässt«, begann er, seine Wut verbergend.

»Gewöhnlich kann ich das. Aber in dieser Situation, in der du glaubst, du könntest mir mit Konsequenzen drohen, ist das mehr als meine Nerven aushalten.

Gesetzt den Fall, du bereitest die Formalitäten minimal vor, die dich für die nächsten 36 Stunden, von jetzt an bis zu dem Zeitpunkt, wo das Hotel in Betrieb ist, befriedigen ...

Angenommen, du machst das ohne mehr Theater als nötig ... Ich bin mit einem Programm einverstanden, das für dich befriedigend ist, vorausgesetzt, du tust dein Möglichstes, es so zu gestalten, dass es in etwa auch meinen Vorstellungen entspricht.

Dann werde ich dir sagen, was ich für die restliche Zeit unserer Zusammenarbeit nach der Eröffnung des ›Landmark‹ vorschlage.«

Weder Hughes noch Maheu waren festlicher Stimmung. Am 1. Juli, dem Tag der großen Party, waren ihre Beziehungen so gespannt, dass sie kaum miteinander redeten und eine Trennung zum Greifen nahe lag. Was als Feier ihrer Partnerschaft gedacht war, sah nun aus, als solle es die Ouvertüre zu ihrer Scheidung werden.

Auch wäre Howard Huhges nicht Howard Hughes gewesen, hätte er nicht erneut versucht, die Gästeliste und den Eröffnungstermin zu diskutieren. Und er wäre ebenfalls nicht Howard Hughes gewesen, hätten ihn nicht in letzter Minute ziemlich abwegige Zwangsvorstellungen heimgesucht.

»Da ist noch eine Sache, die ich mit dir besprechen muss«, fiel ihm plötzlich ein. »Wie viel Leute dürfen sich mit deiner Erlaubnis gleichzeitig in dem Turm des ›Landmark‹ aufhalten?

11. Kapitel · Howard gibt eine Party

Noch etwas: Bist du wirklich sicher, dass es in dem Turm kühl genug sein wird, wenn sich dort 100 Leute aufhalten? Du weißt, dass eine große Menschenmenge eine ziemliche Hitze ausströmt.

Soweit ich weiß, hat sich noch niemals eine größere Menge in diesem Turm aufgehalten, und, wie du dich erinnern wirst, war eine meiner ersten Fragen bezüglich des ›Landmark‹, wie es um die Klimaanlage steht.«

In seinem fieberhaften Hirn hatte sich das Horrorbild von einer Gesellschaft festgesetzt, die in einem Turm ohne Klimaanlage in der sommerlichen Gluthitze von Las Vegas eingeschlossen ist.

Nicht etwa aus Anteilnahme, nein, sein Image war in Gefahr.

»Junge, Junge, da würden sich aber einige Leute die Hände reiben, wenn am Eröffnungsabend etwas passieren sollte.«

Maheu hatte andere Sorgen. Zwar hatte Hughes nur 44 Einladungen genehmigt, aber Maheu hatte vorgesorgt und weitere 400 Gäste gebeten. Doch bis zuletzt hatte der Milliardär Maheu verboten, das Menü zusammenzustellen. Um 17 Uhr, zwei Stunden vor dem großen Galaempfang, gab Hughes endlich nach.

»Ich will dich nicht länger davon abhalten, für das Essen im ›Landmark‹ heute Abend zu sorgen«, schrieb er, fügte aber sogar jetzt noch eine Einschränkung hinzu: »Ich wäre dir aber sehr dankbar, wenn du eine solche Bestellung auf das Notwendigste beschränken würdest, bis ich ausführlich mit dir darüber gesprochen habe, wie ich über die Bestellung des Essens denke.«

Kurz vor 19 Uhr, als die ersten Gäste zum VIP-Cocktail-Empfang in der bizarren Hotelhalle erschienen, traf noch eine letzte Botschaft aus dem Penthouse ein.

Maheu begrüßte seine Gäste mit der ihm eigenen Selbstsicherheit, ließ seine goldenen Manschettenknöpfe blitzen und vertrat souverän seinen verborgenen Arbeitgeber. Und obgleich etwas Seltsames an dieser großen Eröffnung war, obgleich es ein bisschen Gerede wegen der in letzter Minute ergangenen telefonischen Einladungen gegeben hatte, ahnte keiner der Gäste, was

Maheu durchgemacht hatte, und niemand hätte den unfreiwillig schwarzen Humor der zwei Zeilen begriffen, die auf dem gelben Notizzettel standen:

»Bob – ich wünsche dir und deinen Leuten heute Abend in jeder Hinsicht viel Spaß«, hatte Howard Hughes geschrieben.

Und: »Gibt es noch etwas, was ich tun könnte, um behilflich zu sein?«

12. Kapitel

Nixon: Der Verrat

5000 Kilometer von Las Vegas entfernt wurde zu dieser Zeit eine weitere Party geplant. Es sollte das größte Fest werden, das die *Welt* je gesehen hatte: ein opulentes Staatsbankett zu Ehren der ersten Menschen, die den Mond betreten hatten. Gastgeber war Richard Nixon.

Wenngleich er höchst ungern den Gastgeber spielte, stürzte sich Nixon in die Vorbereitungen und machte jedermann verrückt, seine wichtigsten Berater im Weißen Haus, seine Frau und sogar die Kellner. Er kümmerte sich persönlich noch um das kleinste Detail, wählte die Menüs aus, legte die Sitzordnung fest und suchte sogar die Gastgeschenke aus – und natürlich kontrollierte er die Gästeliste.

1440 Einladungen wurden für dieses Essen im August 1969, das aufwändigste Staatsbankett der Geschichte, verschickt. Nixon ging die Aufstellung Namen für Namen durch. Zugleich fertigte er gewissermaßen eine »Feindliste« an: Sie enthielt die Namen all derjenigen, die er bei seinem Fest nicht sehen wollte. Noch einen Tag vor dem Countdown nahm auch er letzte Änderungen vor.

Da waren Gouverneure und Senatoren, Richter des Obersten Gerichtshofes, Hollywood-Berühmtheiten, Industrielle und Kirchenfunktionäre, 50 Astronauten, Diplomaten aus 90 Nationen, Koryphäen fast aller wissenschaftlichen Disziplinen. Die wirklichen VIPs aber waren Ehrengäste wie Charles Lindbergh, Wernher von Braun – und Howard Hughes.

Hughes war von dieser Einladung höchst überrascht.

»Betr.: Party des Präsidenten, was muss ich da tun?«, fragte er Maheu, weil er nicht wusste, wie er reagieren sollte.

»Mit anderen Worten, Bob, ich werde nicht teilnehmen können. Aber ich bin sicher, du hast dir das schon gedacht.«

Die Einladung verblüffte auch die Mitarbeiter im Weißen Haus. Nixon sprach – von Rebozo abgesehen – mit niemandem über Hughes, geschweige denn über seine Geschäfte mit dem Milliardär. Dennoch wusste man in seiner unmittelbaren Umgebung von dem alten Darlehensskandal, wusste, dass es da eine heikle Sache gab. Ein unausgesprochenes, aber atmosphärisch spürbares Unbehagen ging von dem Namen Hughes aus. Hughes und Nixon hatten sich, wenn auch auf komplizierten Umwegen, geeinigt. Nun, da die Übergabe des Geldes unmittelbar bevorstand, erwachten die verdrängten Ängste des Präsidenten erneut. Nixon ließ heimlich Nachforschungen über seinen prominenten Gönner anstellen und hatte den Secret Service bereits angewiesen, seinen Bruder Donald zu bespitzeln.

Denn dessen Geschäfte mit dem Mafioso John Meier könnten – so fürchtete Nixon – den Darlehensskandal wieder in Erinnerung rufen und seine eigenen Geschäfte mit Hughes ans Licht bringen. Rebozo verlangte von Danner, dass Meier von Donald fern gehalten werde. »Der Präsident ist ehrlich besorgt über die Geschäftemacherei zwischen diesen beiden Typen«, meldete Maheu ins Penthouse. »Wir sind zuverlässig davon unterrichtet, dass sie ein Büro in Genf eröffnet haben und in riskante Erdölpachtverträge in Alaska verwickelt sind, und Gott weiß, was noch.

Der Präsident und Rebozo haben uns vertraulich wissen lassen, dass Bruder Don bei weitem die größte Gefahr für die künftige politische Karriere des Präsidenten ist«, fügte Maheu hinzu. »Man befürchtet in Washington, dass das ständige *name-dropping* Dons mit dem Namen seines Bruders und das Meiers mit deinem Namen sowohl für dich als auch für den Präsidenten sehr peinlich werden kann.«

Ende Juni hörten Beamte des Secret Service bei ihrer Lauschoperation, dass Donald versuchte, wegen Hughes' Air-West-Erwerbung Geld zu erpressen – ausgerechnet in dem Augenblick, in dem der Präsident dabei war, diese gesetzwidrige Transaktion

12. Kapitel · Nixon: Der Verrat

zu genehmigen. Anfang Juli, kurz bevor Nixon das große Geld einstecken sollte, spitzte sich der Fall Donald zu.

Am 8. Juli wurde der Bruder des Präsidenten von Secret-Service-Agenten dabei fotografiert, wie er sich mit Meier und einem bekannten Gangster namens Anthony Hatsis auf einem Flugplatz traf. Donald hatte seine Beziehung zu Meier bislang stets bestritten, aber nun verfügte das Weiße Haus über unwiderlegliche Beweise. Nixon beschäftigte sich gründlich mit der Angelegenheit, und angesichts seiner eigenen Verbindung zu Hughes dürfte ihn ein unangenehmes Gefühl beschlichen haben.

Der Präsident versuchte also, sich bessere Informationen zu beschaffen. Genauer: Er beauftragte damit jene Behörde, die am besten über ihn Bescheid wissen musste, die Atomenergie-Kommission (AEC).

Ende Juli stellte Willi Kreigsman vom Stab des Weißen Hauses, den Nixon später für die AEC benannte, ungewöhnliche und sehr vertrauliche Nachforschungen an. Er verlangte alle verfügbaren Informationen über die »Howard-Hughes-Angelegenheit«. In einem als »persönlich« klassifizierten Bericht der AEC an ihren Vorsitzenden hieß es: »Höheren Orts« erwarte man, dass er »vollständig darüber informiert« werde.

»Er verlangte, dass wir in möglichst diskreter Form eine Untersuchung über die führenden Leute der Hughes-Organisation durchführen, indem wir uns vor allem Informationen von den AEC-Leuten in Nevada beschaffen, die in engem Kontakt zum Stab von Hughes stehen.«

Nixon wollte nicht nur erfahren, warum Hughes die Atomversuche so heftig bekämpfte, sondern auch, wer genau dieser Mann eigentlich war und was es mit seinem undurchsichtigen Imperium eigentlich auf sich hatte.

Der Präsident bekam zwar einen 18 Seiten langen Bericht über die Anti-Atombomben-Kampagne des Milliardärs, erhielt aber wenig Einblick in dessen Motive, die der AEC ebenso unbekannt waren wie dem Präsidenten. Und über Hughes selbst erfuhr er so gut wie nichts.

Doch Nixon war entschlossen, hinter das Geheimnis des Einsiedlers von Las Vegas zu kommen.

Das geplante Bankett sollte ihm dabei Hilfestellung leisten: Er lud Hughes zu der Party ein – wenngleich er wusste, dass der Milliardär schon seit mehr als einem Jahrzehnt nicht mehr in der Öffentlichkeit erschienen war – und benutzte diese Einladung als Vorwand dafür, eine Routineüberprüfung seines heimlichen Gönners durch das FBI zu veranlassen.

J. Edgar Hoover machte dem Präsidenten am 13. August, dem Tag des großen Banketts, persönlich Meldung. Sein Bericht war in der Tat erstaunlich.

Howard Hughes, so erklärte der Chef des FBI, sei eine »rücksichtslose und skrupellose Person«, die sich zeitweise wie ein »verrückter Paranoiker« aufführe, sodass Hughes »zu allem fähig sei, inklusive Mord«.

Inklusive Mord. Das war eine äußerst beunruhigende Aussage über einen Mann, mit dem der Präsident gerade einen brisanten Handel abschließen wollte. Nixon konnte nicht wissen, dass diese haarsträubende Charakterisierung lediglich auf der Darstellung eines verärgerten Hughes-Angestellten beruhte. Der Bericht trug Hoovers *imprimatur*. Nixon hatte gleichermaßen Angst und Respekt vor dem FBI-Chef (»Er hat Dossiers über jeden, verdammt noch mal!«).

Nixon ließ sich von dieser Auskunft nicht abschrecken. Wenig später erörterte er mit Rebozo, wie die Hunderttausend-Dollar-Transaktion über die Bühne gehen sollte.

Dennoch war der FBI-Bericht ein Schock für den Präsidenten. Aber das war nichts im Vergleich zu dem Schock, der Howard Hughes treffen sollte.

Am 10. September 1969 rief Maheu von Vancouver aus seinen Chef an – er hatte alarmierende Nachrichten: Die AEC würde einen neuen Atomtest ankündigen, und zwar einen großen.

Maheu versuchte, den ersten größeren Atomversuch unter der Nixon-Regierung so gut es ging zu verharmlosen: Es handle sich um einen Test unterhalb der Megatonnengrenze, die wirklich

12. Kapitel · Nixon: Der Verrat

großen Bomben würden in Alaska gezündet, so wie der Präsident es versprochen habe.

Hughes war damit nicht zu besänftigen.

»Ich bin außerordentlich besorgt über das, was du mir heute mitgeteilt hast«, ließ er Maheu wissen, ohne bislang eine Ahnung von der wirklichen Stärke der bevorstehenden Explosion zu haben.

»Nun, Bob, solange wir alle Register ziehen, um diese Explosion zu verhindern, halte ich Washington für den ›Ort des Geschehens‹, und ich möchte, dass du noch heute Abend hinfährst und dort eine Kampagne auf die Beine stellst und jede Organisation und jede Person, die gegen diese Explosionen ist, aktivierst, um hundertprozentigen Druck auf die AEC auszuüben …

Übe den größtmöglichen Druck aus in einem letzten entscheidenden Versuch, um ein für alle Mal festzustellen, ob ich noch irgendwelche weiteren Investitionen in Nevada machen kann oder nicht. Bob, ich möchte, dass du bis zum Letzten gehst und keine Kosten scheust.«

Maheu riet jedoch zur Vorsicht, denn Nixon hatte Hughes bereits einen »privaten« Teststopp-Vertrag zugesichert, und dieser neue Test verstieß nicht gegen ihre Abmachungen.

»Howard, wir haben jeden nur denkbaren Appell an den Vizepräsidenten und den Präsidenten gerichtet«, erwiderte Maheu.

»Einer der Gründe, warum der Präsident so interessiert war, direkten Kontakt zwischen dir und Kissinger wegen des ABM-Systems herzustellen, war, dem Doktor zu ermöglichen, dir geheimste Informationen über die Notwendigkeit einiger weniger Versuche unter der Megatonnengrenze zugänglich zu machen und dir zu versprechen, dass die über eine Megatonne starken Versuche aufgrund deiner Bemühungen nicht mehr in Nevada stattfinden.

Ich fürchte, wenn wir sie drängen, könnten sie sich veranlasst fühlen, erst recht weiterzumachen, und zwar sogar mit über einer Megatonne starken Versuchen«, warnte Maheu. »Letzten Endes, Howard, bin ich nämlich sicher, dass es denen völlig egal ist, ob wir noch weiter in Nevada investieren …«

369

Hughes war jedoch nicht bereit nachzugeben.

»Du hast mir noch immer keine Erklärung dafür gegeben, warum diese Explosion notwendig ist«, nörgelte er.

»Mir sind all die Gründe, warum dieser Test für die Verteidigung des Landes notwendig ist, unbekannt.

Bob«, fuhr er mit wachsendem Ärger fort, »ich bin nicht so naiv zu glauben, dass meine Pläne in Nevada Nixon im geringsten interessieren, und wenn du möchtest, dass zwischen uns bessere Beziehungen entstehen, würde ich mich aufrichtig freuen, wenn du dein immer wiederkehrendes Bedürfnis, mir gegenüber sarkastische, ironische Bemerkungen wie diese zu machen, zügeln würdest …«

Weiterer Widerstand war zwecklos. Maheu nahm über Danner Kontakt zu Rebozo auf. Der schlug vor, die Angelegenheit diplomatisch zu regeln. Er lud Hughes' Unterhändler nach Key Biscayne ein, wo Nixon und er sich gerade aufhielten.

Maheu war schon im Aufbruch nach Florida, als Hughes das volle Ausmaß der neuen Bedrohung durch die geplanten Atomtests erkannte. Sie waren nicht lediglich ein weiterer Versuch, sie bedeuteten die Apokalypse.

»Bob«, schrieb er in zittriger Handschrift, »ich war die ganze Nacht wach und muss unbedingt wissen, ob du jetzt auf dem Wege bist, bevor ich schlafen gehe.

Bei diesem Test handelt es sich praktisch um einen megatonnenstarken Versuch«, fuhr er fort, »und ich begreife nicht, wieso du in diesem Test etwas anderes sehen kannst als eine totale Niederlage und das völlige Scheitern all unserer Bemühungen.«

Maheu verließ Vancouver und flog zunächst nach Las Vegas, um sich mit Danner zu treffen. Gemeinsam flogen sie dann nach Miami weiter. Danner hatte eine Aktentasche bei sich, die einen Umschlag mit 50 000 Dollar enthielt.

Am frühen Abend des 11. September trafen die beiden Abgesandten in Miami ein. Bevor sie nach Key Biscayne weiterfuhren, rief Maheu im Penthouse an. Hughes war in heller Aufregung.

12. Kapitel · Nixon: Der Verrat

»Ich bin dir dankbarer, als du dir vorstellen kannst, dass du dort bist«, schrieb er auf einen Notizzettel, den einer seiner Mormonen vorlesen musste.

»Als du mir das erste Mal davon (dem Atomtest) erzähltest, fühlte ich mich, weiß Gott, schlecht genug, aber ich nahm natürlich an, dass er sich im so genannten ›unterdurchschnittlichen Bereich‹ abspielen würde.

Ich kann nicht begreifen, wie, um alles in der Welt, die AEC uns für so dumm und naiv halten konnte zu glauben, diese Explosion würde sich in den Grenzen halten, um die wir gebeten hatten, bloß weil sie technisch unter einer ganzen Megatonne sein mögen.«

Der Vertrag war gebrochen. Und verantwortlich war der Präsident. Hughes wollte, dass ihm dies mit aller Deutlichkeit klar gemacht werde.

»Ich möchte, dass du Mr Nixon durch Mr Rebozo ausrichten lässt, dies sei der abscheulichste Treuebruch und Betrugsversuch, der jemals von einer hoch angesehenen Regierung, wie die der Vereinigten Staaten, gegen einen Bürger des eigenen Landes begangen worden ist«, schrieb er, als ihm das volle Ausmaß von Nixons Verrat bewusst wurde.

»Wenn dies die Art ist, in der die USA einem Bürger danken, der sein Leben lang an der Verbesserung des Verteidigungssystems gearbeitet, zahllose wichtige Erfindungen gemacht und eine halbe Milliarde Dollar Steuern gezahlt hat, wie kann man dann erwarten, dass eine auswärtige Regierung unseren Versprechungen glaubt.

Ich habe noch viel mehr zu sagen«, schloss Hughes, »möchte aber, dass du erst einmal losfährst.«

Maheu nahm diese Vorwürfe zur Kenntnis. Dann suchten Danner und er Rebozo auf. Der Freund des Präsidenten führte seine Gäste durch seine umgebaute Ranch und zeigte ihnen allerlei Kuriositäten, unter anderem einen Kühlschrank, der Eiswürfel ausspuckte.

Danner händigte Rebozo den Briefumschlag aus und sagte:

»Hier ist die erste Rate der 50 000 Dollar.« Der Kubaner öffnete den Umschlag, schüttete die Geldscheine aus und zählte sie.

Bob —   9-11-61 @ 6:30 PM
I am more grateful than
I can tell you that you
are there.

Bob, I dont think you
have any idea how ~~good~~
I ~~feel~~ about this thing.

When you first told
me about it, God knows
I felt bad enough, but I
naturally assumed it was
in the so-called "low
intermediate yield" range.

I had no faintest idea
that this bomb was a
huge unit comparable in
every way to the first
two large explosions we
fought so bitterly.

I just cannot under-
stand how under the
sun the AEC could have
imagined that we would
be so utterly stupid and
naive, as to consider this
explosion as being within
the limits we had re-
quested to be followed,
merely because it may
technically be under one

12. Kapitel · Nixon: Der Verrat

full megatons.

I wish you would tell Mr. Nixon thru Mr. Rebozo that this is the most outrageous and shocking breach of faith and attempted deception I ever heard of any highly reputed government like the United States attempting to perpetrate against one of their own citizens.

If this is the way the U.S. pays off one of its own citizens, who has given a lifetime of service toward the betterment of the defense system, and contributed countless important advances, plus a half billion dollars in taxes, then how can anyone

expect foreign govern-
ments to believe our
promises.

I have much more
to say; but will let
you get started.

Deep thanks,

Howard

12. Kapitel · Nixon: Der Verrat

Auf eine Ecke des Umschlags schrieb er »HH« und brachte das Geld dann in ein anderes Zimmer. Als er zurückkehrte, gingen die drei Männer zum Essen.

Ob Hughes wusste, dass sein Geld an Rebozo gegangen war, ob er hoffte, dadurch zu einem Einvernehmen mit Nixon in der Atomfrage zu gelangen, und ob er überhaupt damit einverstanden war, dass das Geld trotz seines Ärgers übergeben wurde, ist nicht geklärt. Aber im ersten Morgengrauen des nächsten Tages nahm er Verbindung zu Maheu auf.

»Was ist für heute geplant?«, fragte er. »Ich habe soeben gehört, dass der Präsident eine Sitzung über Verteidigungsfragen abhält. Wann gedenkst du, bei ihm in dieser Angelegenheit durchzudringen? Ich muss das wissen, damit ich noch genug Zeit habe, mein Material vorzubereiten.«

Während der Milliardär vom Bett aus seine Anti-Atomkampagne vorbereitete und Rebozo das Geld von Hughes in einem Banksafe in Key Biscayne (die Bank gehörte ihm), deponierte, versammelte Nixon seine wichtigsten Berater in Washington.

Der Präsident war in großer Sorge. Er war unter anderem deshalb gewählt worden, weil er versprochen hatte, den Vietnamkrieg zu beenden, aber bislang war kein Frieden in Sicht. Nun saß er mit Kissinger zusammen, und beide entwarfen Pläne, wie man einen »gewaltigen Vernichtungsschlag« gegen Nordvietnam führen könne.

Zur selben Zeit drohten die Vietnamkriegsgegner, über die Lyndon Johnson gestürzt war, auch Nixon zu Fall zu bringen. Im ganzen Land sammelten sich die Anhänger der Antikriegsbewegung zu Protestkundgebungen, deren Höhepunkt der Oktobermarsch auf Washington war.

Vom Beginn seiner Regierungszeit an hatte sich Nixon von Feinden umgeben gefühlt; nun war er, wie er es später ausdrückte, »unter der Belagerung ins Wanken geraten«.

Sogar jetzt, als sich die Krise zuspitzte, beschäftigten den Präsidenten die Sorgen des Milliardärs. Er bot noch einmal an, ein »Gespräch« zwischen Henry Kissinger und Howard Hughes zu arrangieren. Maheu übermittelte dieses Angebot ins Penthouse, inklusive Nixons Versicherung, dass der geplante Atomtest keine Gefahr darstelle.

Selbstverständlich versicherte Maheu seinem Chef ein weiteres Mal, die Verhandlungen mit Kissinger könnten telefonisch geführt werden. Er ließ aber gleichzeitig keinen Zweifel daran aufkommen, dass Hughes mit Kissinger direkt sprechen müsse: »Ich bin nicht so überheblich, darauf zu bestehen, dass ich diese Informationen erhalte, wenn du es bist, mit dem sie sprechen wollen«, schrieb er. »Ich bin fest davon überzeugt, dass Nixon nach wie vor große Achtung vor dir hat. Und dass es eben gewisse Dinge gibt, die er nicht irgendeinem deiner Untergebenen, glücklicherweise mich eingeschlossen, anvertrauen will.«

Hughes ließ diese Schmeichelei gänzlich unbeeindruckt. Er weigerte sich, Kissinger zu empfangen, diesmal jedoch nicht nur aus Angst, sondern auch aus Verärgerung.

»Es wundert mich, dass du so ohne weiteres an die so genannte ›Sicherheit‹ dieser Bombentests glaubst«, erwiderte er und klassifizierte so die Versicherungen des Präsidenten als unglaubwürdig.

»Die Behauptung, diese Versuche seien irgendwie notwendig, um unsere strategische Verhandlungsposition nicht zu schwächen, und unsere militärische Sicherheit gegenüber Russland erfordere das, ist einfach eine Beleidigung meiner Intelligenz.

Bob, ich möchte, dass du jetzt Nägel mit Köpfen machst«, befahl er am nächsten Morgen. »Ich habe einige sehr sorgfältig verfasste Anmerkungen geschrieben, und ich möchte, dass meine Argumente dem Präsidenten aufs Allerdeutlichste zur Kenntnis gebracht werden.

Es ist eine absolute Farce, wenn man in Las Vegas einen Test durchführen will, der angeblich unsere Vereinbarungen nicht verletzt, weil sein Volumen knapp unter einer Megatonne liegt.

Ich hoffe, du hast eine Möglichkeit, dem Präsidenten diesen unwürdigen Trick als das klar zu machen, was er ist, nämlich als einen Versuch, uns zu betrügen.

12. Kapitel · Nixon: Der Verrat

Wenn ich nichts Besseres verdiene, als diese schäbige Behandlung, dann ist das sehr traurig.«

Maheu nahm das Script in Empfang, lehnte aber die ihm zugedachte Rolle ab. Er hatte nicht etwa prinzipielle Einwände, zweifelte aber daran, dass das Weiße Haus der richtige Ort für eine derartige Inszenierung sein könnte. Er wusste, dass es zwecklos war, mit Nixon zu sprechen. Er hatte es von Anfang an gewusst. Aber es war zwecklos, den von Obsessionen geplagten Hughes davon überzeugen zu wollen. Der war fest entschlossen, die Regie nicht aus der Hand zu geben und die Puppen nach seinen Vorstellungen tanzen zu lassen.

»Wenn du den Präsidenten triffst«, erklärte er seinem Unterhändler, »solltest du ihm von dem 200-Millionen-Dollar-Verlust erzählen, den ich mit dem Helikoptergeschäft gemacht habe und den ich meinem patriotischen Eifer verdanke, weil ich einen Vertrag mit Preisen akzeptiert habe, die nicht einmal die Materialkosten decken.« Damit hatte er seinen dilettantischen Versuch, den wegen des Vietnamkrieges expandierenden Markt zu seinen Gunsten zu manipulieren, flugs als edle Tat hingestellt.

»Außerdem könntest du dem Präsidenten Folgendes klar machen: Hätte er sich in Sachen Air West nicht persönlich beim Zivilluftfahrt-Bundesamt für mich eingesetzt, dann hätte ich mich jetzt hundertprozentig aus dieser unvorteilhaften Beteiligung zurückgezogen«, fuhr er fort und erklärte so die gesetzwidrige Transaktion, für die er gerade erst die Zustimmung Nixons erkauft hatte, zu einem Akt der Selbstlosigkeit.

»Ich glaube, du solltest ihm auch deutlich machen, dass unser Erscheinen hier in Nevada ein großer Glücksfall für den Bundesstaat war, das ist dadurch bewiesen, dass Nevada eine wahre Oase in der Wüste von Universitätsunruhen, Rassenkrawallen, Armut usw. ist«, behauptete er und wollte dem Präsidenten so offenbar weismachen, die »Ruhe« in Nevada sei Ergebnis seines Monopoly-Spiels.

Diese Art der Regieführung war von einer Unverfrorenheit, die dem Kaliber eines Richard Nixon durchaus angemessen war.

Nur erfuhr der nie, was Howard Hughes seinem Drahtzieher aufgetragen hatte. Maheu verließ Key Biscayne und flog, um seinen Boss zu beruhigen, nach Washington. Vorher allerdings lieferte er noch einen besänftigenden Bericht ab.

»Howard, ich hatte soeben eine lange Unterredung mit Rebozo«, erklärte er Hughes. »Es ist seine unmaßgebliche Meinung (und wir dürfen nicht vergessen, dass er den Mann an der Spitze vielleicht besser kennt als die übrige Welt zusammen), dass es ein sehr ernster Fehler wäre, den Präsidenten zu treffen, ohne vorher mit Kissinger gesprochen zu haben.

Er empfiehlt deshalb, dass wir unverzüglich Vorbereitungen für einen Besuch Kissingers in Las Vegas treffen, damit er mit dir zusammenkommen kann, um dir Gelegenheit zu geben, ihm klar zu machen, wie sehr sie im Unrecht sind.«

Henry Kissinger war der zweitmächtigste Mann im mächtigsten Land der Welt. Noch niemand hatte es gewagt, ihm die Tür zu verschließen, nur die im 9. Stock des »Desert Inn« in Las Vegas wurde ihm nie geöffnet.

Während der Countdown unaufhaltsam weiterlief, versuchte Hughes immer noch, über Maheu einen direkten Kontakt zu Nixon herzustellen.

»Bitte, sage mir, was du vorhast, um noch in letzter Minute irgendeinen vorübergehenden Aufschub zu erlangen, damit ich mich direkt an den Präsidenten wenden kann und um eine Audienz für dich bitten«, schrieb er um 4 Uhr früh am Tage des geplanten Atomtests.

»Ich finde, dass ich nach 64 Jahren Dienst für dieses Land ein Recht auf eine zehnminütige Audienz beim Präsidenten habe.«

Um 4.45 Uhr schickte Hughes Maheu eine weitere Botschaft für Nixon:

»Ich möchte, dass du dem Mann erklärst, ich hätte in 64 Jahren als Bürger dieses Landes nicht einmal den Präsidenten gebeten, etwas zu tun oder etwas zu unterlassen.«

Offensichtlich hatte er vergessen, dass er Nixon erst vor wenigen Monaten aufgefordert hatte, das ABM-Programm aufzugeben, ihm die Ministerliste vor der Ernennung der einzelnen

12. Kapitel · Nixon: Der Verrat

Kabinettsmitglieder vorzulegen und alle Atomtests nach Alaska zu verlegen.

Es ist höchst unwahrscheinlich, dass der Präsident auch nur eine ungefähre Vorstellung von der Angst und der Wut des Milliardärs hatte, geschweige denn, dass für Hughes der Atomversuch gleichzeitig *der* Test für ihre gesamten Beziehungen war. Denn es dürfte so gut wie sicher sein, dass Nixon nie auch nur einen der verzweifelten Appelle seines Gönners erhalten hat.

Am 16. September 1969, um 7.30 Uhr, fand die Explosion, wie geplant, statt. Drei schwere Erdstöße erschütterten Las Vegas. Eine volle Minute lang schwankte das Penthouse. Aber die eigentlichen Auswirkungen der Explosion sollten sich erst in Jahren zeigen. Und dann erschütterten sie die ganze Nation.

Zunächst jedoch schien der atomare Albtraum gebannt, und unverzüglich gab sich Hughes wieder seiner Lieblingsbeschäftigung hin: in Las Vegas das zu kaufen, was ihm noch nicht gehörte.

Fast zwei Jahre hatte er sein Monopoly-Spiel unterbrechen müssen, weil Lyndon Johnsons Justizminister Ramsey Clark im April 1968 bei der geplanten Erwerbung des »Stardust« damit gedroht hatte, die Anti-Trust-Gesetze anzuwenden. Hughes hatte mehrmals versucht, diese Blockade zu durchbrechen, dann aber nachgegeben, um eine Regierung abzuwarten, die mehr Entgegenkommen zeigte.

»Wenn wir aus der nächsten Wahl mit der erwarteten Stärke hervorgehen«, hatte Hughes während des Wahlkampfes von 1968 zuversichtlich erklärt, »dann brauchen wir uns nicht mehr um eine Verhandlungslösung in dieser Angelegenheit zu bemühen.«

Und tatsächlich, am 17. Januar 1969, als Richard Nixon kurz vor dem Einzug ins Weiße Haus stand, genehmigte das Justizministerium Hughes den Kauf seines sechsten Hotels in Las Vegas, des »Landmark«. Freilich erhielt der Milliardär diese Genehmigung nur, weil das Hotel kurz vor dem Bankrott stand. Ansonsten blieb das Verbot des Kartellamtes für weitere Käufe bestehen.

Jetzt, Anfang 1970, bereitete Hughes sich darauf vor, die neue Regierung dahingehend zu testen, wie sie es mit den Kartellgesetzen hielt. Er hatte das »Dunes«, Hotel und Casino, ins Auge gefasst.

Sein Anwalt Richard Gray warnte ihn vor diesem Schritt: »Selbst wenn der republikanische Justizminister eine andere Auffassung als sein Vorgänger haben sollte«, schrieb er, »fürchte ich dennoch, dass die Erwerbung weiterer Hotels uns zur Zielscheibe von Anti-Trust-Aktionen des Kartellamtes machen wird.«

Hughes schlug die Warnung in den Wind. Maheu hatte ihm versichert, John Mitchell sei ein Bundesgenosse ... und der neue Chef des Kartellamtes, Richard McLaren, »unsere Wahl Nr. 1«.

Im Januar 1970 organisierte Richard Danner eine Reihe geheimer Treffen mit dem neuen Justizminister.

Weder McLaren noch irgendein anderes Mitglied des Kartellamtes wurden dazu gebeten. Das Geschäft mit dem »Dunes-Hotel« wurde ganz informell unter Freunden abgeschlossen.

Nach seiner zweiten Besprechung mit Mitchell, am 26. Februar, wusste Danner Erfreuliches zu berichten. Maheu gab die Mitteilung weiter. »Howard«, schrieb er, »du wirst erfreut sein zu erfahren, dass Danner eine sehr angenehme und freundliche Unterredung mit dem Justizminister hatte, der dir für deine Kooperation danken lässt. Er meint, er sähe keinen Grund, das ›Dunes‹ nicht zu kaufen.«

Wenige Tage später, am 9. März, wusste Maheu noch Besseres zu berichten. »Howard«, schrieb er, »es handelt sich um unser ›Dunes‹-Projekt. Danner hatte heute eine längere Unterredung mit dem Justizminister. Er hat uns eine so gut wie endgültige Genehmigung erteilt, möchte aber, dass das letzte Wort vom Kartellamt kommt.«

Mitchell setzte McLaren erstmalig am 12. März vom Stand dieser »Verhandlungen« ins Bild. McLaren blieb hart. Er wies Mitchell energisch darauf hin, dass es sich hierbei um eine Verletzung der Anti-Trust-Bestimmungen handle und dass eine solche Genehmigung »völlig im Gegensatz zur bisherigen Weigerung des Justizministeriums stände, Hughes den Kauf des ›Stardust‹ zu erlauben«. Dieser Widerstand löste bei Nixon einen Wutanfall aus.

12. Kapitel · Nixon: Der Verrat

»Ich möchte, dass eins klar ist«, schimpfte der Präsident, »und wenn das nicht begriffen wird, ist McLaren mit seinem Arsch innerhalb einer Stunde draußen. Ich möchte nicht, dass er herumläuft und Leute verfolgt, ein Riesentheater wegen dieser Massenaufkäufe macht und Staub aufwirbelt. Ist das klar? Ich möchte ihn ohnehin lieber loswerden. Ich kann diesen Hund nicht leiden.«

Im Fall Hughes war Nixons Wut jedoch überflüssig. John Mitchell hatte sich schlicht entschlossen, seinen Kartellamtschef zu übergehen.

Am 19. März, kurz nach Mittag, traf sich der Justizminister ein weiteres Mal mit Danner und gab grünes Licht für das »Dunes«-Geschäft. Das geschah ohne schriftliche Unterlagen, einfach per Handschlag, wie bei Viehhändlern. Das war ein Sieg auf der ganzen Linie, der signalisierte, dass man Hughes auch in Zukunft nicht hindern würde, sein Nevada-Imperium zu erweitern.

Doch blieb dem Milliardär kaum Zeit und Muße, diesen Triumph auszukosten. Soeben nämlich war ein neuer Megatonnen-Versuch für Nevada angekündigt worden.

Howard Hughes hatte davon genau an dem Tag erfahren, an dem Richard Nixon die Nachricht von einem Coup in Kambodscha erhielt. Zu dieser Zeit scheiterten auch die Friedensverhandlungen mit Hanoi. Der Präsident steuerte nun einen aggressiven Kurs, der schließlich zur Invasion von Kambodscha führte, das Blutbad in Kent State und das Weihnachtsbombardement auf Nordvietnam zur Folge hatte, Ereignisse, die die ganze Nation traumatisierten.

Als Hughes von dem neuen Atomtest erfuhr, war Robert Maheu in New York City, um mit dem Vorstand von Air West handelseinig zu werden.

»Howard«, schrieb er, »ich bin fest davon überzeugt, dass nur der Präsident der Vereinigten Staaten diesen neuen Test verhindern kann.« Hughes reagierte prompt. Er ließ Maheu aus der Konferenz in New York rufen und beorderte ihn nach Key Biscayne, um dort Bebe Rebozo eine Million Dollar für Richard

Nixon anzubieten – sollte der Präsident die Versuche in Nevada stoppen.

Maheu flog stattdessen zunächst nach Washington und traf sich dort mit Richard Danner (der gerade mit John Mitchell das Hotel-Geschäft geregelt hatte). Gemeinsam reisten sie dann nach Florida weiter.

Maheu bestritt später, das Eine-Million-Dollar-Schmiergeld jemals angeboten zu haben, das zwischen Hughes und ihm unter dem Codewort »Der Große Streich« firmierte.

Gleich bei ihrem ersten Zusammentreffen bot Rebozo Maheu drei verschiedene Verhandlungsmöglichkeiten an, darunter ein Treffen in Camp David zwischen Howard Hughes und dem Präsidenten.

Maheu gab dieses sensationelle Angebot weiter.

»Nun, Howard, wir haben drei Alternativen, die man uns angeboten hat, und es ist dringend zu empfehlen, dass wir uns für eine der drei entscheiden:

1. Kissinger ist bereit, nach Las Vegas zu fliegen und dort ähnliche Gespräche zu führen, wie wir sie uns schon vor vielen, vielen Monaten erhofften.

2. Obgleich der Präsident es im Augenblick nicht für richtig hält, nach Las Vegas zu kommen, wäre er jedoch bereit, sich kurzfristig mit dir zu treffen, am besten an einem Ort wie Camp David.

3. Sie garantieren uns, dass dies definitiv der letzte große Test ist.«

Hughes wollte sich aber weder mit Nixon noch mit Kissinger treffen. Stattdessen drängte er Maheu, die eine Million Dollar Bestechungsgeld anzubieten.

Drei Tage leistete Maheu Widerstand. Schließlich tat er so, als ob er nachgäbe, und behauptete, er habe vergeblich versucht, den »nuklearen Frieden« zu erkaufen.

»Howard, ich habe in sehr entspannter und angenehmer Atmosphäre den ›Großen Streich‹ entsprechend unserer gestrigen telefonischen Unterredung versucht«, erklärte er Hughes. »An dem

12. Kapitel · Nixon: Der Verrat

Vertrauen zu uns – das kam deutlich zum Ausdruck – gibt es keinen Zweifel, aber unter dem Aspekt der nationalen Verteidigung, den sie dir gerne erläutern würden, ist es in diesem speziellen Fall absolut unmöglich, etwas dagegen zu unternehmen.«

Hughes war am Boden zerstört.

»Bitte, unternimm alles Menschenmögliche, um diesen Test aufzuschieben oder zu verhindern«, bat er.

»Ich glaube ihren Versprechungen nicht, und die Behauptung, dies wäre der letzte Test, ist nicht ernst zu nehmen.

Ich verlasse mich auf dich. Dies ist wirklich eine absolute und unumgängliche Notwendigkeit.«

In der Zwischenzeit war Bob Rebozo nicht untätig. Er versuchte, weiterhin ein Treffen zwischen Nixon und Hughes zu arrangieren.

»Er schlägt eine Konferenz vor, die angesichts der Kürze der Zeit bis zum geplanten Test sofort stattfinden könnte und bei der er von Kissinger und du von deinen Wissenschaftlern beraten werden würdest«, drängte Maheu.

»Howard, du musst dir allmählich darüber klar werden, dass es Rebozo, dem Präsidenten und selbst Kissinger zunehmend schwer fällt zu verstehen, warum sie nicht mit dir persönlich sprechen können.

Sie verstehen einfach nicht, warum du dich nicht mit dem Präsidenten selbst treffen willst.«

Aber das genau konnte Howard Hughes nicht. Hätte er sich überwunden, wäre den Vereinigten Staaten vielleicht ein großes Drama erspart geblieben.

Am Donnerstag, dem 26. März 1970, um 11 Uhr vormittags, einen Tag vor Karfreitag, wurde die Bombe gezündet. Es war die 600. Kernexplosion seit Beginn des Atomzeitalters und eine der schwersten. Wieder einmal erschütterten die Erdstöße ganz Las Vegas und ließen den nackten alten Mann erzittern, dessen geheime Geschäfte mit dem Präsidenten das eigentliche Verhängnis zur Folge hatten.

Ein letztes Mal hatte Howard Hughes noch versucht, den Atomversuch zu verhindern:

While you have access
to Rebozo, I want you
to concentrate on him.

Bob, I dont know where
to begin.
You said the president
couldnt care less whether
I remain in Nevada.
This may well be true
in the literal sense.
However, bear in mind
that, if I pull up stakes
here, I am not going
to some neighboring state.
I am going to move
the largest part of all of
my activities to some
location which will not
be in the U.S.
The president already
has the young, the black,
and the poor against him.

12. Kapitel · Nixon: Der Verrat

maybe he will be in -
different if the richest man
in the country also finds
the situation in the U.S.
~~intolerable~~ ^un-livable^, and because
of the country's intense
preoccupation with the
military.

~~I know one thing, and~~
~~that is that the fact~~
~~that the~~

I know one thing:
There is at present a
violent feeling in this
country against all the
experimental activities of
the military — starting
with the sheep in Utah,
the shipment of the
poison gas, the explosion
of the bomb train in
Nevada, the double
costs of the C5A and
other military purchases,

This fantastic spending on defense while the Ghettos go untended, etc., etc., the sinking of the destroyer Evans, the countless controversial items in Vietnam, etc., etc.

So, I just dont know how the public would react to a frank statement by the wealthiest man in the U.S. that ~~he couldn't abide the~~ ~~opposition of the military~~ also, he considered he was being elbowed aside by the military.

I know one thing: It would; or, at least, it could be a hell of a newspaper story.

12. Kapitel · Nixon: Der Verrat

»Bob«, schrieb er, »ich weiß nicht, wo ich anfangen soll. Du hast gesagt, dem Präsidenten könnte es völlig gleichgültig sein, ob ich in Nevada bleibe.

Das dürfte buchstäblich wahr sein.

Vergiss aber nicht, wenn ich hier die Zelte abbreche, gehe ich nicht nur in irgendeinen Nachbarstaat.

Ich werde den größten Teil meiner Aktivitäten an einen anderen Ort verlegen, der nicht in den USA sein wird.

Der Präsident hat bereits die Jungen, die Schwarzen und die Armen gegen sich. Vielleicht ist es ihm egal, ob der reichste Mann des Landes auch findet, dass man in den USA nicht mehr leben kann, weil sich das Land zu sehr mit dem Militärischen beschäftigt.

Eines weiß ich: Hierzulande gibt es eine heftige Abneigung gegen alle Experimente der Militärs.

Deshalb frage ich mich, wie die Öffentlichkeit auf eine freimütige Erklärung des reichsten Mannes der USA reagieren wird, dass auch er sich vom Militär beiseite gedrängt fühlt.

Eines weiß ich: es wäre oder *könnte* zumindest eine tolle Zeitungsstory sein.«

Bevor das Jahr zu Ende war, sollte Hughes seine Drohung wahr machen. Er würde die Vereinigten Staaten für immer verlassen. Und seine Abreise sollte eine Kette von Ereignissen in Gang setzen, die tatsächlich eine tolle Zeitungsstory wurden. Eins dieser Ereignisse trug die Überschrift »Watergate«.

13. Kapitel

Exodus

Howard Hughes plante nicht etwa einen einfachen Umzug. Er organisierte eine Flucht.

Allein in seinem abgedunkelten Schlafzimmer plante er jeden einzelnen Schritt, so als wolle er aus dem am schärfsten bewachten Trakt des Zuchthauses Alcatraz ausbrechen.

»Der Auszugsplan bestimmt im Einzelnen, wie sich die Leibwache zu verteilen, den Lift zu besetzen und unter Benutzung eines Schlüssels unverzüglich bis zum Erdgeschoss zu fahren hat«, hieß es in den Anweisungen, die seine Mormonen nach tagelangen intensiven Beratungen verfassten.

»Auf ein Signal von uns, ungefähr 20 bis 30 Minuten vor Verlassen des Erdgeschosses, stellen Hoopers Männer einen Wandschirm entlang dem Weg auf, der vom Lift zur Rezeption des Casinos führt. Wir machen dann eine Linkswendung und gehen danach auf eine Nebentür des Gebäudes zu.«

Das war relativ einfach: heraus aus seiner Zelle, vorbei an den Wachen, mit dem Lift nach unten und dann zur Tür hinaus, bevor irgendjemand Verdacht schöpfen konnte. Der entscheidende Teil der Flucht erwies sich aber als komplizierter.

»Wir gehen dann durch die Seitentür etwa 20 Schritt nach Westen, wo eine Limousine oder ein anderes Transportmittel auf uns wartet«, hieß es weiter. »Dies ist der Augenblick, in dem wir keine Kontrolle über Leute haben, die vom Hotel weg oder zum Hotel oder vom Parkplatz zum Hotel gehen oder die sich lediglich Schaufenster des Gebäudes ansehen.«

Einen Augenblick, genau 20 unvorhersehbare Schritte lang, wäre er der Welt da draußen preisgegeben, ohne »Kontrolle« ausüben zu können.

»Gegen 23.30 Uhr sollten wir in den Wagen steigen«, las er weiter am Schluss des Fluchtplans und bemerkte sofort eine Schwachstelle: »Hoopers Cadillac könnte benutzt werden, da er weniger verdächtig ist als eine Limousine. Sie müssen jedoch den Wagen ohne Verwendung einer Trage besteigen.«

Ohne Trage? Dieser ganze haarsträubende Plan gehörte in den Papierkorb. Howard Hughes war entschlossen, Las Vegas so zu verlassen, wie er angekommen war: von niemandem gesehen und auf einer Trage.

Es wurden noch viele andere Pläne ent- und wieder verworfen. Mehr als ein Jahr später verließ der Milliardär die Stadt dann wirklich.

Im September 1969 hatte Hughes begonnen, fieberhaft an Flucht zu denken. Der utopische Traum, der ihn nach Las Vegas geführt, war zerronnen; der Traum, Nevada, ja ganz Amerika nach seinen Idealvorstellungen gestalten zu können, war schon seit Jahren so gut wie ausgeträumt. Nach Nixons »Bombe« war sein Königreich endgültig unsicher geworden.

»Bob«, schrieb Hughes voller Angst, »meine Zukunftspläne sind als Folge dessen, was geschehen ist, in heilloses Durcheinander geraten.

Ich möchte, dass du einige Dinge für mich in New York und Washington erledigst und dann, wenn nichts dazwischenkommt, hierher nach Las Vegas zurückkehrst, um den Totalverkauf praktisch meines ganzen Besitzes in Nevada in die Wege zu leiten.«

Es war Zeit zu gehen und sein Vermögen mitzunehmen. Ob er aber auch Maheu mitnehmen würde, war eine ganz andere Frage.

»Ich fürchte, du siehst diese ganze Angelegenheit nicht wie ich als totale Niederlage an«, fuhr er fort und schob so Maheu die Schuld für die Atomtests in die Schuhe. »Soweit ich mich erinnere, war die AEC und das Atomversuchs-Programm Punkt eins auf der Liste unserer Projekte. Es stand immer ganz oben auf der Liste, seitdem wir hier angekommen waren.

AEC – Nummer eins, Wasserverschmutzung – Nummer zwei.

13. Kapitel · Exodus

Deshalb begreife ich überhaupt nicht, warum du diese Situation mit solcher Gelassenheit betrachtest.«

Hughes war nach Nevada gekommen, um sich ein Reich zu schaffen, in dem er unumschränkter Herrscher war. Seine Vorstellung vom Paradies war eine Welt ohne Umweltverschmutzung und ohne Konkurrenz, eine Welt, in der er nicht nur allein herrschen konnte, sondern die er auch mit niemandem zu teilen brauchte. Eine Welt, in der gewissermaßen nur er existierte.

Nevada entsprach diesen Vorstellungen nicht mehr, die Gewerkschaften, die übermächtige Konkurrenz, die sozialen Minderheiten, die Wasserverschmutzung hatten ihn daran gehindert, sein makelloses Reich zu errichten. Er musste einen anderen Ort für seinen Garten Eden finden: »... ich möchte, dass dieses neue Engagement das letzte und – wie ich hoffe – wichtigste Projekt meines Lebens wird.«

Es war ihm nicht gelungen, die Regierung der Vereinigten Staaten zu kaufen, nun war Hughes entschlossen, in einem anderen Land einen »reichsunabhängigen Status« zu erlangen, die USA zu verlassen, um an irgendeinem anderen Ort seine Idealvorstellungen zu verwirklichen. Er studierte den Globus, suchte auf dem unvollkommenen Erdball nach einem sicheren Hafen, einem noch nicht verlorenen Paradies. Ausgeschlossen waren von vornherein der ganze nordamerikanische Kontinent und Europa.

Maheu und Hughes begaben sich auf die Reise nach noch nicht entdeckten Paradiesen.

»Ich halte keine Gegend, mit Ausnahme Mexikos und den Bahamas, der Überlegung für wert«, erklärte Hughes. »Onassis hat natürlich den idealen Sitz in Monaco. Aber ich ziehe doch einen Ort in der Nähe der Vereinigten Staaten vor, wo die USA niemals eine feindliche Einwirkung von außen zulassen würden. Dafür kämen nach meiner Meinung Mexiko und die Bahamas in Frage.

Also, lass uns mal im Augenblick diese beiden miteinander vergleichen. Welche Regierung ist nach deiner Meinung am vertrauenswürdigsten und zuverlässigsten?

Die Situation auf den Bahamas scheint mir angesichts des jüngsten Regierungswechsels relativ unsicher.« Die weiße Minderheitsregierung war nämlich von einer schwarzen Regierung abgelöst worden.

»Ich glaube, die mexikanische Regierung ist stabiler, aber ich bezweifle, dass wir in der Lage sind, dort eine Position einzunehmen, die uns genügend Einfluss und Privilegien bei den Mexikanern ermöglicht.

Mit anderen Worten«, schloss er, immer noch schwankend, aber schon voller Furcht, dass es Ärger im Paradies geben könne, »ich habe den Eindruck, dass auch du die Situation trotz der neuen Regierung auf den Bahamas günstiger einschätzt als die Möglichkeiten in Mexiko.«

Hughes setzte seine Betrachtung des Globus fort, durchstreifte die Länder der Karte auf der Suche nach einer passenden Zuflucht, prüfte endlos immer wieder alle Möglichkeiten und entdeckte überall Mängel. Endlich kam er auf die Bahamas zurück. Dort hatte er gelebt, bevor er sich in seinem Penthouse in Nevada verbarrikadierte.

»Nach allem, was wir wissen«, schrieb er, »ist dies der aussichtsreichste Platz für meine Projekte. Es gibt jedoch noch andere interessante Gebiete in Florida, auf den Bahamas und in der Karibik, aber dort gibt es auch überall alteingesessenes Establishment. Man wird nicht gerade begeistert sein, wenn ich komme. Ich kann die Stärke dieser Leute nicht einschätzen. Deshalb müssen wir meine Pläne mit geradezu religiösem Eifer geheim halten, wenn wir nicht alles ›vermasseln‹ wollen.«

Hughes hatte keineswegs die Absicht, Titanen zu stürzen. Er suchte ein jungfräuliches Territorium, in das er nur hineinzuspazieren brauchte und das er auf der Stelle übernehmen konnte.

»Ich überlege ein Entwicklungsprojekt in Baja, ähnlich dem totalen Engagement von Onassis in Monte Carlo. Ich will damit nicht sagen, dass ich die mexikanische Regierung übernehmen möchte, so wie er es mit Monaco getan hat. Ich denke vielmehr an eine Vereinbarung mit den Mexikanern, ähnlich dem Ab-

13. Kapitel · Exodus

kommen, das (Daniel K.) Ludwig mit der Regierung der Bahamas getroffen hat, als Freeport gegründet wurde.

Bitte überlege, wie wir einen ›reichsunabhängigen Status‹ erlangen können«, bat er.

»Ich hoffe, dass wir diesem Projekt näher treten können – denn es ist viel wichtiger, als du glaubst –, und zwar wollen wir drei Pfeile im Köcher haben: die Bahamas, Baja und Puerto Rico.«

Hughes jonglierte nicht nur mit Reiseplänen. Er mobilisierte seine sämtlichen Geschäftsführer und Berater, Anwälte und Assistenten, die ihr Quäntchen Macht, ihren Einfluss auf Hughes ausbauen wollten. So entwickelte sich schließlich – alle anderen Konkurrenten waren abgeschlagen – ein Machtkampf zwischen Maheu und den Mormonen.

Maheu wäre lieber in Nevada geblieben, da aber die große Flucht beschlossene Sache war, wollte er keine Kompetenzen abgeben.

Zunächst versuchte er, Hughes' Ängste zu mobilisieren und wies ihn nachdrücklich darauf hin, dass Schwarze auf den Bahamas herrschten.

Ja, er schickte Hughes einen zwölf Seiten langen vertraulichen Bericht mit dem Codenamen »Down-Hill-Racer«, wobei er auf Hughes' Interesse für Raub- und Mordgeschichten spekulierte. »Blut – *weißes* Blut – wird in den Straßen von Nassau fließen«, hieß es in dem Bericht. »Wenn es so weit ist, wird eine ganze Armee nötig sein, um den weißen Mann auf den Bahamas zu schützen.«

Hughes reagierte überraschend gelassen. Er wertete das von Maheu gezeichnete Horrorbild als eine Herausforderung, eine Chance: »Wenn dieser Bericht auch nur teilweise richtig ist, Junge, dann brauchen sie dort unten noch dringender einen Heiland, wie nicht einmal ihn die armen Teufel im Nahen Osten nötig hatten, als sie in Schwierigkeiten waren.«

Während Maheu versuchte, Hughes' Angst vor den Schwarzen zu wecken, bemühten sich die Mormonen, seine Angst vor Maheu zu schüren.

393

Das war allerdings überflüssig: Der Bannstrahl hatte Robert Maheu längst getroffen, nur wusste der nicht warum. Hughes hüllte sich in Schweigen. Er hatte Maheu von Las Vegas fern gehalten, seit er im August ohne seine Zustimmung an dem Staatsbankett des Präsidenten teilgenommen hatte. Er hetzte ihn von Seattle nach Vancouver, nach Dallas und nach Washington, nach New York und Los Angeles.

Nach mehr als einem Monat in dem für ihn unverständlichen Exil war Maheu jedoch fest entschlossen, nach Las Vegas zurückzukehren: »… wegen einer Familienangelegenheit ist meine Anwesenheit unbedingt erforderlich. Ich habe die Absicht, dort zu sein, ganz gleich, welche Konsequenzen das haben mag und wie verheerend es auch für meine Karriere sein könnte. Es wäre deshalb um vieles angenehmer, wenn ich mit deiner Zustimmung dort sein könnte.«

Maheus angedrohter Ungehorsam zwang Hughes, alle Vorsicht außer Acht zu lassen. Er nannte das Kind beim Namen, er fürchtete nämlich, Maheu habe zu viel Einfluss in seinem Imperium:

»Ich bin sicher, du weißt ganz genau, dass der Grund, warum ich dich zur Zeit von Las Vegas fern halte, damit zusammenhängt, dass du einen übermächtigen Einfluss auf die Organisationsstruktur meiner geschäftlichen Angelegenheiten genommen hast«, schrieb er. »Bob, ich habe nie gewusst und nicht einmal im Entferntesten geahnt, in welchem Umfang du jeden dominierst, der mit mir zu tun hat.

Es ist dir gelungen, eine solch machtvolle Stellung zu erlangen, dass ich gar nicht weiß, wie viele meiner Leute Angst haben, mich zu informieren beziehungsweise wie viele Informationen mir vorenthalten werden.«

Diese Furcht hegte er schon lange, die Einflüsterungen seiner Mormonen hatten dem I nur noch das Tüpfelchen aufgesetzt.

Hughes' Paranoia wütete ungebrochen: Seine Spitzenmanager wollten desertieren, um ein Konkurrenzunternehmen aufzubauen, wie es die führenden Leute der Hughes-Aircraft-Company gemacht hatten. Allerorten drohte Verrat vertrauter Mitarbeiter, die ihn zugrunde richten wollten.

13. Kapitel · Exodus

»Bob, diese verkapselte Organisation innerhalb der Organisation, die leicht transferierbar ist und woanders wieder eingesetzt werden kann, ist eine schlimme Sache und macht mir große Sorgen«, schrieb er.

»Ich sage nicht, dass du absichtlich so gehandelt hast, behaupte nicht einmal, dass du ihr allmähliches Wachsen bemerkt hast. Ich weiß nicht genau, in welchem Umfang es existiert. Aber wie groß es auch immer sein mag, es ist sehr gefährlich für mich.

Unter diesen Umständen ist deine Erklärung, du müsstest morgen Abend wegen einer gesellschaftlichen Verpflichtung hier sein, ob ich das nun mag oder nicht, und selbst, wenn es zu einer Belastung unserer seit 20 Jahren bestehenden Geschäftsverbindung führen sollte, für mich ein schwerer Schock.

Ehrlich gesagt, Bob, mir wird angst und bange«, schloss er, war aber trotz seiner schweren Verdächtigungen immer noch nicht zum endgültigen Bruch bereit. »Ich fürchte, dass eine dieser Meinungsverschiedenheiten zwischen uns eines Tages in eine Sackgasse führt.«

Die Mormonen hegten ganz andere Ängste, nämlich dass Robert Maheu ihnen auf die Schliche kommen könnte.

»Wir hoffen, dass Sie unsere Sicherheit genauso ernst nehmen wie wir Ihre«, schrieben die verängstigten Assistenten ihrem Boss aus dem Nebenzimmer. »Wir sind sehr bedrückt, dass Sie das, was wir Ihnen vertraulich über die Organisation, die Bob aufgebaut hat, mitteilten, sofort in Gänze Bob weitersagten und sogar mit noch stärkeren Worten …

Sie dürfen nicht vergessen, dass, solange Sie leben, wir unter Ihrem Schutz stehen, aber dass, falls Ihnen irgendetwas passieren sollte, wir irgendjemandem auf Gnade und Barmherzigkeit ausgeliefert wären.« Sie knüpften das Netz ihrer Intrigen enger, denn sie waren bezüglich der Lebensdauer ihres bettlägerigen Chefs nicht gerade zuversichtlich.

Die Atmosphäre verdüsterte sich. Hughes hatte erfahren, dass Maheu heimlich nach Nevada zurückgekehrt war und sich auf seinem Landsitz im nahe gelegenen Mt. Charleston versteckt hielt. Und was noch viel schlimmer war: Er hatte einen »loyalen«

Mormonen veranlasst, Hughes glauben zu machen, er halte sich immer noch brav im Exil auf.

Hughes packte leidenschaftliche Eifersucht. Maheu war in seinen Harem eingebrochen. Das bedeutete ein weit größeres Verbrechen als die unerlaubte Heimkehr.

Zunächst hielt er dem Mormonen eine Philippika.

»Roy«, schrieb er, »es hat keinen Zweck, um die Sache herumzureden oder sie abzustreiten.

Wenn Maheu und seine Leute mich täuschen und sich gegenseitig decken, ist das schon schlimm genug, aber wenn diese Praxis sich bei meinem persönlichen, treuen Stab einbürgert, ist es noch viel schlimmer. Roy, meine Beziehung zu dir und deiner Gruppe muss auf einer so festen Vertrauensbasis beruhen, dass ich niemals auch nur für den Bruchteil einer Sekunde zögern, überlegen, nachdenken oder fragen muss – niemals – und wegen nichts.

Wenn ich dieses Vertrauen nicht zur Spitzenmannschaft innerhalb meines Allerheiligsten haben kann, wie darf ich dann Loyalität von meinen mir nicht so nahe stehenden Mitarbeitern erwarten?«

Dann war Maheu an der Reihe. Seine unerlaubte Rückkehr, sein Komplott mit dem Mormonen Roy waren für Hughes der endgültige Beweis für Maheus angebliche Machtübernahme:

»... aber wenn meine Assistenten, fünf Männer, die bei mir schon viele, viele Jahre arbeiten und denen ich vertraue, die Vollmacht haben, für mich zu unterzeichnen, bei denen es um hunderte von Millionen Dollar geht – ich sage, wenn diese Leute Angst haben, mir irgendwelche Informationen weiterzugeben, weil sie dir missfallen könnten –, sodass ich praktisch Roy einem Kreuzverhör unterziehen und ihn in die Ecke treiben musste, um herauszufinden, ob du zurückgekehrt bist, dann finde ich, geht das zu weit.«

Während dieser ganzen Zeit von Intrigen genährter Auseinandersetzungen und Ängste, die den Bruch seiner Beziehungen zu Maheu zunächst vorbereiteten und dann begleiteten, in der seine rivalisierenden Höflinge einander widersprechende Rat-

13. Kapitel · Exodus

schläge erteilten und er seinen gesamten Stab terrorisierte, weil er ihn ständig in Alarmbereitschaft hielt, dann aber wieder alle Entscheidungen auf die lange Bank schob, bereitete Hughes fieberhaft seine Flucht aus dem Penthouse vor.

Er hatte Angst zu gehen, aber auch Angst zu bleiben. Jeden Tag fand er einen neuen Grund, die Abreise zu verzögern.

Am meisten Angst hatte er davor, gesehen zu werden. Aber der Milliardär hatte eine Idee: Er würde einfach ein Gerücht lancieren, nämlich dass er bereits fort wäre. In Wirklichkeit würde er Las Vegas aber erst einige Zeit später verlassen.

»Ich überlege sehr ernsthaft die sofortige Herausgabe einer kurzen Verlautbarung, wonach ich bestimmte Pläne habe, die zu gegebener Zeit bekannt gegeben werden«, schrieb er, »und dass ich inzwischen eine seit langem überfällige Auslandsreise im Zusammenhang mit gewissen überseeischen Interessen angetreten habe.«

Maheu bezweifelte, ob dieses Prozedere erfolgreich verlaufen könne.

Und Hughes war in einem Dilemma; noch bewegte er sich nämlich ohne Maheus Hilfe auf unsicherem Parkett, deshalb brauchte er ihn; auch konnte nur Maheu den Prinzipal Howard Hughes davor schützen, auf seiner Flucht ertappt, das hieß: *gesehen* zu werden.

Dem stets zögernden Texaner eignete auf der anderen Seite ein beinahe teutonisch zu nennender Wille zur Effizienz. Und beide Eigenschaften trieben ihn, zusammen mit seiner Paranoia, in einen hektischen Aktionismus.

Da war es dringend erforderlich, die Temperatur in der Wohnung am ebenso vermeintlichen wie variablen Fluchtziel zu messen. Auch durfte dort nicht ein einziges Insekt gefunden werden.

Kurz: Die »Welt da draußen« war eine einzige große Verschwörung, und Howard Hughes brauchte nicht lange, um eine neue Gefahr zu wittern:

»Das größte Problem ist, glaube ich, das für Mittwoch geplante Ereignis. Da soll eine große Anti-Vietnam-Demonstration stattfinden, und wenn die extrem linke Menge Wind davon bekommt, dass ich zu dieser Zeit gerade unterwegs bin, könnte es angesichts meiner symbolischen Bedeutung als Rüstungsindustrieller zu einer Protestdemonstration kommen.«

Selbstverständlich wollte Hughes nicht in eine Horde wütender Vietnam-Demonstranten geraten. Also verlangte er, seine Ankunft so zu planen, dass sie konfliktlos, also vor dem angekündigten Termin, abgewickelt werden konnte. Auch hatte er Angst vor der Presse: »Eins ist sicher, ich möchte nicht in eine Situation geraten, in der die Presse erfährt, dass ich unterwegs bin, dann *en masse* den Zug stürmt und am Ende der Fahrt darauf besteht, mich zu sehen ...«

Da saß der mutlose Milliardär allein in seinem Penthouse und plante eine vermeintlich (oder auch wirklich) riskante Flucht; widrige Umstände zwangen ihn, sich in die »feindliche Welt« hinauszuwagen, die in seiner Fantasie umstellt und eingekreist war von: Erreger tragenden Insekten, protestierenden Kriegsgegnern, ihm feindlich gesonnenen Reportern und anderen wirklichen oder imaginären Übeln.

Eines der Übel war beispielsweise, zumindest seinen Notizen zufolge, dass »prominente« Amerikaner belästigt würden:

»Heute war zum ersten Mal die Rede von möglichen Entführungen und Hinrichtungen sowohl von Touristen als auch von Diplomaten«, schrieb er.

In der Zwischenzeit hatte Hughes' Garde ein ganzes Arsenal von Fluchtfahrzeugen bereitgestellt: gecharterte Düsenflugzeuge, die unter besonderer Bewachung auf fernen Flughäfen standen, private Eisenbahnwagen, die in irgendwelche Bahnhöfe einliefen, Yachten, die in fernen Häfen begutachtet wurden, Wohnmobile, die für Landreisen ausgerüstet waren, ganze Kolonnen nicht gekennzeichneter Automobile und Limousinen und Sonderanfertigungen von Lastwagen.

Und seine treuen Mormonen saßen auf gepackten Koffern, seit dem Tage, an dem er sich zur Flucht entschlossen hatte.

Aber der Milliardär wollte und konnte sich nicht entscheiden, die doch so ersehnte »Flucht« wirklich anzutreten.

13. Kapitel · Exodus

August 1970: Howard Hughes lag ausgestreckt auf seinem Bett und verfolgte die 23-Uhr-Nachrichten. Mit einem Male wurde ihm das ganze Elend seiner Situation bewusst.

Fast ein Jahr war vergangen, seit er sich zum ersten Mal entschlossen hatte zu fliehen. Nun war er endgültig bereit, Nevada zu verlassen und in Richtung seines Paradieses – Paradise Island auf den Bahamas – aufzubrechen.

Hughes war felsenfest entschlossen, die Insel zu kaufen, aber wie üblich wurde er an der Ausführung seiner Pläne gehindert, und zwar durch etwas, das ihm einen Schock versetzte: Am späten Freitagabend des 7. August erfuhr er es aus den Nachrichten: 66 Tonnen tödlichen Nervengases, ein Neuntel der gesamten Giftbestände des Pentagon, 12 500 in Auflösung befindliche alte M-55-Raketen, die in »Betonsärge« eingeschlossen waren, wurden in Militärdepots in Kentucky und Alabama auf Züge verladen und auf offenen Güterwagen, bewacht von Soldaten mit Gasmasken, nach North Carolina transportiert, um von dort auf Schiffen der US-Navy in den Südatlantik befördert zu werden, wo tausende von durchgerosteten Kanistern, die ganze tödliche Fracht, direkt vor der Küste der Bahamas, nur 250 Kilometer von Paradise Island entfernt, ins Meer versenkt werden sollten.

Der einzige Ort, der nach Hughes' unrealistischen »Recherchen« die Funktion eines Asyls hätte haben können, war nun ebenfalls davon bedroht, von radioaktiven Strahlungen verseucht zu werden.

Hughes nahm den Notizblock vom Nachttisch und verfasste einen Rundbrief an sämtliche Mitarbeiter und Manager.

»... ich möchte, dass jeder nur mögliche Weg beschritten wird, glaube aber, dass es am wirkungsvollsten wäre, die Regierung der Bahamas zu veranlassen, einen *wirklich energischen* Protest einzulegen.

Wenn wir nur ein Zehntel des Einflusses auf die Regierung der Bahamas haben, wie du behauptest, dann müsste ein solcher energischer Protest möglich sein und ein Weg gefunden werden, auf dem alle Welt dies erfährt.«

399

Hughes wertete »Erfahrungen« auf seine Weise aus. Nixon hatte ihn in jeder Hinsicht enttäuscht – er war ein korrumpierbarer Mann, den man gleichwohl nicht für alles kaufen konnte. Nixon war eben – nach dem Verständnis des Howard Hughes – »politisch nicht zuverlässig«; dass der Präsident ansonsten nicht zuverlässig war, nahm Howard Hughes nicht wahr. Denn ihn ängstigte Nixons angebliche »Schwarzenfreundlichkeit«:

»Ich bin sicher, dass Nixon eher auf den Appell einer anderen Regierung reagiert, vor allem einer Neger-Regierung, als dass er sich dem Druck aus dem Inland beugt.

Ich bitte dich, blitzschnell zu handeln. Du bist sicher mit mir einer Meinung, dass das schwierigste Problem die Zeitfrage ist.«

Genau diese Gefahr musste unter allen Umständen gebannt werden. Auch stand immer noch die Regelung eines anderen Problems aus: Hughes sollte für TWA zahlen.

Erst vor einem Monat hatte Danner Nixons Freund und Handlanger Rebozo in der Dependance des Weißen Hauses in San Clemente besucht und ihm dort weitere 50 000 Dollar übergeben.

Wie auch immer: Die zweite Hälfte von Hughes' Geld war jetzt ebenfalls in Bebe Rebozos Bank in Key Biscayne deponiert, zusammen mit jenem anderen Umschlag, auf dessen einer Ecke diskret »HH« vermerkt war. 100 000 Dollar zur persönlichen Verwendung des Präsidenten lagen jetzt in dem Schließfach Nr. 224.

Der allerdings hatte keine Ahnung, dass sein heimlicher Gönner auch die geplante Nervengas-Versenkung fürchtete wie die viel zitierte Pest. Denn ehe Rebozo Nixon davon unterrichten konnte, rollten die Züge mit ihrer tödlichen Fracht bereits Richtung Meer.

Hughes traute Nixon nicht mehr, der erst sein Geld genommen, dann dennoch die Bombenversuche gestattet hatte und ihn nun mit Nervengas bedrohte.

»Wenn die Regierung sich entschließen könnte, das Gas weiter weg von den Bahamas, als vorgesehen, zu versenken, wäre ich sehr dankbar«, ließ er wissen.

Bob –
Chester –
Roy –
George –
John –
& Bill Gay in Los Angeles

I want this to be an all, all out effort beyond anything we have ever mounted before on anything, and putting aside all considerations of expense.

I want you to hire one of those Washington or N.Y. public relations firms that specializes in single difficult emergency political problems such as this.

In addition, not in place of the above, I want you to use Carl Byoir without a moment's delay.

I want every available avenue of effort to be pursued, but I think the most effective is to persuade the Bahamian Gov't. to lodge a really strong demand

I know they have

already complained, but not to anywhere near the extent that can be done.

If we have even $\frac{1}{10}$th the amount of influence, with the Bahamian gov't, that you have assured me we have, then a really strong new complaint can be lodged and somehow a way must be found to publicize this to the high heavens.

I assure you that if hundreds of TV stations all over the world starting right now during the week end can be induced to start in ~~right now, during the weekend~~ ballyhooing this issue and playing up the black vs. white aspect of it I think there is a real chance of success.

Nixon with his well publicized attitude toward the black race, is a natural target for this kind of a campaign.

13. Kapitel · Exodus

I can just see a
cartoon of the Bahama
Islands with a carrica-
ture of a thick-lipped
black boy of the typical
Calypso-singing variety,
and Mr. Nixon descend-
ing on him with his
bulging container of
nerve-gas.

I am positive Nixon
will be more responsive
to a plea from another
government, particularly
a negro government,
than he ever would
be to pressures from
within!

I beg you to move
like lightning on this.
I am sure you agree
that the most difficult
problem we face is time.

XHRSX

»In diesem Fall würde ich jedoch gern erst einmal die Lage studieren, bevor ich eine andere Stelle vorschlage. Mein Wunsch wäre ein Ort so weit wie möglich von den Bahamas entfernt«, wiederholte er, »vorzugsweise in der Nähe des nördlichen Polarkreises oder jedenfalls so weit wie möglich nach Norden.«

Ja, der Nordpol, das wäre ein ganz hervorragender Ort für eine so hoch gefährliche Deponierung.

Eine ganze Armada von Experten, Juristen und Lobbyisten wurde in Bewegung gesetzt, ja gewissermaßen von beiden Seiten in die Schlacht geschickt, um das Für und Wider der Nervengaslagerung zu erörtern. Und Nixon ließ immer wieder durchblicken, dass er Verständnis für Hughes' Ängste hatte.

Howard Hughes aber wollte sich nicht aufklären lassen. Er bestand lediglich darauf, dass das Nervengas zum Nordpol verschifft würde. Als die tödliche Ladung sich dann den Bahamas näherte, war es selbstverständlich für jegliche Intervention zu spät. Auch für Hughes' Appelle an Maheu, sich von Bebe Rebozo nicht länger an der Nase herumführen zu lassen.

Das Schiff hatte die Deponie schon fast erreicht. Diese aussichtslos erscheinende Situation hinderte Maheu nicht daran, seine durchaus potente Fantasie zu strapazieren:

»Howard, angesichts der Tatsache, dass es bis zur geplanten Versenkung praktisch nur noch wenige Minuten sind, wenn ich ›den Mann an der Spitze‹ erreiche, frage ich mich, ob wir nicht Folgendes überlegen sollten?«, schrieb er – nie verzagend und offenbar immer vital. »Ich weiß zufällig, dass es in San Clemente einen Sprachverzerrer gibt, der dem Präsidenten erlaubt, ungehindert überall dorthin zu telefonieren, wo sich ebenfalls derartige Geräte befinden.

Es wäre deshalb denkbar, dass ich nach San Clemente fliege, um von dort aus binnen einer Stunde zu übermitteln, was immer du zu sagen wünschst, statt der fünf oder sechs Stunden, die ich brauche, um nach Washington zu kommen«, riet er seinem Chef, der immer noch gleichermaßen zornig und hoffnungsvoll »Botschaften« an Richard Nixon verfasste.

13. Kapitel · Exodus

Die giftige Ladung war bereits im Atlantik versenkt, als Hughes seinen letzten Befehl erteilte: Er wollte aber nicht, dass Maheu telefonierte, stattdessen sollte der den Präsidenten persönlich aufsuchen!

Am Dienstag, dem 18. August 1970, um 12.53 Uhr, sank das Schiff mitsamt seiner angeblich oder tatsächlich tödlichen Fracht. Vier Stunden lang war es geflutet worden, gurgelnd ging es in die Tiefe. Nach acht Minuten setzte es auf dem Meeresboden auf.

Auch Howard Hughes war am Boden zerstört. In dumpfer Resignation brütete er vor sich hin, aber der Ort seines Traumas war bereits von anderen okkupiert: Die CIA versuchte herauszufinden, wie man das versunkene sowjetische U-Boot vom Grunde des Pazifik heben könne.

Der Geheimdienst der Vereinigten Staaten hatte nämlich einen Plan geschmiedet, dessen Gelingen ihm als unzweifelhaft erschien:

Es sollte ein 350 Millionen Dollar teures Schiff gebaut werden, das größer als zwei Fußballplätze und mit einem 60 Meter hohen Kran ausgestattet war, der ein 5000 Meter langes Stahlkabel ausrollen konnte, an dessen unterem Ende sich eine riesige Greifzange befand. Diese konnte dann einfach herabgelassen werden und das sowjetische U-Boot vom Meeresboden heben.

Ein solches Unternehmen musste natürlich gut getarnt werden, und zwar als »Forschungsschiff«, angeblich damit beauftragt, nach wissenschaftlich bedeutenden Sedimenten oder gar nach Bodenschätzen zu suchen. Für ihr Vorgehen benötigte die CIA ein national und international glaubwürdiges »Alibi«: Man entschied sich für Howard Hughes. Er war offenbar verrückt genug.

So begann das schon erwähnte *Glomar*-Explorer-Projekt. Während der nächsten fünf Jahre glaubte die gesamte Welt, Hughes habe sich noch einmal auf ein Pionierabenteuer eingelassen. Als das »Geheimnis der *Glomar*« dann gelüftet wurde, glaubte alle Welt, Howard Hughes habe von jeher mit der CIA in Verbindung gestanden.

Aber nicht einmal Vertreter der CIA waren davon informiert, dass ein nackter, kurz vor dem Wahnsinn stehender alter Mann von ihrem wichtigsten Staatsgeheimnis wusste.

Das eigentliche Opfer dieses *Glomar*-Unternehmens waren weder die Sowjetunion noch die CIA: Das Opfer war Howard Hughes' rechte Hand, Robert Maheu.

Ende August 1970, wenige Tage, nachdem das Nervengas im Atlantik versenkt worden war, meldeten sich CIA-Agenten bei Hughes. Der allerdings hatte auch schon Richard Nixon und Henry Kissinger abgeblockt.

Man suchte nach einem geeigneten Vermittler, dachte aber nicht an den ehemaligen Partner für das geplante Attentat auf Castro.

Maheu war kaltgestellt. Er galt als unzuverlässig, als zu großes Risiko, als jemand, der zu viel wusste und zu viel trank.

Um Kontakt zu Hughes aufzunehmen, war der CIA ein seriöser Geschäftsmann wie Raymond Holliday lieber.

Holliday, der als Chefmanager des Hughes-Konzerns das größte Bündel aller Fäden in der Hand hielt, hatte seinen Chef seit 15 Jahren nicht gesehen.

Um seine Mission zu erfüllen, brauchte er Männer wie den »obersten Mormonen«, Bill Gray, und einen Rechtsanwalt namens Chester Davis.

Als Holliday dem Milliardär das *Glomar*-Projekt endlich vortrug, war der Einsiedler mehr als begeistert.

Holliday fand uneingeschränkte Zustimmung. Das *Glomar*-Projekt beeindruckte Hughes.

Die neue Mannschaft hatte genau dort Erfolg gehabt, wo er Maheu versagt blieb. Plötzlich waren seine vorgeblich exzellenten Beziehungen von eher untergeordneter Bedeutung. In Hughes' Augen stand Robert Maheu plötzlich als Betrüger da. Sein Thron wackelte nicht nur, er wankte. Er hatte sowohl als Beschützer wie auch als Mann »hinter den Kulissen« versagt.

Inzwischen war Raymond Holliday nicht faul: Unermüdlich schürte er Hughes' Angst vor dem »finanziellen Ruin«. Und natürlich vergaß er nicht, Maheu die Schuld an diesem vorgeblichen Desaster in die Schuhe zu schieben. Hughes selbst hatte

13. Kapitel · Exodus

schon Monate vorher Maheu gegenüber ein düsteres Bild gezeichnet: »Um es in dürren Worten zu sagen: Vor drei Jahren waren noch 650 Millionen Dollar Bargeld in der Kasse. Jetzt, nach drei Jahren, dürften wir mit einem Defizit von 100 Millionen Dollar abschließen, die wir uns pumpen müssen.«

Am stärksten war Hughes jedoch um sein Image besorgt.

»Da ich gegenwärtig etwas Schwierigkeiten habe, mit meinen Einkünften auszukommen«, schrieb er, »bin ich sicher, dass es ganze Scharen von Leuten gibt, die wie gebannt auf das erste Anzeichen meines finanziellen Niedergangs warten.

Es gibt nur eins, was schlimmer ist, als pleite zu sein, und das ist, dass jedermann glaubt, man sei bankrott.«

Holliday wusste diese Ängste zu nutzen und schilderte Hughes die Lage seines Imperiums in den düstersten Farben. Liquide war der Konzern offenbar noch mit 111 Millionen Dollar, von denen 75 Millionen Dollar als Kaution für das TWA-Urteil sowie weitere 16,5 Millionen Dollar als Sicherheit für ein Bankdarlehen gesperrt waren. Es blieben also lediglich 19,5 Millionen Dollar als Betriebskapital, in einem Jahr, in dem mindestens 30 Millionen Dollar gebraucht wurden.

Holliday verstand es abermals, diese nüchternen Zahlen mit einer vernichtenden Kritik an Maheu zu verbinden: »Sie werden feststellen, dass keine Vorkehrungen für eine Dividende für Sie getroffen wurden, wo Sie doch bis zum Jahresende mindestens zwei Millionen Dollar brauchen«, schrieb er. »Für die Zahlung von Maheus Grundgehalt in Höhe von 10 000 Dollar wöchentlich ist jedoch vorgesorgt, aber ohne Rückstellung für seine Spesen, die sicher beträchtlich sein werden. Mit anderen Worten, es sind keine finanziellen Reserven da für den Kauf eines Rechts- oder Linkshänder-Apparats zum Arschabwischen, den er vielleicht brauchen wird.

Langer Rede kurzer Sinn«, fügte Holliday unerbittlich hinzu, »wir sind in Schwierigkeiten, und zwar in sehr ernsten Schwierigkeiten.«

Hughes brauchte davon nicht erst überzeugt zu werden. Er zweifelte schon seit langem nicht mehr daran, dass Maheu ver-

schwenderisch wirtschaftete, schlimmer noch, dass er Hughes'
Geld ohne dessen Erlaubnis ausgab. »Ich habe alle Hoffnung
aufgegeben, unbefugte Ausgaben, die von dieser Seite kommen,
kontrollieren zu können«, teilte Hughes Holliday verdrießlich
mit. »Da Bob nicht geneigt ist, Maß zu halten, möchte ich Sie bitten, die notwendigen Schritte einzuleiten, um von mir nicht gebilligte Ausgaben zu verhindern.«

Es bedurfte keiner weiteren Aufforderung, um Hollidays
Arbeitseifer anzufeuern. Fazit: Maheus Aktivitäten hatten niemals einen Gewinn gebracht. 1967 betrugen die Verluste fast
700 000 Dollar, 1968 mehr als drei Millionen, 1969 fast 8,5 Millionen und in der ersten Hälfte des Jahres 1970 an die sieben
Millionen.

»Die geschäftlichen Aktivitäten in Nevada«, berichtete Holliday kühl, »sind weder gewinnorientiert noch kostenbewusst.«

Für Hughes, unter anderem aufgehetzt von seinen Mormonen, war der Fall klar: Maheu hatte ihn nicht nur hintergangen, nicht nur betrogen, sondern bedenkenlos bestohlen.
Aus ihrer Brieffreundschaft war inzwischen eine Brieffeindschaft geworden. Und unerbittlich legten die Mormonen an
zum Fangschuss: Sie kappten Maheus direkten Draht zum
Penthouse.

»Bob«, schrieb der Milliardär denn auch seinem verstoßenen
Adlatus, »ich habe beschlossen, dich zu bitten, mir keine Briefe
mehr in Handschrift und in versiegelten Umschlägen zu schicken. Ich weiß, das ist nur Zeitverschwendung für dich, und
meine Männer glauben, ich traute ihnen nicht. Also in Zukunft
möchte ich, von Ausnahmefällen abgesehen, dass du die Antworten auf meine Schreiben telefonisch demjenigen diktierst,
der von meinen Männern jeweils Dienst hat.«

Die Mormonen brauchten nicht lange, Hughes davon zu
überzeugen, dass Maheu absolut unglaubwürdig sei.

Der war zunächst völlig ahnungslos, doch dann spürte er die
Kräfte, die so gnadenlos gegen ihn arbeiteten: »Wenn ich aus
Gründen, die nur du kennst, nicht vertrauenswürdig genug bin,
diese Geschäftsunterlagen aufzubewahren, dann möchte ich dir

13. Kapitel · Exodus

hiermit kategorisch erklären, dass, soweit es mich betrifft, du und dein ganzes Nevada-Programm sich zum Teufel scheren können«, schrieb er, offenbar voller Wut, aber gleichzeitig darauf bedacht, verlorenen Boden wiederzugewinnen.

»Howard, ich bin so verletzt und so wütend, dass du es nie wieder gutmachen kannst. Ich bitte dich, mich von meinen Verpflichtungen zu entbinden, denn ich habe die Schnauze voll von dieser beschissenen Situation, in der ich mich befinde und aus der ich gerne erlöst werden möchte.«

Maheu bluffte, weil er überzeugt davon war, dass Hughes ohne ihn nicht zurechtkomme. Aber der fiel nicht darauf herein.

»Wenn du von deiner derzeitigen Aufgabe entbunden werden möchtest, dann habe ich, so sehr ich es bedauern mag, nichts dagegen«, erwiderte er kühl.

»Wenn du andererseits die Absicht haben solltest, hier zu verschwinden und meine ganzen führenden Leute im großen Umfang abzuwerben und mitzunehmen, dann musst du diesen schlagenden Beweis der Untreue und des Verrats mit deinem eigenen Gewissen abmachen, meine Einwilligung dazu bekommst du jedenfalls nicht.

Wenn du dies zu einer Art Machtkampf machen willst, der sich nicht auf einen vernünftigen Plan zur Trennung beschränkt, um mir so wenig wie möglich Unannehmlichkeiten zu bereiten, sondern vielmehr darauf abzielst, in einer genau überlegten Strategie mir das Messer an die Kehle zu setzen, bis ich mich bequeme, eine Entschuldigung und eine demütige Bitte um Versöhnung auszusprechen, wenn dies dein Ziel sein sollte, sage das bitte offen. Du hast selbst immer gesagt, wir sollten miteinander kein falsches Spiel treiben.

Was mir von vornherein nicht ganz astrein vorkam, war diese erbetene Vertragsaufhebung.«

Maheu blieb hart. Er spürte die Angst hinter Hughes' Empörung und tat alles, um sie zu schüren.

»Du musst eine ziemlich schlechte Meinung von meinen Fähigkeiten haben, wenn du alles das, was ich gesagt habe, als einen Machtkampf meinerseits interpretierst«, erwiderte er großspurig. »Ich brauche nicht mehr Macht, als ich bereits habe, aber wenn ich nur den leisesten Wunsch verspüren sollte, ein solches Spiel zu treiben, dann kann ich dir versichern, dass das viel schneller und auf mehr Ebenen stattfinden würde, als du vermuten dürftest.

Ich würde mich aber niemals für so etwas hergeben«, lenkte er dann, nachdem er seine Drohung losgeworden war, ein. »So komisch es dir vorkommen mag, habe ich keine Angst davor, meinen Lebensunterhalt zu verdienen, mit oder ohne Howard Hughes.

Ich habe keine bösen Absichten, es gibt keine faulen Tricks, und ich habe dir wiederholt gesagt, dass es *niemanden* gibt, der mich jemals dazu bringen könnte, dich in irgendeiner Weise zu verletzen und dass ich jeden verprügeln würde, der versuchen wollte, mich zu veranlassen, dir Schaden zuzufügen.«

Hughes gab nach, entweder weil Maheus Treueschwur ihn besänftigt hatte oder weil er sich vor dessen Drohung fürchtete.

»Wenn ich sicher sein kann, dass du und ich diese unselige Zeit voll gegenseitiger Zweifel und Verdächtigungen hinter uns haben, dann gibt es eine Reihe von Plänen, die so großartig sind, dass dir die Luft wegbleiben wird«, lockte er und plante dennoch weiterhin, Maheu zu ersetzen.

»Also, um es noch einmal zusammenzufassen, Bob, ich habe dir die vertraulichsten, fast geheiligten Informationen über meine geheimsten Aktivitäten anvertraut«, schrieb er. Denn auch wenn er seinen Partner insgeheim gern losgewesen wäre, so fürchtete er ihn doch: Maheu wusste zu viel.

Die Ehe von Howard Hughes und Robert Maheu war jedoch endgültig zerrüttet. Ihre besondere Vertrautheit hatte auf dem direkten Briefwechsel beruht, und der hatte nun ein Ende.

Maheus einzige direkte Verbindung zu Hughes war jetzt das Telefon. Aber während Hughes Maheu anrufen konnte, war dies umgekehrt nicht mehr möglich. Er konnte dies nur über die Mormonen versuchen, die ihm immer häufiger erklärten, Hughes sei beschäftigt, schlafe, esse, fühle sich nicht wohl oder sei einfach nicht zu sprechen.

13. Kapitel · Exodus

Und Hughes' Anrufe, von deren Häufigkeit er sich in der Vergangenheit allzu oft belästigt gefühlt hatte, wurden immer rarer. Schließlich hörten sie ganz auf.

Da er Hughes nicht erreichen konnte, seine Briefe nicht beantwortet wurden und er endlich die Lust verlor, wie ein sitzen gelassener Liebhaber neben seinem schweigenden Telefon zu hocken, drohte er, Las Vegas für einen längeren Urlaub zu verlassen.

Sie tauschten noch einmal bitterböse Briefe aus, auch hier dem Vorbild einander entfremdeter Eheleute treu bleibend.

»Ich beabsichtige, sofort auf unbestimmte Zeit nach Europa zu reisen, um mich mit meiner Frau zu treffen, die bereits drüben ist«, teilte Maheu mit, nachdem er wochenlang nichts von seinem Boss gehört hatte.

»Wenn ich nichts Gegenteiliges von dir höre, nehme ich an, dass ich deine Zustimmung habe. Ich ärgere mich buchstäblich über mich selbst, dass ich nicht gestern zusammen mit meiner Frau abgereist bin. Zehn Jahre lang habe ich ihr eine Europareise versprochen, bin aber nie in der Lage gewesen, mein Versprechen zu erfüllen, weil ich den Wunsch hatte, dir bei all deinen Projekten behilflich zu sein.

Howard, wenn ich keine Antwort in so wichtigen Angelegenheiten wie TWA, Air West, LAA bekomme, dann weiß ich wirklich nicht, warum ich mir allein über diese Dinge Gedanken machen soll.

Ich rechne nicht mehr damit, innerhalb der nächsten zwei oder drei Monate etwas von dir zu hören«, schloss der links liegen gelassene Briefpartner. »Es scheint mir deshalb ein sehr günstiger Zeitpunkt zu sein, einen dringend nötigen Urlaub anzutreten, und der erspart mir vielleicht weitere schlaflose Nächte.

In aufrichtiger Freundschaft, Bob.«

Maheus Drohung, sich unerlaubt von der Truppe zu entfernen, veranlasste Hughes schließlich, sein Schweigen zu brechen. In seinem ersten Brief an Maheu seit Wochen fiel er regelrecht über seinen Adlatus her.

»Ich glaube nicht, dass … die feindselige Haltung, die aus deinem letzten Brief spricht, auch nur im Geringsten berechtigt ist«, ließ Hughes ihn wissen.

»Ich bin in letzter Zeit sehr krank gewesen. Ich hatte größte persönliche Probleme mit meiner Frau. Und ich konnte einfach nicht mit alldem fertig werden, was auf mich einstürmte. Dies ist nicht der Fehler meines Stabes, es mag mein Fehler sein, aber in Wirklichkeit ist es wohl niemandes Fehler, sondern lediglich ein Fehler im System. Ich versuche, die Last von 25 normalen Menschen zu tragen.

… wenn du glaubst, dass du daraufhin das Recht hast, einen Wutanfall zu kriegen und nach Europa zu verschwinden, dann ist das meiner Meinung nach … eine sehr eigenartige Art und Weise, die Treue und ewige Freundschaft, von der wir immer gesprochen haben, unter Beweis zu stellen.

Wenn du glaubst, du kannst auf mich als Freund verzichten, geh nur, reise nach Europa und vergnüge dich … bitte betrachte dies als das Ende einer Beziehung, die ich immer für eine wahre und treue Freundschaft gehalten habe.«

Nicht so sehr der Gedanke, Maheu zu verlieren, als vielmehr die Herrschaft über ihn, verstörte den Milliardär. Seit Jahren hatte er es nicht ertragen können, Maheu einen Tag, eine Nacht oder auch nur ein paar Stunden außerhalb seines Einflussbereichs zu wissen. Und sogar jetzt, als er sich hinter seinen Mormonen verschanzte und die Trennung von seinem Alter Ego vorbereitete, konnte Hughes sich nicht damit abfinden, dass Maheu sich seiner Kontrolle entzog.

Der aber war noch gar nicht ernsthaft entschlossen, wirklich abzumustern.

»Ich bin sicher, du weißt ganz genau, dass ich es letzten Endes nicht über mich bringe, nach Europa zu gehen oder in einer Zeit wie dieser, auch nur einen verdammten Augenblick nicht zu deiner Verfügung zu stehen«, versicherte er. »Lass uns deshalb sagen, dass dieser Brief, von dem du sprichst, nicht umsonst war, wenn er die Verbindung zwischen uns wiederhergestellt hat.

13. Kapitel · Exodus

Ich kann dir versichern, dass, wenn ich mir keine Sorgen machte und mir dein Wohlbefinden gleichgültig wäre, ich nicht so verdammt viele schlaflose Nächte verbracht hätte, wie dies während der letzten Wochen der Fall gewesen ist. Dein Stab kann dir bestätigen, wie viele Anrufe er von mir zwischen 3 und 5 Uhr nachts bekommen hat, wenn mich meine großen Sorgen daran gehindert haben zu schlafen.«

Hughes ließ sich nicht so leicht versöhnen:

»Angesichts der vielen Beteuerungen treuer und unvergänglicher Freundschaft … fällt es mir sehr schwer, diese Beteuerungen mit der Tatsache in Einklang zu bringen, dass, wenn immer wir eine kleine Auseinandersetzung haben, ich als Nächstes mit der Drohung eines ausgedehnten Urlaubs konfrontiert werde.

Wenn dir etwas missfällt, ist deine erste Reaktion immer, von Bord zu gehen und das Schiff zum Teufel gehen zu lassen. Du erzählst mir, dass meine Geschäftsangelegenheiten sich in einer gefährlichen Lage befinden, die ich nicht zu erkennen scheine, anstatt mir zu sagen, wie du sie in Ordnung bringen willst. Alles, was ich bekomme, ist ein Abschiedsgruß …«

Trotz seines dunklen Verdachts, dass Maheu die Macht an sich reißen, sein Geld stehlen und ein Komplott schmieden wollte, war es doch mehr der Schmerz des Abgewiesenen, die furchtbare Angst, Maheu könnte ihn verlassen, bevor er Maheu verlassen würde, die Hughes am Ende erfasste.

»Howard, ich bin sicher, du hast volles Verständnis dafür, dass ich in einem Augenblick wie diesem nach Europa reise«, erwiderte Maheu. »Ich wollte, du könntest mir ein einziges Beispiel dafür nennen, dass ich dich in Zeiten der Not verlassen hätte. Auch kannst du wohl kaum behaupten, ich sei nicht immer bereit gewesen, persönlich alle Risiken auf mich zu nehmen, um das durchzusetzen, was du wolltest. Zum Teufel, Howard, wenn nur ein Teil der Sachen bekannt wird, die ich getan habe, um uns aus der ABC-Sache herauszuhauen oder über das, was wir in Sachen AEC zu erreichen suchten, wenn das jemals herauskommt, käme ich nie nach

Europa, weil ich den Rest meines Lebens im Gefängnis verbringen müsste.«

Doch dieser Appell kam zu spät. Maheu erhielt keine Antwort.

Hughes war tatsächlich krank. Nicht so schlimm, wie er gegenüber Maheu behauptet hatte, und er hüllte sich auch nicht aus diesem Grunde in Schweigen. Er hatte eine leichte Lungenentzündung und litt unter Anämie. Zu seinem an sich schon gefährlichen Zustand kam noch ein heftiger Husten. Seine Flucht aus dem Penthouse musste vorerst verschoben werden.

Hughes ließ seinen Hausarzt kommen, lehnte jede Art von medizinisch sinnvoller Untersuchung ab und verlangte stattdessen nach einer weiteren Bluttransfusion – mit »reinem Mormonenblut« – wie gehabt.

Und tatsächlich, die Therapie wirkte. Unmittelbar nach der Transfusion verließ er zum ersten Mal seit vier Jahren sein abgedunkeltes Hotelzimmer und zog in ein zweites, ähnliches Zimmer derselben Suite um.

Dort wäre er möglicherweise geblieben, hätten nicht Ereignisse außerhalb des Penthouses ihn in die Flucht getrieben.

Maheu, der plötzlich erkannt hatte, dass seine Rivalen gegen ihn konspirierten, startete einen verwegenen Gegenangriff, der den bislang verborgenen Machtkampf offen ausbrechen ließ. Anfang November schickte er Chester Davis ein Telegramm, in dem er dem Chefberater des Milliardärs das Mandat im Fall TWA entzog.

Hughes nämlich hatte seinerzeit Maheu absolute Vollmacht für diesen Prozess erteilt.

Als Maheu jedoch diese Vollmacht nun ausüben wollte, beschleunigte er damit lediglich seinen eigenen Untergang. Chester Davis weigerte sich zurückzutreten, und der Vorstand der Hughes-Tool-Company, die von Davis' Verbündetem Holliday geleitet wurde, entzog Maheu die Vollmacht für den TWA-Fall.

Maheu sah sich erneut ausmanövriert und wandte sich an Hughes. Er überbrachte im Penthouse persönlich eine Botschaft, in der er den Milliardär aufforderte, sich hinter ihn zu stellen,

13. Kapitel · Exodus

erhielt aber nie eine Antwort. Denn die Mormonen hatten (auf Anordnung von Bill Gay) den Brief unterschlagen. Die Palastrevolte war nun voll im Gange.

Der ahnungslose Maheu fühlte sich schnöde verlassen. Er schickte einen weiteren Brief an Hughes, den die Mormonen auch weitergaben:

»Manchmal glaube ich, es ist an der Zeit, dass du die Treppen der neun Stockwerke heruntersteigst oder der Bequemlichkeit halber den Lift benutzt, um dich der Welt ein für alle Mal zu stellen«, schrieb Maheu. »Vielleicht bringst du dann endlich ein Fünkchen Verständnis für jemanden auf, der sich ständig für dich schlagen muss und dem erneut bevorsteht, abends ins Bett zu gehen, um, wenn er dann zum Nachdenken kommt, festzustellen, dass er auf einer verdammt einsamen Insel ist.«

Bald sollte es noch viel einsamer um ihn werden. Am 14. November erklärte Hughes sich bereit, die Vollmacht zu unterzeichnen, die er bereits im August hatte ausstellen lassen. Darin wurde Gay, Davis und Holliday die Leitung seines Nevada-Imperiums übertragen. Davis hatte alles vorbereitet, er schickte die Vollmacht per Telefax an die Mormonen, die sie ihrem Chef überbrachten. Der Milliardär unterzeichnete Maheus Todesurteil, war aber noch nicht bereit, es auch vollstrecken zu lassen.

Vorher nämlich wollte er die Stadt verlassen haben. Nicht einmal vor Nervengas und Wasserverschmutzung hatte er so viel Angst wie vor der letzten Auseinandersetzung mit dem hitzköpfigen Franzosen.

Am 25. November 1970, am Vorabend des Thanksgivingday, fast auf den Tag genau vier Jahre nach seiner Ankunft in Las Vegas, begab sich Howard Hughes auf seine große Flucht.

Er benutzte weder die normalen Treppen noch den Lift, wie Maheu vorgeschlagen hatte, sondern er schlich sich über die Hintertreppe davon, respektive wurde von seinen Mormonen getragen.

Der Milliardär lag auf einer Trage. Zum ersten Mal seit seiner Ankunft im »Desert Inn« war er wieder bekleidet. Er trug seinen blauen Pyjama, aus dem die knöchernen Arme und Beine eines 1,93 Meter langen Skeletts, das nur knapp über 90 Pfund wog, herausragten. Sein dünner Bart fiel über die eingesunkene Brust und auf seinem gelblichgrauen Haar, das seit vier Jahren nicht geschnitten und jetzt fast einen halben Meter lang war, saß ein weicher brauner Filzhut mit breiter Krempe. Diese Art Hut hatte er in seiner Sturm- und Drangzeit, damals, als er alle Flugweltrekorde brach, getragen. Und nun, zu einem hilflosen Invaliden heruntergekommen, der sich mitten in der Nacht aus seinem Reich davonschlich – hatte er darauf bestanden, einen dieser alten Hüte aufzusetzen – als Wahrzeichen vergangener Größe gewissermaßen.

In einem Wagen brachten ihn seine Vasallen an Bord einer Privatmaschine, die wenig später in das Dunkel der Nacht startete.

Am nächsten Morgen in aller Frühe befand Hughes sich wieder in einem abgedunkelten Schlafzimmer, wieder im neunten Stock, wieder in einem Penthouse, diesmal des »Britannia Beach Hotels« auf Paradise Island. Und wieder war er in Sicherheit vor der verhassten Außenwelt.

Es dauerte eine Woche, bevor Maheu bemerkte, dass sein Chef verschwunden war, und er brauchte weitere 24 Stunden, um daraus den sensationellsten »Vermisstenfall« zu machen, von dem die Welt je erfahren hatte.

»HOWARD HUGHES VERSCHWUNDEN! ENGE MITARBEITER STEHEN VOR EINEM RÄTSEL«, lautete die fette Schlagzeile in der *Las Vegas Sun*. Maheu hatte die Story an seinen Kumpan Hank Greenspun lanciert, und Greenspun verbreitete, der Milliardär sei unter Drogen gesetzt und entführt worden, »einfach verschwunden«, vielleicht sogar tot.

Als Hughes in seinem Hotel auf den Bahamas von dieser Geschichte erfuhr, geriet er in maßlose Wut. Er gab sofort eine Anweisung heraus, die Maheu aller Rechte beraubte, und erklärte in einem letzten Brief ihre Partnerschaft als beendet. Der Brief war nicht an Maheu, sondern an dessen Rivalen Chester Davis gerichtet.

13. Kapitel · Exodus

»Sie können Maheu von mir sagen, dass ich noch nicht endgültig entschlossen war, ihn aller Funktionen zu entbinden, bis er aus egoistischen Gründen dieses Katz-und-Maus-Spiel mit mir trieb«, schrieb Hughes.

»Mit anderen Worten, Maheu glaubte nicht eine Sekunde lang, dass ich tot, aktionsunfähig oder sonst irgendetwas mit mir sei, wie er in seinen wilden Unterstellungen behauptet hat.

Er wusste ganz genau, wo ich war«, fuhr Hughes fort. »Ich habe diese Reise schon seit über einem Jahr geplant und oft mit ihm darüber gesprochen.

Deshalb war es klar, dass Maheu lediglich die Absicht hatte, aufgrund seiner Beziehungen zu mir und meinen Firmen den letzten Dollar herauszupressen.

Erst in diesem Augenblick entschied ich mich voll und ganz gegen Maheu.

So lange war ich durchaus bereit gewesen, trotz starker Bedenken und vorliegender Beweise, ihn anzuhören, um seine Darstellung des Sachverhalts zu erfahren.

Durch sein schockierendes Verhalten seit meiner Abreise gelangte ich jedoch zu der Überzeugung, dass alle seine Bemühungen, sich zu rechtfertigen, völlig zwecklos sind.

Und wenn sein Verhalten seit meiner Abreise aus einem Haufen Lügen bestand, dann muss ich annehmen, dass in hunderten von anderen Fällen, bei denen seine Darstellungen im direkten Gegensatz zu denen anderer Mitarbeiter standen, die mir seit vielen Jahren treue Dienste geleistet haben, ich wiederhole, wenn er seit meiner Abreise gelogen hat, dann muss ich annehmen, dass er in diesen vielen anderen Fällen ebenfalls gelogen hat, in denen ich gezwungen war, mich zwischen der Darstellung von Maheu und der ebenso entschieden vorgetragenen – und, soweit ich erkennen konnte – ebenso echten und wahren Behauptung meiner anderen Mitarbeiter, denen zu trauen ich gelernt habe, zu entscheiden.

Bis zu diesem Augenblick«, schloss Hughes, »hatte ich einfach keine Möglichkeit zu erkennen, wer nun die Wahrheit sagte und wer nicht.

12-9-70

Any word yet from
Chester as to satisfaction
or dissatisfaction with
message?

Chester –
If Maheu is still
asserting that my mes-
sages from Nassau are
not bona fide, let me
send you a complete
set of finger prints
attached to a copy of my
last message.
If you would make
this offer in front of
members of the press,
with Maheu present,
I think he would
back down because
he would know that,
upon arrival of the
finger prints, he would

13. Kapitel · Exodus

be shown up as the lyar he has been from the start of this entire affair.

You can tell Maheu for me that I had not fully determined in my mind to withdraw all support from his position until he started playing this cat and mouse game for his own selfish benefit.

In other words, Maheu does not believe for one second that I am dead, disabled, or any of the other wild accusations he has been making. There is not the slightest fragment of a doubt in Maheu's mind about the validity and genuine character of my messages.

Consequently, when he started claiming that my messages were not genuine and that I had been abducted, and all the other wild charges.

When he demanded entrance to my apartment (to look for foul play, no less!)

In other words, when this entire TV writer's dream started unfolding, it soon became obvious that Mahew had no concern about the truth in this matter.

He knew full well where I was. I have been planning this trip for more than a year, and I had discussed it with him many times.

So it became clear that Mahew had decided to milk his relationship with me and my companies to the last possible dollar.

It was only at this point, that I decided the case against Mahew had been fully and conclusively proven.

in spite of the massive array of evidence, up to this time, would gladly have listened to his side of the issue.

It was his shocking conduct since my departure that left me feeling all efforts to explain away these actions would be totally without purpose.

And, if his conduct since my departure consisted of a mass of lies, then I must assume that, in hundreds of other instances wherein his contentions were in direct conflict with other of my associates who had been with me for years and years of honest,

13. Kapitel · Exodus

loyal service, I repeat
- if he has been lying
since my departure in
this manoeuvering game
he obviously has been
playing, then I must
assume that he was
lying in these many,
many other situations
wherein I was forced
to choose between
accepting mahieu's
contentions or the
equally impassioned
and, so far as I could
tell, equally genuine
and truthful claims
of other of my associ-
ates whom I have
learned to trust.

Up to this time, I
simply had no way
to know who was telling
the truth, and who was

But Maheu's actions since my departure have made this entire situation very clear.

Please let me know what further I can do to clear this matter up,

Howard

13. Kapitel · Exodus

Aber durch Maheus Verhalten seit meiner Abreise ist diese ganze Situation völlig geklärt.«

Kurze Zeit danach traf John Ehrlichman sich mit Bebe Rebozo, der gerade die Treppe von den Privaträumen des Präsidenten im Weißen Haus herunterkam. Mit gedämpfter Stimme sprachen sie über die seltsamen Dinge, die in Las Vegas und auf den Bahamas passiert waren. Rebozo dachte laut darüber nach, ob sein Freund Richard Danner wohl diesen großen Eklat überstehen würde. Seine eigentliche Befürchtung verschwieg er, nämlich die Frage, ob Richard Nixon diesen Eklat politisch überleben konnte.

Epilog I

Watergate

Dies ist für Haldeman«, sprach Richard Nixon in sein Diktiergerät an Bord der *Air Force One*. Der Präsident hatte sich für zehn Tage nach San Clemente zurückgezogen, um die Kampagne für seine Wiederwahl vorzubereiten und allein mit Bebe Rebozo Gedanken auszutauschen. Jetzt war er auf dem Wege nach Nebraska, und seine Gedanken kreisten um eine Allianz, die es zu zerstören galt, bevor sie ihn zerstörte:

»Es wird offenbar Zeit, dass Larry O'Brien Rechenschaft über seine Beziehungen zu Hughes ablegt«, teilte Nixon seinem Berater Haldeman mit. »Bebe weiß etwas darüber, wenngleich natürlich noch nichts Konkretes. Aber es besteht kein Zweifel, dass einer von Hughes' Leuten O'Brien für ›geleistete Dienste‹ in der Vergangenheit hoch bezahlt hat. Vielleicht könnte Colson das einmal nachprüfen.«

Man schrieb den 14. Januar 1971. Genau vor sechs Wochen hatte Howard Hughes seine große Flucht angetreten, und die verhängnisvollen Nachwirkungen der Trennung von Hughes und Maheu hatten Nixon in helle Panik versetzt.

Jene 100 000 Dollar, die in Bebe Rebozos Safe lagen, hatten Nixon während seiner ganzen Präsidentschaft einen nie ganz verdrängten Kummer bereitet. Er fürchtete, erneut in einen hässlichen Hughes-Skandal verwickelt zu werden, der ihn, wie schon einmal, das Weiße Haus kosten könnte.

Nixon hatte seine Niederlage von 1960 niemals verschmerzt, und nach wie vor machte er dafür den Skandal um das »Darlehen« von Hughes verantwortlich – die nie zurückgezahlten 205 000 Dollar, die sein Bruder von dem Milliardär erhalten hatte. Dennoch hatte er weiterhin Geld von Hughes angenommen.

Kurz bevor er von San Clemente aufgebrochen war, hatte der Präsident eine Meldung in der *Los Angeles Times* gelesen, derzufolge Maheu beabsichtigte, seinen früheren Chef auf Zahlung von 50 Millionen Dollar zu verklagen. Selbst wenn der Einsiedler sich weigern sollte, vor Gericht zu erscheinen, bestand dennoch die Gefahr, dass geheime, vom Gerichtshof in Nevada beschlagnahmte Hughes-Dokumente in der Öffentlichkeit auftauchten. Der gefürchtete Jack Anderson hatte bereits behauptet, welche gesehen zu haben.

Je mehr Nixon sein Hirn zermarterte, je beklommener ihm zumute war, desto mehr konzentrierte er sich auf Larry O'Brien. *Der* kam offenbar mit heiler Haut davon. Der verhasste Führer des Kennedy-Klüngels, der Mann, der über ihn 1960 triumphiert hatte, weil er politisches Kapital aus dem Darlehensskandal schlug, empfing monatlich 15 000 Dollar von dem Milliardär und fungierte zugleich als ehrenamtlicher Vorsitzender des Nationalkomitees der Demokraten. Nixon wollte sich rächen. Er wollte O'Brien als geheimen Lobbyisten des Howard Hughes entlarven.

Jetzt, an Bord der *Air Force One,* packte ihn ein entsetzlicher Gedanke: nämlich, dass O'Brien Bescheid wusste – dass er auf irgendeine Weise von dem Schmiergeld in Bebes kleinem Schließfach erfahren hatte – und von allem, was damit zusammenhing.

So deutlich konnte Nixon Haldeman gegenüber natürlich nicht werden.

»Wir müssen O'Brien auf die Schliche kommen, so oder so«, verlangte Nixon tags darauf von seinem Stabschef. Er hatte Haldeman in sein Arbeitszimmer zitiert und erklärte: »O'Brien darf nicht damit durchkommen, Bob. Wir müssen Beweise für seine Beziehungen zu Hughes finden – und dafür, was er eigentlich für sein Geld tut.«

Howard Hughes hatte nicht die leiseste Ahnung von der politischen Intrige, die seinetwegen in Washington geplant wurde. Er wusste überhaupt von gar nichts, das außerhalb seines verdunkelten Schlafzimmers geschah.

Epilog I · Watergate

Endlich war er in Sicherheit. So sicher, wie ein Gefangener in Einzelhaft – allerdings mit zwei bewaffneten Leibwächtern vor der Tür des Penthouses.

Aber der Milliardär war nicht mehr nur sein eigener Gefangener. Nachdem Maheu von der Bildfläche verschwunden war, kontrollierten seine Mormonen das Geschehen bis ins kleinste Detail. Sie waren entschlossen, ihren Boss stets in einem bettlägerigen und von Medikamenten benebelten Zustand zu halten.

Seine Verbindung zur Außenwelt war gänzlich abgebrochen, und er erfuhr nur, was die Mormonen ihn wissen ließen.

Er las auch keine Zeitungen mehr. Er hatte sogar aufgehört fernzusehen. Der Empfang auf dieser fernen Insel war so schlecht, dass er nach einem Tag vergeblicher Bemühungen das Fernsehen ganz aufgab.

Stattdessen schaute er sich Filme an und verwandelte sein Penthouse in ein Kino, in dem ein Film nach dem anderen vorgeführt wurde.

Gefangen in der Welt der Zelluloidträume dämmerte Hughes dahin, lag nackt ausgestreckt auf einer mit Papierhandtüchern abgedeckten Chaiselongue, die er nicht einmal zum Schlafen verließ. Er war so durchgelegen, dass er operiert werden musste, weil der Schulterblattknochen durch die pergamentene Haut seines abgemagerten Körpers gedrungen war. Die zehn Zentimeter lange Wunde konnte nicht verheilen, er scheuerte sie am rauen Bezug seiner Chaiselongue stets wieder auf.

Und Howard Hughes stand stärker unter Drogen als je zuvor – 50 bis 60 Gramm Codein spritzte er am Tag, mehr als doppelt so viel wie in seiner Las-Vegas-Zeit.

Nur noch von den Filmvorführungen unterbrochen, brütete er in fast totaler Apathie vor sich hin. Dennoch protokollierten die Mormonen minutiös den Tagesablauf eines Mannes, der praktisch nichts mehr tat.

Sonntag   6.55 Uhr: Schläft

               11.15 Uhr: Aufgewacht, B/Z [Badezimmer]

11.35 Uhr:	Chaise, Film »SITUATION HOPE-LESS BUT NOT SERIOUS« (alles bis auf die letzten fünf Minuten Rolle drei)
13.30 Uhr:	10 C (10 Gran Codein)
13.50 Uhr:	B/Z
14.10 Uhr:	Chaise, wieder Film »THE KILLERS«
15.30 Uhr:	Essen: *nur* Huhn
16.20 Uhr:	Fertig mit dem Essen. Schluss von »SITUATION HOPELESS BUT NOT SERIOUS« Film »DO NOT DISTURB« (O. k., kann zurückgegeben werden)
18.45 Uhr:	B/Z
19.00 Uhr:	Chaise
19.45 Uhr:	Film »DEATH OF A GUNFIGHTER« (nur eine Rolle)
20.25 Uhr:	B/Z
20.45 Uhr:	Chaise
21.00 Uhr:	Film »THE KILLERS«
21.35 Uhr:	Huhn und Nachtisch. »THE KILLERS« beendet.
23.25 Uhr:	B/Z
23.50 Uhr:	Bett. Verband gewechselt. Nicht geschlafen.

Drei Wochen hatte Howard Hughes auf diese Weise in seinem Schlafzimmer verbracht, dann beschloss er plötzlich, seinen Gefechtsstand auf eine Yacht zu verlegen.

»Ich weiß nicht, wie viele Sommer mir noch bleiben«, schrieb der inzwischen Fünfundsechzigjährige, »aber ich habe nicht die Absicht, sie alle eingelocht in einem Hotelzimmer auf einer Chaiselongue zu verbringen.

Das Angebot an Booten im Gebiet von Miami ist jetzt besonders günstig. Auch sind einige der besten Schiffe in Europa, und falls ich eines davon aussuchen sollte, könnte ich vielleicht

Epilog I · Watergate

den Sommer im Mittelmeer verbringen.« Aber seine Mormonen nahmen ihm den Wind aus den Segeln.

»Bei einem Umzug auf ein Schiff darf der Sicherheitsaspekt nicht vernachlässigt werden«, warnten sie, und um dieser Drohung Nachdruck zu verleihen, malten sie das Gespenst des Robert Maheu an die Wand.

Der war inzwischen nicht müßig gewesen. Er kämpfte immer noch verbissen um seine verlorene Machtposition und schickte sogar einen von seinem Sohn geführten Trupp auf die Bahamas, um Hughes zu bespitzeln, allerdings vergeblich: »Intertel«, Howard Hughes Privatdetektei, entdeckte Maheus Leute und erstattete unverzüglich Bericht.

»Elf Personen wurden in den Räumen direkt unter uns festgenommen, als sie Abhörgeräte und andere Apparate zu installieren versuchten«, meldeten die Mormonen Hughes mit einiger Verspätung. »Unter anderem hatten sie einen auf Peter Maheu ausgestellten Scheck in Höhe von 10 000 Dollar und Quittungen vom Frontier bei sich.

Das ist schon schlimm genug, das FBI aber glaubt, dass sie nicht nur das Telefon anzapfen wollten. Angesichts der Zahl und Art der darin verwickelten Leute nimmt man an, dass es sich eher um einen vereitelten Entführungsversuch gehandelt hat.

Wenn das so ist, sollten wir wirklich nicht auf ein Schiff gehen, wo wir viel stärker gefährdet wären als hier an Land.«

Angesichts dieser akuten Gefahr gab der Milliardär seinen Plan, den Sommer auf einer Yacht zu verbringen, rasch wieder auf.

Er kehrte auf seine Chaiselongue, zu seinen Filmen und zu seinem Codein zurück und vergaß wieder einmal die Welt jenseits seines Schlafzimmers.

Der Kampf um die Macht in Hughes' Imperium aber nährte Richard Nixons Angst. Und so gerieten die Intrigen in Hughes' Reich in immer größere Nähe zu denen, die der Präsident im Weißen Haus heimlich schmiedete.

Chuck Colson war aufgeregt. Nixons *bullyboy* hatte soeben von einigen unfassbaren Neuigkeiten gehört.

Larry O'Brien war ausgebootet worden, die Mormonen hatten ihn durch einen ihrer Glaubensbrüder ersetzt: Robert Foster Bennett, eingefleischter langjähriger Freund von Chuck Colson.

»Ich brauche nicht erst zu sagen, was für politische Folgen es hat, wenn Hughes' Angelegenheiten hier in Washington in den Händen eines engen Freundes liegen«, erklärte Colson triumphierend und verbreitete diese gute Nachricht überall im Weißen Haus.

Wie die übrige Nixon-Mannschaft ebenfalls, wusste Colson nicht, dass der Präsident schon über einen eigenen Draht zu dem Milliardär verfügte und dass er nicht weiteres Geld von Hughes wollte, sondern nach einer Möglichkeit suchte, die bereits erfolgte Zahlung zu vertuschen.

Es gab überhaupt eine ganze Reihe von Dingen, die Colson nicht wusste. Unter anderem betrafen sie seinen Freund Bob Bennett. Bennett nämlich hatte noch einen anderen großen Klienten: die CIA. Bennett, ein unbedeutender Beamter im Verkehrsministerium, bis er durch die Nervengasaffäre in Hughes' Einflussbereich geriet, war plötzlich zur Schlüsselfigur für drei Mächte geworden: für Hughes, Nixon und die CIA. Es wurde niemals klar, für welche Seite er wirklich arbeitete. Aber immer war er in nächster Nähe, wenn Dinge geschahen, die schließlich zum Sturz Nixons führten.

Der Präsident blieb jedoch auf O'Brien fixiert, und dass der bei Hughes in Ungnade gefallen war, konnte seine Zwangsvorstellungen nicht mildern. Haldeman hatte aber nicht, wie von Nixon vorgeschlagen, seinen Rivalen Colson damit beauftragt, O'Brien zu bespitzeln, sondern einen ehrgeizigen jungen Berater des Weißen Hauses, John Dean.

Verwundert und etwas nervös wandte sich Dean an den Detektiv des Weißen Hauses, Jack Caulfield. Dieser frühere New Yorker Polizeidetektiv musste alle die Arbeiten verrichten, die den staatlichen Stellen zu schmutzig waren: Er hörte Journalisten ab, spionierte Teddy Kennedy aus und überwachte den Bruder des Präsidenten.

Epilog I · Watergate

Auch er kam zwar nicht richtig weiter, witterte aber Unrat, denn bei seinem Versuch, O'Briens dunkle Geschäfte zu entlarven, stieß er auf dunkle Punkte im Leben Nixons. Deshalb riet er Dean von weiteren Nachforschungen ab.

»Die Entdeckung, dass eine Beziehung zwischen O'Brien und Mahew existiert, birgt große Gefahren in sich, falls man versucht, O'Brien zu zwingen, sich wegen seiner Verpflichtungen gegenüber Hughes zu rechtfertigen«, warnte Caulfield. »Mahews widersprüchliche Aktivitäten und Kontakte sowohl in demokratischen als auch in republikanischen Kreisen könnten dazu führen, dass, wenn man ihn in eine peinliche Lage versetzt, auch Leichen der Republikaner im Keller entdeckt werden könnten.« Caulfield hatte Maheus Namen endgültig amerikanisiert.

»Wenn man Mahews Aktivitäten näher durchleuchtet, zeigt sich, dass seine Fühler in viele, äußerst sensible Bereiche der Regierung hineinreichen, von denen jede einzelne Gefahr läuft, ähnlich wie die von Jack Anderson, enthüllt zu werden.«

Dean war fast so weit auszusteigen, als Chuck Colson mit Bob Bennett im Schlepptau auf der Bildfläche erschien, der endlich die ersehnten Interna liefern konnte.

Dean berichtete Haldeman: »Bennett teilt mir mit, es gebe keinen Zweifel daran, dass Larry O'Brien von Howard Hughes bezahlt wurde. Falls es sich als notwendig erweisen sollte, dafür den dokumentarischen Beweis zu erbringen, könnte Bennett die gewünschten Informationen durch Hughes' Leute beschaffen, aber nur unter der Voraussetzung, dass ein solcher Nachweis Hughes in keiner Weise zum Nachteil gereicht.«

Haldeman, der sich von Nixon gedrängt fühlte und nebenher befürchtete, Colson würde das Verdienst für diese immerhin bemerkenswerte Leistung allein einheimsen, ignorierte diese Warnung.

»Sobald Bennett Ihnen seinen endgültigen Bericht abliefert«, wies er Dean an, »sollten Sie und Chuck Colson zusammen überlegen, wie man die zweckdienlichen Informationen am besten verbreitet. Ehrlich gesagt, sehe ich keine Möglichkeit, das zu tun, ohne Hughes darin zu verwickeln. Deshalb ist es vor allem ein Problem, wie weit man Hughes mit hineinzieht. Bennett und Bebe sollten wir jedoch unter allen Umständen heraushalten.«

Bennetts »endgültiger« Bericht entsprach jedoch nicht dem, was man im Weißen Haus erwartet hatte. Anstatt Material über O'Brien abzuliefern, kehrte er von einer Besprechung mit der neuen Hughes-Führung in Los Angeles nach Washington zurück und empfahl, polizeiliche Ermittlungen gegen Robert Maheu einzuleiten.

Das O'Brien-Geschäft sei »rechtens und in Ordnung«, sagte Bennett, und es an die große Glocke zu hängen, würde lediglich die alten Nixon-Skandale wieder ins Gerede bringen. O'Brien wisse wahrscheinlich alles, was auch Maheu wisse, und Maheu sei gewissermaßen von allem unterrichtet. Maheu sei das eigentliche Problem, nicht O'Brien.

Bennetts komplizierter Monolog verwirrte Dean. Versuchte der nur, das Weiße Haus zu benutzen, um Maheu im Auftrage der Mormonen zu kompromittieren, oder wollte er angesichts Nixons Paranoia lediglich den vorsichtigen Wink geben, der da hieß: Kümmert euch nicht mehr um O'Brien, *er weiß zu viel.*

Dean erklärte Haldeman, man bewege sich in »gefährlichen Gewässern«. Und auch Haldeman war nun bereit, die ganze Sache fallen zu lassen.

Nixon aber dachte nicht daran, obwohl sogar Rebozo inzwischen offenbar nervös geworden war. Der Präsident antwortete mit der Forderung, noch härter vorzugehen. Sollte O'Brien tatsächlich etwas über die Geschäfte zwischen Hughes und Nixon wissen, musste er unbedingt unschädlich gemacht werden.

Aber auch Hughes' Leute warteten nicht untätig ab. Sie wollten Maheu ebenfalls dingfest machen und brachten damit – ohne es zu wollen – Nixon in die Schusslinie.

In Las Vegas veranlasste »Intertel« inzwischen das Finanzamt, bei Maheu zu ermitteln. Die Geister, die sie riefen, wurden die Zauberlehrlinge aber nicht los. Aus der Steuerprüfung bei Maheu wurde zwangsläufig eine, die zunächst auch den Hughes-Konzern und dann auch Richard Nixon erfasste.

Epilog I · Watergate

Maheu war überzeugt davon, dass die Untersuchung vom Weißen Haus angeordnet worden war. In dem Glauben, Nixon habe sich mit Hughes verbündet, der Präsident würde ihn konspirieren und FBI und CIA seien ebenfalls zum Angriff angetreten, feuerte Maheu einen Warnschuss gegen das Weiße Haus ab.

Jack Andersons Artikel erschien am 6. August 1971.

»Howard Hughes wies sein früheres Faktotum Robert Maheu an, Richard Nixon dabei zu helfen, die Präsidentschaft ›unter unserer Schirmherrschaft und Kontrolle‹ zu erringen«, schrieb er. »Wie verlautet, kassierte Maheu im ›Silver Slipper‹, einer Spielbank des Hughes-Imperiums, 100 000 Dollar für Nixons Wahlkampf. Das Geld wurde über Richard Danner, einen Manager von Hughes, an Bebe Rebozo, einen Vertrauten Nixons, übergeben.«

Nixons schlimmste Ahnungen hatten sich erfüllt. Die Zahlung des Hughes-Geldes war ans Licht gekommen.

Rebozo rief sofort Danner an und fragte wütend, woher Anderson das wisse. Danners Antwort war niederschmetternd. Anderson hatte ihn angerufen, um eine Stellungnahme ersucht und gesagt: »Bestreiten Sie das nicht, denn ich habe das Schriftstück gesehen, in dem dies in allen Einzelheiten geschildert wird.« Maheu hatte es ihm gezeigt.

Anderson hatte handfeste Beweise. Glücklicherweise hatte er das Geld allerdings als »Wahlkampfspende« bezeichnet. Ein Trick?

Aber nichts geschah. Nicht an diesem Tage, nicht in der folgenden Woche, den laufenden Monat nicht. Die Story wurde einfach ignoriert.

Ende September aber rührte Maheus Freund, der Herausgeber der *Las Vegas Sun*, Hank Greenspun, die ganze Sache, plötzlich und ohne Vorwarnung, wieder auf. Der Präsident nämlich traf sich in Portland mit Zeitungsverlegern der Westküste. Greenspun ging auf Herb Klein, den Pressesekretär des Weißen Hauses, zu und drohte, er habe eine Story, die »Nixon vernichten« könne. Er habe gehört, eine Hughes-Spende in Höhe von

100 000 Dollar sei dafür verwendet worden, den Landsitz des Präsidenten in San Clemente auszustatten.

Als John Ehrlichman in Washington von dieser brisanten Geschichte erfuhr, schickte er sofort Herb Kalmbach, den privaten Anwalt des Präsidenten, nach Las Vegas. Kalmbach stieg im »Sahara« ab und sprach vier Stunden lang mit Greenspun. Er kam zunächst gar nicht auf das Hughes-Geld zu sprechen. Der Verleger sollte nicht merken, was ihn wirklich hierher geführt hatte. Und als Kalmbach schließlich die Rede darauf brachte, tat er es nur, um kategorisch zu dementieren, dass irgendwelches Geld von Hughes nach San Clemente geflossen sei. »Ich weiß, woher jeder Pfennig stammt«, sagte der Anwalt, »ich versichere Ihnen, dass die Quelle nicht Howard Hughes ist.« Nachdem dies erledigt war, fing Kalmbach an, Greenspun wegen Larry O'Brien auszufragen.

Greenspun war der Wahrheit ziemlich nahe gekommen, er hatte nur die falsche Adresse genannt. Nixon hatte zumindest einen Teil der 100 000 Dollar für Instandsetzungsarbeiten in Key Biscayne verwendet.

Die Schlinge zog sich allmählich zu. Einige Wochen später erwähnte Bob Bennett Chuck Colson gegenüber, Maheu habe Hughes-Dokumente gestohlen, die nun in Hank Greenspuns Safe lagerten.

Anfang Dezember dehnten sich die Ermittlungen des Finanzamts endlich auch auf die fraglichen Geschäfte Nixons aus. Anlässlich einer Überprüfung John Meiers stellte sich heraus, dass der Bruder des Präsidenten in Gaunereien verstrickt war. Und was noch schlimmer war: Ein Informant hatte den Steuerfahndern erzählt: »Bebe Rebozo habe John Meier geraten, sich nicht den Fragen der Finanzbehörden zu stellen, weil Don Nixon in die Sache verwickelt sei.«

Bald gelangten zahlreiche »heikle Berichte« der Steuerbehörden ins Weiße Haus, die John Ehrlichman von Nixons Verbindungsmann im Büro des Finanzamts zugespielt wurden. Dabei wurden sämtliche Eskapaden Donald Nixons und John Meiers aufgedeckt: betrügerisches Minengeschäft, Grundstücks- und

Epilog I · Watergate

Börsengeschäfte mit Leuten aus der Unterwelt, Urlaubsreisen nach Hawaii, für die Meier aufkam, Hughes aber schließlich die Rechnungen bezahlte, sowie Reisen in die Dominikanische Republik, um mit Leuten der Regierungsspitze recht merkwürdige Geschäfte abzuschließen.

Ehrlichman erstattete Nixon laufend Bericht, als die Ermittlungen der Finanzbehörden auf das Weiße Haus ausgedehnt wurden. Bei einer dieser Gelegenheiten gab der Präsident seinem Inlandschef seine Version des alten »Hughes-Darlehensskandals« zum Besten.

Ehrlichman hatte verstanden. Der Präsident wollte sich mit ihm auf ein Wiederaufleben des Skandals vorbereiten, respektive darauf, wie man dieser Katastrophe begegnen könne.

Doch es waren weder Bebe Rebozo noch Anderson, weder das Finanzamt noch Maheu, Bennett oder Greenspun, die den Stein anstießen, der schließlich Nixon überrollen sollte.

Es war Clifford Irving.

Auf der fernen Insel Ibiza hatte der Schriftsteller den faszinierenden Machtkampf innerhalb des Hughes-Imperiums verfolgt. Er glaubte, der Milliardär sei entweder tot oder handlungsunfähig – jedenfalls nicht in der Lage, in der Öffentlichkeit zu erscheinen –, und das brachte ihn auf einen Gedanken. Er würde sich sein eigenes Epos ausdenken, er würde die Autobiographie des Howard Hughes schreiben und der Öffentlichkeit präsentieren.

Am 7. Dezember 1971 kündigte der angesehene Verlag McGraw-Hill an, er werde die wahre Lebensgeschichte des Howard Hughes veröffentlichen – so wie der Milliardär sie Clifford Irving erzählt habe.

Die Manager des Hughes-Konzerns dementierten, ihr Inhaber schwieg. Eine weltweite Sensation war geboren. Und nirgendwo wurde das Buch so interessiert gelesen wie im Weißen Haus.

Nixons Vertrauensleute glaubten, Maheu habe den Schriftsteller gespickt. »Ist das Buch unangenehm für Nixon?«, fragte Dean. »Ja«, erwiderte Bennett, »*sehr* unangenehm …«

Haldeman ließ sich FBI-Berichte über die Irving-Affäre von J. Edgar Hoover direkt geben, und schließlich gelang es, eine Kopie des noch geheimen Manuskriptes über einen Mittelsmann bei McGraw-Hill zu beschaffen.

Die Lektüre löste einen schweren Schock aus. Irving behauptete, Hughes habe Nixon 400 000 Dollar zukommen lassen, als er noch Vizepräsident war – als Dank für die Regelung des TWA-Falls. Das war gar nicht schlecht geschätzt, mit der Zahl 400 000 hatte Irving fast ins Schwarze getroffen.* Nixon musste einfach glauben, Irvings Story sei echt.

Das war jedoch erst der Anfang der Schlammschlacht. Als Nächstes tischte der fantasiebegabte Irving die Geschichte von dem »doppelten Spiel« auf. Danach hatte Hughes 1960 höchstpersönlich Nixon sabotiert, und zwar aus Enttäuschung darüber, dass Nixon sich in der TWA-Frage nicht durchgesetzt hatte: Angeblich hatte der wütende Einsiedler den Journalisten Drew Pearson bewusst über die wahren Hintergründe des Darlehenskandals informiert.

»Niemand hat eine Hand für mich gerührt«, zitierte Irving Hughes. »Deshalb ließ ich Drew Pearson die Einzelheiten wissen. Ich hatte jemanden, der Mr Pearson zuflüsterte, wo er nachzuforschen habe. Ob dies wirklich den Ausgang der Wahl entschieden hat, weiß ich nicht.«

Freitag, 7. Januar 1972. Ein Tag wie jeder andere im Penthouse in Paradise Island: Wenn man davon absah, dass Howard Hughes an diesem Tage sein fünfzehnjähriges Schweigen in der Öffentlichkeit brechen und zur »Welt« sprechen wollte.

Vorher hatte er zweimal den Spionagefilm *Funeral in Berlin* angesehen. Zwischendurch aß er ein Stück Huhn.

---

* Wenn man die 205 000 Dollar, die Donald »geliehen« wurden, die Kosten für Maheus Bemühungen, die »Nieder-mit-Nixon-Bewegung« im Jahre 1956 zu zerschlagen, sowie weitere Wahlkampfspenden, darunter die »totale Unterstützung«, die Hughes insgeheim Nixon 1960 gewährte, zusammenzählt, könnte Irvings Behauptung von 400 000 Dollar fast genau stimmen. Und niemand wusste über den größten Teil des Geldes Bescheid. Außer Hughes.

Epilog I · Watergate

Um 12.45 Uhr war die zweite Vorführung beendet, Hughes beugte sich zu seinem schwarzen Metallkasten hinunter, zog eine Medizinflasche hervor und zählte seine Codeintabletten. Er hatte noch 50 Stück. Er nahm acht der kostbaren weißen Tabletten, löste sie in dem reinen, in Flaschen abgefüllten Quellwasser auf und spritzte sich die Dosis in seinen spindeldürren Arm.

Dann lehnte er sich auf seiner Chaiselongue zurück, spürte, wie es ihn angenehm warm durchströmte, und verlangte ein drittes Mal, *Funeral in Berlin* zu sehen.

Es war 18.45 Uhr, als der aufgeputschte Mann zum Telefonhörer griff und sich »der Presse stellte«. Ein Monat war vergangen, seit Clifford Irving ihn zum unsichtbaren Mittelpunkt weltweiter Aufmerksamkeit gemacht hatte. Kein noch so brisantes oder bedrohliches Ereignis hatte zu bewirken vermocht, was nun geschah: Der große Mysteriöse war bereit, selbst zu sprechen. Am anderen Ende der Leitung, 5000 Kilometer entfernt, saßen sieben sorgfältig ausgewählte Reporter erwartungsvoll in einem Hotel in Hollywood. Die geisterhafte Stimme distanzierte sich sofort von Irving: »Ich kenne ihn nicht. Ich habe ihn nie gesehen. Ich habe nie von ihm gehört, bis ich vor wenigen Tagen von dieser Sache erfuhr.«

Vor wenigen Tagen? Wo war er gewesen? Dann war da noch eine andere Frage. Lebte Hughes überhaupt noch, existierte das Phantom wirklich, oder war seine Stimme am Telefon lediglich irgendein Schwindel?

Der größte Teil der Pressekonferenz bestand aus »Fragen zu seiner Identifizierung«. Zunächst zögernd und noch etwas verkrampft, begann Hughes jedoch bald, dieses große Quiz zu genießen. Da saß er nun in seiner Isolierstation und war sich nicht ganz sicher, was diese Reporter eigentlich von ihm wollten, warum sie all diese merkwürdigen Fragen nach seinem heldenhaften Vorleben stellten. Hughes wollte ihnen die Antwort nicht schuldig bleiben. Wenn es um Flugzeuge und Fliegerei ging, war er nahezu perfekt. Dagegen hatte er starke Erinnerungslücken, wenn es galt, Fragen hinsichtlich seiner jüngeren Vergangenheit zu beantworten.

Auch Gerüchte über sein bizarres Aussehen wusste er sofort zu dementieren.

»Ich fühle mich ganz gesund, ich halte meine Fingernägel immer relativ kurz, wie ich es auch getan habe, als ich noch die ganze Welt bereiste …«

Ein einziges Mal zeigte sich Hughes während dieser Pressekonferenz ernsthaft verärgert: als er gefragt wurde, warum er Robert Maheu gefeuert habe. »Weil er ein miserabler, unehrlicher Hund ist, der mich unbedenklich bestohlen hat«, rief er. »Das Geld ist weg, und er hat es.«

Gegen Ende des dreistündigen Interviews wurde (eher beiläufig) die Frage nach seinen angeblichen Geschäften mit Nixon und Rebozo gestellt.

»Sicher nicht mit Rebozo«, erwiderte Hughes und reagierte ebenso gelassen wie anlässlich der Frage nach seinen Fingernägeln. »Nun, was Mr Nixon angeht, so habe ich, seitdem er im Amt ist, nicht versucht, ihn zu belästigen und mich auch nicht bemüht, Kontakt mit ihm aufzunehmen.«

Als die Pressekonferenz beendet war, setzte sich Hughes zurück, um *Topaz* zu sehen, spritzte sich noch vier Gran Codein und blieb dann die ganze Nacht wach, um anschließend zwei weitere Male *Funeral in Berlin* zu sehen. Vormittags gegen 11 Uhr schluckte er dann vier Schlaftabletten.

Nixons Angst vor Hughes hatte sich inzwischen ins quasi Unermessliche gesteigert. Deshalb wies er seine Leute an, den Geheimdienst für seine Wiederwahl im Jahre 1972 einzusetzen.

Justizminister John Mitchell warb einen früheren FBI-Agenten namens G. Gordon Liddy an. Waffenfan Liddy sah gern alte Nazipropagandafilme und hatte sich bereits bewährt, als er den Einbruch im Büro des Psychiaters Daniel Ellsberg inszenierte.

Am 8. Dezember 1971 einen Tag nachdem Clifford Irvings Buch angekündigt wurde, meldete er sich beim Wahlkomitee des Präsidenten zur Stelle. Nixons Paranoia hinsichtlich der Irving-Affäre hatte inzwischen ihren Höhepunkt erreicht.

Nicht ohne Grund.

Epilog I · Watergate

Am 16. Januar 1972 lautete die Schlagzeile auf der ersten Seite der *New York Times*: »HUGHES-NIXON-BEZIEHUNGEN IN EINEM BUCH ENTHÜLLT.« In dem Artikel hieß es, Hughes habe Irving alles über seine Beziehungen zu Nixon erzählt, aber keine Einzelheiten genannt.

Eine Woche später enthüllte die *Times*, Bobby Kennedy habe seinerzeit als Justizminister eine geheime Untersuchung der Geschäfte zwischen Hughes und Nixon eingeleitet: Nixon und Mitglieder seiner Familie sollten vor Gericht gestellt werden. Der Präsident nannte Bobby daraufhin einen »rücksichtslosen kleinen Bastard«.

»Er wollte gegen meine *Mutter* Anklage erheben lassen!«, rief Nixon aus und fügte hinzu, das sei typisch für die Kennedys.

Nichts geschah.

Am 3. Februar meldete die *New York Times*, Maheus Freund, Hank Greenspun – von dem man wusste, dass er mit Jack Anderson befreundet war –, habe 20 geheime Hughes-Dokumente in Händen, von denen der Milliardär einige selbst geschrieben hatte. Sie enthielten genaue Anweisungen, »welche Schritte in bestimmten delikaten Angelegenheiten zu unternehmen« seien.

Am nächsten Morgen um 11 Uhr erörterten G. Gordon Liddy und John Mitchell in dessen Büro einen Plan.

Anwesend waren auch John Dean und Mitchells stellvertretender Wahlkampagnenleiter Jeb Stuart Magruder.

Sie alle hatten sich schon eine Woche zuvor getroffen: Liddy hatte ihnen eine Eine-Million-Dollar-Operation mit dem Codenamen »Edelstein« erläutert, für den er bereits Geldschrankknacker, Telefonmonteure, Callgirls, Schläger und professionelle Killer angeworben hatte. Diese wahrlich bunt zusammengesetzte Gang war rekrutiert worden, um nach einem bestimmten Programm zu entführen, zu erpressen, zu rauben, Wanzen anzubringen, einzubrechen und Verleumdungskampagnen zu initiieren. Ihre »Arbeit« diente dem Zweck, politischen Gegnern des Präsidenten zu schaden.

Mitchell hatte dem nicht zugestimmt. »Gordon, das ist nicht ganz das, was wir uns vorgestellt haben«, erklärte der Justizminister. »Das Geld, das Sie verlangen, kommt für so etwas nicht in Frage. Warum gehen Sie nicht etwas behutsamer vor? Dann können wir noch mal darüber reden.«

Nun also war Liddy wieder da und präsentierte eine etwas abgemilderte Version desselben Planes, der stärker auf Einbrüche und Lauschoperationen ausgerichtet war und eine halbe Million Dollar kosten sollte.

Mitchell war auch mit dieser Version noch nicht ganz einverstanden – der Preis schien immer noch zu hoch –, aber er nannte zwei Ziele: Larry O'Briens Büro im Hauptquartier des Nationalkomitees der Demokraten und Hank Greenspuns Safe.

Liddy nahm sofort das Projekt Greenspun in Angriff und verabredete sich dafür mit dem CIA-Agenten E. Howard Hunt, der schon beim Ellsberg-Einbruch sein Komplize gewesen war und sowohl für Chuck Colson im Weißen Haus als auch für Howard Hughes' Mann in Washington Bob Bennett arbeitete.

Bennett spielte die entscheidende Rolle in der Greenspun-Affäre. Offensichtlich beauftragte er Hunt mit diesem Einbruch und brachte dann Hunt und Liddy mit Hughes' Sicherheitchef Ralph Winte zusammen.

Sie trafen sich erneut am Wochenende des 20. Februar in Los Angeles. Winte hatte einen handgezeichneten Lageplan von Greenspuns Büro mitgebracht und den Platz des Panzerschranks mit einem großen X gekennzeichnet. Liddys Plan war bereits fix und fertig. Nixons Gang sollte in das Büro einbrechen, den Safe sprengen, die gestohlenen Hughes-Papiere in einem Leinensack verstauen und dann in ein von Hughes bereitgestelltes Flugzeug steigen, das sie direkt zu irgendeinem geheimen Treff in Mittelamerika bringen würde, wo Nixons und Hughes' Leute dann über die Beute verhandeln konnten.

»Donnerwetter!«, rief Winte aus. »Aber was ist, wenn ihr geschnappt werdet?«

»Keine Sorge«, erwiderte Hunt. »Wir sind Profis!«

Die Führung des Hughes-Konzerns zeigte jedoch wenig Interesse an dem Komplott und weigerte sich, das Flucht-Flugzeug zur Verfügung zu stellen. Liddy war bitter enttäuscht. Er plädier-

Epilog I · Watergate

te weiterhin dafür, in Greenspuns Büro einzubrechen, aber ohne Flugzeug war das erheblich komplizierter. Offenbar wurde der Plan fallen gelassen.

Nixon war ungeduldig. Bereits vor Monaten hatte er eine Geheimdienstoperation befohlen, aber immer noch war kein Erfolg abzusehen. John Mitchell hatte noch nicht einmal Liddys Operation »Edelstein« gebilligt.

Der Präsident bestellte Haldeman ins Ovale Büro. »Wann werden Sie eigentlich endlich etwas unternehmen?«, fragte er und trommelte mit den Fingern auf dem Schreibtisch.

Haldeman befahl einem seiner Leute namens Gordon Strachan, sich der Sache anzunehmen, und Strachan setzte sich mit Mitchells Stellvertreter Jeb Magruder in Verbindung.

»Der Präsident wünscht, dass wir jetzt handeln und dass es keine Widerrede mehr gibt«, erklärte er kurz, denn der Druck aus dem Weißen Haus wurde stärker.

Und dieser Druck konzentrierte sich immer mehr auf Larry O'Brien.

Inzwischen war ein neuer Skandal ans Licht gekommen, und O'Brien ging prompt zum Angriff über. Ende Februar enthüllte der Journalist Jack Anderson, dass Nixon eine Kartellklage gegen ITT abgeschmettert hatte – als Gegenleistung für eine Spende in Höhe von 400 000 Dollar für den republikanischen Parteitag. O'Brien hatte diese Beschuldigung schon vor Monaten erhoben, und so glaubte Nixon, er stünde auch hinter Andersons Artikel. Wenn die beiden schon so viel Wind wegen der ITT-Zahlung machten, konnte Nixon sich leicht ausrechnen, welchen Wirbel die 100 000 Dollar des Howard Hughes auslösen würden.

Tag für Tag sorgte O'Brien dafür, dass der ITT-Skandal Schlagzeilen machte, und der wütende Nixon wandte sich an Chuck Colson, einen Mann, der bereit war, alles für den Präsidenten zu tun, und dem Nixon seine finstersten Geheimnisse anvertraute. »Eines Tages werden wir sie kriegen«, sagte er zu Colson und meinte damit alle seine Feinde. »Und wenn sie dann am Boden liegen, werden wir mit den Hacken auf sie treten und sie dann kräftig umdrehen – Chuck, stimmt's?« Auf Aggressionsausbrüche dieser Art pflegte Colson meist zu antworten: »Ja, Sir, wir werden sie schon kriegen.«

Etwa um diese Zeit trafen sich Howard Hunt, Colson und Liddy, der sich darüber beklagte, dass niemand seiner Operation »Edelstein« zustimme. Colson reagierte unverzüglich, er rief Jeb Magruder an.

»Warum sorgt ihr Burschen eigentlich nicht dafür, dass Liddy sein Geld bewilligt wird?«, fragte er. »Wir brauchen unbedingt Informationen, vor allem über O'Brien.«

Jeb Magruder war ziemlich aufgeregt, als er das Justizministerium betrat, um mit John Mitchell zu sprechen. Seit Magruder vor einem Jahr zum stellvertretenden Leiter des Komitees für die Wiederwahl des Präsidenten ernannt worden war, sahen sie sich zwei- bis dreimal wöchentlich. Die offene und freimütige Art des jungen Mannes hatte zu einem engen Arbeitsverhältnis mit dem sonst eher zurückhaltenden John Mitchell geführt.

Magruder war deprimiert. Der Druck, der vom Weißen Haus ausgeübt wurde, lastete auf ihm, und er hatte gravierende Einwände gegen Liddys Plan.

Wie meistens saßen Magruder und Mitchell in einem kleinen unordentlichen Raum direkt neben dem pompösen eigentlichen Amtszimmer, das der Minister selten benutzte, und erörterten Probleme des bevorstehenden Wahlkampfes.

Schließlich brachte Magruder die Rede auf die Operation »Edelstein«.

»Warum müssen wir das eigentlich machen?«, fragte er.

»Der Präsident will es so«, sagte Mitchell. »Wir brauchen Informationen über O'Brien.«

Magruder wusste das bereits, und zwar nicht von Colson oder Strachan. Er hatte sich einige Wochen zuvor gerade in Mitchells Amtsräumen aufgehalten, als Nixon anrief. Obgleich er nur hören konnte, was Mitchell sagte, wurde deutlich, dass der Präsident seinen Justizminister drängte, mit allen ordentlichen Mitteln gegen den Wahlkampfleiter der Demokraten vorzugehen.

Magruder fragte sich immer noch warum. Warum gerade O'Brien? Jedermann musste doch wissen, dass eine Parteizentra-

Epilog I · Watergate

le kein Ort ist, wo man interne Informationen über eine Präsidentschaftskampagne finden konnte.

Mitchell, der selten irgendwelche Gefühlsregungen zeigte, blieb auch gelassen, als er Magruder die wahren Motive des Präsidenten nannte:

Man habe da gewisse Sorgen wegen einer Spende, sagte der Justizminister. Es handle sich um die 100 000 Dollar, die Howard Hughes an Nixon gezahlt habe, um jene Transaktion, von der Jack Anderson bereits berichtet habe. Das Geld sei nicht für Wahlkampfzwecke verwendet worden, fügte Mitchell hinzu. Es läge immer noch bei Rebozo. Und Larry O'Brien wisse das, er wisse auch, dass das Geld erst lange nach der Wahlkampagne übergeben worden sei.

Es sei nun wichtig zu erfahren, was genau O'Brien darüber hinaus noch wisse, und konkrete Informationen über seine Beziehungen zu Hughes zu bekommen.

Wenige Wochen danach, am 30. März, billigte John Mitchell anlässlich einer Konferenz in Key Biscayne und im Beisein Magruders die Operation »Edelstein«. Auch dem ersten Objekt stimmte er zu: Larry O'Briens Büro im »Watergate Hotel«.

Der erste Einbruch verlief erfolgreich. Am Wochenende des Heldengedenktages (30. Mai) drang eine von Liddy und Hunt angeführte Gang ins Hauptquartier des Nationalkomitees der Demokraten ein, zapfte O'Briens Telefon an, fotografierte Papiere auf seinem Schreibtisch – und entkam unentdeckt.*

Die Wanze in O'Briens Büro funktionierte nicht, und Mitchell schickte Liddy erneut in das Hotel. Keiner der Einbrecher kannte den eigentlichen Zweck des Einbruchs – niemand erzählte

---

* Außerdem wurde noch ein zweites Telefon angezapft. Es gehörte Spencer Oliver, einem der Stellvertreter O'Briens, dessen Vater für Robert Bennett arbeitete und der ebenfalls von Hughes bezahlt wurde. Das war ein merkwürdiges Zusammentreffen, insbesondere angesichts der Tatsache, dass Hunt auch für Bennett arbeitete, aber es scheint so, dass sein Telefon rein zufällig angezapft wurde. Aufzeichnungen von Telefongesprächen wurden sowohl Mitchell als auch Haldeman übergeben, ergaben aber nur, dass eine Sekretärin im Büro von Oliver ein unglaublich aktives Liebesleben führte.

ihnen jemals etwas über den Zusammenhang, in dem Hughes dazu stand. Magruder hatte Liddy diesmal beauftragt, O'Briens »Scheiß-Dossier« über Nixon zu fotografieren, um herauszufinden, inwieweit der wirklich in die dubiosen Geschäfte des Präsidenten eingeweiht war.

Sie sollten es niemals herausfinden. Am Samstag, dem 17. Juni 1972, um 2.30 Uhr, wurden die Einbrecher von der Polizei überrascht.

Richard Nixon und Bebe Rebozo hielten sich gerade auf den Bahamas auf, als seine Einbrecher im »Watergate Hotel« erwischt wurden.

Am nächsten Tage, Sonntag, dem 18. Juni, kehrte er in aller Frühe von Key Biscayne zurück, offenbar erfuhr er aus der Zeitung vom kläglichen Scheitern seines Unternehmens. Er rief Haldeman in dessen in der Nähe gelegenen Hotel an.

»Was ist das für eine verrückte Sache mit dem DNC, Bob«, fragte der Präsident scheinbar naiv. »Wieso kommt jemand auf die Idee, in eine Parteizentrale einzubrechen? Versuchen Sie, Magruder zu erreichen, und fragen Sie ihn, was er darüber weiß.«

Das ganze Wochenende gab sich der Präsident Haldeman gegenüber unwissend, telefonierte inzwischen aber fieberhaft mit Colson. Einmal war er so erregt, dass er einen Aschenbecher quer durchs Zimmer schleuderte. Nach Washington zurückgekehrt, gestand er dann auch gegenüber Haldeman seine Befürchtungen ein.

Die Tonbandaufzeichnung von ihrer Unterredung im Präsidentenbüro am 20. Juni wurde später gelöscht. So entstand jene berüchtigte Lücke von $18\,^1/_2$ Minuten.

Die folgende Darstellung ihres Gesprächs ist von Haldeman rekonstruiert.

»Haben Sie gehört, ob irgendjemand vom Weißen Haus in diesen Einbruch beim DNC verwickelt ist?«, fragte Nixon seinen Stabschef.

»Niemand«, erwiderte Haldeman.

Epilog I · Watergate

»Ich mache mir Sorgen wegen Colson«, gab Nixon zu.

»Colson könnte auch vom Präsidenten reden, wenn er anfängt zu quatschen. Wie Sie wissen, habe ich Colson seit Monaten eingeheizt, Larry O'Brien wegen seiner Geschäfte mit Hughes auf die Schliche zu kommen.«

Nixon fürchtete, Colson könnte diesen Einbruch angestiftet haben. Nun schien er nicht mehr zu wissen, wer den Einbruch ins »Watergate Hotel« tatsächlich veranlasst hatte. Zuerst dachte er, es sei Colson und nicht Mitchell: offenbar, weil er meist direkt mit seinem Helfershelfer konspiriert hatte.[*]

»Colson sagte mir, er würde die Informationen, die ich brauchte, so oder so bekommen«, erklärte Nixon. »Und es war O'Briens Büro, wo sie die Wanze angebracht haben, nicht wahr? Und wer steckt dahinter? Colsons Mann Hunt. Mein Gott.«

Haldeman war nicht ganz sicher. »Magruder hat Colson niemals erwähnt«, gab er zu bedenken.

»Er wird es«, erwiderte Nixon. »Colson hat ihn angerufen und ihn veranlasst, die ganze Sache zu starten. Direkt vom verdammten Weißen Haus aus. Mit Hunt und Liddy auf dem Schoß.«

Der Präsident war bestürzt. »Ich hasse so etwas. Wir haben die Sache nicht im Griff. Nun bleibt uns nichts übrig, als es durchzustehen. Am besten, wir gehen gleich zum Angriff über.«

---

[*] Tatsächlich erzählte Colsons Kollege, Ken Clawson, Haldeman später, Colson habe alle seine Gespräche mit Nixon – vor und nach dem Einbruch – heimlich aufgezeichnet und diese Bänder benutzt, um den Präsidenten zu erpressen. »Er hat Nixon in der Hand«, sagte Clawson. »Er hat genau das auf Band, was Nixon während der ganzen Watergate-Bescherung gesagt hat.« Was diese noch immer nicht aufgetauchten Tonbänder Colsons natürlich besonders interessant macht, ist die Tatsache, dass Nixon nicht wusste, dass seine Gespräche aufgezeichnet wurden.

Epilog II

Der Anfang vom Ende

Im kanadischen Vancouver war es immer noch Freitagnacht des 16. Juli, als die Polizei die Einbrecher im »Watergate Hotel« ertappte. Um 23.30 Uhr verließ der nackte Milliardär sein Bett im Penthouse des »Bayshore« und schaltete sein Fernsehgerät ein. Es gab *The Brain That Would Not Die.*

Danach schaltete er auf einen Western *(Billy the Kid Outlawed)* um und aß ein Stück Huhn.

Da ihn das Programm langweilte, rief er seine Mormonen und ließ sich eine wahre Marathonstrecke von Filmen vorführen: zunächst *The Mad Room,* dann *The Silencers,* danach immer abwechselnd *Shanghai Express* und *Captain Newman, M. D.* Er schloss sein 34-stündiges Wochenendfilmfestival mit *The World of Suzie Wong* ab und fiel am Sonntagmorgen um 10.30 Uhr in tiefen Schlaf.

Es dauerte mehr als ein Jahr, ehe Hughes entdeckte, dass es eine Watergate-Affäre gab, und er war stets verblüfft, wenn in diesem Zusammenhang sein Name genannt wurde.

Vier Monate zuvor war er aus seinem zweiten Versteck auf Paradise Island geflohen, als Beamte der Einwanderungsbehörde in sein Penthouse eindrangen. Schuld daran war der Fall Clifford Irving, der eine amtliche Untersuchung ausgelöst hatte. Hughes flüchtete über die Feuertreppe, als örtliche Behördenvertreter an seine Tür pochten.

Diese überstürzte Flucht führte zu seiner »Entdeckung«, denn der Skipper der Yacht, die Hughes heimlich von der Insel bringen sollte, hatte nun Gelegenheit, seinen seltsamen Passagier genauer zu betrachten. Einige Wochen später schilderte er der Presse seine Eindrücke.

Es war nicht das schulterlange Haar oder die Tatsache, dass der Milliardär lediglich einen Bademantel trug, was dem Captain unheimlich vorkam. Es waren Hughes' Zehennägel. »Sie waren so lang, dass sie sich zusammenrollten«, erzählte er einem Reporter aus Miami. »So etwas habe ich in meinem ganzen Leben noch nicht gesehen. Ich musste zweimal hingucken ...«

Zunächst suchte Hughes Zuflucht in Nicaragua. Diktator Anastasio Somoza gewährte ihm denn auch persönlichen Schutz. Hughes wollte jedes Risiko ausschalten und beschloss, dem General ein großzügiges »Gastgeschenk« zu machen, mit anderen Worten: ihn zu bestechen.

»Die Leute in Mittel- und Südamerika sind sehr emotional und wetterwendisch. Bevor also etwas passiert, sollte ich Somoza ein Geschenk machen.

Ich schlage ein *wirklich* reizvolles Auto vor. Wir sollten herausfinden, ob er gerne selbst fährt und ob er einen Sportwagen vorziehen würde oder eine bestens ausgestattete Limousine mit Bar, Telefon, Fernsehgerät und dem allerneuesten Zubehör.

Außerdem will ich *verdammt sicher* sein, dass ihm [Somoza] *laut und deutlich* gesagt wird, dass dies *meine persönliche Idee* ist, weil ich seine rücksichtsvolle Behandlung mir gegenüber zu schätzen weiß.«

Somoza jedoch dachte an ganz andere Geschenke: Er bat Hughes, die bankrotte Luftfahrtgesellschaft seines Landes zu sanieren, die ihm zufällig selbst gehörte. Hughes kaufte 25 Prozent der Aktien. Der Diktator war damit aber nicht zufrieden. Er bot seinem Gast Anteile an seiner Sperrholzfabrik, seiner Arzneimittelfirma und einige ausgesucht schöne Grundstücke an.

Nach weniger als einem Monat entschied sich Hughes, Nicaragua wieder zu verlassen – bevor Somoza ihm noch mehr aufzuschwatzen versuchte. Vor seiner Abreise allerdings fasste er noch einen außergewöhnlichen Entschluss: Er wollte seine 15-jährige Isolation unterbrechen und sich mit seinem Gastgeber treffen.

Die Vorbereitungen für diese Begegnung begannen zwei Tage vorher. Hughes ließ einen Assistenten kommen, der ihn wieder

Epilog II · Der Anfang vom Ende

»herrichten« sollte. Zum ersten Mal seit Jahren ließ er sich von den Mormonen die Haare schneiden, den Bart stutzen und die Fußnägel kürzen.

Nach vierstündigen Restaurationsarbeiten ging er sogar unter die Dusche. Er war wirklich nicht wiederzuerkennen, als er am 13. März um 22.45 Uhr Somoza und den amerikanischen Botschafter Turner Shelton an Bord seines »Gulfstream«-Jet willkommen hieß.

Am nächsten Tag flog Hughes nach Vancouver. Kühn schlenderte er im Bademantel durch die Hotelhalle, und als er oben in seinem Penthouse ankam, sah er sogar aus dem Fenster und beobachtete, wie im Hafen ein Wasserflugzeug landete.

Die Mormonen brachten Hughes rasch in sein verdunkeltes Schlafzimmer. Sie warnten ihn vor Spionen mit Fernsehkameras – »wir wissen genau, dass wir zurzeit unter Beobachtung stehen« –, und ihr Chef ließ sich widerstandslos in die Welt der Isolation zurückführen.

Während Liddys Einbrecher in Washington letzte Vorbereitungen trafen, lag Hughes stumpfsinnig auf seinem Bett und schaute sich *Diamonds Are Forever* an, einen James-Bond-Film: die Geschichte eines einsamen Milliardärs, der in einem Penthouse in Las Vegas gefangen gehalten und dessen Konzern von skrupellosen Machtmenschen geleitet wird.

Hughes selbst hatte zwar keine Ahnung von den Ereignissen in Washington, aber einige seiner Leute schlitterten immer tiefer in die Affäre hinein, allen voran Robert Bennett.

Am 10. Juli traf sich Bennett mit dem CIA-Offizier Martin Lukasky zum Lunch und berichtete alles, was er von Hunt und Liddy über den Fall Watergate erfahren hatte.

Er sagte, das Weiße Haus stünde hinter diesem Einbruch und verdächtigte in diesem Zusammenhang seinen Kumpan Chuck Colson: Aller Wahrscheinlichkeit nach habe Colson Hunt den Einbruch vorgeschlagen.

Lukasky hielt Bennetts Bericht für so brisant, dass er ihn persönlich dem CIA-Chef Richard Helms überbrachte.

Aus dem Rapport ging hervor, dass Bennett an vielen Fronten kämpfte, und zwar mit dem alleinigen Ziel, Licht in das Dunkel der Affäre zu bringen.

Und Bennett hielt die Presse auf dem Laufenden – den *Washington Star,* die *New York Times, Newsweek* und die *Los Angeles Times.* Laut CIA-Bericht »fand Bennett besonderes Vergnügen daran, Colson in Hunts Aktivitäten hineinzuziehen, während er gleichzeitig die CIA deckte«.

Aber vor allem informierte Bennett die *Washington Post.* Er erzählte der CIA, er versorge Bob Woodward mit Informationen, der »entsprechend dankbar« sei und sich nie auf Bennett beziehe, sondern seinen unschätzbaren Informanten schütze.

Nixon war nach wie vor auf Larry O'Brien fixiert. Und genau einen Monat nach dem Einbruch sah er eine Gelegenheit, erneut zum Angriff zu blasen. Er hatte gerade eine Kaffeepause eingelegt, als John Ehrlichman hereinkam. Der hatte soeben den jüngsten Bericht der Finanzbehörde über die Betriebsprüfung bei Hughes erhalten.

Ehrlichman las Nixon vor, »Hughes-Tool-Company zahlte 1970 190 000 Dollar an Lawrence F. O'Brien and Associates, Washington, D. C. Für welchen Zweck diese Zahlungen geleistet wurden, ist nicht bekannt.«

Der Präsident reagierte elektrisiert. Er nahm die Füße vom Schreibtisch und drehte sich zu Ehrlichman um. »Das amerikanische Volk hat ein Recht, dies zu erfahren!«, erklärte er. »Das amerikanische Volk muss wissen, dass der Vorsitzende einer der beiden großen Parteien des Landes von Hughes bezahlt wurde.«

Ehrlichman hatte Nixon selten so erregt gesehen.

»Diese ganze Angelegenheit hat mir einen Haufen Ärger eingetragen, und sie wird auch O'Brien einen Haufen Ärger machen«, sagte er, überzeugt davon, dass das Finanzamt lediglich die Spitze eines Eisbergs entdeckt und O'Brien noch vielmehr Geld von Hughes erhalten, dies aber in seiner Steuererklärung verschwiegen hatte. Er beauftragte Ehrlichman, eine genaue Überprüfung von O'Briens Steuerunterlagen in die Wege zu leiten.

Epilog II · Der Anfang vom Ende

»Ich will, dass O'Brien im Gefängnis landet«, sagte der Präsident und schlug mit der Faust auf den Tisch. »Und ich möchte, dass dies noch vor den Wahlen geschieht.«

Ehrlichmans Nachforschungen ergaben zwar, dass O'Brien von Hughes die beträchtliche Summe von 325 000 Dollar erhalten hatte, aber das Geld war ordnungsgemäß versteuert.

Nixon gab sich damit nicht zufrieden. Er ließ Finanzminister George Shultz anrufen und ihm ausrichten, er möge die Steuererklärung O'Briens noch einmal überprüfen lassen. Shultz antwortete, sie sei geprüft und alles sei okay.

Aber der Präsident blieb hartnäckig. Dieses Mal verlangte er von Shultz, O'Brien einem Verhör zu unterziehen. Mitte August wurde O'Brien von den Finanzbehörden befragt, die dem Weißen Haus anschließend mitteilten, dass die Untersuchungen abgeschlossen seien. Ehrlichman forderte eine Wiederaufnahme.

Schließlich überprüfte Shultz und der Chef der Finanzbehörde Johnnie Walters den Fall.

Beide ließen dem Präsidenten ausrichten, dass nichts gegen O'Brien vorliege. »Ich habe die Nase voll von eurer verdammten Verschleppungstaktik«, rief Ehrlichman und beschimpfte Walters so lange am Telefon, bis der auflegte.

Nixons Versuch, O'Brien zu bekämpfen, war ein weiteres Mal gescheitert, dafür überstand er die Watergate-Affäre einigermaßen unbeschadet. Am 15. September verurteilte ein Bundesgericht lediglich die fünf Einbrecher und ihre Rädelsführer Liddy und Hunt, verschonte aber deren Auftraggeber im Weißen Haus.

Nixon, obwohl er gerade noch einmal davongekommen war, aber wollte Rache, nicht nur an O'Brien, sondern an all seinen Feinden.

»Ich möchte genaueste Berichte über alle, die versucht haben, uns reinzulegen«, sagte er am selben Tag zu Dean. »Sie wollten es so, und nun sollen sie es kriegen. In den ersten vier Jahren haben wir, wie Sie wissen, unsere Machtmittel nicht eingesetzt. Wir haben sie nie ausgenutzt. Wir haben nie das FBI und nie das

Justizministerium in Anspruch genommen, aber das wird jetzt anders!«

»Das sind ja tolle Aussichten!«, rief Dean aus.

Wenige Wochen später, am 7. November 1972, wurde Richard Nixon in einer Wahl, die einem politischen Erdrutsch gleichkam, erneut zum Präsidenten gewählt.

Howard Hughes schickte keinen Stimmzettel, sondern Schecks, und zwar insgesamt in der Höhe von 150 000 Dollar. Dennoch war er unsicher, ob das genug wäre.

»Warum hat Chester nicht mehr gespendet?«, fragte Hughes, der sich inzwischen wieder in Nicaragua aufhielt.

Die Vorhersagen hatten den gewaltigen Wahlsieg der Republikaner angekündigt, und deshalb versiegten die Spendenquellen rasch.

Im März oder April 1972 hatte Rebozo seinen Freund Danner auf eine weitere Hughes-»Spende« angesprochen. Der erklärte, er ließe sich nicht mehr als Geldbriefträger missbrauchen, aber Rebozo ließ sich nicht so leicht abwimmeln. »Versuche, es herauszufinden«, beharrte er. Danner fragte seine neuen Chefs Gay und Davis, wurde aber dahingehend beschieden, sich nicht einzumischen, da die Sache »drüben im Osten« erledigt würde. Und so war es auch.

Bob Bennett hielt inzwischen alle Fäden in der Hand. Während er weiterhin versuchte, die wahren Hintergründe des Watergate-Einbruchs in die Öffentlichkeit zu lancieren und gezielt Informationen an die *Washington Post* und die CIA weitergab, schanzte der undurchsichtige Mormone Nixon weiterhin Hughes-Geld zu.

Am Morgen des 6. April, einen Tag bevor das neue Gesetz in Kraft trat, wonach die Namen von Spendern genannt werden mussten, hatte Liddy seine Vorbereitungen für den Einbruch getroffen und machte einen kurzen Besuch bei Bennett, um das Geld zu kassieren.

Bis zu den Wahlen im November hatte Nixon aus den unterschiedlichsten Quellen die schwindelerregende Summe von 60 Millionen erhalten. Das aber war offenbar nicht genug. Am

Epilog II · Der Anfang vom Ende

Wochenende vor der Wahl erhielt Bennett einen Anruf von Thomas Evans, einem Sozius in Nixons und Mitchells alter Anwaltsfirma (die jetzt ihr Büro in Washington mit dem Wahlkomitee des Präsidenten teilte).

»Ich möchte nur einmal nachfragen, ob Mr Hughes bereit ist, noch etwas mehr zu spenden?«, fragte Evans und behauptete, das Geld werde gebraucht, um Nixons »Defizit« zu decken. Bennett fragte, wie viel denn fehle. Evans sprach von 100 000 Dollar.

Hughes hatte ursprünglich beabsichtigt, dem Präsidenten lediglich 50 000 Dollar zu zahlen, 50 000 Dollar sollte dessen Gegner, George McGovern von den Demokraten, bekommen. Nun entschied der Milliardär, die gesamte Summe dem bedürftigen Nixon zu überlassen.

Als Dank für Hughes erbat Bennett lediglich, der Präsident möge dem Milliardär telefonisch zu dessen Geburtstag am 24. Dezember gratulieren. Zwar hatte der Präsident alle Hände voll mit dem »Weihnachtsbombardement« in Vietnam zu tun, erklärte sich aber dennoch einverstanden, seinen Wohltäter anzurufen. Das wäre ihr erster direkter Kontakt gewesen.

Wie sich jedoch herausstellte, war Hughes an seinem Geburtstag noch sehr viel beschäftigter, als der mächtigste Mann der westlichen Welt. Am 23. Dezember, einen Tag bevor er 67 Jahre alt wurde, vertrieb ein gewaltiges Erdbeben, das fast ganz Managua dem Erdboden gleichmachte, Hughes aus seinem Penthouse.

Er saß nackt auf seiner Chaiselongue, als um 12.30 Uhr das Erdbeben begann. Er hatte gerade ein 24-stündiges Filmprogramm absolviert, als der erste kräftige Erdstoß einen schweren Lautsprecher umstürzte, der ihn fast erschlagen hätte. Ein Mormone eilte herbei und konnte den Lautsprecher noch abfangen, bevor er seinen zerbrechlichen Chef traf.

Der Raum schwankte, das Licht erlosch, und große Gipsbrocken fielen von der Decke. Hughes blieb gelassen. Er weigerte sich sogar, das Zimmer zu verlassen. »Wir bleiben hier«, erklärte er seinen in Panik geratenen Assistenten und verlangte nach einem weiteren Film.

Die Mormonen dagegen rechneten mit dem Schlimmsten und überredeten Hughes, sich auf eine Trage zu legen. Während sie ihn die neun Stockwerke hinuntertransportierten, entschied Hughes plötzlich, dass sie umkehren sollten: Er hatte seine Drogen vergessen.

Eingehüllt in eine Wolldecke saß der Milliardär auf dem Rücksitz eines Mercedes, während noch immer Nachbeben die Stadt verwüsteten und sich verheerende Brände ausbreiteten. Das Beben forderte 5000 Opfer. Bei Sonnenaufgang fuhr der Mercedes durch die zerstörte Stadt, durch Straßen, die mit Trümmern und Leichen übersät waren, vorbei an tausenden verstörter Obdachloser, um Hughes auf Somozas Landsitz in Sicherheit zu bringen. Als er endlich in einem luxuriösen Badezelt am Rande eines Schwimmingpools saß, zeigte Hughes zum ersten Mal Angst: Er verlangte, dass die Fenster verhängt würden, weil er fürchtete, gesehen zu werden.

Abends kam der Milliardär auf dem Flughafen in Managua an, wurde in einen Lear-Jet verfrachtet und in die Vereinigten Staaten gebracht, wo er am Heiligabend kurz nach Mitternacht in Fort Lauderdale, Florida, landete.

Dort erwarteten ihn Steuerfahnder. Statt mit einem Geburtstagsgruß vom Präsidenten wurde Hughes von Finanzbeamten mit einer Vorladung empfangen. Die Steuerprüfung, die »Intertel« gegen Maheu eingeleitet hatte, und die immer größere Kreise ziehende Untersuchung, die bereits das Weiße Haus erfasst hatte, richteten sich schließlich auch gegen Howard Hughes selbst.

Gefangen in seinem im Hangar stehenden, von Steuerfahndern umstellten Jet, versuchte Hughes verzweifelt, sich der Entgegennahme der Vorladung zu entziehen. Er ließ nach Davis rufen, und der bärbeißige Anwalt forderte die Beamten auf zu warten, bis er Verbindung mit der Obersten Finanzbehörde in Washington aufgenommen habe. Sie erklärten sich bereit zu warten, aber nur für eine halbe Stunde.

Zwanzig Minuten später meldete Davis sich erneut und teilte triumphierend mit, er habe mit dem Chef der Steuerfahndung,

Epilog II · Der Anfang vom Ende

John Olsiewski, gesprochen, der angeblich den Oberfinanzpräsidenten Walters aus dem Bett geholt hatte und den Beamten in Fort Lauderdale ausrichten ließ, sie würden in Kürze die Anweisung erhalten, ihre Aktion abzubrechen.

Um 2.15 Uhr rief tatsächlich der Chef des Bezirksfinanzamtes aus Jacksonville an. Wie Davis gesagt hatte, befahl er seinen Leuten den Rückzug. Stattdessen sollte ein Zollinspektor Hughes lediglich eine Erklärung des Finanzamts vorlesen, in der er ersucht wurde, sich freiwillig einer Befragung zu stellen.

Der belagerte Hughes lehnte diesen wahrlich entgegenkommenden Vorschlag ab. Durch die geschlossene Tür des Flugzeugs hörten die wartenden Beamten eine laute Unterhaltung und dann eine Stimme, die die anderen im hellen Diskant übertönte und »nein« schrie.

Schließlich wurde der Zollbeamte doch an Bord gelassen. Er musste sich im Dunkeln bis zum Heck des Flugzeugs vortasten, wo er eine Taschenlampe anschaltete und ihr Licht auf einen bärtigen alten Mann richtete, dessen Gesicht halb von einem bis über die Ohren gezogenen schwarzen Hut verdeckt war. Der Beamte übergab ihm die schriftliche Aufforderung des Finanzamtes und fragte ihn, ob er sie verstände. Der Mann mit dem schwarzen Hut bejahte. Es war das letzte Mal, dass irgendein Beamter der amerikanischen Regierung Howard Hughes lebend zu Gesicht bekam.

Von Fort Lauderdale flog der Milliardär nach London. Dort wohnte er in einem Penthouse im luxuriösen Gästetrakt des »Parkhotels«, das der Familie Rothschild gehörte – mit Blick auf den Buckingham Palace. Um 4 Uhr früh, eineinhalb Stunden nachdem er sich in seinem neuen Zufluchtsort eingerichtet hatte, nahm Hughes sein gewohntes Leben wieder auf und setzte das fort, worin ihn das Erdbeben gestört hatte: Er streckte sich auf seiner Chaiselongue aus und sah den Film *The Deserter* an.

Knapp zwei Wochen nach seinem Eintreffen in London erhielt er eine Nachricht aus den Vereinigten Staaten, die ihn in eine beinahe ausgelassene Stimmung versetzte. Am 10. Januar 1973 verkündete der Oberste Gerichtshof die seit langem erwar-

tete Entscheidung im TWA-Prozess. Hughes hatte einen über-
wältigenden Sieg errungen. Der Gerichtshof hob alle Entscheidungen der unteren Instanzen auf, wies die Klage ab, die zehn
Jahre zuvor wegen Nichterscheinens vor Gericht erhoben worden war, und erklärte den Strafbefehl für nichtig, der inzwischen,
inklusive Zinsen, auf 180 Millionen Dollar angewachsen war.

Hughes geriet in Euphorie. Er beschloss zu feiern, aus seinem
»erdgebundenen« Gefängnis auszubrechen und seine glorreiche
Vergangenheit wiederaufleben zu lassen: Er wollte fliegen!

Die Mormonen waren schockiert. Seit einem Dutzend Jahren
hatte Hughes keinen Steuerknüppel mehr in der Hand gehabt,
ja, während dieser Zeit kaum sein Bett verlassen. Seine Augen
waren so schlecht, dass er nicht ohne Vergrößerungsglas lesen
konnte, und natürlich besaß er auch keinen gültigen Pilotenschein mehr. Das spielte keine Rolle. Er wollte fliegen. Voller
Tatendrang schickte er seine Assistenten los, um ihm eine richtige Ausrüstung zu besorgen, eine Pilotenjacke aus Leder und
einen flotten Stetson, wie er ihn in den Dreißigerjahren getragen
hatte, als er alle Rekorde brach. Dann ließ er sich ständig Flug-
zeugfilme vorführen: *Zeppelin, Helicopter Spies, Doomsday Flight,
The Crowded Sky.*

Monate vergingen, in denen Hughes sich auf den großen Tag
vorbereitete. Endlich war es so weit: am Sonntag, dem 10. Juni.
In der Nacht hatte er noch zweimal den Film *Strategic Air Com-
mand* gesehen, und am Morgen ließ er einen seiner Assistenten
kommen, um sich einer gründlichen Körperpflege zu unterziehen – wie schon einmal. Es dauerte wiederum vier Stunden, sein
Haar zu schneiden, seinen Bart zu stutzen, seine langen Nägel
zu kürzen und ihn anzukleiden. Kurz vor 14 Uhr verließ er das
Hotel und fuhr zum Flughafen Hatfield, nördlich von London.

Dort wartete ein Privatjet. Hughes inspizierte die Hawker Sid-
deley 748, ließ sich auf dem Pilotensitz nieder – und zog sich völlig aus. Nackt bis auf sein Markenzeichen, den braunen Filzhut,
packte Hughes den Steuerknüppel und startete.

Er flog den ganzen Tag mit einem erfahrenen Co-Piloten an
seiner Seite, der hoffte, ihm das Flugzeug verkaufen zu können.

Epilog II · Der Anfang vom Ende

Nach zwei weiteren Flugversuchen im Juli fühlte er sich in der Luft wieder wie zu Hause.

In dieser Zeit, die ihn in seine Abenteuervergangenheit zurückversetzte, erfuhr Howard Hughes von der Watergate-Affäre. Er hatte das Bild eines Flugzeugs im *London Express* betrachtet, als ihm plötzlich eine Story über jene Krise, die die USA erschütterten und die er unabsichtlich herbeigeführt hatte, in die Augen stach.

»Was ist Watergate?«, fragte er. Es war das erste Mal, dass er dieses Wort las. Seine Mormonen versuchten, ihm zu erklären, was vorgefallen war, aber Hughes verstand es nicht und verlor bald das Interesse daran.

Wenige Wochen später, am 9. August, stand Hughes mitten in der Nacht auf, um ins Badezimmer zu gehen, rutschte aus und brach sich die Hüfte.

Er sollte nie wieder fliegen und nie wieder sein Bett verlassen.

Zur selben Zeit, als Hughes »Watergate entdeckte«, nahm Nixons Schicksal eine schlimme Wende. Am Morgen des 21. März erschien John Dean im Ovalen Büro, um dem Präsidenten die trostlose Lage zu erläutern.

»Wir haben hier ein Krebsgeschwür, in unmittelbarer Nähe des Präsidenten, das immer größer wird«, erklärte Dean. Dieses bösartige Geschwür drohe, das gesamte Weiße Haus zu erfassen.

»Wir werden erpresst«, sagte Dean. Mehr als 350 000 Dollar Schweigegeld seien bereits ausgegeben, um den Einbrechern den Mund zu stopfen, aber sie verlangten immer mehr.

»Das wird eine Erpressung ohne Ende von Hunt, Liddy und den Kubanern«, warnte Dean. »Das wird Geld kosten. Das ist gefährlich. Die Leute hier sind keine Profis in solchen Dingen. So etwas kann nur die Mafia: Geld waschen, sauberes Geld kriegen, solche Dinge.«

Nixon fragte – ganz Geschäftsmann: »Wie viel Geld braucht ihr?«

»Ich würde sagen, dass diese Leute in den nächsten zwei Jahren eine Million Dollar kosten werden«, erwiderte Dean.

Howard Hughes · Das wahre Gesicht der Macht

»Die können wir kriegen«, sagte Nixon. »Sie können eine Million Dollar haben. Und sie können sie in bar kriegen. Ich weiß, wo sie zu holen sind.«

Nixon war entschlossen, alle Schmiergelder einzusetzen, die sich im Laufe der Jahre angesammelt hatten, um seinen Part an der Watergate-Affäre zu vertuschen.

Als der Skandal ihn Mitte April zu überrollen drohte, saß Nixon mit den beiden Männern, die noch zu ihm hielten, Haldeman und Ehrlichman, zusammen und erklärte ihnen, dass sie wahrscheinlich zurücktreten müssten – und bot ihnen Geld aus Bebe Rebozos kleiner Stahlkassette an.

»Die Prozesskosten werden beträchtlich sein«, sagte der Präsident, verzweifelt bemüht, auch seine beiden engsten Mitarbeiter loszukaufen. »Aber es gibt eine Möglichkeit, sie euch zur Verfügung zu stellen und … äh … 200 000 bis 300 000 Dollar.«

»Wir wollen erst mal sehen, ob das nötig ist«, erwiderte Ehrlichman.

»Keine Schwierigkeit«, versicherte Nixon. »Kommt nicht von mir. Ich habe das Geld sowieso nie für mich brauchen wollen. Ich habe nämlich tatsächlich B-B-Bebe grundsätzlich erklärt, er kann sicher sein, dass man Leuten wie … äh … die Geld gespendet haben, während der ganzen Jahre … äh … einen Gefallen getan hat usw. im Allgemeinen. Und er hat es dafür verwendet, gewisse Dinge auszubügeln, mit Schecks dafür bezahlt und alles solche Sachen.«

Nixons Nervosität ließ sich nicht verbergen. Er stotterte und konnte den Namen seines besten Freundes B-B-Bebe kaum richtig aussprechen. Es war das erste Mal, dass er irgendjemand gegenüber zugab, dass Rebozo einen Geheimfonds für seinen persönlichen Gebrauch unterhielt, Geld, das von »Spendern« gesammelt worden war, denen man »einen Gefallen getan hat usw.«. Sicher waren die 100 000 Dollar von Hughes nur ein Teil eines sehr viel größeren Fonds.

Noch als Haldeman und Ehrlichman das Zimmer verlassen wollten, versuchte der Präsident voller Nervosität ihnen Geld aufzudrängen.

Epilog II · Der Anfang vom Ende

»Ich hoffe, dass ihr mir wegen des Geldes Bescheid gebt«, sagte er beim Abschied. »Ich finde, eine bessere Verwendung gibt es dafür nicht. Okay?«

Zwei Wochen später ließ er Haldeman und Ehrlichman nach Camp David kommen, um ihnen mitzuteilen, dass sie nun zurücktreten müssten. Dabei wiederholte er mehrmals sein Angebot. Nixon flehte, bettelte, ja, weinte sogar. Aber seine demonstrativen Gefühlsausbrüche verfehlten offenbar ihre Wirkung. Vor allem Ehrlichman war verbittert und schlug vor, Nixon solle selbst zurücktreten.

»Ihr werdet das Geld brauchen«, winselte der Präsident. »Ich habe etwas – Bebe hat es – und ihr könnt es haben.«

Ehrlichman schüttelte den Kopf. »Das würde die Dinge nur noch verschlimmern«, sagte er kühl, wandte sich zum Gehen und ließ Nixon allein.

Obwohl der Präsident seine beiden engsten Mitarbeiter mit jenem Geld zu bestechen versuchte, das er von Hughes erhalten hatte, bemühte sich Bebe Rebozo fieberhaft, dieses heiße Geld Howard Hughes zurückzugeben.

Aber da gab es eine Schwierigkeit: Das Geld war nicht mehr da.

Am Montag, dem 30. April um 8 Uhr früh – während Nixon sich darauf vorbereitete, die Säuberung seines Spitzenstabes im Weißen Haus in einer landesweit ausgestrahlten Fernsehansprache zu verkünden –, traf Rebozo sich mit dem persönlichen Berater des Präsidenten Herb Kalmbach.

Rebozo war sehr erregt. Er verpflichtete Kalmbach zu absolutem Schweigen, sagte, er handle im Auftrage des »großen Mannes« und gestand dann, was ihn bedrückte: das Geld des Howard Hughes.

Das Finanzamt habe wegen der nicht angemeldeten »Wahlkampfspende« von 100 000 Dollar nachgefragt. In zehn Tagen sei Stichtag, aber er habe das Geld gar nicht mehr, es sei bereits ausgegeben. Und zwar nicht für irgendeinen Wahlkampf.

Rebozo behauptete, einen Teil des Hughes-Geldes Nixons Brüdern, Edward und Donald, sowie der Privatsekretärin des Präsidenten, Rose Mary Woods, und ungezählten »anderen« gegeben zu haben.

Nun fragte er Kalmbach, der Nixons Spendensammler hinter den Kulissen gewesen war, um Rat. Dem aber war schnell klar, worum es eigentlich ging, nämlich Ersatz für die verschwundenen Dollars zu beschaffen, und er hatte eine ziemlich genaue Vorstellung davon, wer die »anderen« wirklich waren, die das Geld erhalten hatten. Kalmbach verspürte angesichts dieser Situation nicht die geringste Lust, weiterhin den Kassierer für die Schatulle des Präsidenten zu spielen.

Er empfahl Rebozo, einen Steueranwalt zu nehmen, das, was von den 100 000 Dollar übrig geblieben war, zurückzugeben und reinen Tisch mit dem Finanzamt zu machen.

Rebozo war schockiert. »Dadurch würden der Präsident und seine Familie in Mitleidenschaft gezogen«, rief er. »Ich kann dem Präsidenten in dieser Zeit nicht noch mehr Probleme aufhalsen, Herb.«

Am 10. Mai stellte sich Rebozo der Befragung durch das Finanzamt. Er behauptete, das gesamte Hughes-Geld läge seit drei Jahren unangetastet in seinem Safe, und er wolle es jetzt zurückgeben.

Der erbitterte Machtkampf innerhalb des Hughes-Imperiums habe ihn davon abgehalten, es in Nixons Wahlkampf zu stecken. Bis vor wenigen Wochen habe der Präsident nicht die geringste Ahnung von dieser Spende gehabt. Als er davon erfuhr, habe er sofort gesagt: »Du solltest es zurückgeben.« Das sei alles.

Die Steuerbehörden forschten nicht weiter nach. Sie waren nicht erpicht darauf, den besten Freund des Präsidenten genauer zu befragen. Und obgleich Danner die 100 000-Dollar-Transaktion schon ein Jahr vorher getätigt hatte, war den Fahndern im Falle Hughes bisher nicht erlaubt worden, Rebozos Geschäfte genauer zu durchleuchten. Am 18. Mai trafen sich Rebozo und Richard Danner zum Frühstück im »Madison Hotel«. Rebozo erzählte, er wolle Hughes das Geld zurückgeben.

Immer wieder betonte er, er habe noch genau die Hundert-Dollar-Scheine, die Danner ihm vor drei Jahren gegeben habe,

Epilog II · Der Anfang vom Ende

das Geld sei immer noch in den Originalbanderolen der Las-Vegas-Bank. Es sei nie angerührt worden. Nicht ein einziges Mal.

Danner weigerte sich, das Geld anzunehmen. Zweieinhalb Stunden stritten sie miteinander, aber Danner wollte mit der Sache nichts zu tun haben. Das Geld, das Rebozo anfangs als zu gefährlich erschien, um es überhaupt anzunehmen, und das ihm nun zu gefährlich erschien, um es zu behalten, hielt Danner offenbar für zu gefährlich, um es zurückzunehmen.

»Aber es ist *dein* Geld«, rief der Kubaner wütend.

»Es ist nicht mein Geld«, sagte Danner. »Es ist dein Geld. Und ich an deiner Stelle ginge zu meinem Anwalt.«

Rebozo wollte das verfluchte Geld um jeden Preis loswerden. Er bat Danner, das Wochenende in Washington zu bleiben. Der Präsident wolle ihn sprechen. Die drei Männer trafen sich am Sonntag, den 20. Mai, in Camp David. Nixon hatte eine schlimme Woche hinter sich. Am 17. Mai hatte der Watergate-Ausschuss des Senats mit seinen vom Fernsehen live übertragenen Anhörungen begonnen. Am 18. Mai wurde Archibald Cox zum Sonderankläger ernannt. Und nun hatte sich Nixon allein auf seinen Landsitz zurückgezogen, um eine »endgültige Stellungnahme« zu Watergate zu formulieren, die am Dienstag veröffentlicht werden sollte. Dennoch nahm er sich die Zeit, Danner zu empfangen.

Der Präsident machte zunächst einige Scherze, dann setzte er zu einer langatmigen und leidenschaftlichen Verteidigungsrede an. »Ich bin in keiner Weise schuldig«, erklärte er, und, dass er dem Sturm trotzen werde. Selbstverständlich werde er *nicht* zurücktreten. Das Gespräch dauerte mehr als zwei Stunden, verlief aber ergebnislos.

Wenige Tage nach diesem gescheiterten Gipfeltreffen vertraute Rebozo Nixons neuem Stabschef Alexander Haig die Sorgen des Präsidenten an. Haig sprach mit dem stellvertretenden Finanzminister William Simon und ließ sich den letzten Stand der Steuerermittlungen geben. Simon erklärte, dass man Rebozo verhören werde.

Rebozo nahm sich einen guten Steueranwalt. Am 18. Juni bat er auf Anraten seines Anwalts den FBI-Chef von Miami zu sich.

Beide Männer betraten den Tresorraum seiner Bank in Biscayne, und in Gegenwart des FBI-Beamten öffnete Rebozo das Schließfach Nr. 224. Er zog zwei große Umschläge heraus und schüttete die Hundert-Dollar-Noten-Bündel auf den Tisch. Dies sei das Geld von Hughes, sagte Rebozo, und dann zählten sie.

Es waren nicht mehr zwanzig Bündel in Bankbanderolen, sondern zehn Bündel, die von Gummibändern zusammengehalten wurden. Es sei immer noch dasselbe Geld, das er seinerzeit erhalten habe, erklärte Rebozo. Er habe die Las-Vegas-Banderolen lediglich deshalb entfernt, weil »allem, was von Las Vegas komme, ein Stigma anhafte«.

Und tatsächlich war noch alles da. Jeder Penny, es hatte sich sogar vermehrt. Die Zählung ergab 100 100 Dollar. Woher die 100 Dollar kamen, vermochte Rebozo nicht zu sagen.

Am nächsten Tage brachte er das Geld in das Büro seines Anwalts und bat Danner, dort ebenfalls zu erscheinen – Danner weigerte sich zunächst, arrangierte dann aber ein Treffen zwischen Rebozo und Chester Davis. Hughes' verblüffter Anwalt erklärte sich sofort bereit, das Geld zurückzunehmen.

So war Richard Nixon das brisante Geld schließlich doch noch losgeworden, nicht aber den Fluch, der darauf lastete.

Eine Woche später, am 4. Juli, öffnete Robert Maheu in Los Angeles die Büchse der Pandora.

Mit Hilfe von vier Anwälten bereitete er eine eidesstattliche Erklärung vor, der eine Verleumdungsklage über 17 Millionen Dollar folgen sollte: Beklagter war Howard Hughes. Der nämlich hatte anlässlich der Pressekonferenz in Sachen Clifford Irving seinen Adlatus beschuldigt, ihn »bedenkenlos bestohlen« zu haben.

Und dann erzählte Robert Maheu die Geschichte der großen Nixon-Bestechung:

»Mr. Hughes wollte von dem Präsidenten der Vereinigten Staaten Besitz ergreifen«, sagte Maheu, und im Falle Nixon habe es »gewisse politische Verpflichtungen gegeben«. Die Hälfte der 100 000-Dollar-Spende sei direkt dafür gezahlt worden, dass

Epilog II · Der Anfang vom Ende

Justizminister Mitchell auf Anwendung der Kartellgesetze verzichtet habe: jene mit Richard Danner durch Handschlag besiegelte Abmachung, die es Hughes weiterhin erlaubte, Las Vegas »aufzukaufen«.

»Nach der Rückkehr von Mr Danner aus Washington, D. C.«, sagte Maheu, »stellte ich Mr Danner die Summe in Höhe von 50 000 Dollar zur Weitergabe an Mr Rebozo zur Verfügung.«

Als der Inhalt von Maheus eidesstattlicher Erklärung dem Watergate-Ausschuss des Senats bekannt wurde, stürzte sich ein ganzes Team in die Ermittlungen, die vieles über die klammheimlichen Transaktionen des Howard Hughes zutage förderten, vor allem aber auch ein erhellendes Licht auf die dunklen Hintergründe der Watergate-Affäre warfen.

Am 10. Oktober erfuhr eine staunende Öffentlichkeit von der seltsamen Verbindung zwischen Howard Hughes und dem Präsidenten der Vereinigten Staaten. Das 100 000-Dollar-Geschäft prangte auf den Titelseiten aller Zeitungen des Landes, und der Senat kündigte an, Rebozo, den gesamten Hughes-Stab und Hughes selbst unter Strafandrohung vor den Ausschuss zu laden und sie live im Fernsehen zu verhören.

Inzwischen hatten Ermittlungsbeamte in Key Biscayne Rebozo einem strengen Verhör unterzogen. In dieser und in weiterer Aussagen versuchte der Kubaner zu erklären, warum er das Geld drei Jahre versteckt gehalten und es jetzt zurückgegeben hatte.

»Ich wollte wegen irgendwelcher Beziehungen zwischen Hughes und Nixon nicht die geringste Schwierigkeit riskieren«, erklärte er.

»Ich war überzeugt, dass es den Präsidenten den Wahlsieg von 1960 gekostet hatte und ihm 1962 in Kalifornien nicht half.«

Er gab zu, das Geld bis zum Auftauchen der Finanzbeamten behalten zu haben, weil er fürchtete, ein Bekanntwerden in der Öffentlichkeit hätte sich für Nixon vernichtend ausgewirkt.

»Es bestand die Möglichkeit, dass es wieder einen Artikel über Geld von Hughes geben könne, wie ihn seinerzeit Drew Pearson geschrieben hat, und dass das immer so weitergehen würde. Das hätte Nixon das Genick gebrochen.«

Rebozos Befürchtungen waren nicht unbegründet. In den folgenden Tagen dürfte Nixons verzweifelter Versuch, die Affäre zu vertuschen, zu dem letzten verhängnisvollen Schritt während seiner Präsidentschaft geführt haben.

Dabei hätte der Präsident die Kraftprobe vermeiden können. Nixon verhandelte gerade über die im Weißen Haus aufgenommenen Tonbänder und stand kurz davor, mit dem angesehenen Justizminister Elliot Richardson einen Kompromiss zu schließen. So hätte der verhasste Sonderankläger Archibald Cox umgangen werden und Nixon die Tonbänder behalten können.

Anstelle der Tonbänder sollte Nixon Abschriften ausliefern, deren Richtigkeit von dem praktisch stocktauben Senator John Stennis überprüft werden sollten. Niemand rechnete damit, dass Cox eine solche Vereinbarung akzeptieren würde, aber da Richardson zugestimmt hatte, durfte Nixon hoffen, Cox werde aus Protest zurücktreten.

Am 18. Oktober, als die letzten Einzelheiten mit Richardson besprochen werden sollten, stellte Rebozo plötzlich fest, dass Cox sich in die Hughes-Untersuchung eingeschaltet hatte. Ein befreundeter Finanzbeamter erzählte ihm, der Sonderankläger habe alle Unterlagen über die 100 000-Hughes-Dollar angefordert. Der *Miami Herald* erschien mit der Schlagzeile: »Cox beginnt Steuerprüfung bei Rebozo.«

Richard Nixon bekam einen Wutanfall. »Dieser verfluchte Harvard-Professor verfolgt mich«, tobte er. »Dies ist der Beweis.«*

Der Präsident erklärte Haig, er wolle nicht, dass Cox seine Nase in Bebes Privatangelegenheiten stecke, und das Hughes-Geld ginge ihn einen »Scheißdreck« an. Im Augenblick wenigstens versetzte die Hughes-Rebozo-Untersuchung Nixon offenbar mehr in Wut, als Cox' unbarmherzige Suche nach den Tonbändern. In seiner hysterischen Angst vor allem, was mit Hughes zusammen-

---

* In Wirklichkeit schaltete sich Cox gar nicht in die Untersuchung des Falles Hughes–Rebozo ein. Im Gegenteil: Er wies seine Mitarbeiter sogar an, *keinerlei* Fragen im Zusammenhang mit Hughes mit ihm zu diskutieren, da er in dieser Sache befangen sei: Sein Bruder Maxwell war Sozius von Chester Davis.

Epilog II · Der Anfang vom Ende

hing, rückte Nixon unverzüglich von dem mühevoll zustande gekommenen »Stennis-Kompromiss« ab.

Haig rief Richardson an. Bevor überhaupt die Rede auf die Tonbänder kam, ließ Haig den Justizminister wissen, dass Nixon eine Untersuchung des Falles Hughes durch Cox nicht zulassen werde. Der Präsident, sagte er, sehe nicht ein, was der Auftrag des Sonderanklägers mit Rebozo oder Hughes zu tun habe.

Am späteren Abend erschienen Haig und Nixons Anwälte beim Präsidenten. Sie versprachen, das Problem mit dem Sonderankläger zu lösen, Cox zum Rücktritt zu zwingen, Richardson aber zu halten. Der Präsident dürfe sich aber zu der Frage, ob Cox Zugang zu den Tonbändern erhielte, nicht mehr äußern. »Lassen Sie diese Frage einfach offen«, empfahlen die Anwälte, »und stimmen Sie der Vereinbarung zu!«

Es war nach Mitternacht und der Präsident nicht mehr bereit, komplizierte Strategien zu erörtern.

Er werde die Tonbänder nicht herausgeben, erklärte er kategorisch. Cox müsse dem schriftlich zustimmen oder er werde gefeuert. Nun war der offene Kampf unvermeidlich.

Nixon war immer noch verzweifelt bemüht, die Hughes-Zahlungen zu verschleiern. Er war so darauf fixiert, dass jeder Kompromiss scheitern musste.

Am Samstagabend, dem 20. Oktober 1973, entließ Nixon Sonderankläger Cox. Justizminister Richardson und dessen erster Stellvertreter traten zurück. Das Ende dieses 20. Oktober ging in die Geschichte Washingtons als die »Nacht der langen Messer« ein. Innerhalb weniger Tage wurden im Kongress 22 Anträge eingebracht, Nixon wegen Amtsmissbrauch unter Anklage zu stellen.

Auch Howard Hughes sollte vor Gericht erscheinen.

Nicht nur seine indirekte Beteiligung an Watergate drohte, ihm zum Verhängnis zu werden, auch seine gesetzwidrige Übernahme der Luftfahrtgesellschaft Air West, die der Präsident am selben Tage genehmigt hatte, als Hughes seine Bereitschaft erkennen ließ, 100 000 Dollar zu zahlen.

Am frühen Morgen des 20. Dezember floh Hughes vor dem langen Arm des Gesetzes aus London. An Bord einer Düsenmaschine, die dem saudischen Waffenhändler Adnan Khashoggi gehörte, flog er auf die Bahamas. In einem Hotel in Freeport (Besitzer war der Großreeder Daniel K. Ludwig), waren zwei Etagen für ihn reserviert.

Kaum hatte Hughes sich dort eingerichtet, da wurde er schon von einer Anklagekammer in Las Vegas des Betruges und der Börsenmanipulation im Falle Air-West-Übernahme beschuldigt. Er musste mit einer Gefängnisstrafe von maximal bis zu zwölf Jahren rechnen.

Die Bahamas schienen ihm ein ziemlich sicherer Zufluchtsort zu sein, denn erst wenige Wochen zuvor hatte die Regierung der Inseln die Auslieferung eines anderen flüchtigen amerikanischen Finanziers, des notorischen Schwindlers Robert Vesco, verweigert.

Dennoch wollte Hughes weitere Risiken meiden. Er hatte nicht vergessen, wie er gezwungen worden war, wegen des Clifford-Irving-Falles die Bahamas zu verlassen, und war deshalb entschlossen, die Gunst seines neuen Beschützers, des Premierministers Lynden O. Pindling, auf gehabte Weise zu festigen: Er wollte ihn bestechen.

»Der ehrenwerte Premierminister«, schrieb Hughes an Chester Davis, »ist mutig und tapfer, was ich bewundere.

Ich bitte Sie, ihm Folgendes zu sagen: Ich möchte gern irgendwie von Nutzen sein. Die Frage ist: Wie viel Hilfe braucht er und wie schnell?«

Sein Anwalt Chester Davis dagegen musste Nixons 100 000 Dollar abgeben. Monatelang hatte er erbitterten Widerstand geleistet. Erst nach einer Strafandrohung erschien er vor dem Watergate-Ausschuss des Senats, öffnete seine Aktenmappe und kippte wütend die Hundert-Dollar-Scheine direkt vor der Nase des verblüfften Senators Sam Ervin auf den Tisch.

»Hier ist das verdammte Geld«, rief Davis. »Nehmen Sie es, verbrennen Sie es oder tun Sie damit, verdammt noch mal, was Sie wollen.«

Epilog II · Der Anfang vom Ende

Aber die Senatoren gaben sich mit dem Geld nicht zufrieden, sie wollten Howard Hughes. Mitte Januar erhielt Davis ein Schreiben des Ausschusses, in dem der Milliardär aufgefordert wurde zu erscheinen. Kurze Zeit später erließ Ervin eine offizielle Vorladung mit Strafandrohung.

Noch zu einer Zeit, in der viele Leute sich bereits fragten, ob er nicht der eigentliche Mittelpunkt dieser ganzen Affäre sei, hatte der Milliardär nur eine sehr vage Vorstellung von den Ereignissen um das »Watergate Hotel«. Davis versuchte, die Hintergründe zu erläutern:

»Wir sind folgendermaßen in die Watergate-Affäre verwickelt:

1. E. Howard Hunt, wegen des Watergate-Einbruchs rechtskräftig verurteilt, wurde von Bob Bennett (unserem derzeitigen Washingtoner Repräsentanten) beschäftigt. Darüber hinaus stand Bennett mit dem Weißen Haus über Chuck Colson in Verbindung, der eindeutig in das Watergate-Vertuschungs-Manöver verwickelt war.

2. Bennett, Ralph Winte (bei uns beschäftigt betr.: Sicherheitsmaßnahmen) und Hunt sind in Pläne verwickelt, Greenspuns Safe aufzubrechen, und obgleich diese Pläne abgelehnt und niemals ausgeführt wurden, sehen die Untersuchungsbehörden darin politische Gründe im Zusammenhang mit Watergate.

3. Die Parteispende von Danner an Rebozo sowie Besuche von Danner bei Mitchell werden als Versuch angesehen, Regierungsentscheidungen zu beeinflussen, unter anderem, um eine Änderung der Richtlinien des Justizministeriums zu erreichen.

4. Zahlungen an Larry O'Brien und seine Anstellung gelten zum Teil als mögliches Motiv für den Einbruch im ›Watergate‹, weil das Weiße Haus darin eine Möglichkeit sah, O'Brien und die Demokraten zu kompromittieren.

5. Die massiven Parteispenden, die angeblich von Maheu gemacht wurden, vor allem die Barzahlungen, sind Teil der umfassenden Watergate-Ermittlungen mit dem Ziel, hier gesetzliche Änderungen durchzuführen.«

Hughes konnte mit dieser Erklärung wenig anfangen. Da er sich wirklich oder vorgeblich nicht mehr an die 100 000-Dollar-Zahlung erinnern konnte, verlangte er, Davis solle die ganze Watergate-Untersuchung stoppen. Er hielt das alles für eine Verschwörung, die dazu dienen sollte, ihn aus seinem Versteck zu locken.

»Ich habe bisher noch keine weiteren Informationen bekommen können, um genau festzustellen, welche Personen hinter diesem hartnäckigen Versuch stehen, Sie in Schwierigkeiten zu bringen, um Sie dazu zu zwingen, vor Gericht zu erscheinen«, schrieb Davis, um seinem verrückten Chef guten Willen zu beweisen, wies aber gleichzeitig darauf hin, dass die ganze Verschwörung in Wirklichkeit gegen Nixon gerichtet sei.

»Seit dem Watergate-Vorfall gibt es eine erbitterte, fanatische, politische Bewegung, die Nixon vernichten will. Die gewaltigen Summen, die Maheu angeblich in Ihrem Auftrage und entsprechend Ihren Anweisungen gezahlt haben soll, sowie die Veröffentlichung angeblicher Briefe von Ihnen an Maheu, die als Instruktionen gedeutet werden, die Administration zu beeinflussen, wenn nicht gar zu kontrollieren, ließen den Watergate-Ausschuss des Senats zu der Überzeugung gelangen, dass Nixon Gelder von Ihnen bekommen hat, einschließlich der 100 000 Dollar, die für Rebozos persönlichen Gebrauch und nicht als ordnungsgemäße Parteispende für politische Zwecke gedacht waren.

Bisher haben wir alle Versuche der Finanzbehörden, des SEC und des Watergate-Ausschusses, sich direkt mit Ihnen in Verbindung zu setzen, erfolgreich abwehren können.

Daraus ist ein richtiger Kampf geworden«, schloss Davis, »aber ich bin überzeugt, dass wir gewinnen werden.«

Und tatsächlich siegte Hughes. Von allen, die in der Watergate-Affäre eine Rolle spielten, war er der Einzige, der sich allen Ermittlungen entziehen konnte und der niemals vor Gericht kam. Obgleich er angeklagt und vorgeladen war, stand Hughes offenbar über den Gesetzen.

Der Milliardär war zwar in Sicherheit, nicht aber seine geheimen Dokumente. In den frühen Morgenstunden des 5. Juni 1974 wurden die Geheimdokumente, von denen Richard Nixon

Epilog II · Der Anfang vom Ende

glaubte, sie seien in O'Briens Büro oder Greenspuns Safe versteckt, aus Howard Hughes' altem Hauptquartier in der Romaine Street 7000 in Hollywood gestohlen.

Niemand wagte, Hughes zu erzählen, dass seine wie ein Heiligtum gehüteten Dokumente verschwunden waren.

Als er dennoch von dem Einbruch erfuhr, machte er sich große Sorgen, nicht weil seine Geschäfte mit Nixon entdeckt werden könnten, sondern weil die Einbrecher mit einem kostbaren Oldsmobile geflohen waren und weil sie offenbar sein Filmarchiv durcheinander gebracht hatten.

Während Hughes sorgenvoll seiner Erinnerungsstücke gedachte, stellten seine Leute in der Romaine Street fest, dass ein weiteres heikles Dokument verschwunden war – ein Schriftstück, aus dem die tatsächliche Mission der *Glomar Explorer* hervorging. Der Zeitpunkt dieser Entdeckung konnte nicht unpassender sein. Die *Glomar* stand nämlich kurz davor, ihre gigantische Greifzange auszustrecken, um das versunkene russische U-Boot zu heben.

Und nun, einen Monat nach dem Einbruch, musste der CIA Chef William Colby dem Präsidenten melden, dass das *Glomar*-Geheimnis gelüftet sei und sich wahrscheinlich in den Händen unbekannter Einbrecher befinde, die die Romaine Street ausgeraubt hatten.

Der Präsident erfuhr diese unangenehme Neuigkeit wenige Tage nachdem er aus Moskau zurückgekehrt war, wo er einen Rüstungskontrollvertrag unterzeichnet hatte, der die großen Atomversuche in Nevada beenden sollte.

Nixon hatte also allen Grund, nicht nur wegen des verschwundenen *Glomar*-Dokuments besorgt zu sein.

Colby wusste das. Als die CIA am 4. Juli ihre erste Liste mit »potenziellen Tätern« zusammenstellte, fügte sie hinzu, dass der Einbruch in der Romaine Street »politisch motiviert sein könnte, um die Watergate-Ermittlungen voranzutreiben oder zu behindern«. Unter den »möglichen Interessenten der Dokumente« nannte die CIA »Anti-Impeachment-Kräfte, da die Dokumente kompromittierend sein könnten«.

Doch welchen Verdacht die CIA auch immer haben mochte, Nixon wusste, dass der Einbruch in der Romaine Street nicht im Auftrage des Weißen Hauses ausgeführt worden war, und deshalb wusste er auch, dass die Geheimdokumente, wie er seit langem gefürchtet hatte, in unbekannte und möglicherweise feindliche Hände gefallen waren.

Dem Präsidenten blieb jedoch nur noch wenig Zeit, sich Gedanken über den politischen Zündstoff zu machen, den die Papiere liefern konnten.

Kurz nach neun am Mittwochmorgen des 24. Juli klingelte das Telefon in Nixons Schlafzimmer in San Clemente und riss den Präsidenten aus dem Schlaf. Am anderen Ende der Leitung war Alexander Haig.

»Eine ziemlich böse Sache, Mr President«, sagte Haig. »Der Oberste Gerichtshof hat heute Morgen seine Entscheidung getroffen.« Nixon musste seine Tonbänder ausliefern.

Watergate, das mit der Enthüllung von Hughes' Geschäften begann, endete nun mit der Enthüllung von Nixons Machenschaften. Es war kaum zu glauben, aber ausgerechnet diese beiden Geheimniskrämer hatten gewissermaßen Tagebuch über ihr gesetzwidriges Treiben geführt.

Nun saß Nixon auf der Anklagebank. Am selben Abend begann das Impeachment Committee des Repräsentantenhauses mit seinen vom Fernsehen direkt übertragenen Anhörungen. Die ganze makabre Geschichte von Watergate kam nun ans Licht. Der Präsident wurde mit Hilfe der von ihm selbst aufgezeichneten Worte entlarvt, alle seine Mitarbeiter standen wegen Vertuschungsversuches unter Anklage, und die Einbrecher saßen bereits im Gefängnis.

Nur ein Aspekt der Affäre wurde nicht erörtert: das Motiv.

Es war nicht unbekannt, wurde aber verschwiegen. Kurz bevor der Watergate-Ausschuss des Senats seinen Schlussbericht veröffentlichte, entnahmen die Senatoren dem Schriftstück 46 Seiten. In diesem Teil des Untersuchungsberichts war die Schlussfolgerung gezogen worden, Nixons Verbindung zu Hughes habe in der Watergate-Affäre den Stein ins Rollen gebracht.

Epilog II · Der Anfang vom Ende

Es habe damit begonnen, so hieß es in dem Bericht, dass Nixon fürchtete, Larry O'Brien habe von der 100 000-Dollar-Zahlung erfahren – und zwar zu einer Zeit, in der O'Brien gleichzeitig Kontaktmann des Milliardärs in Washington und Vorsitzender des Nationalkomitees der Demokraten war.

Keiner der Senatoren, gleich ob Republikaner oder Demokrat, wollte, dass dies der Öffentlichkeit bekannt wurde. Offensichtlich gab es keine Möglichkeit, Nixon bloßzustellen, ohne O'Brien in Mitleidenschaft zu ziehen. Aber es ging um mehr: Hughes-Gelder waren in viele Kanäle geflossen. Mehrere Senatoren, darunter zumindest ein Mitglied des Watergate-Ausschusses, Joseph Montoya, hatten ebenfalls Spenden von Hughes erhalten, und Maheu hatte in seiner Klageschrift noch andere prominente Politiker genannt, wie Bobby Kennedy, Lyndon Johnson und Hubert Humphrey. Ein Ausschussmitglied, der Republikaner Lowell Weicker, formulierte die verhängnisvolle Verkettung so: »Jeder fraß aus derselben Krippe.« Und dabei waren 100 000 Dollar eigentlich nicht viel Geld, jedenfalls zu wenig, um einen weltweiten Skandal wie die Watergate-Affäre zu erklären.

Viele der Beteiligten, sogar manch einer aus Nixons Gang, glaubten denn auch, dass mehr dahinterstecken müsse.

»Wer weiß denn, ob das die einzigen 100 000 Dollar waren?«, fragte Chuck Colson, bevor er ins Gefängnis ging.

Eigentlich konnten 100 000 Dollar einen Präsidenten doch nicht in eine derartige Lage bringen. Entscheidend war aber nicht die Höhe des Betrages, sondern die Tatsache, dass der Spender Howard Hughes hieß. Geld, das aus dieser Quelle stammte, hatte Nixon schon einmal das Weiße Haus gekostet. In dem verzweifelten Versuch zu verhindern, dass dies wieder geschehen könne, hatte er es geschehen lassen. »Ein solches Risiko, wie den Einbruch einzugehen, war absurd«, schrieb Haldeman später.

Am Donnerstag, dem 8. August 1974, um 21 Uhr, verkündete Richard Nixon, der Präsident der Vereinigten Staaten, seinen Rücktritt.

Howard Hughes und Richard Nixon waren beide über ihr krankhaftes Misstrauen und über ihren unbedingten Willen zur Macht gestürzt. Aber dennoch, und zwar mehr denn je zuvor und obwohl er nur noch ein Schatten seiner selbst war, umgab den Mann Howard Hughes die Aura von unermesslicher Macht, galt er als Dreh- und Angelpunkt der Watergate-Affäre.

Hughes selbst wandte indessen seine Aufmerksamkeit anderen Problemen zu und verlangte eine diskrete Überprüfung seiner Frühstückskost. »Bitte lasst die Cornflakes untersuchen – entweder in Freeport, Los Angeles oder Miami, bevor ich noch mehr von diesem Scheißzeug verzehre«, schrieb er seinen Mormonen auf. »Aber bitte größte Geheimhaltung.«

Als Sicherheitsfanatiker erwies er sich auch beim Kauf eines Hotels auf den Bahamas: »Bitte folgende persönliche Notiz von mir an Mr Ludwig schicken (nur mündlich – nicht schriftlich – durch Mr Ludwigs Vertreter): ›Es war ein Vergnügen, mit Ihnen Geschäfte zu machen.‹«

Während Hughes noch sorgfältig auf die Geheimhaltung derartiger Nebensächlichkeiten bedacht war, hatten seine Feinde schon wieder ins Wespennest gestochen: Am 7. Februar 1975 veröffentlichte die *Los Angeles Times* die *Glomar*-Story.

Manch einer fragte sich inzwischen, ob sich eigentlich Howard Hughes hinter der CIA oder die CIA hinter Hughes versteckte. Der Milliardär selbst erfuhr nie, dass das Rätsel um die *Glomar* gelöst wurde.

Wenige Monate später, auf dem Höhepunkt des CIA-Skandals, enthüllten Untersuchungen des Senats dann, dass Robert Maheu eine CIA-Mafia-Verschwörung inszeniert hatte, mit dem Ziel, Fidel Castro zu ermorden.

Nun musste sich die Frage geradezu zwingend stellen, ob nicht ein unmittelbarer Zusammenhang zwischen all den unaufgeklärten Ereignissen – von Dallas bis Watergate – bestand und ob Howard Hughes nicht deren geheimer Drahtzieher war. Der Geheimdienstausschuss des Senats begann, Hughes' Verbindungen zu Nixon, der Mafia und der CIA zu prüfen. Die einzige realistische Frage schien zu sein, ob Hughes nun der

Epilog II · Der Anfang vom Ende

Spieler oder nur die Schachfigur gewesen war. »War nun eigentlich ein lebender Mensch namens Hughes im Mittelpunkt des Ganzen«, fragte Norman Mailer, »oder gab es da einen ›Sonderausschuss‹?«

Die Finanzbehörden hatten ähnliche Zweifel. Nicht wenige hielten den Milliardär gar für tot.

»Es ist meine Überzeugung«, berichtete ein Steuerfahnder seiner Behörde, »dass Howard Hughes 1970 in Las Vegas gestorben ist und dass Spitzenmanager, die sein Imperium leiten, diese Tatsache verschwiegen haben, um eine katastrophale Auflösung seiner gesamten Holding zu verhindern.«

Der Finanzbeamte hatte nicht so Unrecht. Die Existenz, die Hughes führte, konnte man in der Tat kaum noch als Leben bezeichnen. Er hatte die Herrschaft über sein Reich längst verloren, und sein Vermögen litt unter galoppierender Schwindsucht.

Unter dem neuen Management stiegen die Firmenverluste auf über 100 Millionen Dollar in fünf Jahren an, und innerhalb eines Jahrzehnts war eine halbe Milliarde in bar und in Wertpapieren unwiderruflich dahin.

Hughes wusste nichts von diesen Verlusten. Schon 1972 war der Name seines Imperiums ohne sein Wissen in »Summa« geändert worden. Zuvor hatte er die Grundlage seines Vermögens, die Hughes-Tool-Company, verkaufen müssen. Sonst – so hatten ihm seine Manager und Anwälte geraten – wäre er nicht in der Lage, die Kosten in Sachen TWA-Urteil zu begleichen. Nachdem das Urteil aufgehoben wurde, verdreifachte sich dann der Wert der Aktien.

In 15 Jahren Dienst, der für sie wahrlich oft an physische und psychische Folter grenzte, waren die Mormonen lustlos und mürrisch geworden. So erfuhr Hughes nicht nur mit zweijähriger Verspätung davon, dass sein Imperium inzwischen einen anderen Namen trug, Hughes' Kindermädchen enthielten ihm sogar seine Drogen vor: »Natürlich möchte niemand, dass Sie welche nehmen, aber wir versuchen nicht, sie Ihnen vorzuenthalten«, versuchte ein Assistent ihn zu beruhigen.

In Wirklichkeit hatten die Mormonen ihn völlig in der Hand. Und obwohl jeder von ihnen mehr als 100 000 Dollar jährlich erhielt, behandelten sie ihn schlecht.

Der lebenden Mumie blieb dies trotz ihrer Isolation und ihres elenden Zustands nicht verborgen. Der reichste Mann Amerikas bettelte um Zuwendung: »Wenn ihr wüsstet, wie mich eure Unfreundlichkeit betrübt, würdet ihr sicher nicht, wie heute Abend, euren Gefühlen freien Lauf lassen.«

Hughes hielt schließlich nur noch einen Trumpf in der Hand, um seine Kindermädchen und Manager in Schach zu halten – sein Testament. Seit Jahren hatte er immer wieder beziehungsvoll angedeutet, dass sie alle reich belohnt würden.

»Es gibt seit einiger Zeit ein eigenhändig geschriebenes Testament«, behauptete er. »Es wurde sorgfältig an einem Schreibtisch geschrieben und entspricht allen gesetzlichen Vorschriften, die für einen solchen letzten Willen vorgesehen sind. Das Ganze wurde unter Aufsicht meines persönlichen Anwalts Neil McCarthy gemacht, und ich kann versichern, dass keine Details übersehen wurden.«

Die Mormonen waren skeptisch. McCarthy war seit langem tot, und das Testament, das Hughes angeblich geschrieben hatte, wurde bereits Anfang der Vierzigerjahre verfasst. Auch nach weiteren Zusicherungen blieben die Mormonen skeptisch. Als ihr bettlägeriger Herr im Sommer 1975 immer stärkere Verfallserscheinungen zeigte, bedrängten sie ihn wiederholt, ihnen das Testament zu zeigen, es auf den letzten Stand zu bringen oder ein neues zu schreiben.

Dazu kam es nie. Hughes war ein klassischer Analcharakter. Er konnte sich nicht einmal von seinen Fingernägeln trennen, geschweige denn von seinem Vermögen. Auch wusste er sicher trotz seines desolaten Zustands, dass die Unterzeichnung seines Testaments einem Todesurteil gleichgekommen wäre: Sein letzter Wille war auch sein letztes Machtmittel.

Hughes hatte seit seinem Hüftbruch zwei Jahre zuvor sein Bett nicht mehr verlassen, dennoch wollte er an seinem 70. Geburtstag noch einmal fliegen. Zu diesem Zweck hatte er Jack Real, einen ehemaligen Lockhead-Manager, angeheuert.

Epilog II · Der Anfang vom Ende

Die Mormonen boykottierten diesen Plan auf der ganzen Linie: Sie hintertrieben Verabredungen zwischen Hughes und Real, schließlich ließen sie sogar die Türschlösser auswechseln und verschleppten ihren Chef nach Mexiko.

Sie begründeten diese Freiheitsberaubung damit, dass sie Hughes' Medikamente auf den Bahamas nicht mehr bekämen und deshalb in Acapulco für Nachschub sorgen müssten.

Das war eine Lüge, sie bezogen das Codein von einer Arzneimittelfirma in New York. Hughes aber wusste nur, dass er täglich eine Spritze brauchte.

Samstag, 3. April 1976, Howard Hughes lag regungslos in seinem abgedunkelten Schlafzimmer in einer luxuriösen Suite im Penthouse des »Acapulco Princess Hotels«. Er war im Delirium, innerlich ausgetrocknet und fast verhungert.

Er streckte einen spindeldürren Arm aus, um eine Kleenex-Schachtel vom Nachttisch zu nehmen, zog eine Injektionsspritze, die unter der Klappe verborgen war, hervor und stieß die Nadel in seinen zusammengeschrumpften rechten Bizeps. Mit dieser Anstrengung war er überfordert. Er vermochte nicht, den Kolben hineinzudrücken, konnte das Codein nicht in seinen verwüsteten Körper spritzen.

Einer der Mormonen rief einen Arzt, der dem halb toten Milliardär die ersehnte Spritze gab.

Hughes lag im Koma. Sein Gewicht war auf 85 Pfund gesunken. Sein ursprünglich 1,93 Meter großer Körper war um 7 Zentimeter geschrumpft. Seine brüchigen Knochen zeichneten sich deutlich unter der Haut ab. Die linke Schulter war voller Beulen und geschwollen. Am Kopf hatte er eine offene Wunde. In seinem rechten Arm steckten vier abgebrochene Nadelspitzen, eine weitere in seinem linken Arm. Seine nach 25-jährigem Drogenmissbrauch kaputten Nieren trugen das ihre zu seinem langsamen Sterben bei.

Aber immer noch hielten seine Assistenten und Ärzte ihn versteckt. Sie wagten nicht, ihn in ein Krankenhaus zu bringen. Stattdessen schnitt einer der Mormonen seinem bewusstlosen Chef nachts die Haare, ein anderer weichte seine Hände und Füße ein, um die langen Nägel kürzen zu können.

Endlich um 11 Uhr früh am Montagmorgen hoben sie den im Koma liegenden Hughes aus dem Bett, legten ihn auf eine Trage, verfrachteten ihn in einen wartenden Krankenwagen und transportierten ihn in ein Privatflugzeug. Als sie Hughes an Bord trugen, bewegten sich seine Lippen etwas, aber er gab keinen vernehmbaren Laut von sich.

Dann lag er still im Flugzeug, unter einer hellgelben Decke, die ihm bis zum Kinn reichte: Um 1.27 Uhr, am 5. April 1976, starb Howard Hughes in 3000 Fuß Höhe, eine halbe Stunde von seiner Heimatstadt Houston entfernt.

Sein Tod machte Schlagzeilen in der ganzen Welt, eine Laudatio, wie sie üblicherweise nach dem Ableben der Berühmten, Reichen und Mächtigen gehalten wird, blieb aber aus. Auch seine Ex-Frau, Jean Peters, kommentierte den Tod nur mit den Worten: »Ich bin traurig.«

Einst war er ein amerikanischer Volksheld. Doch sein Leben, das dem Durchschnittsbürger wie ein Traum hätte vorkommen müssen, verkam für ihn zum Albtraum. Keiner der Politiker, die seiner Unterstützung zumindest einen Teil ihres Erfolges zu verdanken hatten, nahm öffentlich Notiz von seinem Tod: Richard Nixon nicht, Hubert Humphrey nicht, Larry O'Brien nicht und nicht einmal Paul Laxalt.

Nur ein Mann, der ebenfalls wie ein Geheimbündler gelebt hatte und den ebenfalls ein Skandal vom Sockel seiner Machtposition gerissen hatte, fand Worte für den toten Milliardär: der Chef des Spionageabwehrdienstes der CIA James Jesus Angleton.

Die von ihm formulierte Grabschrift lautete:

»Howard Hughes! Wo immer es um die Interessen seines Landes ging, wusste niemand besser als er, was seine Pflicht war. Wir können uns glücklich schätzen, ihn zu den Unseren zu zählen. Er war ein großer Patriot.«

Anhang

Anmerkungen

Dieses Buch beruht, wie in der Einleitung gesagt wurde, vor allem auf fast 10 000 Dokumenten aus Howard Hughes' Besitz, die am 5. Juni 1974 aus seinem Hauptquartier in der Romaine Street in Hollywood gestohlen wurden.

Die Echtheit dieser Dokumente wurde endgültig bestätigt durch die Überprüfung ihrer Herkunft – es gibt eindeutige Beweise dafür, dass die handschriftlichen und maschinengeschriebenen Originale, die ich persönlich fotografiert und fotokopiert habe, dieselben Dokumente sind, die aus Hughes' Penthouse in Las Vegas zur Romaine Street gebracht und dort schließlich von Einbrechern gestohlen wurden.

Ihre Authentizität wurde ferner mit Hilfe siebenjähriger Recherchen bestätigt – wie ihre Inhalte sowohl mit inoffiziellen als auch mit offiziellen Quellen verglichen wurden. Darüber hinaus wurden eine Reihe handschriftlicher und maschinengeschriebener Proben, von zwei führenden Fachleuten getestet: Ordway Hilton, der im Auftrage des Hughes-Konzerns bewies, dass Clifford Irving ein Betrüger war, und John J. Harris, der im Auftrage der Nachlassverwalter des Hughes-Vermögens nachwies, dass Melvin Dummars »Mormonen-Testament« eine Fälschung war. Beide bestätigten unabhängig voneinander die Echtheit der Dokumente aus der Romaine Street.

Da Hughes gewöhnlich in einem Brief mehrere Sachverhalte erörterte und sich oft ziemlich ausführlich ausließ, habe ich nur selten ein Schreiben in voller Länge zitiert. Manchmal sind Sätze oder Absätze ausgelassen, ohne durch Punkte die Auslassungen anzudeuten*, aber in keinem Fall wurden sie aus dem Zusammenhang gerissen. Er versah seine Briefe niemals mit einem Datum; das taten jedoch seine Assisten-

---

* Auslassungspunkte in Zitaten sind auf die Redaktion für den deutschsprachigen Bereich zurückzuführen.

479

Howard Hughes · Das wahre Gesicht der Macht

ten, zuweilen allerdings irrtümlich. In den meisten Fällen war es möglich, das genaue Datum zu bestimmen, indem man seine Schreiben mit den datierten Antworten, die Hughes empfing, verglich.

Während sich dieses Buch im Wesentlichen auf die Geheimdokumente beschränkt, die in der Romaine Street gestohlen wurden, habe ich auch bereits veröffentlichte Unterlagen geprüft: Dokumente, eidesstattliche Erklärungen sowie Zeugenaussagen, die überall im Lande abgegeben wurden. Der größte Teil meiner Dokumente wurde jedoch nie als Beweismaterial verwendet und wird hier zum ersten Mal vorgelegt.

Fast alle anderen Informationen in diesem Buch stammen ebenfalls aus Primärquellen, die in diesen Anmerkungen aufgeführt werden.

Einleitung **Ein toller Coup**

Ich habe über sechs Monate für den Fall »Einbruch in der Romaine Street« recherchiert, mindestens 100 Personen befragt, alle greifbaren Unterlagen einschließlich vertraulicher Polizeiberichte und Prozessprotokolle durchgesehen, ferner mit allen wichtigen Personen dieses Falles Kontakt aufgenommen und viele Leute befragt, die niemals von den Behörden verhört wurden, alle Verdächtigen überprüft und schließlich den Mann entdeckt, der die gestohlenen Hughes-Papiere tatsächlich in Besitz hatte. Ich habe mehrere Monate eigene Nachforschungen angestellt, um seine Erzählung vom Einbruch auf ihren Wahrheitsgehalt zu prüfen, indem ich alle Einzelheiten mit FBI- und CIA-Berichten verglich, zu denen ich aufgrund des Gesetzes über die Informationsfreiheit Zugang hatte. Ich studierte Akten der Polizei von Los Angeles und des Bezirksstaatsanwalts, in die ich mit Hilfe eines vertraulichen Informanten Einblick nehmen konnte; und schließlich interviewte ich Personen, die mit den offiziellen Ermittlungen auf Bundes- und auf lokaler Ebene betraut waren, sowie Leute aus dem Hughes-Konzern.

Das legendäre Sicherheitssystem wurde von Albert Gerber in *Bashful Billionaire* (Lyle Stuart, 1967, S. 319) beschrieben: »Das Hauptquartier in der Romaine Street ist ein Schatzhaus, das mit dem raffiniertesten Elektronik aus dem Bereich der Spionageabwehr ausgestattet ist. Die verschiedensten Warnanlagen können nur ausgelöst werden, wenn

Anhang · Anmerkungen

irgendetwas diesen Bereich überschreitet ... Es gibt dort elektronische Geräte, die Funkwellen abweisen und Abhöreinrichtungen neutralisieren.«

Mike Davis' Schilderung des Einbruchs ist Berichten der Polizei von Los Angeles, Gerichtsprotokollen und Interviews entnommen. Harry Watsons Bericht beruht auf einer Zeugenaussage und einem Interview.

Alle Schilderungen von polizeilichen Ermittlungen basieren auf Berichten der Polizei von Los Angeles, ferner auf Interviews mit Kriminalbeamten, die diesen Fall bearbeiteten, sowie auf Informationen der Justizbehörden.

Die Untersuchungen der Börsenaufsichtsbehörde (SEC) im Falle der Luftfahrtgesellschaft Air West sind ausführlich von dem SEC-Beamten William Turner geschildert.

Der Bericht über Maheus Verfahren stammt aus Gerichtsprotokollen. Die Behauptung der Summa-Holding, Maheu und die Mafia hätten etwas mit dem Einbruch zu tun, ist in Polizei-, FBI- und CIA-Berichten verzeichnet.

Die Untersuchungen des Watergate-Ausschusses des Senats sowie des Sonderanklägers über die Verbindung zwischen Hughes und Nixon werden ausführlich dargestellt in veröffentlichten Berichten, Dokumenten, die aufgrund des Informationsfreiheitsgesetzes freigegeben wurden, sowie in Interviews mit Ermittlungsbeamten. Hughes' Verbindung mit Watergate wurde erstmalig festgestellt in einem unveröffentlichten, 46 Seiten langen Bericht des Senatsausschusses. Der zitierte Auszug aus dem Tagebuch der Polizei von Los Angeles ist unter dem 5. Juli 1974 eingetragen.

Die fünf früheren Einbrüche bei Hughes werden in Berichten der Polizei von Los Angeles, des FBI und der CIA geschildert; Einzelheiten stammen aus Interviews mit Kriminalbeamten der lokalen Polizei, die diese Fälle bearbeiteten. Der zitierte Bericht der Polizei von Los Angeles über den Fall Romaine trägt das Datum vom 30. Juli 1974. Davis' Weigerung, sich einer Prüfung durch den Lügendetektor zu unterwerfen, sowie Kelleys Versagen bei dem Test sind im selben Polizeibericht verzeichnet. Der FBI-Bericht über Kelleys Lügendetektor-Test stammt vom 30. Juli 1974.

Howard Hunt enthüllte erstmalig Wintes Beteiligung an dem nicht zustande gekommenen Einbruch bei Greenspun in einer beeideten

Erklärung vor dem Watergate-Ausschuss des Senats, was später durch G. Gordon Liddy in *Will* (St. Martin's Press, 1980, S. 204/205) sowie durch Bennett in Aussagen vor dem Senatsausschuss bestätigt wurde.

Die Vermutung der Polizei von Los Angeles, dass der Einbruch in der Romaine Street ein »interner Vorgang« gewesen sei, ist in ihrem Bericht vom 30. Juli 1974 verzeichnet.

Wie der Einbruch im Einzelnen vor sich ging, erfuhr ich durch eine Reihe von Gesprächen mit einem der Einbrecher, meiner vertraulichen Quelle, die Profi genannt wird. Bestätigt wurde es, wie oben erwähnt, durch Unterlagen der Polizei von Los Angeles, der CIA und des FBI sowie durch Interviews mit Beamten der Strafverfolgungsbehörden.

Chester Brooks »Lösegeld«-Telefonate sind in Polizeiberichten, Zeugenaussagen sowie in einer Aufzeichnung des von der Los-Angeles-Polizei mitgehörten Anrufs niedergelegt. Mrs Henleys Versäumnis, den letzten Anruf entgegenzunehmen und ihre Teilnahme am *Glomar*-Empfang ist in Polizei- und CIA-Berichten verzeichnet. Offensichtlich hatte Mrs Henley Kay Glenn angewiesen, den Lösegeldanruf in ihrer Abwesenheit entgegenzunehmen, aber laut CIA-Bericht verfehlte auch Glenn diesen Anruf.

Die Entdeckung des Verschwindens des *Glomar*-Dokuments ist in CIA-Berichten verzeichnet.

Sämtliche Berichte über die Treffen zwischen Gordon und Woolbright basieren auf Gordons Aussagen vor der Anklagekammer, weitere Einzelheiten stammen aus Interviews mit Gordon. Woolbrights Vorgeschichte wurde Polizeiregistern in Los Angeles und St. Louis entnommen. Ihre Kontakte mit J. P. Hayes und Maynard Davis sind sowohl von Hayes als auch von Davis in Interviews bestätigt worden.

Über Gordons Kontakt mit der Polizei sowie über die Reaktion des FBI und der CIA berichtete Gordon selbst sowie ein Ermittlungsbeamter des Los-Angeles-Bezirksstaatsanwalts, mit dem er zuerst Kontakt aufnahm, ferner Kriminalbeamte der Los-Angeles-Polizei sowie Agenten des FBI und der CIA.

Der stellvertretende Bezirksstaatsanwalt Michael Brenner, der den Romaine-Fall bearbeitete, bestätigte in einer Reihe von Interviews, dass die Hughes-Organisation nicht mit der Polizei zusammengearbeitet und dass die CIA sich in die Ermittlungen seiner Anklagekammer eingemischt habe – einmal die Untersuchungen sogar völlig blockierte –

Anhang · Anmerkungen

und bemerkte dazu: »Was mir an diesem Fall am meisten Sorge macht, ist, dass es möglicherweise überhaupt kein Einbruch war.«

Im ersten Prozess im April 1977 wurde Woolbright wegen Hehlerei verurteilt, aber von dem Vorwurf der versuchten Erpressung freigesprochen. Das Urteil wurde in der Berufungsinstanz aufgehoben, weil der Richter ungesetzlicherweise versucht hatte, die Geschworenen, die auf einem toten Punkt angelangt waren, zu einem Urteil zu zwingen. Im zweiten Prozess im Juni 1978 konnten sich die Geschworenen über die Schuldfrage nicht einigen, sodass der Bezirksstaatsanwalt die Anklage gegen Woolbright fallen ließ.

Das berühmte »vermisste *Glomar*-Dokument« befand sich nicht unter den aus der Romaine Street gestohlenen Hughes-Papieren. In einem Interview erklärte der »Profi«, dass er ein solches Dokument weder jemals besessen noch gesehen habe. Zehn Monate nach dem Einbruch meldete sich der Wachmann Mike Davis und gestand dem Bezirksstaatsanwalt, dass er und nicht die Einbrecher das *Glomar*-Memorandum an sich genommen habe.

1. Kapitel Mr Big

Meine Rekonstruktion der ersten Szene, in der Hughes am Fernsehen das Attentat auf Robert F. Kennedy verfolgt, stammt aus seinen eigenen schriftlichen Aufzeichnungen, die nicht hier, sondern in Kapitel 9 zitiert werden. Darin schildert Hughes selbst seine Fernsehwache, berichtet, dass er zwei Nächte wach war, um das CBS-Programm zu verfolgen und dass er hörte, wie »Mankiewicz die schicksalhafte Erklärung« verlas. Um festzustellen, was er gesehen hatte, sah ich mir Videobänder der CBS-Berichterstattung an.

Die Schilderung, wie Hughes nackt in seinem Schlafzimmer lag, beruht auf Interviews mit einem seiner persönlichen Assistenten, der sich an die Totenwache für Robert F. Kennedy erinnert.

Das Verfahren, wie Hughes seine Anweisungen an Maheu schickte, wurde sowohl von Maheu als auch von den Mormonen-Assistenten bestätigt sowie von einem der Leibwächter, der Hughes' Briefe jeweils ablieferte.

Die Uhrzeiten, wann die RFK-Briefe geschrieben wurden, konnten aufgrund ihres Inhalts sowie aufgrund der unveröffentlicht gebliebenen Aussage Maheus vor dem Watergate-Ausschuss des Senats festgestellt werden.

Hughes' damalige körperliche Verfassung wird in umfangreichen Zeugenaussagen und in früher erstatteten Berichten geschildert, ist aber vor allem und mit großer Genauigkeit durch ausführliche Gespräche verifiziert worden, die ich mit zweien seiner Mormonen-Assistenten führte sowie mit einem seiner Ärzte, Dr. Howard Feikes, der Hughes zwischen 1968 und 1970 mindestens zwanzigmal untersuchte.

Die Zeilen, die Hughes in seiner Botschaft an Jean Peters auf der Fahrt nach Boston verfasste, sind der einzig erhaltene handgeschriebene Brief an seine Frau. Jean Peters hat ausgesagt, dass sie niemals einen Brief von Hughes erhalten habe, und während er oft Mitteilungen schrieb, die seine Assistenten ihr vorlesen mussten, sind alle anderen, bis auf diesen einen, aufgrund seines grundsätzlichen Befehls, persönliche Briefe sofort zu verbrennen, vernichtet worden.

Die Umstände, unter denen Hughes in Nevada eintraf, wurden von zwei Assistenten beschrieben, die dabei waren, und von denen der eine Hughes auf einer Trage in das Schlafzimmer im »Desert Inn« schob.

Die Schätzungen über Hughes' Vermögen bei seiner Ankunft in Las Vegas beruhen auf einer Körperschaftsteuererklärung für das Jahr 1966, die die Hughes-Tool-Company abgegeben hatte. Das Gesamtvermögen wurde mit 759 956 441 Dollar angegeben. Es ist unmöglich, den tatsächlichen Wert seines Imperiums mit einiger Genauigkeit festzustellen, denn das meiste war privates Aktienkapital, das niemals auf den Markt geworfen wurde, sowie Grundstücke und andere Vermögenswerte, deren Wert nie geschätzt wurde. Das Magazin *Fortune* bewertete sein Gesamtvermögen im Jahre 1968 auf 1 373 000 000 Dollar, während Hughes selbst 1969 behauptete, sein Imperium sei »über zwei Milliarden Dollar« wert.

Die Beschreibung von Hughes' Penthouse-Suite beruht auf Interviews mit zwei seiner Mormonen.

Alle Assistenten Hughes' bestätigten – entweder in Interviews oder in Zeugenaussagen – vor Gericht, dass die vier Jahre, die Hughes in Las Vegas verbrachte, die einzige Zeit seines Lebens war, in der er es riskierte, seine Anweisungen regelmäßig schriftlich zu geben.

Anhang · Anmerkungen

2. Kapitel **Bob und Howard**

Maheu schilderte selbst seinen ersten Auftrag von Hughes in einer beeideten Erklärung und lieferte weitere Einzelheiten in einem Interview. Ein Sozius des Anwalts, der ihn anstellte, bestätigte zahlreiche Einzelheiten. In seiner beeideten Erklärung sagte Maheu außerdem aus, dass Cramer für die CIA gearbeitet habe.

Maheu bestätigte, dass er selbst von der CIA bezahlt wurde, in einem Interview sowie in einer Aussage vor dem Sonderausschuss des Senats über die Geheimdienste im Jahre 1975. In dem Ausschussbericht wird enthüllt, dass er den Pornofilm mit Sukarno im Auftrage der CIA produzierte, und ein Ermittlungsbeamter berichtete, aus CIA-Akten gehe hervor, dass Maheu für ausländische Staatschefs, darunter auch für Hussein, im Auftrage der CIA Prostituierte besorgte.

Maheus erfolgreicher Versuch, den Onassis-Kontrakt zu Fall zu bringen, wird ebenfalls in dem Senatsbericht enthüllt, der anmerkt, dass er »eng mit der CIA zusammengearbeitet« habe. Ein Ermittlungsbeamter erklärte, aus dem CIA-Bericht gehe hervor, dass Nixon in die Sache verwickelt und dass Maheu mindestens einmal mit Nixon zusammengetroffen sei und dass »die Möglichkeit, dass er weiterhin mit Nixon in dieser oder in anderen Angelegenheiten Kontakt gehabt habe, nicht ausgeschlossen werden könne«.

Der Miss-Universum-Fall (irrtümlicherweise als Miss-Amerika-Wahl bezeichnet) wurde von Maheu vor Gericht geschildert, wozu auch Jeff Chouinard Einzelheiten beisteuerte, der als Anführer von Hughes' Haremswache angestellt war.

Maheus Rolle in der Castro-Verschwörung wurde 1975 in einem Bericht des Geheimdienstausschusses des Senats dargelegt, der die Überschrift »Angebliche Attentatspläne gegen ausländische Staatschefs« trägt, und wurde erneut 1979 in einem Bericht des Sonderausschusses des Repräsentantenhauses über Attentate erwähnt.

Nach Angaben eines Ermittlungsbeamten beider Ausschüsse wird Maheu in einem unveröffentlichten CIA-Bericht von 1967 über die Attentatspläne als »harter Bursche, dem man etwas zutrauen kann« bezeichnet. Was Maheu im Einzelnen getan hat, um ein solches Vertrauen zu rechtfertigen, ist unbekannt. Es gibt in zugänglichen CIA-Akten keinen Hinweis auf frühere Gewaltverbrechen, obgleich einer von Maheus »Associates«, John Frank, der Entführung und Ermordung eines dominikanischen Oppositionellen im Auftrage des Diktators Rafael Trujillo verdächtigt wurde, der zu Maheus Klienten gehörte. Auf jeden Fall wurde niemals jemand anders für das Castro-Komplott in Betracht gezogen. Maheu war der Erste und Einzige, auf den die Wahl fiel.

Maheu gibt lediglich zu, die Giftkapseln gesehen, aber nicht, sie übergeben zu haben.

Nach Angaben eines Ermittlungsbeamten des Senats wird in unveröffentlichten CIA-Berichten bestätigt, dass Maheu Hughes über das Castro-Komplott informiert habe und dass dies mit Zustimmung seines CIA-Einsatzagenten James O'Connell geschehen sei. Maheu selbst schilderte sein Telefongespräch mit Hughes bei seinem Verhör vor dem Senat und in späteren Interviews.

Maheus Rolle bei Hughes Parteispendenpraxis begann laut seiner eigenen Aussage vor Gericht im Jahre 1961; er wiederholte diese Angabe in einem Interview, behauptete jedoch, »die Beträge waren in den ersten Jahren ziemlich gering«, auch habe er keine größeren Spenden getätigt, bevor Hughes in Las Vegas eintraf.

3. Kapitel Das Königreich

Paul Laxalt lehnte wiederholte Male Interview-Bitten ab. Er verweigerte Antworten auf vier Briefe, die er zu Hause und in seinem Senatsbüro erhielt. Auch sein Wahlkampagnen-Schatzmeister Jerry Dondero weigerte sich, irgendwelche öffentlichen Angaben finanzieller Art zu machen. Laxalts Bruder Peter, Partner in der Anwaltsfirma der Familie, der ebenfalls von Hughes bezahlt wurde, beantwortete keine Fragen, selbst nachdem sie ihm auf seinen Wunsch schriftlich vorgelegt worden waren.

Laxalt selbst gab mehrmals zu, dass er die üblichen Konzessionsbestimmungen umgangen habe, um Hughes dabei zu helfen, Las Vegas aufzukaufen; und zwei ehemalige Mitglieder des Spielbankausschusses bestätigten, dass der Gouverneur persönlich Hughes' Casino-Konzessionsanträge durchgeboxt habe.

Laxalts Konferenz im Dezember 1967 mit Angehörigen des Nevada-Spielbankausschusses und Aufsichtsrats wird in einem FBI-Be-

Anhang · Anmerkungen

richt vom 14. Dezember 1967 geschildert, zu dem ich aufgrund des Gesetzes über die Informationsfreiheit Zugang erlangte.

Hughes' frühere Besuche in Las Vegas wurden von Walter Kane geschildert, einem langjährigen Angestellten, dessen Hauptaufgabe es war, »Filmverträge« mit Showgirls und Filmsternchen abzuschließen.

Hughes kaufte das »Dessert Inn« am 31. März 1967 für 13,25 Millionen Dollar, das »Sands« am 27. Juli 1967 für 23 Millionen, das »Castaways« am 26. Oktober 1967 für 3,3 Millionen, das »Frontier« am 28. Dezember 1967 für 23 Millionen und das »Silver Slipper« am 30. April 1968 für 5,4 Millionen Dollar. Sein Geschäft mit dem »Stardust« für 30,5 Millionen kam nie zustande, aber später kaufte er noch das »Landmark« für 17,3 Millionen und »Harold's Club« in Reno für 10,5 Millionen Dollar.

Laxalts Telefongespräch mit Hughes fand am 5. Januar 1968 statt. Der Gouverneur erzählte später einem Kollegen, außer Hughes' Tirade über das Wasser sei auch der Widerhall von Hughes' Tonverstärker fürchterlich gewesen; er bezeichnete ihn als »unheimlich, komisch und wirklich sehr verwirrend«.

Laxalt hat öffentlich zugegeben, dass er während seiner Amtszeit als Gouverneur Angebote, für Hughes zu arbeiten, erhalten habe, behauptete jedoch, er habe sie stets abgelehnt, wobei er allerdings vergaß zu erwähnen, dass er dies erst nach jahrelangen Verhandlungen tat, als seine Amtszeit ohnehin abgelaufen war. Die Anwaltspraxis seiner Familie erhielt 1970 monatlich 10 000 Dollar Honorar, dazu kamen laut Tom Bell, dem Sozius von Laxalts Bruder Peter, noch mindestens 60 000 Dollar Gebühren. Ein anderer Geschäftspartner erklärte, Laxalt selbst habe Anwaltshonorare in Höhe von »weit über 100 000 Dollar« von Hughes erhalten, nachdem er als Gouverneur zurückgetreten war; Laxalt erzählte jedoch Jack Anderson, er habe lediglich 72 000 Dollar bekommen.

Der frühere Steuerfahndungs-Chef in Las Vegas, Andy Baruffi, bestätigte in mehreren Interviews, dass viele Millionen – möglicherweise mehr als 50 Millionen Dollar – heimlich aus Hughes' Casinos abgeschöpft wurden. »Wir erwogen drei Möglichkeiten«, sagte Baruffi, der von 1971 bis 1973 eine umfassende Betriebsprüfung in Hughes' Konzern durchführte. »Dass Maheu das Geld stahl, dass Hughes selbst das Geld stahl oder dass das organisierte Verbrechen es mit dem einen oder dem anderen oder auf eigene Faust tat. Wir wussten, dass die Mafia irgendwie darin verwickelt war, denn dieselben Gangster, die die Casinos leiteten, bevor Hughes sie kaufte, führten sie auch danach. Diese Leute hätten es nicht riskiert, so viel abzusahnen, ohne dafür die Erlaubnis von oben zu haben. Wir wussten, dass das Geld verschwunden war. Aber wir haben niemals herausgefunden, wo es geblieben ist.«

Die Liste mit Hughes' Forderungen ist einer eidesstattlichen Erklärung von Bell entnommen.

Laxalts Schreiben an Justizminister Clark wird in einem Bericht des Watergate-Ausschusses des Senats angeführt. Auf die Begründung des Gouverneurs, Hughes' Kauf des »Stardust« sei notwendig, um die Gangster zu vertreiben, denen es gehörte, erwiderte das Justizministerium: »Wir sind überzeugt, dass Nevadas Interessen genauso gut gewahrt werden könnten, auch ohne gegen die Bundeskartellbestimmungen zu verstoßen.« Das Ministerium wies ferner darauf hin, dass Hughes erklärt habe, er wolle das alte Personal des »Stardust« behalten.

4. Kapitel   **Fernsehen**

Die Szene, in der Hughes »The Dating Game« anschaut, ist anhand der Aufzeichnung dieser Show vom 29. März 1966 sowie aufgrund eines Hughes-Briefes vom selben Tage, der später in diesem Kapitel zitiert wird, rekonstruiert worden.

Hughes' Fernsehgewohnheiten sind von zwei Mormonen geschildert sowie seinen eigenen Berichten entnommen worden. Die Einführung seines »Swinging Shift«-Programms ist von ihm selbst in mehreren seiner Briefe dargestellt.

1967 kaufte Hughes KLAS von Hank Greenspun, dem Verleger der *Las Vegas Sun.*

Am 14. Februar 1968 erhielt Hughes von der Behörde für das Kommunikationswesen (FCC) eine Lizenz für KLAS, ohne dass eine Anhörung stattgefunden hätte, obgleich sonst Antragsteller stets persönlich zu erscheinen hatten.

Bald darauf konnte Maheu Hughes jedoch melden: »Wir hatten Schwierigkeiten mit dem Prüfungsbeamten des FCC, der darauf

Anhang · Anmerkungen

bestand, dass mit dir als einzigem Aktionär eine Anhörung veranstaltet werde. Wir konnten die Angelegenheit auf Kommissionsebene regeln. Dabei war Senator Bible sehr behilflich.«

Bei dem ABC-Angebot, das Hughes auf 200 Millionen Dollar bezifferte, handelte es sich in Wirklichkeit um ein Geschäft im Umfang von 148,5 Millionen Dollar.

Mein Bericht über die Vorstandssitzung von ABC beruht auf Interviews mit dem damaligen ABC-Vizepräsidenten Simon Siegel und dem Generalbevollmächtigten Everett Erlick, die beide an der Konferenz teilgenommen hatten.

An Lyndon Johnsons persönlichem Interesse am Streit zwischen Hughes und ABC erinnern sich ein Angehöriger des Stabes des Weißen Hauses sowie ein Sozius eines der persönlichen Anwälte des Präsidenten, die beide feststellten, dass Johnson jeglichen Kontakt mit der FCC mied, weil er fürchtete, es könnten Fragen im Zusammenhang mit seiner eigenen Fernsehstation in Austin auftauchen.

Vier der sieben Kommissionsmitglieder der FCC bestätigten in Interviews, dass die FCC bereit war, Hughes' Übernahme von ABC zu genehmigen, falls er persönlich erscheinen würde. Selbst der Außenseiter Nicholas Johnson, der gegen die Entscheidung der Lizenz für KLAS war, hatte nichts gegen die ABC-Übernahme.

Keines der Kommissionsmitglieder wusste etwas von den neuen Kaufabsichten Hughes' im März 1969, aber einer glaubte, die sich verschlechternde wirtschaftliche Lage der Fernsehgesellschaft ABC würde es Hughes sogar erleichtern, die Zustimmung der FCC zu erlangen.

»Man befürchtete, ABC sei so schwach, dass sie zusammenbrechen würde«, sagte Robert Lee. »Wir hatten das Problem der Ein-Mann-Herrschaft gegen die Geldnöte von ABC abzuwägen.«

Das »schöne weiße Mädchen«, das im »Dating Game« gewonnen hatte, war eine schwarze Schauspielerin namens Alice Jubert. Der Junge, der sie auswählte, war der 6-jährige Sohn des Filmstars John Copage aus *Mission: Impossible*.

5. Kapitel Furcht und Abscheu

Die Preisverleihung der Tony-Awards-Show wurde am Sonntag, dem 20. April 1969, gesendet. Als bester Film wurde *The Great White Hope* ausgezeichnet; Hauptdarsteller James Earl Jones erhielt den Preis als bester Schauspieler; während die Frau, die seine weiße Freundin spielt, Jane Alexander, den Preis für die beste Nebenrolle empfing.

Meine Darstellung des 23. August 1917, als es in Houston zu Rassenkrawallen kam, ist zeitgenössischen Presseberichten sowie Robert V. Hynes' *A Night of Violence: The Houston Riot of 1917* (Louisiana State University Press, 1976) entnommen.

Jean Peters schilderte ihre Beziehungen zu Hughes nach der Scheidung in eidesstattlichen Erklärungen sowie in Aussagen vor Gericht, während einer seiner persönlichen Assistenten Einzelheiten in einem Interview lieferte. Ein anderer Mitarbeiter, Ron Kistler, der Hughes in den Goldwyn-Studios betreute und 1958 drei Monate lang mit ihm bei Nossecks wohnte, erzählte die *Porgy-and-Bess*-Episode und schilderte auch Hughes' seltsames Verhalten im Vorführraum.

»Er telefonierte sehr viel mit Jean Peters. Er sagte ihr, er läge im Krankenhaus und würde wegen einer Krankheit behandelt, die die Ärzte nicht diagnostizieren könnten.«

Hughes' Zusammenbruch im »Beverly Hills Hotel« wurde von Kistler in einer Zeugenaussage und von einem anderen Assistenten in einem Interview geschildert.

Alle Anweisungen zur »Bakterienbekämpfung« sind den »Operating Memoranda« entnommen, die in einem Schnellhefter mit der Aufschrift »Manual of Instructions/Office Procedures« gesammelt sind.

Wie Hughes seine Kleidung verbrannte, erzählte Noah Dietrich in einem Interview. Seine Beziehung zu »The Party« wurde von Kistler geschildert; ferner vom Chef seiner Haremswache, Jeff Chouinard; sowie von einem Mitarbeiter Chouinards, der auf Anweisung Hughes' ihr Telefon anzapfte. Trotz seines Rufs als Playboy war Hughes immer sehr schüchtern im Umgang mit Frauen, und die meisten seiner berühmten Liebesaffären scheinen niemals wirklich vollzogen worden zu sein, wenigstens nach Darstellung mehrerer Hollywood-Schauspielerinnen, die später über ihre Beziehungen zu ihm geschrieben haben. Jean Peters äußerte sich niemals über intime Einzelheiten ihrer

Ehe, aber aus ihrer Zeugenaussage sowie aus Interviews seiner Assistenten geht deutlich hervor, dass Hughes schon fünf Jahre, bevor er allein nach Las Vegas ging, mit seiner Frau das Bett nicht mehr geteilt hatte.

Von den vier US-Senatoren aus Nevada, die den Entwurf über das Mieterschutzgesetz zu Fall brachten, erhielten wenigstens zwei Geld aus dem Schmiergeldfonds des »Silver Slipper« – James Slattery 2500 und James Gibson 1500 Dollar.

Mein Bericht über die Rassenunruhen in Las Vegas vom Oktober 1969 ist der lokalen und überregionalen Presse entnommen.

Sammy Davis jr. war nicht zu erreichen, um eine Stellungnahme zu Maheus Behauptung abzugeben, er habe Hughes versichert, dass »seine Leute ihm niemals ein Haar krümmen würden«.

6. Kapitel   Entscheidungskampf

Die Szene, in der Hughes erfährt, dass ein neuer Atomtest bevorsteht, ist von einem Assistenten geschildert worden, der im benachbarten Zimmer Dienst hatte. »Wir alle warteten auf die Explosion – nicht der Bombe, sondern auf die des Chefs.«

Die Ankündigung des »Boxcar«-Unternehmens durch die Atomenergie-Kommission ist lokalen Presseberichten entnommen. Um Hughes' Reaktion auf die Warnung zu verdeutlichen, dass die Auswirkungen »in den oberen Stockwerken von Hochhäusern« stärker zu spüren sein würden, sind die letzten Zeilen der Verlautbarung durch Kursivschrift hervorgehoben.

Die Nachwirkungen der Explosion wurden in Interviews von zwei der Mormonen, die während des großen Atomtests im Penthouse waren, sowie in Berichten mehrerer Assistenten geschildert.

Es kann keinen Zweifel mehr daran geben, dass Hughes hinsichtlich der Gefahren von Atomversuchen Recht hatte. Eine vom Präsidenten eingesetzte Kommission berichtete im November 1968, dass megatonnenstarke unterirdische Explosionen große Erdbeben auslösen könnten (s. Kapitel 8), und eine riesige undichte Stelle nach einem unterirdischen Atomversuch zwang die Atomenergie-Kommission im Dezember 1970 zuzugeben, dass bei mindestens 16 anderen Tests radioaktive Strahlen sich über das Versuchsgelände hinaus verbreitet hätten und dass das Nevada-Versuchsgelände selbst »wegen der starken Verseuchung der Erde auf absehbare Zeit nicht genutzt« werden dürfe.

Darüber hinaus ist durch die erzwungene Freigabe unterdrückter Regierungsunterlagen vor kurzem enthüllt worden, dass die AEC schon 1953 wusste, dass über der Erde unternommene Atomtests große Teile Nevadas und Utahs tödlichem radioaktivem Niederschlag ausgesetzt hatten, dass man aber dennoch zehn Jahre lang weitere Versuche durchführte und der Öffentlichkeit vorspiegelte, sie seien völlig ungefährlich. Im Mai 1984 stellte ein Bundesrichter im ersten von mehreren hundert Verfahren, das 375 Opfer der Versuche angestrengt hatten, fest, dass der radioaktive Niederschlag zum Krebstod in mindestens zehn Fällen geführt hatte.

Hughes hatte sogar bezüglich der Schafe Recht. Es war nicht nur die Herde in Utah, die im März 1968 nach einem Test biologischer Waffen eingegangen war, sondern es starben schon 15 Jahre vorher, 1953, über 4000 Schafe in Nevada infolge des Fallwinds vom Atomversuchsgelände, nachdem sie einer tausendfach stärkeren Strahlung ausgesetzt waren, als sie für Menschen ungefährlich sein soll. Es war der erste klare Beweis für die Gefahren, aber die Regierung log, behauptete, bei den Tieren habe eine natürliche Todesursache vorgelegen, und setzte die Versuche fort.

Berichte über das Unternehmen »Boxcar« sowie über alle anderen Atomtests und über das Nevada-Versuchsgelände basieren auf Dokumenten der AEC, amtlichen Filmen über die Explosionen sowie auf Interviews mit Beamten der AEC und zeitgenössischen Presseberichten.

Der Bericht über die Furcht der AEC vor Hughes und vor seinem Einfluss auf das Testprogramm basiert auf Dokumenten, die aufgrund des Gesetzes über die Informationsfreiheit herausgegeben werden mussten.

Hughes' Anruf bei Laxalt und das Telefonat des Gouverneurs mit der Atomenergie-Kommission, in dem er verlangte, die Atomversuche nach Alaska zu verlegen, sind in AEC-Berichten unter dem Datum des 8. und 9. Februar 1968 wiedergegeben. Aus Protokollen der AEC geht hervor, dass Laxalt im Auftrage von Hughes in mindestens zwei weiteren Fällen, am 13. Juni 1967 und am 11. Januar 1969 intervenierte.

Anhang · Anmerkungen

Senator Gravels Empfehlung, die Nukleartests nach Alaska zu verlegen, steht ebenso wie sein Auftritt im Fernsehprogramm von KLAS in einem AEC-Protokoll vom 15. April 1969.

In den letzten Tagen vor dem »Boxcar«-Unternehmen schickte Hughes drei Abgesandte nach Washington: Gillis Long, den damaligen Kongressabgeordneten von Louisiana und jetzigen Vorsitzenden des Parteiausschusses der Demokraten im Repräsentantenhaus, der die AEC bearbeitete; ferner Grant Sawyer, den früheren Gouverneur von Nevada, der mit Vizepräsident Humphrey zusammentraf, und Lloyd Hand, einen Vertrauensmann von Johnson, der vor kurzem als Protokollchef des Weißen Hauses zurückgetreten ist und damals versuchte, vom Präsidenten empfangen zu werden. Schließlich sorgte Humphrey dafür, dass stattdessen Sawyer mit Johnson sprechen konnte.

7. Kapitel   **Mr President**

Die Szene, wie Hughes seinen Brief an Johnson schreibt, ist von einem Assistenten geschildert worden, der anwesend war, und wird auch durch Hughes' eigene Darstellung bestätigt. Anwalt Finney lieferte persönlich eine Abschrift dieses Briefes beim Sonderberater des Weißen Hauses, Larry Temple, ab, der sie seinerseits an den nationalen Sicherheitsberater Walt Rostow weitergab, von dem das Schreiben dann laut Dokumenten, die in der LBJ-Bibliothek in Austin, Texas, lagern, am 25. April 1968 um 19.50 Uhr dem Präsidenten zugeleitet wurde.

Aus dem Tagebuch des Präsidenten geht hervor, dass der Stabschef des Weißen Hauses Marvin Watson sich im Ovalen Büro aufhielt, als Johnson den Brief empfing. Watson behauptete in einem Interview, er könne sich an diesen Vorfall nicht erinnern, aber ein anderer Angehöriger vom Stab des Weißen Hauses sagte, Watson habe ihm am selben Tage Johnsons Reaktion erzählt: »Was zum Teufel bildet sich Howard Hughes ein?!«

Der Vorsitzende der AEC, Seaborg, bestätigte in einem Interview, dass Johnson bis zur letzten Minute zögerte, grünes Licht für den Atomversuch zu geben, und seine Darstellung wird durch Dokumente der LBJ-Bibliothek erhärtet.

Mehrere Mitarbeiter des Weißen Hauses erinnern sich, dass Johnson ihnen Hughes-Briefe gezeigt habe. Sonderberater Pierson erklärte: »Dieser Briefwechsel hatte fast die Qualität einer Korrespondenz zwischen Souveränen ...«

Der Redenschreiber des Weißen Hauses, Harry McPherson, sagte, der Präsident habe ihm erzählt, dass Hughes auch im Ovalen Büro angerufen habe: »Johnson erzählte mir, Hughes habe selbst angerufen und seiner Sekretärin am Telefon gesagt, er wolle mit Johnson sprechen. Als man ihm sagte, der Präsident sei nicht zu sprechen, diktierte er ziemlich hastig eine längere Erklärung. Und ich erinnere mich, wie Johnson sagte, er sei beeindruckt von der Logik und Überzeugungskraft der Begründung von Hughes.« Er behauptete auch, direkt mit Hughes gesprochen zu haben und erzählte Einzelheiten des Gespräches. Aus Akten des Weißen Hauses sowie aus Hughes' eigenen Unterlagen und aus Interviews mit seinen Assistenten geht jedoch eindeutig hervor, dass der Milliardär nicht direkt mit Johnson telefoniert hatte.

Der Bericht über den damaligen Geisteszustand des Präsidenten stammt aus Doris Kearns Buch *Lyndon Johnson and the American Dream* (Signet, 1977, S. 324–340 und 358) und wird durch mehrere Mitarbeiter des Weißen Hauses bestätigt.

Noah Dietrich erinnerte an Hughes' frühe finanzielle Unterstützung Johnsons in Interviews und schilderte auch LBJs Besuche bei der Hughes-Tool-Company. Dietrich meinte auch, Hughes habe sich mit Johnson in einem Hotel in Los Angeles getroffen, konnte sich aber nicht mehr an Einzelheiten erinnern.

Einer von Hughes' Anwälten erzählte einem Kollegen, er habe 1960 eine Bargeldzahlung an Johnson veranlasst, behauptete aber, er könne sich nicht mehr an die Höhe des Betrages erinnern. Nach Angaben dieses Anwalts empfing LBJ regelmäßig Gelder von Hughes. Maheu behauptete in einer eidesstattlichen Erklärung, er habe im Auftrage von Hughes Kandidaten finanziell unterstützt, die ihm von Johnson benannt worden waren.

Der Pressesekretär Tom Johnson erinnerte sich, wie der Präsident ihm spät in der Nacht vor dem Atomversuch Hughes' Brief zeigte. »Dem Präsidenten werden so viel Dinge vorgelegt, ich kann gar nicht sagen, wie viele Papiere täglich, jedenfalls selten weniger als einhundert oder zweihundert am Tag, aber dieses Schreiben fiel dem Präsi-

Anhang · Anmerkungen

denten wegen des Namens Howard Hughes auf. Das unterschied es von allen anderen.«

Hughes' Nachtwachen gehen aus seinen eigenen Berichten hervor und werden auch von zwei seiner Mormonen bezeugt.

Clark Clifford bestätigt in einem Interview, dass er 1950 von Hughes persönlich eingestellt wurde. Clifford bestritt, dass er sich persönlich in die Hubschrauberuntersuchung eingeschaltet und Einfluss auf die Steuergesetzgebung genommen habe, gab jedoch zu, dass sein Anwaltsbüro Hughes in beiden Angelegenheiten beriet.

Johnson wachte am 26. April um 9 Uhr früh auf und fand die Stellungnahme von Hornig vor; sie trug den Vermerk »um 8.50 Uhr ins Schlafzimmer des Präsidenten geschickt« und wurde Johnson unverzüglich durch seinen persönlichen Referenten Jim Jones übergeben.

Hughes' Reaktion auf die Explosion wurde von einem Assistenten geschildert, der sich zusammen mit ihm im Zimmer befand.

Johnsons Brief an Hughes befindet sich in der LBJ-Bibliothek. Aus Akten geht hervor, dass der Präsident Seaborg mit einer Stellungnahme beauftragte, die dann dreimal von seinem Stab umgeschrieben, und dass die endgültige Fassung vom nationalen Sicherheitsberater Rostow durchgesehen wurde. Bevor die Antwort an Hughes abging, ließ Johnson den Hughes-Brief Anwalt Finney vorlegen, um dessen Zustimmung einzuholen.

Seine Telefongespräche mit Hughes kurz vor seinem Zusammentreffen mit Johnson gab Maheu unter Eid zu Protokoll. Wie der Präsident im März 1967 von dem Castro-Komplott erfuhr, wurde von einem seiner Mitarbeiter geschildert, in Aussagen vor dem Sonderausschuss des Senats über Geheimdienstaktivitäten dargelegt und von Ermittlungsbeamten im Sonderausschuss des Repräsentantenhauses zur Untersuchung von Attentaten vorgetragen.

In einem FBI-Bericht heißt es: »... Watson sagte, der Präsident habe den Eindruck, dass die CIA etwas mit dieser Verschwörung zu tun hatte. Watson fragte, ob wir ihm weitere Informationen in diesem Zusammenhang liefern könnten. Ich erinnerte Watson daran, dass der Direktor schon vor einigen Wochen dem Weißen Haus alle in unserem Besitz befindlichen Informationen übermittelt habe, die im Zusammenhang mit den Versuchen der CIA standen, ihren frü-

Howard Hughes · Das wahre Gesicht der Macht

heren Agenten Robert Maheu zu veranlassen, zusammen mit Sam Giancana und anderen Ganoven eine Verschwörung zur Ermordung Castros anzuzetteln.«

Maheu gab unter Eid zu Protokoll, wie Hughes ihn beauftragte, ein Bestechungsgeld von einer Million Dollar anzubieten.

Maheus Besuch auf der LBJ-Ranch wird in einem Brief an Hughes von zwei Mitarbeitern des Weißen Hauses, die dabei waren, und im Tagebuch des Präsidenten beschrieben.

Der persönliche Referent Jim Jones erklärte in einem Interview, Johnson habe ihm anvertraut, dass Maheu ihm Geld angeboten und dass der Präsident Maheu gesagt habe, er solle es sich »in den Hintern stecken«.

8. Kapitel   Armer Hubert

Der Bericht über Humphreys Rede stammt aus Pressemeldungen und Fernsehaufzeichnungen. Am Wahltag 1968 schilderte Humphrey in einer Tagebucheintragung offen seinen chronischen Mangel an Wahlkampfgeldern: »Ich bin diese verdammte Leiter in der Politik hinaufgeklettert, und jeder Schritt war schwer. Ich frage mich, wie es wohl gewesen wäre, wenn ich genug Geld gehabt hätte. Die oberste Sprosse werde ich nie erreichen.« Das Zitat stammt aus Humphreys *The Education of a Public Man* (Doubleday 1976, S. 4), einer Autobiographie, in der er auch seine qualvollen Erinnerungen an seine Niederlage gegen JFK im Jahre 1960 schilderte (S. 207).

Humphrey verlor 1968 gegen Nixon mit weniger als 500 000 Stimmen. Er steckte fünf Millionen Dollar in den Wahlkampf, Nixon mindestens 20 Millionen Dollar. Humphreys Vermittlung der Begegnung zwischen Sawyer und Johnson wurde von Maheu in einem Bericht an Hughes geschildert und von Akten der LBJ-Bibliothek bestätigt. Seine Vermittlung des Gespräches zwischen Sawyer und der Atomenergie-Kommission wird in einem ABC-Memorandum vom 24. April 1968 bestätigt. Seine früheren Versuche, Hughes' Fall Johnson vorzutragen, sind vom Stabschef des Weißen Hauses Watson in einem Interview beschrieben worden.

Wie LBJ Humphrey quälte, wird von Humphrey selbst in seiner Autobiographie (S. 307/308) erzählt.

Humphreys Sohn Robert bestätigte in einem Interview seine Anstellung durch Maheu.

Maheu gab vor Gericht unter Eid zu Protokoll, wie er Humphrey bei ihrer Begegnung am 10. Mai 1968 in Denver 100 000 Dollar angeboten habe. Er sagte, der Vizepräsident »schien sehr dankbar«. Zwei Mitarbeiter von Humphrey bestätigten, dass Maheu und der Vizepräsident sich damals getroffen hätten.

Johnsons sarkastische Bemerkung über Humphreys Beziehungen zu Hughes – »Hubert sollte lieber seine Hose zugeknöpft lassen« – wurde von einem Spitzenmann des Weißen Hauses kolportiert.

Maheu schilderte vor Gericht, wie er am 29. Juli 1968 Humphrey die 50 000 Dollar übergab. Danach sagte er dem Vizepräsidenten bei der Begrüßung auf dem Bankett, er habe Humphrey das Geld nicht gezeigt, denn »es gehört sich nicht, die Umschläge zu öffnen und das Geld in Gegenwart anderer Leute zu zählen«.

Humphrey bestritt in einer eidesstattlichen Erklärung, jemals persönlich Geld von Maheu empfangen oder etwas über irgendeine Spende Hughes' für seine Wahlkampagne gewusst zu haben. Es gibt jedoch schlagende Beweise dafür, dass die Geldübergabe auf dem Rücksitz der Limousine stattgefunden hat.

Lloyd Hand, der frühere US-Protokollchef und enge Freund Humphreys, sagte aus, dass er zusammen mit Humphrey und Maheu in der Limousine gewesen sei, dass Maheu auf jeden Fall eine Aktenmappe bei sich hatte, als er ins Auto stieg und dass er »den Eindruck« gehabt habe, dass Maheu diese Aktenmappe beim Aussteigen zurückgelassen habe. Gordon Judd, ein Anwalt von Hughes, der die Hälfte des Geldes von Las Vegas nach Los Angeles gebracht hatte, sagte aus, dass er vom Hotelbalkon aus beobachtet habe, wie Maheu mit Aktenmappe in Humphreys Auto gestiegen sei und den Wagen ohne Mappe wieder verlassen habe.

Außerdem hat Humphrey selbst diese Spende zugegeben. Obgleich er später behauptete, persönlich keine Ahnung von *irgendeiner* Spende Hughes' zu haben, schrieb der Vizepräsident Maheu unter dem 1. November 1968 einen Brief, in dem er sich für die 52 000 Dollar bedankte, die Hughes am 18. Oktober für seine Wahlkampagne zur Verfügung gestellt hatte, und in dem er eindeutig feststellte, schon vorher Geld von Hughes bekommen zu haben.

Die Schilderung der Begegnung zwischen Humphrey und O'Brien am Morgen nach dem Parteikonvent in Chicago ist O'Briens *No Final Victories* (S. 253–256) sowie zwei Interviews entnommen. Der gesamte zitierte Dialog stammt von O'Brien.

9. Kapitel **Die Kennedy-Clique**

Interviews mit mindestens zwölf Personen, die entweder Joseph P. Kennedy oder Howard Hughes während ihrer Zeit in Hollywood kannten, gaben nicht den geringsten Anhaltspunkt dafür, dass die beiden jemals miteinander zu tun hatten, jemals in Streit gerieten oder sich überhaupt getroffen haben.

Einzelheiten über Joe Kennedys Vergangenheit sind Richard Whalens *The Founding Father* (Signet, 1966) entnommen.

Pierre Salinger bestätigte in einem Brief, dass er sich bemüht habe, von Hughes Geld für die Wahlkampagne von Robert F. Kennedy lockerzumachen.

FBI-Direktor Hoover berichtete in einem Memorandum vom 10. März 1962 über Bob Kennedys Enthüllung des Castro-Komplotts: »Er teilte mit, er sei von der CIA informiert worden, dass die CIA Maheu beauftragt habe, an Giancana mit dem Vorschlag heranzutreten, gegen Zahlung von 150 000 Dollar einige Revolverhelden anzuheuern, die nach Kuba gehen sollten, um Castro zu ermorden. Ich äußerte mich erstaunt darüber, angesichts des schlechten Rufes von Maheu und der unmöglichen Entscheidung, einen Mann mit Giancanas Vergangenheit für eine solche Sache zu gewinnen. Der Justizminister war derselben Ansicht.«

Bobby Kennedys Befürchtung, dass die Castro-Verschwörung zur Ermordung seines Bruders geführt hat, wird von Arthur Schlesinger jr. in seinem Buch *Robert Kennedy and His Time* (Houghton Mifflin, 1978, S. 615/616) geschildert.

Kennedy nannte Nixons Hughes-Skandal in einem Interview mit der *New York Times* vom 13. November 1960 einen »entscheidenden Faktor« bei der Wahl von 1960. Das Justizministerium hatte der *Times* am 24. Januar 1972 Unterlagen zugespielt, aus denen hervorgeht, dass Kennedy in seiner Eigenschaft als Justizminister Hughes, Nixon und Angehörige von Nixons Familie wegen des »Darlehens« gerichtlich verfolgen lassen wollte.

Anhang · Anmerkungen

Die Szene, wie Hughes die Berichterstattung über die Ermordung von Robert F. Kennedy im Fernsehen verfolgt, basiert auf dessen eigenen Aufzeichnungen, auf Interviews mit seinen Assistenten sowie auf Fernsehaufzeichnungen.

Der Bericht über O'Briens »lange, traurige Reise« mit dem Trauerzug stammt aus O'Briens *No Final Victories* (Doubleday 1974, S. 245/246) und aus Interviews mit ihm.

Maheu sagte vor dem Watergate-Ausschuss des Senats aus, Hughes habe ihm wenige Minuten nach Bobbys Tod befohlen, O'Brien anzuheuern, aber er habe »den Anstand gewahrt und noch einige Zeit gewartet«, bevor er Kontakt aufnahm. Maheu erreichte O'Brien schließlich am 28. Juni 1968.

O'Brien äußerte sich über seine Arbeit für Hughes in zwei jeweils vier Stunden dauernden Interviews, die auf Band aufgezeichnet wurden, behauptete aber, sich an viele Dinge, die in Maheus Berichten erwähnt wurden, nicht zu erinnern, sagte oft Dinge, die nicht für die Veröffentlichung bestimmt waren, und verlangte dann, dass das Aufnahmegerät abgeschaltet werde, und weigerte sich schließlich, seine eigenen Berichte an Maheu sowie alle anderen Unterlagen der Firma O'Brien Associates zu zeigen.

O'Brien bestätigte, dass er von Hagerty zur selben Zeit beauftragt worden war, die drei Fernsehgesellschaften zu vertreten, als er das erste Mal mit Maheu zusammentraf, behauptete aber, er könne sich nicht daran erinnern, mit Maheu über Hughes' Absicht, ABC zu übernehmen, gesprochen zu haben, wie Maheu in seinen Memoranden berichtete.

Ferner bestätigte O'Brien, dass er am 31. Juli 1968 erneut mit Maheu in Washington zusammengetroffen sei und 25 000 Dollar für die Wahlkampagne Kennedys in Empfang genommen und diese am nächsten Tag an Smith weitergeleitet habe und dass es dann zu der Vereinbarung gekommen sei, Hughes für mindestens zwei Jahre gegen ein Monatshonorar von 15 000 Dollar durch die Firma O'Brien Associates zu vertreten.

Am 30. August 1968 wurde O'Brien Vorsitzender der Demokratischen Partei und am selben Tage Wahlkampfmanager Humphreys. Er bestätigte, dass er kurz nach den Novemberwahlen ein drittes Mal mit Maheu in Las Vegas zusammengetroffen sei und letzte Absprachen für seinen Arbeitsbeginn bei Hughes (vom 1. Januar 1969 an) getroffen habe.

O'Brien erinnert sich auch nicht daran, Maheus Zusammentreffen mit Johnson auf der LBJ-Ranch im August 1968 arrangiert zu haben, doch Maheu sagte vor dem Watergate-Ausschuss des Senats aus, diese Begegnung sei von O'Brien in die Wege geleitet worden.

Maheu bestätigte in einem Interview, dass Hughes ihn beauftragt habe, einen zweiten Millionen-Dollar-Bestechungsversuch bei Johnson zu unternehmen. O'Brien behauptete, er könne sich an keinen »direkten Kontakt« mit dem Präsidenten im Dezember 1968 hinsichtlich des Atomtests erinnern.

O'Brien behauptete, er habe niemals mit Maheu über das Geldangebot an Nixon gesprochen, ja, überhaupt nicht über irgendwelche politischen Spenden, doch Maheu sagte vor dem Watergate-Ausschuss des Senats aus, er habe O'Brien über »alle politischen Angelegenheiten« auf dem Laufenden gehalten. In einem Interview weigerte sich Maheu zu bestätigen, dass er O'Brien über die beabsichtigte Millionen-Dollar-Bestechung Johnsons informiert habe, wie er das in einem Schreiben an Hughes behauptet hatte.

Sowohl Napolitan als auch De Sautels gaben zu, für Hughes gearbeitet zu haben, wiesen aber zugleich darauf hin, dass sie O'Brien regelmäßig konsultiert hätten, so wie er selbst es mit ihnen getan habe.

O'Brien bestätigte, nach Beendigung seiner Tätigkeit in der Wall Street im August 1969, Maheu erneut in Las Vegas getroffen und mit diesem vereinbart zu haben, am 1. Oktober 1969 mit der Arbeit für Hughes zu beginnen, und zwar für zwei Jahre und einem Monatsgehalt von 15 000 Dollar.

O'Brien bestätigte Maheus Darstellung, dass seine Firma eine entscheidende Rolle bei der Änderung des Steuergesetzes von 1969 gespielt habe. »Ich bin sicher, dass es stimmt«, erklärte O'Brien. »Offensichtlich gab es eine Einflussnahme auf die Steuerreformvorlage durch meinen Vertrag mit Hughes, und ich bin sicher, dass De Sautels in dieser Sache sehr aktiv war. Er kannte so ziemlich jeden auf dem Capitol.«

Der Bericht über die Überprüfung des Hughes-Medical-Institute durch Patman basiert auf Berichten des Bankenausschusses des Repräsentantenhauses und auf Ausschussprotokollen. Das Finanzgebaren des HHMI geht aus Steuerakten und internen Geschäftsunterlagen der Hughes-Organisation sowie aus Kongress-Protokollen hervor.

Anhang · Anmerkungen

Der Finanzausschuss des Senats änderte die Gesetzesvorlage zur Steuerreform, um dem Hughes-Medical-Institute die Änderung seines bisherigen Status als »Private Stiftung« dadurch zu ermöglichen, dass dem Institut ein Krankenhaus angegliedert wurde; und der Vermittlungsausschuss des Kongresses gab HHMI ein volles Jahr Zeit, diese Umwandlung zu vollziehen.

Senator Paul Fannin, der vom »Active Citizenship Fund« der Hughes-Aircraft-Company Wahlkampfgelder erhalten hatte, bejahte in einem Interview, zusammen mit Vertretern des Hughes-Konzerns an Änderungsvorschlägen für das Steuerreformgesetz im Senatsfinanzausschuss gearbeitet zu haben und bestätigte ferner, dass der Ausschussvorsitzende Russel Long geholfen habe, die Zusatzanträge zugunsten Hughes' durchzudrücken. Sowohl Gillis als auch Russel Long lehnten es ab, sich interviewen zu lassen.

Nixons Versuch, einen Steuererlass für seine Papiere zu bekommen, indem er die Stiftungsurkunde zurückdatierte, sowie sein Versäumnis, dem Finanzamt während seiner Präsidentschaft Steuerschulden in Höhe von 467 000 Dollar zu zahlen, wurde vom Impeachment-Ausschuss des Repräsentantenhauses bekannt gegeben. Harlow berichtete über seine Gespräche mit Nixon über O'Brien in einem Interview.

Die Tatsache, dass Hughes von 1950 bis 1966 17 Jahre lang keine Einkommensteuer gezahlt hat, ergibt sich aus Kopien seiner Steuererklärungen.

Larry O'Brien war noch bis Februar 1971 für Hughes tätig, also drei Monate nachdem Maheu gefeuert worden war und genau einen Monat, nachdem Nixons Weißes Haus seine Beziehungen zu Hughes zu untersuchen begann. Er bestätigte, 325 000 Dollar von Hughes erhalten zu haben, darunter 75 000 Dollar als Abfindung, und gab zu, auch während der elf Monate, in denen er schon Vorsitzender der Demokratischen Partei war, also vom 5. März 1970 an, noch mindestens 165 000 Dollar von Hughes kassiert zu haben.

10. Kapitel   Nixon: Das Schmiergeld

Dr. Harold Feikes, Herzspezialist in Las Vegas, der die Bluttransfusionen vorgenommen hatte, schilderte Hughes' Gesundheitszustand in einer eidesstattlichen Erklärung sowie in zwei Interviews.

Noah Dietrich bestätigte in mehreren Gesprächen, dass Hughes Nixon in jedem Wahlkampf unterstützte, seitdem dieser sich zum ersten Mal im Jahre 1946 um einen Sitz im Kongress bewarb; dasselbe tat ein Sozius von Hughes' politischem Berater Frank Waters, über den bis 1960 die meisten Wahlkampfspenden liefen. Waters verweigerte jeden Kommentar. Vor Gericht schilderte Maheu die dunklen Machenschaften, die unternommen wurden, um Nixon im Jahre 1956 zu retten.

Nixon lehnte zweimal ein schriftliches Ersuchen um ein Interview ab.

Bei den genannten Geldzahlungen von Hughes an Nixon und seine Familie ist das »Darlehen« von 205 000 Dollar an Bruder Donald im Jahre 1956 (das nie zurückgezahlt wurde) mitgezählt; 50 000 Dollar waren für Nixons Wahlkampagne 1968; 100 000 Dollar in bar gingen 1969 und 1970 heimlich an Rebozo, und 150 000 Dollar waren für Nixons Wahlkampagne 1972 bestimmt. Wie viel Hughes für Nixons andere Wahlfeldzüge spendete, ist nach wie vor unbekannt, darunter auch die »hundertprozentige Unterstützung«, die Hughes nach seinen eigenen Worten Nixon 1960 gewährte.

Über das »Darlehen« in Höhe von 205 000 Dollar äußerte sich Noah Dietrich in mehreren Interviews sowie in seinem Buch *Howard: The Amazing Mr Hughes* (Fawcet, 1976, S. 282–287). Nach Darstellung von Dietrich hatte Waters ihm erzählt, dass Nixon persönlich um das Geld gebeten habe. Ein Mitarbeiter von Waters bestätigte dies.

Nixon erzählte später sowohl seinem Stabschef Haldeman als auch seinem Freund Rebozo, dass der Hughes-Darlehen-Skandal Schuld an seinen Niederlagen 1960 und 1962 gewesen sei. Dies geht aus Rebozos Aussage vor dem Watergate-Ausschuss sowie aus einem Interview mit Haldeman und dessen Buch *The Ends of Power* (Times Books, 1978, S. 20) hervor.

Das Treffen zwischen Danner, Rebozo und Morgan bei Duke Zeiberts fand laut Tagebuch von Danner am 11. September statt.

Rebozo reagierte nicht auf die Bitte um ein Interview.

Vor dem Senatsausschuss sowie vor Gericht beschrieb Maheu den Versuch, Nixon am 6. Dezember 1968 das Geld in Palm Springs direkt auszuhändigen: »Gouverneur Paul Laxalt hatte Vorbereitungen für einen Termin mit dem gewählten Präsidenten Nixon getroffen, und

Anhang · Anmerkungen

bei dieser Gelegenheit wollten Gouverneur Laxalt und ich das Geld dem Präsidenten persönlich übergeben. Unglücklicherweise passierte an diesem Tag irgendetwas, das den Terminplan des gewählten Präsidenten durcheinander brachte.«

Kurz vor seiner Reise nach Palm Springs hob Maheu weitere 50 000 Dollar von Hughes' privatem Bankkonto in zwei Raten am 5. und 6. Dezember »für Nixons Defizit« ab, und am 5. Dezember holte er sich offensichtlich weitere 50 000 Dollar aus der Kasse des »Sands«-Casinos ab. Am selben Tage flog Danner nach Las Vegas, um sich mit Maheu zu treffen, wo er sich dann bereit erklärte, für Hughes zu arbeiten. Eine Woche später hielten sich Maheu und Danner auf den Bahamas auf, aber es gibt keine unmittelbaren Beweise dafür, dass sie Nixon bei dieser Gelegenheit Geld aushändigten, wie der Vermerk auf dem Buchungszettel im »Sands« vermuten lässt.

Aus Bankunterlagen geht hervor, dass Maheu am 27. Juli 1969 weitere 50 000 Dollar von Hughes' privatem Bankkonto abhob, und Hughes' Anwalt Tom Bell sagte aus, er habe Danner auf Anweisung Maheus am 26. Oktober 1970 50 000 Dollar aus der Kasse des »Silver Slipper« gegeben. Danner bestritt, das Geld bekommen zu haben.

In einander widersprechenden Erklärungen vor den Finanzbehörden, dem Watergate-Ausschuss des Senats sowie vor Gericht behauptete Maheu ein ums andere Mal, dass alle diese abgehobenen Summen die 100 000 Dollar seien, die Nixon schließlich durch Rebozo erhielt. Auf jeden Fall bestätigten Rebozo, Danner und Maheu alle unter Eid, dass Nixon, in zwei Raten von Rebozo 100 000 Dollar Bargeld erhalten habe.

Danner trat der Hughes-Organisation im Februar 1969 bei. Er sagte aus, Rebozo habe im April und Mai angefangen – wegen Hughes Spenden an Humphrey – ihm gegenüber »zu sticheln« und dass im Mai und Juni Rebozo um 100 000 Dollar gebeten habe, wobei er ihm erzählte: »Der Präsident sei daran interessiert, einen Fonds für die Kongresswahlen im Jahre 1970 einzurichten.« Rebozo, der das Geld über die Wahlen von 1970 hinaus behielt, bestritt Danners Darstellung und erklärte: »Das Geld war für den Präsidenten bestimmt ... Es war für die Präsidentschaftskampagne 1972.« Rebozo gab allerdings zu, dass er das Bargeld ins Schließfach seines Safes gelegt, es für keine Wahlkampagnen gebraucht und behalten habe, bis schließlich 1973 das Finanzamt dahinter kam.

Danner sagte aus, »irgendwann im Sommer« habe Maheu ihm erzählt, und Danner berichtete dies Rebozo, dass »50 000 Dollar jetzt zur Verfügung ständen und weitere 50 000 Dollar später folgen« würden. Danners Treffen mit Rebozo in Miami am 26. Juni 1969 wurde durch Reiseunterlagen nachgewiesen, die er dem Watergate-Ausschuss des Senats unterbreitete. Aus den Buchungsunterlagen der Bank geht hervor, dass Maheu die Abhebung von 50 000 Dollar von Hughes' Bankkonto für den nächsten Tag arrangierte und das Geld am 11. Juli abholte. Sein Sohn Peter sagte aus, er habe das Geld einige Wochen in seinem Safe aufbewahrt und dann auf Anweisung seines Vaters die 50 000 Dollar Danner zur Auslieferung an Rebozo übergeben.

Dass Nixon sich am 16. Juli mit Kissinger getroffen hat, geht aus Maheus Bericht an Hughes vom selben Tag sowie aus Tagebüchern des Weißen Hauses hervor, die sich im Nationalarchiv befinden. Dasselbe wurde auch von Alexander Haig in einem Interview bestätigt. Haig erinnerte sich ebenfalls an Kissingers Reaktion auf Nixons Anweisung, er solle Hughes informieren. Zwei Mitglieder des Nationalen Sicherheitsrates bestätigten unabhängig voneinander Kissingers Empörung. Kissinger selbst lehnte mehrfach Bitten um ein Interview ab.

Larry Lyn, der hohe Beamte, der mit dem ABM-Projekt betraut war, erinnerte sich an Haigs eigene Reaktion auf Hughes' Memorandum und äußerte in einem Interview die Vermutung, dass die Verbindung zu Hughes Nixon ein Jahr später dazu veranlasst haben könnte, einen Verzicht auf die ABM-Pläne als Bestandteil der SALT-Verhandlungen vorzuschlagen.

Nixons und Kissingers Überprüfung der Pläne zur Erprobung des ABM-Sprengkopfes im Juli 1969 wurde durch Angehörige des Stabes des Nationalen Sicherheitsrates sowie durch die Atomenergie-Kommission und durch Dokumente des Außenministeriums bestätigt, zu denen ich aufgrund des Gesetzes über die Informationsfreiheit Zugang erhielt. In einem »Memorandum für den Präsidenten« vom Staatssekretärausschuss des Nationalen Sicherheitsrates wird festgestellt, dass die Verlegung der Atomversuche nach Alaska 200 Millionen Dollar gekostet hätte und die Warnung ausgesprochen wurde, dass »die Sowjets empfindlich auf Pläne reagieren würden, Atomtests dieser Stärke auf den Aleuten durchzuführen«.

Anhang · Anmerkungen

11. Kapitel   **Howard gibt eine Party**

Als Hughes Ende 1968 erstmalig seine Absicht äußerte, das »Landmark« zu kaufen, warnte das Justizministerium der Johnson-Administration Hughes, ein Kauf wäre »ein Verstoß gegen das Clayton-Gesetz« und kündigte Maßnahmen des Kartellamtes an. Einen Monat später, am 17. Januar 1969, drei Tage vor Nixons Amtsübernahme, ließ dasselbe Ministerium Hughes wissen, dass es »im Augenblick keine Schritte gegen den beabsichtigten Erwerb unternehmen« werde. Maheu erfuhr dies bereits im Voraus und übermittelte dem Penthouse sofort die Erfolgsmeldung: »Wir haben soeben einen Anruf vom Kartellamt erhalten, in dem uns mitgeteilt wurde, dass der Kauf des ›Landmark‹ offiziell genehmigt worden sei.«

Die Beschreibung des »Landmark« basiert auf lokalen Presseberichten sowie auf einem Besuch an Ort und Stelle.

Bei der Eröffnung des Hotels traten schließlich doch Dean Martin und Danny Thomas auf. Selbst Bob Hope hatte vor aufzutreten, musste jedoch wegen des Todes seiner beiden Brüder in letzter Minute absagen. Das hat Hughes Bob Hope offensichtlich nie vergessen. Als der Komiker sechs Monate später Maheu anrief und um eine Spende in Höhe von 100 000 Dollar für das Eisenhower-Hospital bat, weigerte sich Hughes zunächst, überhaupt etwas zu geben, und spendete schließlich 10 000 Dollar.

Martin war Mitbesitzer des »Riviera-Casinos«, das, wie aus Lauschoperationen des FBI Anfang der Sechzigerjahre hervorging, insgeheim von der Chicagoer Unterwelt beherrscht wurde. Der Mafia-Informant Jimmy Fratianno behauptete auch, dass Sidney Korshak, ein bekannter Gangsterchef, beträchtliche Anteile vom »Riviera« gehörten (Ovid Demaris, *The Last Mafioso: The Treacherous World of Jimmy Fratianno*, Times Books, 1981, S. 272).

Wie groß seine Befürchtungen im Zusammenhang mit der Eröffnung des »Landmark« waren, lässt sich daraus ablesen, dass in all den tausenden von Schreiben, die Hughes während seiner vier Jahre in Las Vegas verfasste, nur der Streit um das »Landmark« ihn veranlasste, eine Art Innenschau zu betreiben und deren Ergebnis auch noch niederzuschreiben.

Und seine Auseinandersetzung mit Maheu über die Eröffnung war so heftig, dass noch Jahre später Maheus Frau sich neben anderen Streitigkeiten vor allem an diesen Konflikt erinnerte, der manche Nacht zu lautstarken Telefongesprächen führte (Ron Laytner, *Up Against Howard Hughes: The Maheu Story*, Manor Books, 1972, S. 34/35).

12. Kapitel   **Nixon: Der Verrat**

Mehrere Mitarbeiter Nixons erinnern sich an die intensive Beschäftigung des Präsidenten mit der Planung des »moon-walk-dinner«. »Dies war nicht nur *das* große Staatsbankett seiner Administration, der Höhepunkt seines ersten Jahres im Amt, sondern auch für seinen Heimatstaat Kalifornien«, erklärte Ehrlichman.

Mehreren Spitzenbeamten des Weißen Hauses fiel auf, wie empfindlich Nixon gegenüber allem war, was mit Hughes zusammenhing.

»Er war in Nixons Weißem Haus gefürchtet, denn einige glaubten, dass der ›Hughes-Darlehens-Skandal‹ Schuld daran war, dass Nixon 1960 die Wahl gegen Kennedy verloren hatte«, schrieb John Dean in *Blind Ambition* (Simon & Schuster, 1976, S. 67). »Bei allem, was Hughes betraf, schien Nixon manchmal das Gefühl für die Wirklichkeit verloren zu haben«, erklärte Haldeman in *The Ends of Power* (Times Books, 1978, S. 12–20).

Nixon versuchte zunächst, die CIA zu veranlassen, Donald »zu beschatten«, und als die CIA sich weigerte, wandte er sich laut Abschlussbericht des Impeachment-Ausschusses des Repräsentantenhauses an den Secret Service. Ehrlichman bestätigte in einem Interview, dass der Präsident ihn im Mai 1969 beauftragte, den Secret Service mit der Überwachung zu betrauen und dass Nixon befahl, das Telefon in Donalds Wohnung und Büro anzuzapfen, hauptsächlich, um über die Geschäfte seines Bruders mit Meier auf dem Laufenden zu sein.

Kreigsmans Anfragen beim AEC über Hughes gehen aus Dokumenten der Atomenergie-Kommission vom 25. Juli und 2. August 1969 hervor, zu denen ich aufgrund des Gesetzes über die Informationsfreiheit Zugang erlangte. Der AEC-Bericht über Hughes an das Weiße Haus trägt das Datum vom 18. August 1969 und wurde vom Vorsitzenden Seaborg persönlich durchgesehen.

Einblick in Hoovers Bericht über Hughes wurde durch das Gesetz über die Informationsfreiheit ermöglicht. Die darin enthaltene Schil-

Anhang · Anmerkungen

derung von Hughes beruht auf dem Bericht eines verärgerten Hughes-Managers vom 7. Januar 1952 an das FBI; darin wird dem Milliardär auch Steuerhinterziehung vorgeworfen. Hoover ließ Hughes seit der Senatsanhörung über das Wasserflugzeug »Spruce Goose« im Jahre 1947 abhören, wobei er regelmäßig von seinen Agenten Berichte empfing. Aus FBI-Akten geht ferner hervor, dass Hughes über seinen Chef-Mormonen Bill Gay direkten Kontakt zu Hoover hatte, und zwar am 20. August 1955, um mit ihm »eine sehr heikle Angelegenheit« zu erörtern. Kurz danach versuchte Hughes, wie aus FBI-Kreisen verlautet, Hoover als seinen Washingtoner Lobbyisten zu gewinnen. Dean Elson, FBI-Chef von Las Vegas, der später für Hughes arbeitete, berichtete in einem Interview, Hoover habe ihm erzählt, dass Hughes sich mit ihm getroffen habe, als er in La Jolla, Kalifornien, Urlaub machte, und dass er Hoover angeboten habe, er könne »selbst seinen Preis nennen und seine eigenen Bedingungen stellen«. Hoover erzählte Elson, er habe das Angebot abgelehnt, weil er Hughes für »exzentrisch« hielt. Aus den FBI-Akten geht ferner hervor, dass Hoover, bevor er sich mit Hughes traf, von seinen Spitzenbeamten denselben Bericht über Hughes erhalten hatte, den er später an Nixon schickte.

Dass sich Danner und Maheu am 11. und 12. Dezember 1969 mit Rebozo in Key Biscayne trafen, geht aus Maheus Berichten an Hughes, aus dem Tagebuch des Piloten der Maschine und aus Danners Reiseunterlagen hervor. Der Watergate-Ausschuss des Senats nannte dieses Datum in seinem Abschlussbericht »den wahrscheinlichsten Zeitpunkt für die Ablieferung der ersten Geldrate«.

In seinem ersten Bericht über die Zahlung der 100 000 Dollar erzählte Danner den Finanzbehörden, die Übergabe des Geldes habe in Rebozos Haus in Key Biscayne im September 1969 stattgefunden, und Maheu sei dabei zugegen gewesen.

Später gaben alle drei einander widersprechende Erklärungen ab. Rebozo, der versuchte zu erklären, wieso einige der Hundert-Dollar-Scheine, die schließlich Hughes zurückgegeben wurden, vom US-Schatzamt erst nach dem Datum, das er ursprünglich genannt hatte, herausgegeben worden waren, behauptete, er habe das ganze Geld erst Ende 1970 bekommen. Unter dem Druck von Rebozo änderte Danner seine Aussage und erklärte, er könne sich nicht erinnern, ob die erste Übergabe nun 1969 oder 1970 stattgefunden habe, betonte aber, dass ihn lediglich Rebozos nachdrückliches Beharren auf diesem Zeitpunkt zu seiner Meinungsänderung veranlasst habe. Als einzigen weiteren Grund für sein Abweichen von seiner ursprünglichen Aussage gab Danner an, er könne sich jetzt daran erinnern, dass die Reise im September 1969 mit Hughes' Angst über die Versenkung des Nervengases zusammenhing. Das ist eindeutig falsch, da die Versenkung des Giftgases erst im August 1970 stattfand.

Alle Einzelheiten über die Aushändigung der ersten 50 000 Dollar an Rebozo beruhen auf Danners Aussage vor den Finanzbehörden und vor dem Watergate-Ausschuss und auf Maheus Aussagen vor Gericht und auf Interviews mit den Beamten des Senats.

Die Darstellung über Nixons Aktivitäten und seine geistige Verfassung im September 1969 gründet sich auf seine eigenen Worte in seinen Memoiren und ist ergänzt durch Kissingers *The White House Years* (Little, Brown & Co., 1979) und auf Interviews mit Beamten des Weißen Hauses und des Nationalen Sicherheitsrates (NSC).

Interviews mit Spitzenbeamten des Weißen Hauses wie Haldeman, Ehrlichman und Colson deuten darauf hin, dass sich Nixon sehr wohl über Hughes' Opposition gegen die Atomtests im Klaren war, aber keine Ahnung von dem tatsächlichen Ausmaß von Hughes' Angst und Empörung hatte.

Der Bericht über den Atomversuch vom September 1969 ist Presseberichten, AEC-Protokollen und Mitteilungen entnommen, die Hughes' Assistenten über die Nachwirkungen verfassten.

Danners Besprechung mit Justizminister Mitchell über das »Dunes«-Hotel-Geschäft ist dargelegt in Danners Aussagen vor dem Watergate-Ausschuss, in Gerichtsprotokollen, die von Ermittlungsbeamten des Senats angefordert wurden, sowie in Maheus jeweiligen Berichten an Hughes. Darüber hinaus ließ FBI-Direktor Hoover Nixon und Mitchell wissen, dass er durch einen Bericht an das Justizministerium vom 23. März 1970 über das »Dunes«-Geschäft unterrichtet worden war.

Maheu schilderte Hughes' Anweisungen, Nixon ein Millionen-Dollar-Bestechungsgeld anzubieten, um den Atomtest im März 1970 zu verhindern, die er in Aussagen vor dem Watergate-Ausschuss des Senats und in einem Interview bestätigte, wobei er Einzelheiten in einer eidesstattlichen Erklärung in seiner 1973 angestrengten Verleumdungsklage gegen Hughes hinzufügte.

Anhang · Anmerkungen

Danners Reiseunterlagen, die dem Watergate-Ausschuss vorgelegt wurden, beweisen, dass er und Maheu vom 20. bis 22. März 1970 in Key Biscayne waren, dass sie dort zu diesem Zeitpunkt mit Rebozo zusammentrafen, bejahten Danner und Maheu in Aussagen vor dem Senat.

13. Kapitel   Exodus

Hughes' 15 Monate währender Versuch, aus Las Vegas zu verschwinden, wurde von mehreren seiner Assistenten in eidesstattlichen Erklärungen geschildert; Einzelheiten lieferten zwei von ihnen in Interviews. Außerdem ist dies der Hughes-Korrespondenz aus dieser Zeit zu entnehmen.

Der Bericht über die Versenkung des Nervengases ist Presseberichten entnommen und wird durch Unterlagen des Verteidigungsministeriums bestätigt, in die aufgrund des Gesetzes für Informationsfreiheit Einblick genommen werden konnte. Aus diesen Unterlagen geht auch hervor, dass eine der Möglichkeiten, die dem Präsidenten vorgeschlagen wurden, war, das Gas auf dem Nevada-Versuchsgelände zu vernichten.

Neben seinen Bemühungen, Rebozo über Danner zu erreichen, versuchte Maheu auch über O'Briens Sozius Claude De Sautels den Gastransport zu stoppen. »Maheu rief mich um sieben Uhr früh an, als es in Las Vegas erst vier oder fünf Uhr war«, erinnerte sich De Sautels in einem Interview. »Ich sagte: ›Mein Gott, was treiben Sie denn schon um diese Zeit?‹, und er erwiderte: ›Der Alte hat gestern Abend die 23-Uhr-Nachrichten gehört und die Züge gesehen und mir erklärt, ich müsse sie anhalten.‹ Und ich sagte: ›Bob! Wie könnte ich den Zug anhalten?‹ Ich wusste, dass der Präsident es genehmigt, der Verteidigungsminister es befohlen und der Generalarzt erklärt hatte, dass dies ungefährlich sei. Maheu sagte: ›Also, halt ihn an!‹ Ich telefonierte also mit einigen Leuten im Pentagon und rief dann Maheu wieder an und sagte: ›Es ist unmöglich, diese Züge noch zu stoppen, sie rollen bereits.‹ Und Maheu sagte: ›Ich wusste, dass Sie die nicht anhalten könnten, aber jetzt kann ich dem Alten wenigstens etwas sagen.‹«

Der Bericht, wie Danner am 3. Juli 1970 Rebozo die zweiten 50 000 Dollar von Hughes aushändigte, beruht auf Danners unter Eid gemachten Aussage vor dem Watergate-Ausschuss des Senats und wird durch Rebozos eigene Aussage vor demselben Gremium bestätigt.

Rebozo sagte aus, er habe die 50 000 Dollar in ein Schließfach seines Safes zusammen mit einem Brief gelegt, der die Anweisung enthielt, das Geld dem Schatzmeister der Wahlkampagne 1972 auszuhändigen, aber er gab zu, dass er diesen Brief später vernichtete und das Geld so lange behielt, bis die Finanzbehörden 1973 dahinterkamen.

Aus Unterlagen des Verteidigungsministeriums und der Atomenergie-Kommission, die aufgrund des Gesetzes über die Informationsfreiheit herausgegeben werden mussten, geht hervor, dass Nixon eine Vernichtung des Nervengases in Nevada ablehnte und stattdessen mit der Versenkung im Atlantik in der Nähe der Bahamas einverstanden war.

Bennett berichtete über Gays Kontaktaufnahme zu ihm und über seine eigenen Kontakte mit Colson in einem Verhör durch Ermittlungsbeamte des Watergate-Ausschusses des Senats. Davis' Rolle bei der einstweiligen Verfügung, die sein Sozius Lea durchsetzte, geht aus Schreiben Maheus und des Mormonen an Hughes hervor, in denen auch Davis' Kontakt mit Gouverneur Kirk bestätigt wird. Der Bericht über das Gerichtsverfahren ist Pressemeldungen entnommen.

Der Bericht über die *Glomar-Explorer*-Operation basiert auf Gesprächen mit dem früheren CIA-Direktor Colby, dem damaligen stellvertretenden Verteidigungsminister David Packard, zwei vertraulichen Informanten der CIA, die direkt damit zu tun hatten, ferner mit dem Vizepräsidenten der Hughes-Tool-Company Raymond Holliday und einem Ermittlungsbeamten des Senats-Untersuchungsausschusses.

Sowohl Colby als auch Ermittlungsbeamte des Senats bestätigten, dass die CIA Maheu als »gefährliches Risiko« einschätzte und ihn aus dem *Glomar*-Projekt völlig heraushielt. Colby gab zu, dass der CIA keinerlei Informationen über Hughes' tatsächlichen Zustand vorlagen, und CIA-Unterlagen beweisen, dass der US-Abwehrdienst lediglich über seine zurückgezogene Lebensweise informiert war.

Während in jüngsten Darstellungen die Vermutung geäußert wurde, Hughes habe weder etwas über dieses Tarnungsmanöver der CIA gewusst noch es gebilligt, sondern sei vielmehr überzeugt gewesen, die *Glomar* werde tatsächlich zum Abbau von Bodenschätzen auf dem

Anhang · Anmerkungen

Meeresboden eingesetzt, versicherte Holliday in einem Interview, dass er persönlich Hughes telefonisch unterrichtet und ihm später »ein langes, detailliertes Memorandum« geschickt habe.

Hollidays Darstellung wird dadurch bestätigt, dass Davis später ein Memorandum an Hughes schickte, in dem er auf die »eigentliche Aufgabe« der *Glomar* hinwies; außerdem wurde nach seinem Tod in seinem Penthouse in Acapulco zwischen anderen Dokumenten auch eine Kopie des *Glomar*-Vertrages gefunden.

Hughes' Antwort an die CIA, die Holliday übermittelte, wurde von Holliday in einem Interview zitiert.

Während es unmöglich ist, genau zu sagen, welche Rolle die *Glomar* bei seinem Hinauswurf spielte, behauptete Maheu später, einer der Gründe sei seine Weigerung gewesen, Hughes mit der CIA zusammenzubringen; es ist bemerkenswert, dass Hughes die Vollmacht, die zur Absetzung Maheus führte, erstmalig erwähnte, nachdem Holliday im August 1970 zum ersten Mal mit ihm über die *Glomar* gesprochen hatte, und dass Hughes diese Vollmacht am 14. November 1970 unterzeichnete, genau einen Tag, nachdem Holliday die *Glomar*-Vereinbarung unterschrieben hatte.

Peloquin von »Intertel« berichtete über seine Besprechungen mit Davis und Gay in eidesstattlichen Erklärungen.

Der endgültige Bruch zwischen Hughes und Maheu wurde von Maheu in einer Reihe von Interviews sowie vor Gericht geschildert und auch von mehreren Mormonen beschrieben. Einer der Assistenten sagte später aus: »Gegen Ende des Jahres 1970 wies Gay mich und die anderen Assistenten an, Botschaften von Maheu an Mr Hughes zurückzuhalten; die Folge war, dass sich ein ganzer Berg von Briefen ansammelte, die Mr Hughes nicht ausgeliefert wurden. Etwa zur selben Zeit las ich zahlreiche Schreiben von anderen Assistenten, in denen Maheu kritisiert und von ihm behauptet wurde, er verhalte sich gegenüber Mr Hughes illoyal.«

Hughes' Gesundheitszustand kurz vor seiner Abreise wurde von seinem Arzt Harold Feikes in einer eidesstattlichen Erklärung sowie in einem Interview geschildert.

Maheu schickte Davis am 6. November 1970 ein Telegramm, in dem er ihn von dem TWA-Fall entband. Die Geschäftsführung der Hughes-Tool-Company wies Maheus Handlungsvollmacht im TWA-Fall am 12. November 1970 zurück.

Mehrere Assistenten berichteten in eidesstattlichen Erklärungen über Hughes' Flucht aus dem »Desert Inn«, und einer von ihnen steuerte Einzelheiten in einem Interview bei.

Die Begegnung im Weißen Haus zwischen Ehrlichman und Rebozo wurde von Ehrlichman in einem Interview geschildert.

Epilog I **Watergate**

Was im Epilog über Hughes' Verkettung mit Watergate berichtet wird, ist in vieler Hinsicht mehr eine Bestätigung als eine Enthüllung. Ein 48 Seiten umfassendes unveröffentlichtes Protokoll des Watergate-Ausschusses, das erstmalig schlüssige Beweise dafür lieferte, dass die Dreiecksbeziehung Hughes–Nixon–O'Brien die unmittelbare Ursache des Einbruchs war, ist die Hauptquelle für meinen Bericht. Ermittlungsbeamte stellten Zeugenaussagen, Aufzeichnungen und dokumentarisches Material zur Verfügung, das noch nie veröffentlicht worden war, und teilten in Gesprächen weitere Einzelheiten mit. Außerdem bin ich J. Anthony Kukas zu Dank verpflichtet. Er war der erste Journalist, der die Verkettung von Hughes mit der Watergate-Affäre in seinem Buch *Nightmare: The Underside of the Nixon Years* (Viking, 1976) aufdeckte.

Nixons Mitteilung an Haldeman wurde von John Dean zitiert in *Blind Ambition* (Simon & Schuster, 1976, S. 66). Sie stammt aus einer Kopie des Memorandums, das Haldeman an ihn weitergeleitet hatte und dessen Inhalt von Haldeman in einem Interview bestätigt wurde.

Nixons Befürchtung, dass die 100 000-Dollar-Zahlung als Folge des Bruchs zwischen Hughes und Maheu herauskommen würde, findet sich in Rebozos Aussage vor dem Watergate-Ausschuss wieder: »In der Hughes-Organisation nahmen die Dinge eine schlimme Wendung, und ich hatte das Gefühl, früher oder später würde die Sache herauskommen und zu Missverständnissen führen … die Hauptsorge war, es könnte bekannt werden, dass der Präsident Geld von Hughes bekommen hatte… Ich wollte auch nicht den kleinsten Ärger wegen irgendeiner Verbindung zwischen Hughes und Nixon riskieren. Ich war überzeugt, dass dies den Präsidenten die Wahl von 1960 gekostet hat.«

Ein Mitarbeiter, der mit Nixon in San Clemente war, erinnert sich, wie der Präsident einen Artikel in der *Los Angeles Times* über Maheus

Anhang · Anmerkungen

Klage gegen Hughes las; eine solche Story war tatsächlich am 14. Januar 1971 erschienen. Fünf Tage zuvor hatte Anderson in einem Artikel geschrieben: »Einige der vertraulichen Dokumente im Falle Hughes, die vom Gerichtshof in Nevada beschlagnahmt wurden, sind uns zugespielt worden.«

Hughes' Drogenabhängigkeit wurde 1978 in einem Bericht der Behörde zur Bekämpfung der Suchtgefahren beschrieben. Über seine täglichen Beschäftigungen wurde von Oktober 1971 bis zum Juli 1973 Tagebuch geführt. (Seine Assistenten führten auch während der Jahre, die Hughes in Las Vegas verbrachte, Tagebuch und setzten dies bis zu seinem Tode fort, aber diese Protokolle wurden alle vernichtet.)

Die Verhaftung von Maheus Leuten auf den Bahamas wurde durch FBI-Berichte sowie in einem Interview mit einem Detektiv von »Intertel« bestätigt.

Colsons Bericht über Bennett stammt aus Akten des Watergate-Ausschusses des Senats. In einem Interview erklärte Colby, er habe keine Ahnung von der Verbindung zu Hughes über Rebozo gehabt und habe auch nichts über Bennetts Beziehungen zur CIA gewusst.

Dean beschrieb seine Bemühungen, O'Brien auf Anweisung Haldemans zu kompromittieren, in *Blind Ambition* (S. 66–68) sowie in seiner Korrespondenz, die aus den Akten des Watergate-Ausschusses stammt. Haldeman gab eine ähnliche Schilderung der Nachforschungen über das Verhältnis zwischen Hughes und O'Brien in *The Ends of Power* (S. 19/20, 153–156) sowie in einer Reihe von Interviews. Die ganze Operation des Weißen Hauses wird auch in dem unveröffentlichten Bericht des Watergate-Ausschusses des Senats ausführlich dargestellt.

Nixons wiederholte Anweisungen, O'Brien »auf die Schliche zu kommen«, wurden von Haldeman in *The Ends of Power* (S. 19/20, 154–156) zitiert. »Im O'Brien-Fall«, schrieb Haldeman, »benahm sich Nixon fast genau wie Kapitän Queeg bei seiner Suche nach den Erdbeeren ... Hier war Larry O'Brien heimlicher Lobbyist von Hughes – und niemand kümmerte sich darum ... Aber ihn, so sagte Nixon oft zu mir, habe die Presse, wegen einer möglichen Verbindung mit Howard Hughes verfolgt!«

Wie die Steuerprüfung bei Maheu auf Betreiben der »Intertel« zustande kam, darüber berichtete Andy Baruffi, der die Steuerfahndung im Hughes-Fall leitete und dessen Darstellung von zwei anderen, direkt beteiligten Steuerfahndern, bestätigt wurde.

Danner erklärte dem Watergate-Ausschuss des Senats, Rebozo habe ihn unmittelbar nach Erscheinen des Artikels von Anderson im August 1971 angerufen: »Ich glaube, Gegenstand des Gesprächs war, wie Anderson das wissen könne, und die Antwort lautete, dass man ihm ein Schreiben vorgelegt habe, in dem angeblich alle Einzelheiten des Vorgangs geschildert worden waren.« Danner sagte aus, Anderson habe ihm erzählt, dass ihm das Hughes-Schreiben von Maheu zugespielt worden sei.

Greenspuns Warnung vom September 1971 an Klein wurde sowohl von Greenspun als auch von Klein in Interviews bestätigt. Ehrlichman und Kalmbach bezeugten in Interviews, dass Ehrlichman Kalmbach wegen des Hughes-Geldes zu Greenspun schickte, und Kalmbach und Greenspun gaben ziemlich gleichlautende Erklärungen über ihre Begegnung ab.

Der Watergate-Ausschuss des Senats stellte in seinem Abschlussbericht fest, dass Rebozo 45 621 Dollar für Ausbesserungen auf Nixons Landsitz in Key Biscayne ausgegeben habe, und folgerte, dass die einzige wahrscheinliche Quelle für mindestens die Hälfte dieser Ausgaben das Geld war, das er von Hughes bekommen hatte.

Ehrlichman bestätigte in einer Reihe von Interviews, von den Finanzbehörden »Berichte über sensible Fälle« der Hughes-Ermittlungen erhalten zu haben, und legte eine Kopie eines solchen Berichts vor, den er am 24. Juli 1972 empfangen hatte und in dem die politischen Aspekte der Steuerermittlungen dargelegt wurden. Die Geschäfte zwischen John Meier und Donald Nixon waren in diesem Bericht erwähnt und wurden von Ehrlichman erläutert, der in den Interviews bestätigte, Nixon über die Ermittlungen informiert zu haben.

Nixons Interpretation des »Darlehen-Skandals« wurde von Ehrlichman wiedergegeben. Haldeman gab eine ähnliche Darstellung von Nixons Behauptungen im Zusammenhang mit diesem Skandal.

Die Auswirkungen der Clifford-Irving-Affäre auf Watergate kamen erstmalig in dem unveröffentlichten Bericht des Watergate-Ausschusses zur Sprache. In Blind Ambition (S. 390) schildert Dean, wie Haldeman befohlen habe, eine Kopie von Irvings Manuskript zu beschaffen, und stellt fest, dass »irgendjemand aus dem Weißen

Anhang · Anmerkungen

Haus vom Verleger eine Kopie bekommen hat«. Aus FBI-Akten geht hervor, dass Hoover Berichte über die Irving-Affäre an Haldeman schickte.

Die Schilderung der Machenschaften zwischen Hughes und Nixon in Irvings Buch wird in dem unveröffentlichten Protokoll des Watergate-Ausschusses zitiert und ist auszugsweise in der *New York Times* vom 4. Februar 1972 erschienen. Ein Mitarbeiter des Weißen Hauses bestätigte, dass Nixon zumindest eine Kurzfassung von Irvings Darstellung gelesen hat.

Hughes' Vorbereitungen und Beschäftigungen am Tage seiner Pressekonferenz sind in den Tagebüchern seiner Assistenten festgehalten. Die Hughes-Zitate stammen von einer Tonbandaufzeichnung dieser Pressekonferenz.

Die Aufstellung der Hunt-Liddy-Gang wird in Berichten des Watergate-Ausschusses und des Impeachment-Ausschusses des Repräsentantenhauses, ferner von Hunt und Liddy sowie von Haldeman und Dean in ihren Büchern geschildert.

Nixons Reaktion auf die Mitteilung, dass Bobby Kennedy eine gerichtliche Untersuchung des »Hughes-Darlehens« eingeleitet hatte, wurde von einem Mitarbeiter des Weißen Hauses in einem Interview beschrieben. Ähnliche Stellungnahmen Nixons finden sich in seinen Memoiren *RN: The Memoirs of Richard Nixon* (Warner, 1978, Band 1, S. 305).

Die Besprechungen zwischen Liddy, Mitchell, Dean und Magruder vom 4. Februar 1972 und 27. Januar 1972 werden von Liddy in seinem Buch *Will* (St. Martin's Press, 1980, S. 196–203), von Dean und Magruder im Watergate-Ausschuss und vor Gericht, sowie von Dean in *Blind Ambition* (S. 79–86) und von Magruder in *An American Life* (Pocket Books, 1975, S. 207–212) geschildert. Sowohl Dean als auch Magruder sagten aus, Mitchell habe erwogen, O'Brien überwachen zu lassen. Aus dem unveröffentlichten Ausschussbericht geht ferner hervor, dass Magruder darüber hinaus dem Senatsausschuss mitteilte: »Der Justizminister hat einen Einbruch bei Greenspun nicht nur zur Sprache gebracht, sondern Liddy gegenüber dies als dringendere und wichtigere Aufgabe als die anderen Aufträge hingestellt.« Hunt schilderte den Greenspun-Plan in seiner Aussage vor dem Senatsausschuss und erklärte, Bennett habe als Erster, schon vor dem Mitchell-Liddy-Treffen, den Einbruch vorgeschlagen. Bennett machte eine ähnliche Darstellung, behauptete aber, dass es Hunt war, der den Einbruch vorgeschlagen habe, nachdem Bennett ihm erzählte, Greenspun besitze die Hughes-Papiere. Wintes Beteiligung an diesen Erörterungen wurden von Hunt in seiner Aussage und von Liddy in seinem Buch (*Will*, S. 205) bestätigt.

Wie sehr Nixon drängte, da Liddys Operation nicht in Gang kam, beschreibt Haldeman in seinem Buch *The Ends of Power* (S. 10/11). Strachans Anruf bei Magruder wurde von Magruder im Watergate-Ausschuss zitiert. Nixons Wut auf O'Brien wegen der ITT-Affäre erwähnt Haldeman in seinem Buch *The Ends of Power* (S. 153–155), ferner Colson in einem Interview und Nixon in seinen Memoiren (*RN: The Memoirs of Richard Nixon*, Band 2, S. 54). Die Besprechung zwischen Hunt, Liddy und Colson wurde von allen dreien bestätigt, und Magruder bezeugte, dass Colson ihn telefonisch gedrängt habe, für eine baldige Genehmigung des Liddy-Planes zu sorgen.

Die Informationen über das Gespräch Magruder–Mitchell sowie über Mitchells Offenbarung, dass Hughes das Motiv für Watergate sei, stammen aus einer vertraulichen Quelle, die direkte Kenntnis von deren Unterredung hatte. Dieser Informant war bereit, in einem zweistündigen auf Band aufgenommenen Interview, mich darüber zu unterrichten, aber nur, wenn ich versicherte, meine Quelle nicht zu nennen.

Vor dem Watergate-Ausschuss des Senats und vor Gericht bezeugte Magruder, dass Mitchell sich am 30. März 1972 mit dem Watergate-Einbruch einverstanden erklärte. Auch der zweite Einbruch wurde nach Angaben Magruders von Mitchell angeordnet. Liddy schreibt in *Will* (S. 237), Magruder habe ihm befohlen, O'Briens »Scheiß-Dossier« über Nixon zu fotografieren. »Zweck des zweiten Watergate-Einbruchs war es«, schrieb Liddy, »herauszufinden, ob O'Brien Belastungsmaterial über uns besaß, und nicht, damit wir etwas über ihn oder die Demokraten in die Hand bekamen«. Haldeman rekonstruierte sein Gespräch mit Nixon vom 20. Juni 1972 in *The Ends of Power* (S. 18/19) und bekräftigte in zwei Interviews, dass Nixon selbst die Verbindung von Hughes mit Watergate offenbarte, und zwar wahrscheinlich in jener vom Tonband gelöschten Unterhaltung, aber auf alle Fälle in einem seiner Gespräche mit Haldeman in den Tagen nach dem Einbruch.

Anhang · Anmerkungen

Epilog II **Die letzten Tage**

Hughes' Tagesablauf in der Zeit der Watergate-Verhaftungen ist in den von seinen Assistenten geführten Tagebüchern festgehalten und wird durch das in einer Vancouver-Ausgabe der Zeitschrift *TV Guide* aufgeführte Programm für den 16. und 17. Juli 1972 bestätigt.

Dass Hughes über ein Jahr lang keine Ahnung von Watergate hatte, geht aus Briefen seiner Assistenten und seines Anwalts hervor, die ihm als Antwort auf seine späten Nachfragen geschickt wurden, und wird darüber hinaus in einer eidesstattlichen Erklärung eines seiner Mormonen bestätigt.

Hughes' Flucht von den Bahamas wurde von einem Assistenten in einem Interview geschildert und von mehreren anderen Assistenten in Erklärungen bestätigt. Seine Beziehung zu Somoza geht aus Briefen hervor, die Hughes schrieb und diktierte, sowie aus Mitteilungen, die er von seinem Stab erhielt. Hughes' Ankunft in Vancouver beschrieb ein Assistent, der dabei war.

Bennetts Rolle als Doppelagent im Watergate-Fall geht aus Senator Howard Bakers Untersuchungsbericht über »CIA-Aktivitäten im Watergate-Fall« hervor, der als Anhang zum Abschlussbericht des Watergate-Ausschusses des Senats veröffentlicht wurde.

Nixons Verdacht, dass Bennett »Deep Throat« sei und dass die Achse Bennett–Hughes–CIA irgendwie für seinen Niedergang verantwortlich war, berichtet Haldeman in *The Ends of Power* (Times Books, 1978, S. 134–139) und wird von Nixon selbst in seinen Memoiren angedeutet, *RN: The Memoirs of Richard Nixon* (Warner, 1978, Band 2, S. 578).

Ehrlichman beschrieb seine Zusammenkunft mit Nixon vom 24. Juli 1972 in einem Interview und legte die Kopie eines »Berichts über sensible Fälle« der Finanzbehörde vor, den er Nixon gab und aus dem Hughes' Zahlungen an O'Brien hervorgingen. Ehrlichman berichtete auch über Nixons Befehl, die Finanzbehörden sollten O'Briens Steuererklärung überprüfen und ihn ins Gefängnis bringen; die Versuche, die Finanzbehörden zum Einschreiten gegen O'Brien zu bewegen, kamen in den Abschlussberichten des Impeachment-Ausschusses des Repräsentantenhauses und des Watergate-Ausschusses des Senats zur Sprache.

Nixons Gespräch mit Dean am 15. September 1972 ist der Aufzeichnung eines Tonbandes aus dem Weißen Haus entnommen.

Über Hughes' Spende in Höhe von 150 000 Dollar für Nixons Wahlkampf 1972 berichtete Bennett dem Watergate-Ausschuss und dem Sonderankläger. Rebozos Anruf bei Danner mit der Bitte um Geld wurde von Danner in einer Zeugenaussage vor dem Watergate-Ausschuss bestätigt. Liddys Tätigkeit als Spendensammler wurde von ihm selbst in *Will* (St. Martin's Press, 1980, S. 215) sowie von Bennett bei seinen Verhören durch Ermittlungsbeamte des Senats bestätigt. Bennett berichtete über Evans Ersuchen um weitere 100 000 Dollar in Aussagen vor dem Sonderankläger, wobei er auch die an Nixon herangetragene Bitte erwähnte, der Präsident möge doch dafür Hughes telefonisch zum Geburtstag gratulieren.

Hughes' Verhalten während des Erdbebens in Managua wurde von einem Assistenten geschildert.

Die Auseinandersetzung mit den Steuerfahndern in Fort Lauderdale wurde in mehreren Interviews von Richard Jaffe, einem Finanzbeamten, der eine Schlüsselrolle spielte, beschrieben und von Andy Baruffi bestätigt, der für die Ermittlung gegen Hughes zuständig war, sowie durch Unterlagen der Bundesfinanzbehörde über den Vorfall, die aus einer vertraulichen Quelle stammen.

Über Hughes' Absicht, wieder zu fliegen, berichtete einer seiner Mormonen; seine Vorbereitungen für den Flug wurden in seinen Tagebüchern festgehalten, und der Flug selbst wurde von seinem englischen Copiloten Tony Blackman in einem späteren Bericht für Hughes' Nachlassverwalter geschildert.

Hughes' verspätete Entdeckung von Watergate wurde von einem seiner Mormonen George Francom in einer eidesstattlichen Erklärung beschrieben. »Mitte 1973 gab ich ihm ein Exemplar des *London Express*, auf dem die Abbildung eines Flugzeugs war, das ihn interessierte«, erinnerte sich Francom. »Darin stand auch etwas über Watergate, und er hatte keine Ahnung, was Watergate bedeutete. Wir verfassten mehrere Memoranden zur Erläuterung von Watergate, aber ich weiß nicht, ob er sie jemals gelesen hat.«

Nixons Unterhaltung mit Dean am 21. März 1973 ist von einem Tonband des Weißen Hauses abgeschrieben. Seine Gespräche mit Haldeman und Ehrlichman über das Geld aus Rebozos Schmiergeldfonds befand sich auf Tonbändern vom 17. April und vom 25. April

Anhang · Anmerkungen

1972, die vom Sonderankläger zur Verfügung gestellt wurden. Sowohl Haldeman als auch Ehrlichman berichteten in ihren Büchern über Nixons erneute Geldangebote in Camp David.

Nixon erzählte jedoch David Frost in einem Fernsehinterview am 25. Mai 1977, dass das Geld, das er Haldeman und Ehrlichman angeboten hatte, die 100 000 Dollar von Hughes gewesen seien. Es sollte jedoch nicht vergessen werden, dass Nixon seinen beiden Spitzenmännern in Wirklichkeit bis zu 300 000 Dollar anbot, und außerdem steht fest, dass zu der Zeit, als er dieses Angebot machte, wenigstens ein Teil des Hughes-Geldes bereits ausgegeben war.

Rebozos Erklärung gegenüber den Finanzbehörden vom 10. Mai 1973 wurde vom Watergate-Ausschuss veröffentlicht. Die Furcht der Bundesfinanzbehörde, Ermittlungen gegen Rebozo einzuleiten, erwähnte Ehrlichman in einem Interview. Rebozos Versuche, Hughes' Geld Danner zurückzugeben, wurden von Danner in einer Zeugenaussage vor dem Watergate-Ausschuss geschildert. Danner bestätigte auch sein Zusammentreffen mit Nixon in Camp David am 20. Mai 1973.

Haig und Simon bejahten vor dem Senatsausschuss, sich über die Steuerprüfung bei Rebozo unterhalten zu haben. Der FBI-Chef von Miami, Kenneth Withaker, schilderte in einer Aussage vor dem Senatsausschuss, wie Rebozo die 100 000 Dollar von Hughes aus dem Safe nahm und man dabei einen weiteren 100-Dollar-Schein entdeckte.

Die US-Bundesbank teilte später mit, dass 35 der von Rebozo zurückgegebenen 100-Dollar-Scheine vom US-Schatzamt erst nach dem Zeitpunkt ausgegeben worden seien, den Danner, Maheu und Rebozo selbst ursprünglich als Übergabetermin genannt hatten. Obwohl Rebozo versuchte, Danner unter Druck zu setzen, beharrte Danner auf dem früheren Übergabetermin, bei dem die 35 später ausgegebenen Scheine nicht dabei gewesen sein konnten.

Der offensichtliche Zusammenhang zwischen Cox' Ermittlungen in der Hughes-Rebozo-Affäre und der »Nacht der langen Messer« wurde von einem hohen Beamten des Weißen Hauses aufgedeckt, der sich aber nur unter der Bedingung dazu äußern wollte, dass er von jeder Verantwortung freigestellt würde. Sein Bericht wurde in großen Teilen von den Aussagen anderer direkt Beteiligter sowie durch verfügbare Regierungsunterlagen bestätigt.

Aus Unterlagen des Secret Service, die aus dem Nationalarchiv stammen, geht hervor, dass Rebozo am 19. Oktober im Weißen Haus eintraf und dort als »Hausgast« den ganzen nächsten Tag verweilte, sich mindestens zweimal mit dem Präsidenten in dessen Büro traf und nach Angaben eines Mitglieds des Stabes abends »lange Zeit« allein mit Nixon zusammenblieb.

Haig sagte aus, dass, als er mit dem Präsidenten in Key Biscayne war, er »ständig« Klagen von Nixon und Rebozo über die »unfaire und ungerechte Verfolgung« von Rebozo wegen des Hughes-Geldes anhören musste.

»Es gibt keinen Zweifel, dass die Tonbänder das entscheidende Problem waren«, erklärte ein hoher Beamter des Weißen Hauses, »aber nach meiner Meinung besteht auch kein Zweifel darüber, dass der eigentlich brennende Punkt der ganzen Cox-Affäre Nixons Angst vor einer Hughes-Untersuchung war, und höchstwahrscheinlich auch seine Angst, dass es zu weiteren Ermittlungen führen könnte, die den ganzen Rebozo-Schmiergeldfonds ans Licht bringen würden. Ich glaube, das hat ihn ins Unglück gestürzt.«

Hughes wurde am 27. Dezember 1973 wegen des Air-West-Geschäfts unter Anklage gestellt. Mitangeklagt waren Maheu und Davis.

Die Szene, in der Davis die 100 000 Dollar von Rebozo vor Senator Ervin auf den Tisch schüttete, wurde von einem Ausschussmitglied geschildert.

Einer der Mormonen bestätigte, Hughes sei niemals erzählt worden, dass man seine Geheimpapiere bei dem Einbruch in der Romaine Street gestohlen habe, und aus den Anweisungen, die Hughes nach dem Raub diktierte, geht deutlich hervor, dass er keine Ahnung von ihrem Verlust hatte.

CIA-Dokumente, zu denen ich aufgrund des Gesetzes über die Informationsfreiheit Zugang erhielt, lassen erkennen, dass Gay der CIA am 2. Juli 1974 berichtete, das *Glomar*-Dokument werde vermisst und sei wahrscheinlich gestohlen. Colby bestätigte in einem Interview sein Gespräch mit Nixon.

Haigs Anruf bei Nixon, in dem er ihn von der Entscheidung des Obersten Gerichtshofes über die Tonbänder informiert, wird von Nixon in seinen Memoiren geschildert (*RN: The Memoirs of Richard Nixon*, Band 2, S. 640).

Von dem unterdrückten Teil des Watergate-Berichts erfuhr ich von einem der Ermittlungsbeamten, die ihn verfasst hatten. Der Rechtsbeistand der Minderheit im Ausschuss, Fred Thompson, war offensichtlich der Erste, der vorschlug, diesen Teil aus dem Abschlussbericht des Ausschusses zu streichen, worauf Senator Ervin sich unverzüglich damit einverstanden erklärte. Einer der Senatoren erklärte in einem Hintergrundgespräch, keiner seiner Kollegen, ob Republikaner oder Demokrat, sei für eine Veröffentlichung gewesen. »Zu viele schuldige Nebenfiguren wären betroffen gewesen«, bemerkte er, »und nach zwei Jahren Watergate glaube ich, wollte niemand mehr etwas von solchem Kleinkram hören.«

Haldemans Schlussfolgerung, dass die Verbindung mit Hughes die Ursache von Watergate war, steht in *The Ends of Power* (S. 19/20) und wird in zahlreichen Interviews bestätigt. Tatsächlich ist jeder Spitzenbeamte der Nixon-Administration, der sich öffentlich über das Motiv für den Einbruch geäußert hat, der Meinung, dass die Dreiecksbeziehung Hughes–Nixon–O'Brien dahintersteckte. Die gleiche These vertritt Dean in *Blind Ambition* (Simon & Schuster, 1976), und Colson erklärte in einem Interview: »Ich war bisher immer überzeugt, dass das Motiv des Watergate-Einbruches die Absicht war, Larry O'Brien zu kompromittieren, der ein Gehalt von Hughes bezog. Eines Tages werden wir feststellen, dass das eigentliche Motiv hinter dem Ganzen Hughes war.«

Colbys Vermutung einer Beziehung zwischen Romaine Strect und *Glomar*-Unternehmen ist CIA-Akten entnommen, die aufgrund des Gesetzes über die Informationsfreiheit zugänglich gemacht wurden.

Über die Untersuchungen des Geheimdienstausschusses des Senats wegen möglicher Beziehungen Hughes' zu Nixon, zur Mafia und zur CIA berichtete zum Teil die *New York Times* am 26. März 1975, zusätzliche Informationen stammen von einem Ermittlungsbeamten. Norman Mailers Äußerungen standen im *New York Magazine* vom 16. August 1976. Der Bericht der Bundesfinanzbehörde, in dem die Vermutung ausgesprochen wurde, Hughes sei 1970 gestorben, stammt von einem früheren Finanzbeamten. Der Chef des Finanzamtes, Walters, bestätigte in einem Interview, dass er versucht habe herauszufinden, ob Hughes noch lebe.

Wie Hughes starb und wie er sich eine letzte »Spritze« verpasste, wurde von dem Assistenten Francom in einer eidesstattlichen Erklärung sowie von mehreren anderen Assistenten und Ärzten in Erklärungen und in Aussagen vor Gericht geschildert.

Angletons Nachruf stand im *Time Magazine* vom 19. April 1976. In einem mit ihm geführten Gespräch weigerte er sich, seine Worte näher zu erläutern.

Anmerkungen zu den handgeschriebenen Dokumenten

Einige der in diesem Buch abgedruckten Dokumente sind Auszüge aus längeren Memos. Die Stellen, an denen Texte nicht vollständig abgebildet werden, sind durch Abrisslinien gekennzeichnet und werden hier aufgelistet:

S. 63/64: Hughes erstes Memo in der Nacht, als Robert Kennedy starb, wurde von einem seiner Helfer fälschlich auf den 7. Juni 1968 datiert. In Wirklichkeit wurde es am 6. Juni 1968 geschrieben. Um eine Verwirrung zu vermeiden wurde das Datum daher entfernt.

Ab S. 107: Alle hier abgebildeten Memos, die zwischen Hughes und Maheu ausgetauscht wurden, sind Auszüge.

S. 119: Die beiden Ausschnitte, die Hughes Beziehung zu Maheu betreffen, stammen aus unterschiedlichen Notizen.

S. 137: Hughes Versprechen, Paul Laxalt zum Präsidenten zu machen, ist Teil eines dreiseitigen Dokuments, in dem es auch um Nukleartests in Nevada geht.

S. 139: Die von Hughes handgeschriebene Notiz, in der er Laxalt einen Job in seinem Imperium anbietet, und die drei getippten Berichte von Maheu entstammen alle unterschiedlichen Quellen.

S. 162: Der einseitige Auszug über Fernsehen und Politik ist einer zweiseitigen Notiz von Hughes entnommen.

S. 214: Maheus getipptes Memo, in dem er über Laxalts Beteiligung bei der Abschmetterung des Mieterschutzgesetzes berichtet, wurde – wie angedeutet – nachträglich in das von Hughes handgeschriebene Dokument eingefügt.

S. 220–222: Dieser dreiseitige Ausschnitt, in dem Hughes Las Vegas mit Hiroshima vergleicht, entstammt einem vierseitigen Brief.

S. 249–253: Insgesamt sieben Seiten umfasst das Originaldokument, dem der abgedruckte fünfseitige Auszug entnommen wurde. Darin reagiert Hughes auf Lyndon Johnsons Weigerung, einen Atomtest zu stoppen.

S. 264: In diesem Memo spricht Hughes über seinen Plan, Humphrey gegen Kennedy auszuspielen. Die abgebildete Seite ist Teil einer zweiseitigen Notiz.

S. 294–298: Aus einem sechsseitigen Text, in dem Hughes berichtet, die Kennedys seien ihm »seit eh und je (…) ein Dorn im Auge gewesen« (deutsche Ausgabe S. 296), wurden diese fünf Seiten entnommen.

S. 299: Dieser Auszug befasst sich mit Teddy Kennedy und dem RFK-Begräbnis und stammt aus einer insgesamt zweiseitigen Nachricht.

Ab S. 327: Die beiden Memos, in denen Hughes seine Vorstellungen von einem geeigneten Kandidaten für das Weiße Haus anspricht und Richard Nixon als solchen erwähnt, wurden zwei unterschiedlichen Dokumenten entnommen.

S. 358: Ein einseitiger Auszug aus einer elfseitigen Notiz, in der Hughes über seine eigene Geschäftstüchtigkeit spricht.

S. 384–386: Drei Seiten von insgesamt vier eines Memos, in dem Hughes droht, das Land nach Nixons Atomtest zu verlassen.

Alle Faksimiles, die hier nicht erwähnt werden, wurden vollständig abgedruckt.

Danksagungen

Am Anfang dieses Abenteuers stand ein Projekt für das Magazin *New Times*. Als ich vor acht Jahren kaum mehr als einen vagen Verdacht hegte, unterstützte mich der Chef der *New Times* Jon Larsen, ohne weitere Fragen zu stellen und gab mir völlige Freiheit. Ohne seine Unterstützung wäre aus meinen Plänen nichts geworden.

Tom Wallace und Irv Goodman, mein ursprünglicher Chef und Herausgeber bei Holt, Rinehart und Winston, haben entschieden Mut bewiesen, ein Buch zu verlegen, das, wie sie von vornherein wussten, mehr als umstritten sein würde.

Dick Seaver, der anfangs Herausgeber und später auch mein Chefredakteur war, hielt mir die Treue, stand mit mir schwere Zeiten durch und fühlte sich bis zum Schluss diesem Projekt verpflichtet. Mein Dank gilt auch anderen bei Holt, vor allem David Stanford und Cliff Walter sowie dem ganzen Herstellungsteam, vor allem Catherine Fallin, Randy Lang und Susan Hood, die das Wunder vollbrachten, das Buch in Rekordzeit herauszubringen.

Rob Fleder, einer der besten Redakteure des *Playboy*, gehörte zu den ersten Außenstehenden, die das Manuskript lasen, und seine Begeisterung sowie die seines Magazins waren sehr wichtig für mich.

Besonderer Dank gilt auch meinem Rechtsanwalt Jerry Gutman, dem Präsidenten der New York Civil Liberties Union, dessen weise Ratschläge oft weit über juristische Beratung hinausgingen – er war ein Freund, der alles von Anfang an mitbekommen hat und mir in all den Jahren ohne zu zögern beigestanden hat. Ebenfalls dankbar bin ich Ira Glasser, Aryeh Neier und Bruce Ennis von der American Civil Liberties Union, die in einer kritischen Phase zu Anfang sehr geholfen haben; ferner Melville Nimmer und vor allem auch Leon Friedman, der eine entscheidende Rolle spielte. Solche Männer erhalten das Erste Amendement unserer Verfassung lebendig.

Viele Freunde nahmen sich die Zeit, zu lesen, zu kritisieren und zu ermutigen. Einem von ihnen, Ron Rosenbaum, verdanke ich viel mehr. In vieler Hinsicht ist er an der Entstehung dieses Buches genauso beteiligt wie ich. Er hat mich über Jahre Tag für Tag ermutigt weiterzumachen, wobei er stets großzügig Zeit opferte, mit scharfem Verstand zu Hilfe kam und voller schöpferischer Ideen war. Einen solch brillanten Schriftsteller als Freund zu haben war ein Glücksfall. Ohne ihn hätte ich es nicht geschafft. Und schließlich die Quelle für meine Papiere: der Profi. Er riskierte alles und vertraute mir völlig. Erst dadurch wurde alles möglich.

Das Kultbuch,

das Hunter S. Thompson
bekannt machte –

erstmals in deutscher Sprache.

Für seinen brisanten Insiderbericht über den Aufstieg der Hell's Angels zur größten und berüchtigtsten Motorradgang der Welt nahm Thompson Mitte der Sechziger über ein Jahr lang am exzessiven, gewalttätigen und freiheitsliebenden Leben der Angels teil.

»Die faszinierende Schilderung einer Welt, die die meisten von uns nie betreten würden.«

The New York Times Book Review

Heyne-Tschenbuch
€ 9,95 · ISBN 3-453-62005-4